쓸모 있는 인문 수업
사회학

호모아카데미쿠스
Homo Academicus
001

쓸모 있는 인문 수업
사회학

권재원 지음

이룸북

여는 글
어른 학생들을 위한 사회 교사의 애프터서비스

한국의 교육 현실에서 바람직하지 않은 일이 한두 가지겠냐만서도 가장 비정상적 현상 가운데 하나는 사회과학과 자연과학에 대한 푸대접이다. 2016년 현재 한국에서는 자연대, 의대, 공대에 갈 학생들이 사회과학 공부를 거의 하지 않아도 되고 인문대나 사회대에 갈 학생들은 자연과학 공부를 거의 하지 않아도 되는 대입제도를 운용하고 있다. 2015개정교육과정부터 문·이과가 통합된다고 하지만 큰 기대는 하기 어렵다.

문과는 상황이 더욱 심각하다. 열 과목이 넘는 사회 관련 교과 중 두 과목만 선택해 수능을 치르기 때문이다. 따라서 문과생일지라도 사회과학을 폭넓게 공부하지 않는다. 두 과목을 선택하고 나머지는 거의 방치하다시피 하니 사회과목을 제대로 배웠다고 말할 수 없을 지경이다. 그나마 고등학교를 졸업하면 아예 배울 기회조차 없다.

이처럼 우리는 사회과학이나 자연과학 대부분을 사실상 제대로 배우지 않은 채 어른이 되어 사회에 진출한다. 특히 사회학의 경우에는 우려할 만한 상황이다. 고등학생들이 수능과목으로 제일 많이 선택하는 것이 '사회문화'기는 하지만, 사회현상을 비판적 관점과 과학적 방법을 통해 설명하고 해석해 인간에 대한 보다 깊은 이해를 가능케 하는 학문으로 공부한다기보다는 암기과목으로서 점수를 따기 위한 방편일 뿐이다.

사회학은 사회적 동물인 인간의 본성을 이해하고 삶을 해명하며 예측하는 데 필수다. 살아가면서 자신과 타인의 행위를 이해하고 세상의 다양한 측면을 알고자 할 때, 사회학적 소양이 있고 없고는 하늘과 땅만큼 차이가 크다.

이런 생각을 하고 있을 독자를 위해 이 책을 썼다. 말하자면 사회 교사가 제공하는 일종의 애프터서비스로 학교 다닐 때 배웠어야 할, 그런데 이런저런 사정으로 제대로 배우지 못한 과거 또는 미래의 어른 학생을 위해 사회학 자습서를 만들었다.

교과서에 담긴 내용은 절대적 진리가 아니다. 다만 그 학문에 대한 몇몇 견해를 정리해 보여줌으로써 비판과 토론의 출발점을 마련해주는 것이 교과서의 본령이다. 따라서 이 책 내용을 사회학의 정설이나 법칙이라고 생각해서는 안 된다. 오히려 비판적으로 바라보고 때로는 반박도 시도하면서 스스로의 사회학적 상상력을 키워나가는 것이 책을 제대로 활용하는 방법이다.

모쪼록 어른 독자들이 학창시절에 배웠어야 할 사회학을 늦게나마 제대로 배우는 데 도움이 되기를 바라는 마음이다.

차례

여는 글 어른 학생들을 위한 사회 교사의 애프터서비스 _4

1장 사회학이란 무엇인가

□ **사람 사는 세상으로서 사회** _15
사회란 무엇을 의미하는가 | 사회는 어떻게 나뉘는가 | 인간에 대한 이해를 구하다

□ **근대의 격변, 사회학이 등장하다** _24
근대화와 급변하는 세상 | 사회학; 사회에 대한 과학, 세상의 법칙을 탐구하는 과학 | 잘못 붙여진 이름 사회학

□ **사회학은 무엇을 탐구하는가** _30
사회유지와 변동의 법칙 | 사회는 개인과 어떤 관계를 맺는가 | 개인과 개인의 관계; 인간의 사회적 상호작용 | 사회학과 문화의 상관관계 | 사회문제의 발생 원인과 해법

2장 사회학은 어떻게 세상을 연구하는가

□ **사회학 연구 방법론의 두 축** _41
과학적 방법 | 이해 또는 현상학적 방법

□ **사회학적 상상력의 발휘** _49
복잡하게 은폐된 사회현상 | 사회학적 상상력의 범위

▫ **미움받는 사회학자 그러나 고마운 사회학** _55
  사회학자의 역할과 사회학의 필요성

3장 사회학의 선구자들

▫ **사회학의 창시자 오귀스트 콩트** _63
  콩트는 어떤 인물인가 | 처음으로 방법론을 고민하다 | 사회정학; 사회는 어떻게 유지되는가 | 사회동학; 사회는 어떻게 변화하는가 | 콩트의 영향

▫ **수많은 사회학 개념들의 창시자 카를 마르크스** _69
  마르크스는 어떤 인물인가 | 마르크스 사회학의 기본 바탕 | 토대와 상부구조; 사회정학과 사회동학의 유기적 결합 | 자본주의 비판 | 마르크스의 영향

▫ **최초의 사회학자 에밀 뒤르켐** _83
  뒤르켐은 어떤 인물인가 | 사회연대; 집합의식과 계약 | 사회학의 체계를 세우다 | 개인주의와 사회연대를 유지하는 방법 | 뒤르켐의 영향

▫ **사회학의 지평을 넓힌 막스 베버** _93
  베버는 어떤 인물인가 | 이해사회학 또는 해석학적 사회학 | 사회학 방법론; 가치중립과 해석적 이해 | 개념적 척도로서의 이념형 | 사회계급·계층론; 문화적 지위집단과 행정권력의 자립 | 합리화와 강철 새장 | 베버의 영향

4장 사회학의 주요 내용은 무엇인가

▫ **개인이 먼저인가 사회가 먼저인가** _109
  개인의 지위와 자유

▫ **사회는 개인 간 상호작용의 망이자 지위와 역할의 체계** _114
  사회적 지위와 사회적 역할 | 역할갈등과 역할취득

□ 문화; 무엇이 개인들을 한 사회로 묶어주는가 _120
  사회의 접착제 | 문화가 가진 속성들 | 문화 다양성과 그에 대한 태도; 자문화중심주의, 문화사대주의, 문화상대주의

□ 사회유지를 위한 방편; 사회화 또는 재생산 _130
  사회화의 의미 | 사회화에 대한 관점

5장 사회조직과 관료제 그리고 네트워크

□ 우리는 왜 사회조직을 구성하는가 _137
  사회조직의 의미와 구성

□ 관료제는 어떻게 구성 운영되는가 _140
  관료제 조직의 구성 원리 | 관료제의 장점

□ 관료제의 문제점 _145
  강철 새장의 세계; 자유박탈과 의미박탈 | 그 밖의 관료제 부작용 | 관료제 조직의 대안; 네트워크

6장 세상은 왜 불평등한가

□ 사회적 불평등의 의미와 문제점 _161
  사회적 불평등은 왜 생기는가 | 사회적 불평등에 대한 관점들

□ 사회적 불평등의 구조; 사회계층과 사회계급 _172
  사회계층 | 사회계급 | 계층과 계급이론의 정교화 | 거시적 계급과 일상생활의 계급

□ 사회적 불평등은 어떻게 측정하는가 _191
  소득 5분위 배율 | 지니계수 | 노동소득 분배율

□ 오늘날 사회적 불평등은 어떻게 나타나는가 _198
  노동자계급 내부의 불평등 심화 | 신체와 건강의 불평등 | 젠더 불평등

7장 사회변동의 과정과 원인은 무엇인가

☐ 사회변동과 역사의 성립 _213
인류 역사는 사회변동의 역사다 | 근대화: 전통사회에서 근대사회로의 변동 | 근대사회 이후의 사회변동

☐ 사회변동을 설명하는 이론들 _224
사회순환론 | 사회발전론

☐ 사회변동을 일으키는 원인들 _238
사회변동의 일반적 원인 | 기능론의 설명: 자극 반응과 균형 유지 | 갈등론의 설명: 희소자원의 분배와 갈등

☐ 사회변동의 여러 양상 _248
혁명 | 혁신과 개혁

8장 사생활은 정말 개인의 생활일까?

☐ 사회학에서의 미시적 관심 _257
거시적 사회구조와 미시적 일상생활의 불일치 | 미드의 미시사회학: 정신, 자아, 사회적 상호작용 | 상징적 상호작용론의 정립 | 상징적 상호작용론의 분화: 블루머와 쿤의 논쟁

☐ 자아의 사회학 _270
자아 정체성과 사회적 전념 | 역할 정체성

☐ 미시사회학의 종결자 고프먼 _274
연극적 접근 | 자아 연출 | 초점 상호작용 | 비초점 상호작용

☐ 상호작용과 대중매체의 활용 _282
매체의 발달 | 매체가 만들어낸 세상

9장 외로운 사람들의 시대

1차 집단의 붕괴와 사회적 자본의 고갈 _295
심리적 안전감 | 사회적 자본; 결속형 자본과 연계형 자본

근대사회와 사랑 _299
사랑의 세 가지 유형

단란한 가족이라는 환상 _306
핵가족의 보편화 | 미시적 민주주의의 요구

10장 여러 가지 사회문제

사회문제란 무엇인가 _319
사회문제의 의미 | 사회문제의 원인

일탈과 범죄 _323
가장 오래된 사회문제 | 병리현상으로서 일탈의 기능 | 갈등론; 정치행동과 저항으로서의 일탈 | 상호작용론; 일탈적 정체성의 구성

빈곤과 사회문제 _330
빈곤은 누구의 책임인가 | 빈곤의 측정 | 빈곤에 대한 설명

인구와 사회문제 _335
인구의 성장 | 인구문제의 양극화

사회문제의 새로운 양상 _342
정보화 역기능 | 사회문제의 세계화

11장 사회변혁에 관하여

□ **사회변혁에 대한 여러 입장들** _351
진보와 보수 | 좌파와 우파, 사회주의와 자본주의 | 진보와 보수, 좌파와 우파의 이중 매트릭스

□ **사회운동의 변화와 흐름** _361
사회운동, 시민운동, 신사회운동 | 네트워크 사회와 사회운동의 변화

12장 근대성과 인간 해방

□ **근대성의 문제와 비판이론** _373
근대성에 대한 의심 | 근대성의 비판자들, 의심의 대가들

□ **1세대 비판이론가들의 주장** _382
비판이론 비판사회학의 등장 | 루카치; 사물화 과정으로서의 자본주의 | 호르크하이머; 합리성과 도구적 이성 비판 | 아도르노; 계몽의 변증법과 문화산업

□ **비판이론의 확장** _392
마르쿠제; 사랑과 문명 | 밀스; 파워 엘리트의 지배 | 하버마스; 이성의 한 줄기 희망을 찾아서

닫는 글 사회학 공부는 자기 자신을 이해하는
냉정한 여로의 출발점이다 _405

참고문헌 _408   **찾아보기** _410

1장

사회학이란 무엇인가

인간은 자연환경과 사회환경 속에서 수동적으로 순응하지 않고 능동적으로 적응하는 존재로서 자연과 사회를 탐구한다. 그런데 자연과 직접 부딪히는 게 아니라 사회를 이루어 마주하는 까닭에 대부분의 개인이 접하는 환경은 사회환경인 경우가 많다. 따라서 우리가 살고 있는 사회의 법칙과 현상을 다루는 사회학은 우리와 매우 가까이 있다.

사회학은 다른 분과 학문에서도 위상이 드높은데 사회심리학, 정치사회학, 지식사회학, 예술사회학, 과학사회학, 문화사회학, 비교역사사회학 등 '-사회학'이라는 이름이 붙은 무수한 분과가 있을 정도다. 심지어 '사회학적 영화 읽기'와 같이 수사적 표현으로도 쓰인다. 이처럼 우리 삶 곳곳에서 사회학을 발견할 수 있다.

대체 사회학이 어떤 학문이기에 도처에서 그 이름을 찾을 수 있으며, 이를 연구하고 공부해 우리는 무엇을 얻을 수 있을까? 사회학Sociology을 문자 그대로 풀이하면 사회Socius를 탐구하는 학문Logos이다. 그러나 이 설명만으로는 충분하지 않다. 바로 다음 두 질문이 떠오르기 때문이다. 하나, 사회란 무엇인가? 둘, 사회를 탐구한다는 것은 구체적으로 무엇을 말하는가?

사람 사는 세상으로서 사회

사회란 무엇을 의미하는가

우리는 '사회'라는 말을 자주 쓴다. 고등학교를 졸업하면 "이제 사회생활을 시작한다"고 하고, 취업을 하면 "사회인이 된다"고도 말한다. 또한 군인은 민간인을 "사회인"이라고 부르고, 휴가 나올 때 "사회에 간다"고 표현한다. 직장에서는 술 잘 마시고 상사 말을 잘 들으면 "사회생활 잘한다"고 한다. 이와 같이 일상적으로 사회라는 말을 쓰지만 어떤 의미로 사용하는지 정확하게 아는 것은 아니다.

사회란 무엇일까? 한 가지 확실한 사실은 다수의 사람이 모였다는 것이다. 로빈슨 크루소처럼 한 사람이 여러 역할을 하는 것은 사회라 부르지 않는다. 하지만 단지 다수의 사람이 모여 있는 것만으로도 사회는 아니다. 예를 들어 지하철 같은 칸에 탄 승객들을 사회라 부를 수는 없다. 사회라는 이름을 붙이려면 다수의 사람이 모여서 공통의 소속감과 유대감을 공유해야 한다. 그런데 이것으로도 충분하지 않다. 야구장 관중들은 그냥 모인 게 아니라 응원하는 팀별로 모여 같은 팀을 응원한다는 소속감과 유대감을 공유한다. 하지만 '9월 27일 잠실야구장에 모인 두산베어스 홈팬들'이라는 사회는 없다. 이들은 경기가 끝나면 뿔뿔이 흩어져 특별한 계기가 없는 한 다시 만나거나 상호작용할 가능성이 없기 때문이다. 만약 이들이 두산베어스 팬클럽을 만들고 정기적으로 응원 계획을 세웠다면 그때부터는 사회라 부를 수 있다. 이와 같이 사회란 다수의 사람이 소속감과 유대감을 공유하며 지속적으로 상호작용하는 집단을 가리킨다.

다수의 구성원, 유대감(소속감), 지속적 상호작용 가운데 어느 것 하나라도 빠지면 아무리 많은 사람이 모였다 해도 사회가 아니며 이 세 요소를 모두 갖추고 있다면 규모가 작아도 사회라 부를 수 있다. 예를 들어 가족이나 또래집단은

사회 구성의 3요소
다수의 구성원
유대감(소속감)
지속적 상호작용

서너 명에 불과한 작은 집단이지만 지속적으로 상호작용하며 같은 공동체에 속한다는 유대감을 공유하므로 국가 같은 거대한 집단과 마찬가지로 사회다.

그런데 우리에게 혼란을 일으키는 말로 '세상'이 있다. "세상 살기 어려워졌다" 또는 "세상에 맞춰 살아야지, 세상이 쉽게 바뀌느냐?" 등의 말을 하는데, 이때 세상이란 우리가 살아가는 배경을 말한다. 물론 여기에는 자연도 포함되지만 특별한 경우가 아니라면 세상을 사회로 바꾸어도 문장 의미가 바뀌지 않는다. 산업화된 사회에서 인간은 자연이 아니라 그가 속한 사회와 마주치며 사회 속에서 생활하고 사회와 상호작용하지, 자연과 직접 상호작용하는 경우는 많지 않다. 오늘날 개인이 직접 자연과 마주하는 경우는 레저활동을 제외하면 찾아보기 힘들다. 그리고 엄밀히 말해 레

저활동을 통해 만나는 자연 역시 이미 사회화된 자연이다. 개인은 사회와 상호작용하고 그 사회가 자연과 상호작용한다. 따라서 인간에게는 사회가 곧 세상이며 사회의 범위, 즉 그가 상호작용하고 유대감을 느끼는 사람들의 범위가 세상 전체다.

사회는 어떻게 나뉘는가

사회의 종류는 매우 다양하다. 이론상으로는 두 명 이상만 모여도 사회를 구성할 수 있다. 규모나 성격이 상이한 무수한 사회가 존재해 여러 작은 사회가 모여 하나의 큰 사회를 이루기도 하고, 하나의 사회 안에 다양한 하부 사회가 만들어지기도 한다.

인간은 누구나 적어도 하나 이상의 사회에 속해 있으며 다양한 규모와 성격을 가진 여러 사회에 동시에 속한 경우가 대부분이다. 가족 구성원이면서 학교나 직장에 속함과 동시에 지역사회와 국가의 구성원이자 여러 동호회나 시민운동단체 또는 각종 친목회의 일원일 수 있다. 이처럼 우리는 동시에 다양한 사회에 속해 있으며 자신이 속한 각각의 사회를 구별하는데, 사회학자들은 다음과 같은 기준으로 사회를 분류한다.

1차 집단과 2차 집단 사회를 이룬 목적과 구성원들의 접촉방식에 따른 구분이다. 1차 집단은 구성원 간 직접적 만남과 접촉(대면접촉)을 기본으로 하고 친밀한 관계 유지가 목적이다. 구성원들이 얼굴을 보고 친밀감을 느끼는 것만으로 이미 목적을 충분히 달성했다고 보는 집단은 모두 여기에 속한다.

2차 집단은 구성원 간 직접적 접촉보다는 매체를 통한 간접적 접촉이 주로 이루어지는 집단이다. 이런 매체로는 문서, 전화, 팩스 그리고 최근에는 이메일이나 메신저 등이 있다. 이 집단은 구성원들의 만남과 접촉보다는 어떤 이해나 목적을 달성하기 위해 의도적으로 만들어진 집단이다.

사람들은 1차 집단과 2차 집단 모두를 필요로 한다. 소속된 1차 집단이 없는 경우 심리적 안전감이 떨어지고 외로움을 느끼며 불안에 빠질 위험이 크다. 또한 소속된 2차 집단이 없다면 생활에 필요한 자원을 획득할 가능성이 크게 줄어든다. 그런데 현대사회에서는 의미 있는 1차 집단의 수가 점점 줄어드는 경향이 있으며 심지어 가장 원초적 1차 집단인 가족마저 안정적이지 않다.

내집단과 외집단 구성원이 집단에 지니는 소속감의 차이에 따라 내집단과 외집단으로 나눈다. 내집단은 구성원이 소속감을 느끼며 '우리'라는 공동체의식이 강한 집단이다. 다른 말로 '우리 집단'이라 부르기도 한다. 이에 비해 외집단은 내가 속한 집단이 아니다. 따라서 이질감을 느끼고 더 나아가 적대감이나 공격적 태도까지 가지게 되는 집단으로 '타인 집단'이라 부르기도 한다.

내집단과 외집단을 나누는 기준이 겉으로 드러난 소속관계와 반드시 일치하지는 않는다. 탈퇴할 방법이 없거나 피치 못할 사정 때문에 억지로 소속을 유지하는 경우에는 내집단이 아니라 외집단이라 보는 것이 타당하다. 어떤 직원이 "목구멍이 포도청이라 어쩔 수 없이 다닌다"고 말한다면 그 직원에게 회사는 내집단이라 하기 어렵다. 또 베를린올림픽 당시 손

기정과 남승룡 선수의 국적은 일본이었고 일장기를 달고 달렸지만 일본이 이들에게 내집단이었다고 볼 수 없다.

소속집단과 준거집단   소속집단은 자기 스스로 그 집단의 구성원임을 인정하고 다른 구성원도 이를 인정하는 형태다. 준거집단은 소속 여부와 무관하게 어떤 사람에게 판단의 기준이 되거나 행동에 결정적인 영향력을 가지는 집단이다.

  소속집단과 준거집단은 동일할 수도 별개일 수도 있다. 소속집단과 준거집단이 일치한다면 더할 나위 없겠지만, 오늘날에는 거의 행운으로 여겨질 만큼 가능성이 낮은 일이다. 구글이나 애플 같은 기업은 많은 이에게 선망의 대상이며 준거집단 역할을 하지만 실제로 이런 기업에서 일하는 사람은 극히 드물고 오히려 정반대 성향의 기업에서 일하는 경우가 많다.

  최근 정규직 노동자 비율이 줄고 기업이나 단체가 쉽게 세워졌다 무너지는 사례가 빈번하면서 소속집단과 준거집단이 일치하지 않을 가능성이 더욱 커졌다. 그 결과 사람들은 언제 어떻게 될지 모르는 자신의 소속집단보다는 안정된 가치체계를 가진 다른 집단에서 판단의 근거를 얻으려는 경향이 강하다.

인간에 대한 이해를 구하다

  사회학이 무엇인지 정의내리기 위해 사회학의 연구 대상인 사회의 의미를 살펴보았다. 그리고 사회란 어떤 구체적 대상이 있는 것이 아니라 사람들이 소속감과 유대감을 느끼며 상호작용하는 과정에서 나타나는 일종의 현상임을 확인했다. 사회를 연구한다는 것은 그 속에서 살아가는 사람들을 연구한다는 의미며, 사회를 이해한다는 것은 인간을 이해하는 일이다. 이는 자연환경을 연구해 그 안에서 살아가는 다양한 동식물을 이해하는 생물학과 같은 이치다. 인간에게는 사회가 동식물의 자연환경과 마찬가지다.

그런데 인간과 달리 동물들은 사회를 이루지 않을까? 벌이나 개미 또는 개나 사자처럼 사회성이 있는 동물도 있다. 그렇지만 이런 동물들에게 사회는 자연의 한 부분일 뿐 별도의 사회적 환경을 이루지는 않는다. 동물의 사회생활은 종種에 따라 결정되며, 같은 종은 사회생활 양태가 거의 유사하고 바뀌지 않는다는 점을 확인할 수 있다. 예를 들어 꿀벌의 사회계급과 조직은 꿀벌이라는 종 전체에서 동일하다. 영장류의 경우도 침팬지는 우두머리 수컷을 중심으로 호전적이고 권력 다툼이 치열한 사회생활을 하고, 보노보는 암컷을 중심으로 호혜적인 사회생활을 영위한다.

동물이 다른 개체와 맺는 관계나 상호작용방식과 행동방식은 상황에 따라 달라지기보다는 종 특성에 따라 결정된다. 환경이 아무리 바뀐다 해도 사자는 무리지어 사냥하고 표범은 홀로 사냥하며 수사자는 무리에서 다른 수컷이 낳은 새끼를 모조리 죽일 것이다. 동물의 조직이나 행동방식은 복잡하거나 은폐되어 있지 않고 몇 가지 간단한 규칙에 따라 유지되므로 적응하기 위해 큰 노력을 기울일 필요가 없다. 몇몇 예외적 상황을 제외하고 어떤 종에 속하는지와 어떤 자연환경에서 살아가는지를 알면 그 동물의 습성과 행동 특성을 비교적 정확하게 예측할 수 있다. 말하자면 동물은 사회생활을 한다기보다 일종의 습성에 따른 행동을 하는 쪽에 가깝다.

　인간은 다르다. 어떤 개체가 '인간'이라는 종에 속한다는 것을 알았다고 해서, 더 구체적으로 어떤 민족이나 종족에 속하는지 알았다고 해서 예측할 수 있는 행동방식이나 사고방식은 많지 않다. 동일한 민족이라도 각기 매우 다른 특성을 지니기 때문이다. 같은 독일 민족이라도 베를린 사람, 뮌헨 사람, 빈 사람은 다르다. 또 같은 베를린 사람이라 하더라도 직업, 경제적 지위, 교육 정도에 따라 서로 다른 행동방식과 사고방식을 가진다. 호전적이고 용맹한 마오리족은 같은 종족에서 갈라져 나왔지만 전쟁이나 무기를 거의 모르는 모리오리족을 대량학살하고 노예로 삼기도 했다.

　사람은 인종이나 민족이 같아도 전혀 다른 행동방식을 보인다. 사람의 성격과 행동은 유전적으로 타고난 속성과 살아가는 자연환경뿐 아니라 함께 생활하는 집단의 속성, 그 집단에서 위치 그리고 다른 구성원과 주고받는 상호작용의 성격 등에 따라 크게 좌우된다. 한마디로 사람은 자신이 몸담고 있는 사회로부터 영향을 받는다. 물론 이런 차이는 거주하는 곳의 자연환경 차이에서 비롯된 것일 수 있다. 그러나 문명이 발달하고 사회 규모가 커지고 구성이 복잡해질수록 자연환경의 영향은 사람에게 직접 미치기보다는 사회조직과 문화를 거친다.

　게다가 사회가 발전할수록 자연환경이 인간의 행동이나 생활에 미치는 영향은 점점 줄어든다. 싱가포르는 열대우림 기후에 속한 도시고 서울은 온대계절풍 기후지만 싱가포르 시민의 생활 모습이나 행동방식은 다른 열대우림 지역보다 서울과 더 비슷하다. 실제로 우리는 어떤 사람의 생활방식이나 행동방식을 예측할 때 그가 사는 곳이 열대인가 온대인가보다는 OECD 국가인가 아닌가 또는 그의 사회·경제적 지위가 어느 정도인가

위에서부터 시계 방향으로 각기 다른 기후대에 속하는 대도시인 타이베이(열대), 아부다비(건조), 토론토(냉대), 서울(온대)의 모습이다. 이 도시들은 다른 자연환경에 속하지만 서로 모습이 매우 비슷하다.

등을 의미 있는 지표로 여긴다. 즉 자연환경보다 사회환경이 더욱 중요해진 것이다.

우리는 자연뿐 아니라 여러 종류의 사회로 이루어진 세상 속에서 갈수록 커지는 사회의 영향력 아래 살아간다. 보통 '사람 사는 세상'이라고 표현할 때 이는 자연환경보다 사람들이 만나고 상호작용하는 방식인 사회적 환경을 말하는 경우가 대부분이다. 따라서 잘 살아가기 위해서는 우리가 속한 사회를 알아야 한다.

> **경제협력개발기구 OECD**
> 가입 조건이 까다롭고 경제력이 바탕이 되어야 하기 때문에 이른바 선진국 클럽이라고 부른다. 현재 30여 개의 회원국이 있다.

심지어 자연환경이라고 부르는 대상조차 알고 보면 사회적 환경이라 할 수 있다. 우리가 어떤 사회에서 살아가느냐에 따라 어떤 자연 대상에 관심을 가지는지도 크게 달라지기 때문이다. 예를 들어 우리가 한반도에 존재하는 모든 산, 강, 바위, 나무, 동물에 관심을 두지는 않는다. 그 가운데 특정한 산과 강 그리고 동식물에 관심을 가지며, 이것이 우리가 인식하는 자연이다. 우리가 자연 전체 가운데 특정한 부분에 관심을 가지고 의식하는 까닭은 그것이 우리 삶과 문화에 연결되어 있어서다. 따라서 자연환경이라 부르는 것도 어떤 의미에서는 사회적 소산이다.

근대의 격변
사회학이 등장하다

근대화와 급변하는 세상

사회학은 우리 삶에서 가장 중요한 환경인 사회적 환경을 연구하는 학문이지만 그 역사는 의외로 짧다. 정치학, 경제학, 심리학 같은 사회과학 분과 가운데 가장 역사가 짧다고 해도 과언이 아니다. 얼핏 이름만 보면 사회과학 분야에서 사회학이 가장 근본적이고 다른 학문이 여기서 파생된 듯이 보이지만 실상 19세기 이후에야 등장했다.

그렇다고 사회학자들이 다루는 주제도 19세기에 등장한 것은 아니다. 인간의 생각과 행동이 사회의 영향을 받는다는 것은 이미 수천 년 전부터 알려진 사실이다. 예를 들어 맹자孟子,B.C.372~B.C.289는 나라의 통치가 잘못된 탓에 범죄를 저지르는 상황으로 내몰린 백성이 많기 때문에 이를 무작정 형벌로 다스려서는 안 된다고 했다. 또 '항산恒産이면 항심恒心' 풀이하자면, 재산과 생업이 원만하면 나라에 항상스러운 마음을 가진다는 말로 경제적 요인과 도덕적 행동 간에 연관성이 있음을 설파했다.

이는 사회가 올바르고 올바르지 못한 상황을 특정한 사람, 주로 통치자의 도덕적 윤리적 문제로 파악해 통치자의 도덕적 결함이 사회를 살기 힘들게 만들고 그 땅에 사는 이들의 행동에 나쁜 영향을 끼친다고 본 것이다. 이런 결론에는 동서양의 구별이 없었다. 맹자는 잘못된 세상의 원인을 결국 통치자와 지배층이 어질고 덕스러운 모범을 보이지 못한 탓이라 여겼고, 플라톤Platon, B.C.428?~B.C.347?은 통치자가 사물의 본질을 꿰뚫어 볼 수 있는 지혜를 가지지 못한 탓 또는 그런 지혜를 가진 자가 통치자가 되지 못했기 때문이라고 했다. 최초의 근대사상가로 불리는 마키아벨리Niccoló Machiavelli, 1469~1527조차 로마공화국의 몰락 원인을 사회의 도덕적 타락에서 찾았다. 이와 같이 근대 이전까지 사회는 '사회(국가)란 마땅히 이러저러해야 한다'는 당위를 주장하는 도덕적 윤리적 사유의 대상이었지 '사회(국가)란 이러저러한 이유로 이러저러하게 되었다'는 학문적 사고의 대상이 아니었다.

> **맹자와 플라톤, 마키아벨리의 바람직한 통치자상**
> **맹자** 군주는 덕을 바탕으로 통치하는 가장 도덕적 인간이다.
> **플라톤** 군주는 지혜를 바탕으로 통치한다.
> **마키아벨리** 군주는 권모술수와 냉혹한 통치술을 이용해 통치한다.

그러다 시민혁명과 산업혁명이 한꺼번에 폭발한 19세기 들어 상황이 달라진다. 프랑스혁명에서부터 나폴레옹전쟁 그리고 잠깐의 반동 뒤에 다시 일어난 시민혁명의 거센 파도는 기존 사회제도, 사회질서, 가치체계를 모두 무용지물로 만들고 민주주의라는 결실을 거두었다. 산업혁명은 전통적 공동체의 토대를 무너뜨리고 그동안 익숙했던 모든 삶의 방식을 바꾸어놓았다. 하루가 다르게 발전하는 과학기술은 인간에게 꿈에서도 상상할 수 없었던 거대한 힘을 부여하고 신이나 가능하리라 여겼던 일들, 즉 자연을 다스리는 일을 가능하게 만들어주었다.

반면 정치적 격변 속에서 수많은 사람이 고통받았고 대량살상의 참변이 일어났으며, 극심해진 빈부격차와 사회갈등은 기존의 도덕과 종교적 가르침을 무용지물로 만들었다. 사회 다방면에서 눈부신 진보가 이루어졌지만 누구의 공인지 알 수 없었고, 엄청난 참변이 일어났지만 누구의 책임인지 묻기 어려웠다.

사람들은 엄청난 변화의 물결이 도대체 어디서 비롯된 것인지 갈피를 잡지 못했다. 황제나 교황 같은 강한 존재들도 백성과 마찬가지로 크나큰 변화 앞에서 한낱 장기판의 말에 불과했다. 왕의 목이 잘리고 황제는 유배지에서 쓸쓸하게 죽어갔다. 교회 역시 영향력을 잃어버린 상황에서 이런 변화를 신의 섭리라고 설명하는 것은 설득력이 없었다. 거대한 사회변혁의 소용돌이를 겪으며 사람들은 특정한 인간의 힘도 아니고 신도 아니지만 세상을 압도하는 어떤 거대한 실체에 눈뜨게 되었다.

사회학   사회에 대한 과학, 세상의 법칙을 탐구하는 과학

18세기 이후 자연과학은 계속해서 놀라운 발전을 이루어냈다. 공교롭게도 갈릴레오 갈릴레이Galileo Galilei, 1564~1642가 사망하던 해 뉴턴Isaac Newton, 1642~1727이 태어나는 등 천재들이 잇따라 등장하면서 놀라운 성취가 쏟아져나왔다. 자연과학의 발달은 인류의 위상을 높여주었는데, 이전까지 여러 자연현상은 두려움의 대상이었으며 인간은 수동적으로 대응하거나 신의 자비를 구할 뿐이었다. 그러나 자연과학을 통해 이런 현상들이 자연법칙의 결과임이 밝혀짐으로써 자연에서 일어나는 변화를 예측할 뿐 아니라 이용할 수도 있게 되었다.

사회가 급변하고 어떤 현상이 인간의 능력을 벗어나는 것으로 여겨질 때 사람들은 이를 신과 같은 초월적 주체의 의도적 작용이 아니라 자연법칙 같은 객관적 법칙이 발현되는 것이 아닐까 하고 생각하기 시작했다.

사회학자는 아니지만 이런 생각이 퍼지는 데 큰 기여를 한 헤겔Friedrich Hegel, 1770~1831은 인류의 모든 역사가 '절대정신의 자기실현 과정'이라고 주장했다. 헤겔에게 모든 역사적 사건은 절대정신의 의지가 아니라 철저히 정해진 법칙에 따라 진행되는 필연적 결과지 여기에 우연은 없다. 역사의 진행 속에서 개인은 저마다 자기 의지에 따라 선택하고 행동한다고 생각하지만 사실은 자신도 의식하지 못한 채 도도하게 흐르는 역사의 법칙을 구현할 뿐이다. 역사가 장기판의 말을 움직이는데 그 말들이 자기 의지라고 착각한 채 움직인다는 것이다. 여기서 헤겔이 주장한 역사의 발전법칙을 구체적으로 다루지는 않겠다. 관념철학자였던 그가 제시한 인간 세상의 발전법칙 자체는 추상적이고 사변적인 성격이 강하기 때문이다.

이후 사회가 작동하고 발전하는 법칙을 연구해 사회의 급격한 변동이나 해체로 인한 고통을 줄이고 인간이 사회를 지배할 수 있다는 생각이 점차 퍼져나갔다. 그러다 자연과학 같은 과학적 방법을 통해 사회법칙을 발견하고 이용할 수 있다는 주장이 19세기 프랑스의 생시몽Henri Saint-Simon, 1760~1825에 의해 구체화되었다.

생시몽은 공상적 사회주의자이며 사회개혁가로 유명하다. 계몽주의 시대 이후 프랑스는 사회개혁가들의 온상이었다. 하지만 생시몽은 사회문제에 윤리적이 아니라 공학적으로 접근했다는 점에서 이전 사회개혁가들과 달랐다. 그는 사회를 하나의 기계나 유기체로 간주하고 혼란과 문제가 발생하는 까닭을 개개인의 도덕문제가 아니라 사회 특정 부분에 고장이 났거나 질병이 발생해서라고 보았다. 따라서 사회법칙을 잘 아는 일종의 사회 엔지니어들이 고장 난 부분을 고치고 잘못된 부분을 제거하면 어지러운 사회질서를 바로잡을 수 있다고 주장했다. 그렇다면 어떻게 고장이 난 곳이나 질병을 찾을 수 있을까? 기계를 다루는 엔지니어가 물리학을 활용하듯 사회를 다루는 엔지니어도 그에 해당하는 과학적 접근이 가능하다.

생시몽은 이를 물리학 지레의 법칙에 비유했다. 지렛대 원리를 발견한 인류가 무거운 물체를 마음대로 들어 옮겨 자연을 개조한 것과 마찬가지로 세상을 보다 훌륭하게 만들어나갈 수 있는 사회법칙이 얼마든지 존재한다는 것이다.

잘못 붙여진 이름 사회학

생시몽의 제자였던 콩트Auguste Comte, 1798~1857는 스승의 생각을 더욱 확대 발전시켜 인간 사회가 유지되고 변동하는 보편법칙, 즉 만유인력과 같은 법칙을 발견하는 과학이 필요하며 또 이것이 가능하다고 주장했다. 그는 물리법칙과 마찬가지로 사회법칙 역시 엄격한 과학적 방법을 통해서만 발견할 수 있다면서 기존의 철학이나 윤리학과 명백히 구별되는 새로운 학문을 수립하고자 했다. 원래 그는 이 학문을 '사회물리학'이라 부르고 싶어 했지만 케틀레Adolphe Quételet, 1796~1874라는 통계학자가 이를 먼저 사용하고 있어서 '사회학Sociologie'이라는 이름을 붙였다.

각기 다른 나라 말들인 socius(라틴어로 사회)와 logos(그리스어로 학문)를 결합한 어법에 맞지 않는 조악한 합성어라는 비판을 받지만 이미 100년 이상 사용해온 용어이기 때문에 오늘까지도 그대로 이어졌다. 또 한자 번역어인 社會學도 어법상 문제가 없다.

콩트 이후 사회학은 눈부시게 발전했다. 다만 콩트와 동시대 인물인 마르크스Karl Marx, 1818~1883와 스펜서Herbert Spencer, 1820~1903는 사회학이라는 이름을 사용하지 않았다. 그러나 그다음 세대인 뒤르켐Émile Durkheim, 1858~1917, 베버Max Weber, 1864~1920, 미드George Mead, 1863~1931 이른바 사회학의 3대 천재를 거치면서 사회학이라는 학문명이 확정되었고 이후 사회학은 중심 학문 가운데 하나로 확고하게 자리 잡았다.

사회학은 무엇을 탐구하는가

사회유지와 변동의 법칙

사회학이 관심을 가지는 대상은 매우 광범위하다. 일단 말 그대로 사회를 연구 대상으로 삼는데, 인간은 사회 밖에서 생활할 수 없는 존재이므로 인간과 관련된 거의 모든 현상이 연구 대상이다. 그 가운데 사회학이

> **사회학의 관심 대상**
> 사회유지와 변동의 법칙
> 사회와 개인의 관계
> 개인과 개인의 관계: 인간의 사회적 상호작용
> 문화의 여러 양상
> 사회문제의 발생 원인과 해법

주로 관심을 가지는 대상은 사회유지와 사회변동의 법칙이다.

평소 우리는 자연의 존재를 거의 인식하지 못하고 산다. 그러다 자연재해가 발생했을 때에야 그 존재를 실감하며 인간을 압도하는 대자연의 실체를 분명하게 느낀다. 하지만 천재지변이 일어나는 순간은 잠깐이고 자연은 원래 상태로 돌아간다. 만약 재해와 원상태로의 회복이 반복되지 않는다면 인간은 자연에 호기심을 느끼지 않았을 테고 자연과학을 연구하

고 발전시키지 않았을 것이다.

사회도 마찬가지다. 우리는 평상시 사회의 힘을 느끼지 못하고 각자 자신의 뜻에 따라 산다고 생각하지만, 급격한 사회변동이 일어나면 비로소 개인 힘으로 어찌하지 못하는 사회의 압력을 느낀다. 사회학은 시민혁명과 산업혁명이라는 대격동의 산물이다. 그 결과 수백 년간 삶의 터전이었던 전통사회의 여러 제도와 규범이 무너졌다. 전통사회 기반이 무너진 다음에야 사람들은 생활 터전이었던 사회의 결핍으로 야기된 지독한 혼란과 고통을 인지했다. 사회학은 이런 상황에서 탄생한 학문이기에 최초로 연구한 주제는 다음의 두 문제였다.

1. 사회가 해체되거나 혼란스럽지 않게 유지될 수 있는 원리
2. 사회변동의 법칙과 과정

사회학 창시자들은 1번 문제의 답을 찾으면 혼란에 빠지거나 붕괴되지 않는 안정적 사회를 세울 수 있다는 믿음, 2번 문제의 답을 찾으면 예기치 못한 변동에 휩쓸리지 않고 대비해 더 나아가 변동의 힘을 이용할 수 있다는 믿음 가운데 적어도 하나는 공유하고 있었다.

이 문제는 아직까지도 사회학의 가장 중요한 이론적 기틀이다. 지금도 많은 사회학자들이 사회가 해체되지 않고 유지되는 원리, 사회구조, 구성원 간 연대, 사회 각 부분의 기능, 그리고 사회변동과 사회갈등에 대한 적절한 설명을 찾고자 다양한 이론을 정립하고 있다.

사회는 개인과 어떤 관계를 맺는가

사회학이 단지 사회유지나 변동에만 관심을 가지는 것은 아니다. 사회학의 최종 관심사는 사회 자체가 아니라 그 안에서 살아가는 사람으로, 특히 개인이 하는 행동을 사회 배경 속에서 설명하고 이해하려 한다. 즉 사회학의 주요 관심사는 사회와 개인의 관계다.

이때 사회학의 관심은 두 방향으로 나뉜다. 하나는 사회가 개인 행동에 미치는 영향이다. 사람들은 흔히 자신이 독립적이고 개성 있는 존재로 자유롭게 판단하고 행동한다고 믿고 싶어 한다. 그러나 실제로는 자신이 몸담고 있는 사회의 통념, 문화, 제도의 영향을 받으며 이로부터 자유롭기란 대단히 어렵다. 개인에게 영향을 주는 사회의 힘은 때로는 노골적 압력이나 폭력으로 드러나기도 하지만 대체로 무형의 압력 또는 무의식적으로 작용하는 경우가 많다. 이렇게 개인에게 유무형의 압력으로 작용하는 사회의 여러 영향력을 사회학에서는 '사회적 사실'이라 부른다.

유형의 압력
실정법이나 제도처럼 우리가 지켜야만 하고 겉으로 드러나 보이는 압력이다.

무형의 압력
관습, 관행 혹은 직장이나 각종 집단의 문화처럼 누가 시킨 적은 없지만 따라야 하고 겉으로 드러나 보이지 않는 압력이다.

그런데 사회적 사실의 압력이 개개인의 사적 원인과 서로 뒤엉켜 작용하므로 구별해내기가 쉽지 않다. A라는 여성이 번번이 승진에서 탈락하는 경우를 예로 들어보자. 이 여성의 승진 탈락 원인을 반드시 사회적 사실이라고만 보기는 어려우며 분명 개인적 원인도 있을 것이다. 성과가 미흡하다거나 동료와 잘 화합하지 못한다거나 등등 다양한 개인적 이유를 찾을 수 있다.

문제는 국내 500인 이상 대기업 간부 가운데 여성 비율이 20퍼센트도 되지 않아 여성 간부 비율이 30퍼센트에 이르는 프랑스나 독일보다 현저히 낮다는 점이다. 이를 그저 한국 여성이 독일이나 프랑스 여성보다 무능하거나 성격에 결함이 있다고 치부하기는 어렵다. 여성의 승진을 가로막는 사회의 영향력이 분명히 존재하며 A라는 여성이 승진에서 탈락하는 원인 역시 개인문제로만 보기 어려워진다. 여성이 승진하기 어려운 한국사회의 분위기가 작용했을 것이기 때문이다. 따라서 설사 A에게 개인적 결함이 있다 할지라도 A가 여성이라는 이유로 남성보다 쉽게 승진에서 탈락했다는 설명이 충분히 가능하다.

　또다른 예를 살펴보자. B라는 남성은 하루에 담배를 두 갑씩 피운다. 그가 담배를 많이 피우는 원인으로 여러 개인적 이유를 들 수 있다. 담배뿐 아니라 탐식하는 습관도 있는 등 원래 자제력이 부족할 수도 있고 일탈하려는 성향이 강해서 어린 나이부터 담배를 피웠을 수도 있다.

　그런데 통계자료를 보면 서초·강남·송파 이른바 강남 3구 성인 남성의 흡연율은 38퍼센트인 반면, 상대적으로 빈곤층이 많이 거주하는 자치구 성인 남성의 흡연율은 54퍼센트로 차이가 크다. 이런 경우 빈곤층 남성이 강남 3구에 사는 남성보다 특별히 자제력이 약하고 일탈 성향이 강하다고 보기는 어렵다. 따라서 다른 사회적 요인, 특히 빈곤과 관련된 사회적 요인들이 높은 흡연율에 영향을 주었다고 추론할 수 있다. 이때 흡연은 사회적 사실이다. 그리고 만약 B가 저소득층에 속한 남성이라면 그의 흡연은 개인문제가 아니라 소득 불평등이 건강 불평등으로까지 이어지는 사회적 사실의 영향을 받았다고 볼 수 있다.

　개인의 힘으로 어쩔 수 없는 보이지 않는 사회적 압력은 문학작품의 소재로도 자주 활용된다. 괴테의 《젊은 베르테르의 슬픔》은 자살이 아니고서는 벗어날 수 없는 사랑, 사회관습과 제도 사이의 갈등을 다룬다. 이 작품 속 누구도 베르테르의 죽음에 책임이 없다. 베르테르의 열정도 샤를로테의 무심함도 아닌 당시의 엄격한 결혼제도와 감정표현을 금기시하던 사회관습이 그를 죽음으로 몰아갔기 때문이다. 셰익스피어의 〈로미오와 줄리엣〉 역시 마찬가지다. 로미오와 줄리엣을 죽음의 길로 몬 책임은 그들의 성격적 결함 또는 어떤 악인의 농간이 아닌, 오랫동안 누적된 두 집안의 갈등과 결혼을 사적 사랑의 영역이 아닌 공적 집안문제로 간주하던 사회관습에 있다. 실러는 대표작 〈간계와 사랑〉에서 개인의 도덕적 고결함으로도 끝내 막을 수 없는 사회적 압력을 '간계'라는 단어로 표현했다. 보이지 않는 어떤 거대한 힘이 개인을 마치 장기판의 말처럼 가지고 놀면서 자기 목적을 달성한다는 의미다.

　이와 같이 개인의 자유의지로 극복해내기 힘든 압력으로 다가오는 사회적 사실이 사회학의 가장 중요한 연구 주제다. 하지만 이를 지나치게 과장해서는 안 된다. 어떤 사람의 성별, 출신 지역, 나이, 경제적 지위 등 사회적 배경을 조사하면 그 사람이 어떤 생각을 하고 어떤 행동을 할지를 예측할 수 있다는 믿음은 지나치게 결정론적이다.

　인간은 비록 사회적 사실의 압력을 받지만 그렇다고 그에 따라서만 움직이는 장기판 말이 아니다. 거꾸로 개인의 행동이 사회 전체에 영향을 미치는 경우도 얼마든지 있다. 사회는 수많은 사람이 종횡으로 얽혀 있는 복잡한 네트워크이므로 개인이 하는 행동이나 생각의 결과가 그에게만 미치지 않고 크건 작건 사회에 영향을 준다. 미국 흑인민권운동의 도화선이 된 로자 파크스 Rosa Parks, 1913~2005 는 단지 흑인이라는 이유로 백인에게 자리를 양보한다는 것은 옳지 않다는 개인적 존엄성에 대한 생각을 가지고 있었다. 그녀는 버스에서 백인에게 자리를 양보하지 않았고 벌금을 물 각오는 했겠지만, 이로써 흑인민권 운동의 거대한 물결을 일으켜 미국 사회를 근본적으로 변화시킬 생각은 하지 않았을 것이다. 그러나 그녀의 작은 행동 하나가 미국이라는 크나큰 사회의 뿌리를 흔들었다.

복잡하게 얽혀 있는 사회 안에서 구성원의 사소한 행동이 사회에 큰 영향을 줄 수 있다. 그 영향이 로자 파크스처럼 긍정적일 때도 있지만 2014년 4월 16일에 일어난 세월호 참사처럼 부정적일 때도 있다. 세월호 참사는 태풍이나 어뢰같이 어떤 강력한 힘이 선박을 뒤집어서 발생한 것이 아니다. 선박의 도입, 검사, 관리, 운행 그리고 해난 사고 후 구조에 이르기까지 사회 각 분야에서 일어난 임무 소홀과 방기가 누적되어 한꺼번에 터져나온 참사다.

몽고메리 지역의 버스 보이콧

20세기 전반 미국사회는 일명 '흑백 분리정책'이 만연했던 시대다. 흑인은 백인이 다니는 학교에서 공부할 수 없었고, 백인이 이용하는 식당이나 교회에도 들어갈 수 없었다. 1955년 12월 1일 앨라배마 주 몽고메리에서 백화점 직원으로 일하던 로자 파크스는 퇴근 후 버스에 올랐다. 버스 또한 백인과 흑인의 자리가 구별되어 있었다. 백인 승객이 많아지자 운전기사는 흑인 좌석에 앉아 있던 그녀에게 자리에서 일어나라고 요구했다. 로자는 그 말을 거부했고, 법을 어겼다며 경찰에 체포된다. 그녀가 체포되자 흑인들은 버스 보이콧을 선언하며 승차거부운동을 벌였고, 이에 킹 목사도 가세했다. 버스 보이콧은 1년 이상 지속되었으며, 흑인민권운동도 더욱 활발해졌다. 마침내 1956년 11월 연방대법원에서 몽고메리의 인종분리 규정은 위헌임을 판결했다. 이 일로 인해 로자는 직장을 잃었지만 이후 하원의원인 존 코니어스의 사무실에서 일하며 평생을 강연과 흑인민권운동에 종사했다.

개인과 개인의 관계   인간의 사회적 상호작용

 사회학은 사회와 개인의 관계뿐 아니라 개인과 개인의 관계에도 관심을 가진다. 사회생활이라고 부르는 현상은 사회와 개인의 관계보다는 주로 개인 간에 말, 글, 제스처 등을 서로 교환하는 상호작용으로 이루어진다.
 20세기 이후 사회학은 사회변동이나 사회적 사실의 영향력과 같은 거대한 주제를 넘어서 사회 구성원들이 주고받는 구체적 상호작용에 관심을 두기 시작했다. 이런 연구를 미시사회학이라 부르며 사회적 사실과 사회의 유지, 변동 등을 연구하는 거시사회학과 구별한다.

사회학과   문화의 상관관계

 사회학이 특별히 관심을 가지는 주제 가운데 하나는 문화다. 여기서 문화란 '문화예술'이나 '문화시민'이라고 할 때의 좁은 의미가 아니라 어떤 사회의 구성원들이 공유하는 행동, 사고, 생활방식을 일컫는다. 사실 사회와 문화는 밀접하게 관련되어 사회를 연구하는 것과 문화를 연구하는 것이 구분되지 않을 정도다. 사회적 사실의 영향력이 바로 문화를 통해 개인에게 작용하기 때문이다.
 개인은 알게 모르게 자신이 몸담고 있는 사회가 공유하는 문화에 따라 생각하고 행동하지만 자기 의지에 따라 행동한다고 여긴다. 일제강점기 때를 살펴보아도 총칼로 지배하던 무단통치 시기보다 부드럽게 생활방식의 일본화를 이끌었던 문화통치 시기에 민족저항운동이 훨씬 적었다. 자기도 모르는 사이에 식민통치에 순응해버렸던 것이다. 이처럼 사회적 압력은 법이나 제도를 통해 직접 작용하기보다 문화를 통해 은근하게 작용하는 무형의 압력인 경우가 많다. 심지어 법이나 제도 역시 문화적 배경으로부터 자유롭지 못하다. 따라서 사회에 대한 연구의 상당 부분은 그 문화를 연구하는 것이다.

한편 사회학은 일반적 의미의 문화뿐 아니라 학문, 예술, 종교 같은 좁은 의미의 문화에도 관심이 많아 지식사회학, 예술사회학, 종교사회학 등의 사회학 분파들이 형성되었다. 사회학이 관심을 가지는 영역은 예술이나 지식의 구체적 내용이 아니라 그러한 예술이나 지식이 형성된 사회적 배경과 조건이다. 예를 들어 미켈란젤로, 라파엘로, 갈릴레이, 뉴턴, 모차르트, 하이든 같은 인물들의 업적과 작품에 대한 평가는 사회학 영역이 아니지만 왜 특정한 시기에 특정한 분야에서 천재들이 집중적으로 등장했는가는 사회학의 관심사다. 또 특정 종교의 교리나 전례典禮 자체는 사회학 연구 대상이 아니지만 사회적 배경과 상황에 따라 교리나 전례 형식이 변화되는 과정은 연구 대상이다. 또한 과학자들의 이론과 학설 자체는 사회학의 관심사가 아니지만 산업 발전이나 경제체제 변동과 맞물린 과학의 발전, 과학자들의 주된 관심사 변천은 연구 대상이다.

사회문제의 발생 원인과 해법

사회학의 관심 대상 가운데 사회문제의 발생 원인과 해결책을 찾는 것이야말로 가장 근본적 연구 대상이다. 사회학은 애초에 인간 사회의 일반

법칙보다는 당면한 사회문제의 해결책을 찾는 과정에서 발생한 까닭에 관조적이거나 사변적 학문이 아니라 실천적 학문으로 출발했다. 당면한 문제를 해결하려다보니 자연스럽게 그 전제가 되는 사회의 일반적인 원리를 탐구하게 된 것이다. 서로 학설은 달라도 위대한 사회학자들은 모두 인간에게 고통의 원인이 되는 사회문제에 대해 문제의식을 가지면서 사회학 연구를 시작했다.

콩트와 뒤르켐은 기존 사회가 해체되면서 발생하는 연대의 상실과 도덕적 혼란이라는 문제를 해결하는 과정에서 자신들의 이론을 전개했다. 또한 마르크스는 극심해지는 사회적 불평등과 노동자들의 열악한 처지를 해결하기 위해 연구를 시작했고, 베버는 합리화 과정 속에서 날이 갈수록 관료화되어가는 개인들이 삶의 의미와 자유를 상실하는 경로經路를 문제로 삼아 파고들었다.

2장

사회학은 어떻게 세상을 연구하는가

1장에서는 사회학이 어떤 학문인지 그리고 어떤 문제에 관심이 있는지 살펴보았다. 그렇다면 사회학자들은 사회에서 발생한 여러 문제를 어떤 방법으로 연구할까? 학문을 체계 없는 생각이나 이론과 구별하는 기준은 바로 방법론이다. 모든 학문은 저마다 진실에 도달하기 위한 방법을 가지고 있어서 마구잡이식의 근거 없는 주장을 피할 수 있다. 사회학도 마찬가지다. 사회에 대한 관심과 사회학의 차이는 어떤 견해를 밝히느냐가 아니라 그 견해를 어떤 체계적인 방법에 의해 증명하느냐에 있다.

사회학 연구 방법론의 두 축

과학적 방법

사회학은 사회현상에 대한 과학적 연구를 표방하며 출범했다. 사회학의 시조라 할 수 있는 콩트가 사회물리학이라는 이름을 고려했던 것에서 알 수 있듯이 사회학은 사회현상을 대상으로 물리학과 같은 과학적 방법을 적용해 보편법칙을 발견하고자 했다. 따라서 사회학 연구에서 가장 중요한 방법론은 자연과학과 동일한 과학적 방법론이다. 심지어 실증주의 사회학자들은 과학적 방법론 이외의 방법은 인정하려 들지 않았다. 그럼에도 사회학이 보편타당한 법칙을 발견하지 못한 것에 대해 실증주의자인 머튼Robert Merton, 1910~2003은 "방법이 틀려서가 아니라 사회학이라는 학문의 역사가 아직 일천해서"라고 답했다. "사회학이라는 과학에는 아직 뉴턴은 커녕 케플러도 등장하지 않았다"는 것이다.

그렇다면 사회학자들이 그토록 강조하는 과학적 방법이란 무엇일까? 이는 논리적 추론을 통해 수립한 잠정 이론(가설)을 경험적 증거로써 증명하는 방법을 통칭한다. 한마디로 가설을 수립한 다음 실험을 통해 증명하는 것이다. 일반적으로 과학적 방법론을 적용한 연구는 다음과 같은 순서로 진행된다.

과학적 관찰 연구 대상이 되는 현상을 관찰하는데, 대상을 그저 바라보는 게 아니라 어떤 종류의 규칙성이나 패턴이 있는지 유의해 살펴본다. 말하자면 순수한 관찰이라기보다 이미 어떤 이론이 전제된 관찰이다. 즉 어떤 부분을 눈여겨볼지 어느 정도 방향이 정해진 관찰이다. 예를 들어 학생을 관찰할 때 학생의 일거수일투족을 모두 관찰하는 것이 아니라 연구 주제에 따라 긍정적 반응, 학습동기 고취, 공격성, 폭력적 행동 등 관찰할 내용이 달라진다.

가설 관찰 결과 찾아낸 규칙성을 규명할 수 있는 잠정적 설명이다. 여기서 설명이란 어떤 현상을 원인과 결과의 관계로 진술할 수 있다는 뜻이다. 예를 들어 학생들의 학습동기가 고취되는 현상을 관찰했다면, 이를 규명할 수 있는 잠정적 설명을 하는 것이다. 따라서 가설은 명제 형태로 제시해야 한다.

'학생들에게 칭찬을 많이 할수록 학습동기가 고취될 것이다'라는 가설을 세웠다고 치자. 이때 칭찬을 많이 할수록(P)→학습동기가 고취된다(Q)와 같은 인과관계가 상정된다. 단, 덮어놓고 명제를 세워서는 안 된다. '관찰된' 결과를 가설로 세워야 하며 그 결과를 설명할 수 있는 여러 이론적 근거를 가지고 있어야 한다.

증명 가설은 어디까지나 잠정적 설명에 불과하므로 그 가설이 옳음을 입증할 수 있는 경험적 증거를 통해 증명해야 한다. 자연과학에서는 증거를 수집하는 방법으로 실험을 한다. 먼저 두 집단을 설정하는데, 이 두 집단은 가설에서 원인으로 제시한 변수를 제외하고 나머지 조건과 속성이 동일해야 한다. 동질적인 두 집단 가운데 한 집단에만 해당 변수를 처치하고 나서 어떤 변화가 나타났다면 그 변수 때문임이 증명되는 것이다. 이때 해당 변수를 처치한 집단을 실험군, 그러지 않은 집단을 대조군 또는 통제군이라 부른다.

문제는 사회학의 연구 대상이 사물이나 동물이 아니라 사람 사는 세상이라는 점이다. 따라서 완벽하게 통제된 실험을 하기가 쉽지 않다. '종교의 영향력이 약해지면 우울증 발생 빈도가 높아진다'는 명제를 증명하기 위해 어떤 두 마을을 완전히 통제한 다음 한 마을에는 종교활동을 활발히 시키고, 다른 마을에는 어떤 종교활동도 하지 못하도록 막는 실험을 할 수 없다. 이런 애로 사항 때문에 사회학자들은 엄밀한 의미의 실험보다 통계자료를 이용한 일종의 유사 실험을 선호한다. 즉 여러 마을의 종교기관 수, 종교활동 인구 비율, 각 마을의 우울증 발생 빈도, 그 밖에 우울증에 영향을 줄 수 있는 다른 요인을 조사한 뒤 종교기관 수와 종교활동 인구 비율이 우울증 발생 빈도에 의미 있는 영향을 주는지 확인하는 식이다. 이 밖에도 사회학자들은 역사적 사례를 수집하거나 서로 다른 특징을 가진 다양한 사회의 사례를 수집해 비교하는 비교사회학적 연구로 통제된 실험을 할 수 없는 약점을 극복한다.

이론 반복 실험을 통해 검증된 가설은 이론으로서의 지위를 얻는다. 이렇게 수립된 이론은 사회현상을 설명하는 틀로 사용할 수 있다. 어떤 현상이 발생하면 학자들은 일단 기존에 입증된 이론을 바탕으로 설명을 시도한다. 만약 기존 이론으로 설명되지 않을 경우에는 그 이론을 수정하거나 새로운 가설을 세운다.

과학적 방법론을 사용해 콩트는 인간 세상을 설명하는 학문으로서 사변적 철학을 대신해 사회학이 그 자리를 차지했다고 선언했다. 마르크스 역시 명확하게 사회학이라는 용어는 쓰지 않았지만, 추상적 사변에 매달리던 기존 철학을 관념론이라고 비판하면서 경험적 증거에 의한 실증적 연구를 할 것을 주장했다. 마르크스는 이를 사회학이라는 이름 대신 '인간 역사의 자연사적 해석'이라 불렀는데 사실상 사회과학이라는 의미나 다름없다. 마르크스의 《자본론》은 어떤 사회현상과 시대를 설명하기 위해 통계자료와 각종 청서, 백서 등을 활용한 최초의 저작이

청서靑書
의회가 특정한 주제에 대해 조사한 결과를 정리해 보고하는 문서다.

백서白書
정부가 특정 사안이나 주제에 대해 조사한 결과를 정리해 보고하는 책이다.

다. 또한 최초의 사회학 교수인 뒤르켐은 통제된 실험이 불가능한 사회현상에 적용할 여러 과학적 방법론을 개발했다. 그의 《자살론》은 여러 나라의 다양한 통계자료를 활용하면 일종의 유사 실험이 가능하며 얼마든지 가설을 증명할 수 있음을 보여준 모범 사례다.

20세기 들어 거대한 집단에서 소수의 표본을 추출해 전체를 추론하는 다양한 통계기법과 설문기법이 발달하면서 사회학에 과학적 방법론을 적용하기가 더욱 용이해졌다. 그 덕분에 통계나 설문지를 활용해 수치화한

자료를 수집하고 분석하는 계량사회학이 사회학의 주류로 자리 잡았다. 지금도 복잡한 통계수치를 가지고 이런저런 분석을 하는 사람이 사회학자의 전형적 이미지로 널리 알려져 있다.

이해 또는 현상학적 방법

사회학 연구의 가장 큰 어려움은 사회가 스스로 생각하고 의지를 가진 구성 요소, 즉 사람들로 이루어졌다는 점이다. 이 때문에 사회학은 과학적 방법에만 의존할 수가 없다. 스스로 자신이 실험 대상임을 인지하고 있는 존재, 또 스스로 법칙을 이해하고 이용하려 드는 존재를 대상으로 정확한 과학적 연구는 가능하지 않다. 즉 과학적 방법론에만 입각한 사회학 연구는 한계점을 지닌다는 말이다. 자연과학과 달리 사회학은 연구 대상의 생각을 물어야 하며 그들이 자신의 행동에 부여하는 의미를 이해해야 한다. 이런 사회학을 통상 이해사회학이라 부른다.

자연과학과 한번 비교해보자. 물을 가열해 수증기로 만드는 실험을 한다고 가정했을 때 우리는 물 분자의 생각을 궁금해하지 않는다. 또 물 분자가 수증기로 바뀌는 과정에 부여하는 의미도 묻지 않는다. 물 분자에게는 의도와 목적이 없다. 실제로 '아, 열이 가해지는 것을 보니 더 활발하게 운동하라는 뜻이겠지. 난 액체보다 기체가 고결한 상태라고 생각해'라고 의미를 부여하면서 수증기로 변하는 물 분자는 없다. 물질은 주어진 자극에 따라 반응할 뿐이다.

물 분자가 스스로 해석하고 의미를 부여하는 의식을 가진 존재라면 상황은 매우 복잡해진다. 어떤 물 분자는 연구자의 기대에 부응하기 위해 열이 가해지기도 전에 활발하게 운동해 수증기가 될 수도 있고, 일부 물 분자는 연구자를 골탕 먹이기 위해 뜨거움을 참고 얼음이 되려 하거나, 또 다른 물 분자는 열을 가하는 도구를 찾아 불을 끄려고 할 수도 있다. 이런 경우 물 분자는 열에 반응하는 게 아니라 열이 가해지는 조건 속에서 '행위'하는 것이다. 행위란 단순히 외적 변수에 대한 반응이 아니라 행위자가 스스로 주관적 의미를 부여하는 행동이다. 만약 물 분자가 단지 반응하는 대상이 아니라 행위자라면, 물에 열을 가한 뒤 온도가 몇 도일 때 끓는지 측정하는 것만으로는 물의 상태 변화에 대한 제대로 된 지식을 얻을 수 없다. 이때는 반드시 개별 물 분자가 왜 그렇게 행동했는지 또 그 행동에 어떤 의미를 부여했는지까지 알아내야 한다.

다시 사회학으로 돌아오자. 사회학의 연구 대상인 사회는 분자가 아니라 사람으로 이루어져 있다. 사람은 자신에게 가해지는 사회적 압력과 영향력에 수동적으로만 반응하지 않고 나름대로 해석하고 의미를 부여해 행위한다. 그렇다고 사회의 영향력에서 완전히 자유로울 수는 없으며 그 영향력을 온전히 해석할 수도 없다. 하지만 사람은 자신이 가진 지식, 가치관, 문화 등에 근거한 자기 나름의 의식에 따라 사회적 영향력을 해석하고 행위한다. 기존의 지식, 가치관, 문화 역시 사회적 소산이므로 사회적 영향력에서 완전히 자유롭지는 않지만 적어도 인간이 사회에 수동적으로만 반응하는 것이 아님은 분명하다. 베버는 사회학의 연구 대상이 '사회적 사실'만이 아니라 '사회적 행위'라는 점을 강조하면서 이해사회학의 단초를 제공했다.

사회학은 사회법칙을 알아내는 데서 나아가 사회적 행위자의 의식에 새겨진 지식, 가치관, 문화 그리고 행위자가 자신의 행위에 부여하는 해석과 주관적 의미까지 밝혀내야 한다. 그런데 행위자의 주관적 의미를 과학적 방법론으로는 밝혀낼 수 없다. 이를 객관적 수치로 측정할 방법이 없기 때문이다.

이런 것들은 행위자를 직접 관찰하고 함께 행위에 참여하며 행위자와 대화하지 않고서는 알아낼 수 없다. 직접적이든 간접접이든 행위자의 상황을 경험해 그의 지식과 가치관, 문화 등을 파악하고 난 뒤에야 '아, 이래서 저 사람이 그렇게 행동했구나' 하고 이해할 수 있는 것이다. 따라서 이해사회학자, 해석적 사회학자는 다음과 같은 방법을 주로 사용한다.

비구조화 면접법 계량사회학에서는 미리 정해둔 질문을 바탕으로 모든 인터뷰 대상에게 똑같은 질문을 하고 그 응답들을 객관적으로 비교한다. 하지만 이해사회학에서는 행위자의 심층적인 생각을 끌어내기 위해 응답자들의 상황에 따라 다양한 질문을 하며, 경우에 따라서는 질문이 아닌 응답자의 자유로운 담화를 기록하기도 한다. 그래서 비구조화 면접법은 면접이라기보다는 대화에 가깝다. 비구조화 면접시 연구자는 필요한 응답을 체크하는 게 아니라 응답자의 모든 발언과 표정 등을 녹음하고 녹화하는 것을 원칙으로 한다.

문화기술지 자연스러운 일상생활의 사회적 의미를 정확히 포착하고, 그 자료를 외부 시선에 의해 편향되지 않게 체계적으로 수집해서 그 환경 안에 있는 사람들을 연구하는 것을 말한다. 이를 위해 연구자는 반드시 현장에 있어야 한다. 또한 현장에서 수집할 수 있는 모든 정보와 자료를 가감 없이 있는 그대로의 맥락과 함께 수집해야 한다.

참여관찰   연구자가 연구 대상이 되는 사회의 실생활에 참여해 관찰하면서 사회관계나 구조, 행위자들의 의미를 추론해내는 방법이다. 연구자는 그 사회의 진정한 구성원으로 받아들여지도록 노력해야 한다. 이 연구는 연구 대상이 되는 사회의 문화를 연구자가 받아들여야 행위자들의 행위를 진정으로 이해할 수 있다는 믿음에 근거한다.

  지금까지 살펴본 방법들은 계량사회학의 양적 연구와 대비해 수치로 바꿀 수 없는 자료를 주로 수집하고 연구한다는 의미에서 질적 연구라고 한다. 또 이렇게 연구하는 사회학을 계량사회학이나 실증사회학과 비교해 이해사회학 또는 현상학적 사회학이라 부른다.
  한때는 사회학자들이 과학적 방법과 이해 또는 현상학적 방법이라는 두 가지 방법론 가운데 어느 한쪽을 지지하며 서로 대립하기도 했지만 어느 한 방법만으로 사회현상에 대한 온전한 지식을 얻을 수 없다는 것이 정설이다. 사회현상에는 수치화해 객관적으로 연구할 수 있는 현상과 행위자의 주관이 많이 개입된 현상이 혼재되어 있어 두 연구 방법의 장점과 단점이 명확히 드러날 수밖에 없다.
  양적 연구는 연구자의 주관을 배재한 객관적이고 일반화된 법칙을 발견할 수 있는 반면 개별 행위자의 의식에 대한 심층적 이해가 불가능하고 구체적인 사회 맥락을 무시하는 경향이 있다. 한편 질적 연구는 행위자에 대한 심도 깊은 이해가 가능하며 사회현상이 발생하는 맥락을 이해할 수 있지만 연구자의 주관이 개입되기 쉬워 연구 결과를 일반화할 수 없다.

사회학적 상상력의 발휘

복잡하게 은폐된 사회현상

사회현상은 사람들의 관계에서 비롯되는 출현적 현상이다. 사람은 스스로 생각하고 해석하며 자신의 뜻을 은폐하기도 하고 전략적으로 행동하기도 한다. 따라서 사회현상은 자연현상처럼 명시적이지 않으며 그 원인도 여러 갈래로 복잡하게 은폐되어 있는 경우가 많다. '열 길 물속은 알아도 한 길 사람의 속은 모른다'는 속담은 공연히 나온 말이 아니다.

> **출현적 현상(발현적 현상)**
> 여러 개체가 상호작용하면서 나타나는 제3의 현상으로, 각 개체의 속성 그 어느 것과도 연결되지 않는 새로운 현상을 말한다. 예를 들어 개개인은 선량하지만 집단에 속할 때는 폭력적으로 행동을 하는 경우 등이 그러하다.

더구나 사회는 어떤 물질적 실체가 아니다. 그래서 개인의 재산권을 사회의 이름으로 규제하는 데 반대하는 극우주의자들은 "사회라는 것이 어디 있는지 보여달라"고 말하기도 했다. 실제로 사회라는 이름의 행위자는 눈에 보이지 않는다. 눈에 보이는 대상은 사람, 즉 개인들이다. 실증주의에 지나치게 경도된 행태주의(행동주의)자들은 겉으로 드러나 측정 가능한 개인의 행동만 관찰하고 측정해야 한다고 주장하기도 했는데, 이들에게 사회란 다만 개인별 측정값의 합계에 불과하다.

그러나 상호작용의 관계망인 사회는 단지 개인들의 합에 불과한 것이 아니다. 두 사람 이상이 모여 지속적으로 관계를 유지하는 순간 이미 개인을 넘어서는 무엇, 각 개인의 속성으로는 설명되지 않는 새로운 현상이 나타난다. 지역사회나 국가처럼 아주 많은 사람이 모인 집단이라면 더욱 그렇다. 기업은 직원들의 단순한 합이 아니며 국가는 국민의 단순한 합이 아니다. 개인들의 배후에 분명히 사회의 힘이 실체로서 발휘되고 있음을 절대 부정할 수 없다. 그러나 사회가 가진 힘은 겉으로 드러난 개인들을 아무리 꼼꼼하게 관찰한다 해도 드러나지 않는다.

사회라는 실체, 사회적 영향력이라는 보이지 않는 힘을 간파하려면 눈앞에 보이는 사람들의 모습 그 이상을 생각할 수 있는 능력, 다시 말해 일종의 상상력이 필요하다. 이를 미국의 사회학자 밀스C. Wright Mills, 1916~1962가 '사회학적 상상력'이라 불렀다.

사회학적 상상력의 범위

사회학적 상상력의 범위는 매우 넓다. 주변에서 발생하는 온갖 현상을 개인 차원을 넘어 사회의 큰 구조적 관계에서 상상해볼 수 있다면 모두 사회학적 상상력이라 할 수 있다. 커피를 마시면서도 그저 커피의 맛과 향만 즐기는 것을 넘어 다양한 생각을 펼칠 수 있다. 커피가 기호식품으로 널리 보급된 이유에 어떤 사회적 배경이 있는지, 커피를 마시면서 이루어지는 사회적 상호작용의 특징은 무엇인지, 커피 역시 중독성을 가진 음료인데 왜 커피 애호가는 약물중독자처럼 취급받지 않는지, 커피 원산지는 아프리카인데 왜 즐겨 마시는 사람들은 주로 미국과 유럽에 있으며 생산지는 중남미에 집중되어 있는지, 이렇게 된 까닭은 무엇이고 각 지역 사람들의 삶에 어떤 영향을 주는지, 커피 무역으로 누가 이득을 보는지, 중남미나 동남아시아에서 힘들게 커피 농사를 짓는 농민들에게 충분한 보상이 이루어지고 있는지, 그게 아니라면 어떤 구조적 문제가 있는지 등을 생각해볼 수 있다.

또다른 예로 이혼 사유를 살펴보자. A라는 여성이 남편과 이혼했다는 소식을 접하면 보통 사람들은 A 또는 남편의 이런저런 문제를 생각하기 마련이다. 부부의 성격이나 가치관 차이 또는 배우자의 외도, 폭력이나 학대 등이 거론될 수 있다. 배우자 간에 성격이 맞지 않는 경우는 예나 지금이나 흔한 일이고 배우자의 외도나 폭력 등도 마찬가지다. 그렇지만 표 2-1에서처럼 몇 년 사이 주요 이혼 사유의 비율에 변화가 있었다면 이는 결코 개인문제가 아니다.

이 통계를 보면 사회학자는 우선 2009년부터 2012년 사이 경제문제로 인한 이혼과 학대·폭력으로 인한 이혼이 같은 폭으로 크게 증가한 사실에 주목할 것이다. 그렇다면 A의 이혼은 개인 차원의 문제가 아니라 3년 사이에 일어난 어떤 사회적 문제, 특히 경제문제가 미친 결과일 수 있다. 또한 전체 이혼에서 결혼생활 4년 미만 신혼부부가 차지하는 비율이 2008년 28.5퍼센트에서 2012년 24.6퍼센트로 줄어든 반면, 55세 이상 황

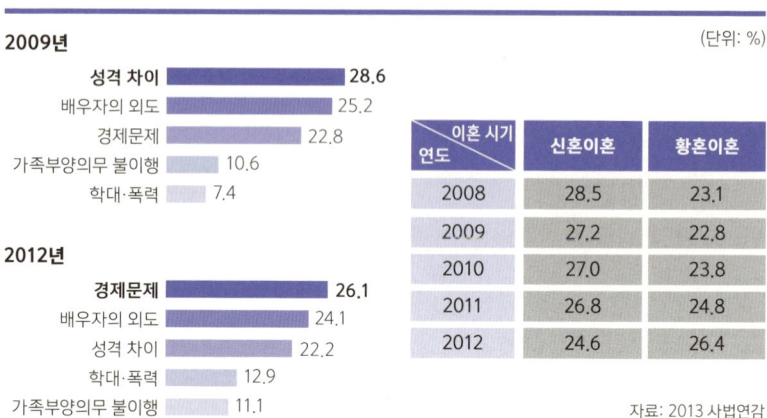

표 2-1 이혼 사유의 변화 양상

혼이혼 비율이 신혼이혼 비율을 넘어선 사실에 주목할 것이다. 신혼에는 연애할 때 보지 못한 서로의 결점이 노출되면서 갈등이 발생하기 쉽지만, 이미 30년 또는 그 이상을 살아온 부부의 이혼율 증가는 단지 개인문제로만 돌리기 어려운 면이 있다. 사회학자는 경제문제로 인한 이혼과 학대·폭력으로 인한 이혼 그리고 55세 이상의 황혼이혼 증가를 모두 설명할 수 있는 어떤 사회적 연결고리가 있을지도 모른다며 사회학적 상상력을 동원할 것이다.

영국의 사회학자 기든스Anthony Giddens는 사회학적 상상력을 다음과 같은 세 가지로 설명한다.

역사적 상상력　　　현재의 여러 제도와 관습과 문화, 즉 우리가 속한 사회의 모습이 당연한 것이 아니라 역사를 거치며 형성되었다는 점을 인식하는 것이다. 예를 들어 마르크스는 돈, 임금, 노동같이 당연하게 받아들여지는 것들이 중세에서 근대로 이행하는 역사적 과정을 거치며 형성되었음을 밝혀냈다. 우리는 역사적 상상력을 통해 지금의 생활양식이 과거와 어떻게 다르고 어떤 방식으로 변화해왔는지 파악할 수 있다. 또한 현재 사회가 어디에 뿌리를 두고 있으며 장차 어떤 방향으로 변화해 갈지 예측하는 것도 가능하다.

인류학적 상상력(비교사회학적 상상력) ───── 역사적 상상력이 시간에 대한 종적 상상력이라면 인류학적 상상력은 공간에 대한 횡적 상상력이다. 이는 우리가 당연하게 받아들이는 사회 모습이 다른 나라나 문화권에서는 전혀 다르게 나타날 수 있다는 점을 인식하는 것이다. 나라마다 서로 다른 역사적 유산을 지니고 있으며 그로부터 다양한 사회가 나온다. 인류학적 상상력을 발휘하면 다양한 사회와 문화를 비교해 우리가 살고 있는 사회의 특수성을 이해할 수 있다. 이런 능력이 부족한 사람은 자기 문화만 고집하는 배타성을 보이거나 다른 문화를 무조건 추종하는 사대적인 모습을 보이기 쉽다.

비판적 상상력 ───── 역사적 상상력과 인류학적 상상력이 발현된 다음에 나타난다. 두 사회적 상상력은 현재 사회가 고정불변하거나 보편적이 아님을 알려주는데, 우리가 살고 있는 사회를 상대적으로 바라볼 수 있다는 점은 자연스레 사회에 대한 비판적 태도를 수반한다. 따라서 비판적 상상력은 다른 사회학적 상상력보다 한 차원 높은 종류다. 어떤 현상을 두고 사회적 힘을 상상하는 것을 뛰어넘어 기존 사회형태에서 더 나아간 대안적인 사회까지 상상할 수 있는 비판적 상상력은 특히 진보주의자에게 가장 중요한 능력이다. 진보란 당연시되고 정당화되어왔던 모든 질서와 가치, 규범을 상대화하고 의문시하며 대안을 모색하는 태도를 가리킨다.

사회학적 상상력을 발휘하면 사소하거나 일상적인 것을 예사롭게 넘기지 않고 여러 사회문제와 사회구조가 가진 힘 등을 발견할 수 있으며, 현재 우리가 살고 있는 사회를 비판적으로 검토하고 더 나은 사회를 구상할 수 있다.

다만 사회학적 상상력을 문자 그대로 '상상력'으로 오해해서는 안 된다. 이는 어디까지나 현실적 분석에 바탕을 두고 한발 더 나아가는 것이지 아무런 근거 없는 허황된 공상이 아니며, 장차 구체적인 이론을 만들어내기 위해 문제를 떠올리는 것이다. 상상만으로 끝나면 문학의 영역이지 사회학이 아니다. 또한 사회학적 상상력은 무엇을 연구하고 어디에서 연구를 시작할지 도와주는 도구로 소설과는 다르다. 과학적 연구를 통해 구체화되어야 의미 있는 지식과 실천을 만들어낼 수 있다는 점에서 사회학자에게는 과학적 방법, 현상학적 방법 그리고 사회학적 상상력 모두가 필요하다. 이 셋 가운데 어느 하나라도 부족하면 제대로 된 연구가 불가능하다.

미움받는 사회학자
그러나 고마운 사회학

사회학자의 역할과 사회학의 필요성

사회학자는 사회학적 상상력을 발휘해 연구 주제를 발전시키고 각종 통계나 실험 등 과학적(실증적) 방법과 참여관찰, 민속학 등 현상적(해석적) 방법을 이용해 연구한다. 이를 통해 사회학자는 일상적이거나 개인적이라고 여겼던 것들이 사실은 우리가 살아가는 사회의 영향을 받고 있음을 밝히고, 사회의 어느 부분이 어떤 식으로 영향을 주는지 설명하며 장차 어떻게 될지를 예측한다.

그런데 세상에는 "사회학자들은 사회성이 떨어진다" "사회학자들은 사회생활을 잘하지 못한다"는 통설이 있다. 공교롭게 학교에서도 이른바 사회생활을 잘하지 못하는 교사는 주로 사회과목 교사들이다. 사회학을 공부했다면 사회를 더 잘 알 텐데 사회생활을 잘 못한다는 말을 듣는 까닭은 무엇일까? 이는 "사회생활을 잘한다"는 말을 '사회를 잘 알고 이에 잘 대처한다'가 아니라 '다른 사람과 갈등을 일으키지 않고 세상에 맞춰 잘 살아간다'는 의미로 사용하면서 빚어진 현상이다. 사회에 대해 잘 안다는 것과 사회에 순응한다는 것은 다른 개념이다.

세상에 맞춰 살아간다는 것은 사회적 통념, 관행, 가치를 잘 따른다는 뜻이다. 사람들은 대체로 세상에 맞춰 살아가고자 한다. 자신이 살고 있는 세상이 변하지 않고 그대로 따르기만 하면 되는 규칙과 가치에 의해 움직이는 편이 한결 편안하고 안전감을 주기 때문이다. 사실 그렇게 살면 어떤 의미에서는 속이 편할 수 있다.

선택해야 할 대상이 늘어나고 의문이 많아질수록 선택을 위해 에너지를 쏟아야 하므로 불편하고 제대로 선택했는지 불안하다. 밥과 김치가 음식의 전부라고 생각하는 사람은 무엇을 먹을지 고민할 필요가 없다. 그런데 쌀이 의외로 고칼로리고 김치에 나트륨이 과다해 이것만 계속 섭취하면 건강에 해롭다는 사실을 아는 순간 전에는 하지 않던 고민을 하게 된다. 또 "우리 것이 좋은 것이여!"라는 신념에 가득 찬 사람이라면 삶의 방식을 선택하는 데 고민할 필요 없이 그저 전통을 무조건 따르면 된다. 그런데 자기 문화 외에도 세상에는 다양한 문화가 있고 서로 우열을 매기기 어렵다는 사실을 깨달으면 그의 삶에 전에는 없던 엄청나게 많은 선택지가 주어질 것이다.

사회학자는 오랜 관행, 덕목, 통념, 전통 따위가 보편적이고 불변의 가치를 지닌 게 아니라 특정한 사회적 조건의 산물에 불과함을 밝혀내 상대화한다. 예를 들어 결혼이라는 너무 당연하게 받아들여지는 제도조차 인류의 탄생과 함께 생겨난 제도가 아니라, 특정한 역사적 산물로 계속 변천해 왔음을 밝혀 앞으로 변하거나 사라질 수 있음을 보여준다. 또 여러 나라와 민족, 다양한 문화권의 혼인제도를 횡적으로 비교해 혼인제도의 유형이 매우 다양하며 특정 방식의 혼인을 인류라는 이름으로 강요할 수 없음을 드러내 가치를 상대화한다. 사회학자는 무비판적으로 전통과 관행을 따르며 나름 편하게 살아온 사람들에게 그 밖에도 많은 선택지가 있음을 알리며 삶을 복잡하게 만든다.

남녀의 사랑조차 사회학의 잣대를 들이대 여지없이 상대화시켜버린다. 대부분은 사랑이 로맨틱하고 이런 로맨틱한 사랑을 거쳐 결혼하는 게 당연하다고 여기지만, 사회학자는 로맨틱한 연애라는 현상 자체가 18세기 유럽의 특수한 사회현상의 결과라며 환상을 무너뜨린다. 그들은 루소Jean Jacques Rousseau, 1712~1778의 《신 엘로이즈》나 괴테의 《젊은 베르테르의 슬픔》이 어떻게 신드롬을 일으켰는지를 밝히고, 오늘날까지 일부일처제의 구획이 명확하지 않고 성관계가 자유로운 문화권에서는 남녀의 로맨틱한 사랑과 같은 현상은 찾아보기 어렵다는 점을 증거로 제시한다.

《신 엘로이즈》
신분은 낮으나 학식이 풍부하고 성품이 곧으며 가식적인 세상의 규칙에 연연하지 않는 가정교사 생프뢰와 그의 학생인 지체 높은 귀족 아가씨 쥘리가 사랑에 빠지면서 세상의 온갖 가식적 관습과 제도에 부딪치는 이야기다.

사람들이 매우 중요하게 생각하는 가정이라는 개념 역시 예외가 아니다. 보통 열심히 일하는 아버지(가장)와 자녀를 보살피는 어머니가 사랑으로 결합해 두 명 내외의 자녀를 키우는 이른바 단란한 가정을 꿈꾼다. 그리고 이런 모습이 아닌 가정은 무언가 문제 있는 가족, 즉 결손가정이라 부른다. 그런데 사회학자는 단란한 중산층 가족을 꿈꾸는 이들에게 '정상가정'이 사실은 1950~1970년대의 미국과 유럽 또는 그보다 조금 뒤 한국의 특수한 상황에서 잠깐 동안 가능했으며 이는 기본적으로 노동자들의 임금 협상력이 강해진 조건, 다시 말해 한 사람 임금으로 네 명의 가족을

유니언숍
고용된 노동자가 무조건 가입해야만 하는 노동조합으로 노동자들의 단결력이 극대화된 형태다.

부양할 수 있는 상황에서만 가능할 뿐이라고 초를 친다. 또 실제로 그런 특수한 시대에 교섭력이 강한 노동조합은 대체로 유니언숍이었기 때문에 그보다 못한 조건에서 일하는 노동자의 임금은 자기 몸 하나만 겨우 건사할 수준이었고 온 가족이 일해야 하는 경우가 비일비재했음을 증거로 제시할 것이다.

심지어 사회학자들은 우리가 개인적 특성, 즉 개성이라고 알고 있는 것들의 상당 부분이 자신이 속해 있는 사회와 문화의 결과물임을 밝혀낸다. 사회와 문화의 소산을 다 배제하고 생물학자들이 밝힌 유전적 소산과 진화의 흔적도 모두 배제해버리면, 독특한 존재로서의 '나'를 규정하는 특성은 거의 남지 않는다. 사회심리학의 연구 결과들은 나를 나로서 의식하는 주체인 자아조차도 사회적 소산으로 보지 않을 수 없게끔 만든다. 우리는 흔히 '내가' '생각하며' '생각하는 나'들이 모여 사회를 구성한다고 믿는다. 하지만 사회학자는 인간은 원래부터 사회적 동물이고(대부분의 영장류가 군집생활을 한다), 사회생활을 하는 과정에서 복잡한 의사소통 수단이 발달해 마침내 '말'이 생겨나 이를 사용하면서 '의식' 있는 존재가 되어 자신을 객관화해 '자아' 관념이 만들어졌다고 본다. 내가 모여 사회가 형성된 것이 아니라 사회 속에서 내가 만들어진 셈이다.

이러다 보니 사회학자가 사회생활을 잘하기란 어려운 일이다. 사회학 지식이 많아질수록 세상에서 당연한 것이 점점 줄어들고 모두 의문과 성찰의 대상이 된다. 그래서 사회학자는 사람들에게 퍽 얄미운 존재이기 쉽다. 특히 기득권층일수록 현재의 제도, 관행, 규범이 보편적이며 불변하기를 바라므로 그들의 미움을 받을 가능성이 크다.

사회학은 단란한 가족을 꿈꾸는 저소득층에게 당신들의 처지에서 그것은 다만 꿈일 뿐 현실에서 구현하기 어렵다고 말한다. 또한 자신의 성공에 도취된 부유한 엘리트층에게도 학업 성취도와 부모의 사회·경제적 지위의 상관관계를 바탕으로 당신의 성공은 능력이 아니라 남보다 더 좋은 환경에서 태어났기 때문이며, 성공하지 못한 이들은 가난한 집에서 태어났을 뿐 우둔한 것이 아니라고 역설한다. 실로 많은 사람을 실망시키고 혼란을 주는 잔인한 학문이다.

그럼에도 사회학이 계속되어야 하는 이유는 무엇인가? 왜냐하면 상투적 표현이지만 인간은 사회를 벗어나 생존할 수 없는 사회적 동물이기 때문이다. 사회는 끊임없이 변한다. 사회가 고정불변이라면 사회학자들이 굳이 사람들에게 제도, 관행, 전통에 의문을 품으라고 말할 필요가 없다. 그러나 사회는 변하고 그때마다 구성원들이 고통받을 수 있다. 그 밖에도 이런저런 문제가 발생한다. 물론 여러 문제와 고통의 근원을 찾아 해결하는 과정 역시 힘들기는 마찬가지다. 하지만 문제를 은폐하는 것보다 고통을 감수하고 해결하는 편이 결국 더 바람직한 결과를 가져온다.

사회학은 마치 자신이 아프지 않다고 믿고 싶은 환자에게 냉정하게 어디가 아픈지 일러주는 의사 역할을 맡는다. 당장은 듣기 싫고 화가 나겠지만 결국 그 말을 듣지 않으면 병을 치료할 시기를 놓치고 마는 것이다. 인간은 사회적 동물이다. 사회에 문제가 생기면 그 속에서 살아가는 개인도 본인의 노력과 무관하게 피해를 입을 수밖에 없다. 오히려 사회학은 우리가 사는 사회를 냉정하게 바라보면서 문제를 발견하고 해결할 수 있게 도와주는 고마운 역할을 담당한다. 또 개인문제로 치부하던 문제의 상당

수가 실은 사회문제임을 밝혀내 진정한 해결을 가능하게 만든다.

무엇보다 사회학이 우리에게 주는 가장 큰 도움은 자신에 대한 진정한 이해를 가능케 해준다는 점이다. 자아라는 내 고유한 가치는 강변한다고 해서 이해할 수 있는 것이 아니다. 나라는 존재가 유일무이한 고정된 대상이 아니라 사실은 수많은 다른 나 그리고 우리 속에서 만들어졌다는 것은 불편한 진실일 수 있다. 하지만 이 불편함을 받아들일 때 진정한 자아에 대한 이해가 성립한다.

3장

사회학의 선구자들

사회학은 비교적 역사가 짧은 학문이다. 인류 역사에서 아주 긴 시간 동안 사람들이 여러 현상을 신의 섭리 또는 개인의 덕성과 연관된 문제로 보는 데 익숙했던 까닭이다. 실제로 산업혁명 이전에는 오늘날과 같은 대도시, 큰 공장이나 대기업이 등장하지 않아 대규모 집단이 드물었고 사람들의 상호작용은 가족이나 그 밖의 1차 집단을 벗어나지 않았다. 당시 사회학적 상상력은 그야말로 상상력에 불과했다. 대규모 집단들, 특히 2차 집단이 등장하고 나서야 사람들은 개인의 덕성과 무관한 사회적 사실의 힘을 절감했다. 이런 이유로 사회학적 상상력을 처음으로 발현한 1세대 사회학자들은 모두 산업혁명기가 되어서야 등장한다.

사회학의 창시자 오귀스트 콩트

콩트는 어떤 인물인가

콩트는 '사회학'이라는 용어를 처음 만들어냈다는 공로로 사회학의 창시자라는 명예로운 자리를 차지하고 모든 사회학 교과서 첫머리를 장식한다. 1798년 프랑스 몽펠리에에서 태어난 그가 살았던 시기는 프랑스혁명(1789~1799년)과 산업혁명(18세기 후반부터 약 100년)의 소용돌이 속에서 기존의 모든 가치관과 질서가 무너지고 새로운 시대의 질서와 가치관은 아직 완성되지 않은 일대 혼란기였다.

난세를 살아가던 유럽인들의 최대 고민은 어떻게 혼란을 수습하고 통합과 안정을 되찾는가였다. 이를 위해 먼저 혼란이 어디에서 비롯되었는지 그리고 앞으로 세상이 어떻게 전개될지에 대한 설명이 필요했다. 중세였다면 기도와 고행을 통해 계시를 듣거나 성서에서 답을 구하려 했겠지만, 이미 시대는 과학의 세기로 넘어간 상황이었으므로 과학을 통해 답을 구해야 했다. 콩트 역시 중세였다면 신학교에 들어갔을 테지만 근대인으로서 그는 기술학교(École polytechnique, 현재의 파리공과대학)에 들어갔다. 그리고 사회학의 시조답게 기술학교 내의 여러 문제와 모순을 지적하고 과학 연구보다 무기개발에 주력하라는 나폴레옹의 정책에 반항하다 징계를 받는 등 파란만장한 젊은 시절을 보낸다. 결국 교수 자리를 얻는 데 실패한 그는 복습 강사와 생시몽의 조교로 연명해야 했다.

처음으로 방법론을 고민하다

콩트가 학계에 알려진 계기는 1830년부터 저술을 시작해 1842년에 발표한 《실증철학강의》 덕분이다. 이 책에서 그는 과학적 방법으로 사회적 사실을 연구하는 학문의 탄생을 선언하고 이름을 사회학이라 명명했다. 그러나 당시 프랑스 학자들은 새로 등장한 사회학을 환영하지 않았고, 오히려 바다 건너 영국의 유명한 학자 밀(James Mill, 1773~1836)과 스펜서 등이 콩트가 주창한 새로운 학문을 지지하며 적극적으로 받아들였다.

당시 지식인들에게 콩트가 내세운 학문은 아주 낯설었다. 왜 그랬을까? 사실 콩트 이전에도 '사회를 움직이는 법칙을 발견해 사회문제를 해결하고 훌륭한 사회를 건설하는 것'을 목표로 삼은 학자는 많았다. 그러나 콩트처럼 사회를 연구하는 데 과학적 방법론을 적용하자고 주장한 사람은 없었다. 말하자면 그는 방법론을 처음으로 고민한 사회사상가였고, 방법론을 고민하는 순간 사회사상은 사회학이 되었다.

콩트는 사회현상에 대한 지식을 얻을 수 있는 방법으로 관찰, 실험, 비교, 역사적 분석을 제안하면서 도덕적이고 형이상학적 사색은 일종의 견해를 제공할 뿐 어떤 지식도 만들어낼 수 없다고 주장했다. 그는 이 네 가지 방법을 활용해 사회정학과 사회동학이라는 두 학문체계를 구성했지만 막상 그가 주장한 사회학과는 거리가 멀었다. 과학적 방법에 의한 엄격한 지식이 아니라 다분히 사변적 주장이 많았기 때문이다.

사회정학   사회는 어떻게 유지되는가

사회정학은 사회가 어떻게 유지되는가를 연구하는 학문이다. 사회구조와 구성 요소가 무엇인지 살펴보고 그것이 사회의 균형과 유지를 위해 어떻게 작용하는가를 고찰한다. 콩트의 사회정학은 생물학의 영향을 받아 '사회유기체론'이라고도 한다. 사회는 생물체와 마찬가지로 하나의 유기체이므로 구성 요소 각각을 분석하는 연구는 의미가 없으며 유기적 전체로 다루어야 한다는 것이다.

사회는 다양한 요소들의 유기적 결합으로 구성되었고 이 구성 요소들은 상호의존하며 전체를 유지할 때만 생존 가능하다. 그런데 날이 갈수록 사회가 복잡해지고 기능적으로 세분화되면서 다양한 요소들의 조정을 담당하는 부분이 같이 발달하지 않는다면 그 사회는 해체될 가능성이 크다. 이를 막기 위해서는 생명체로 비유하면 중추신경계가 필요하다. 즉 사회에서 중추신경계 역할을 하는 구성 요소가 만들어질 때 비로소 사회의 지배체계가 형성된다는 것이다.

사회동학 　사회는 어떻게 변화하는가

사회동학은 사회변동을 연구하는 학문이다. 콩트는 현상 유지가 아니라 더 좋은 사회로 진보시키는 것을 목표로 삼고 사회의 발전법칙에 큰 관심을 가졌다. 그는 사회가 3단계로 이루어진 사회진화법칙에 따라 발전한다고 주장했다.

표 3-1을 보면 첫 번째는 신학적 단계, 두 번째는 형이상학적 단계, 최종 단계는 실증적 단계다. 사회진화는 순차적으로 이루어지므로 단계를 건너뛰는 변동은 있을 수 없다. 신학적 단계의 사회가 형이상학적 단계를 건너뛰고 바로 실증적 단계로 도약할 수 없다는 말이다.

사회가 다음 단계로 발전하는 과정은 결코 순탄하지 않다. 낡은 단계의 사회에서 이득을 보는 기득권층과 새로운 단계에서 이득을 볼 신흥세력 사이에 갈등이 발생하기 마련이기 때문이다. 그러나 콩트는 실증적 단계에 이르면 사람들이 사회의 작동 원리를 과학적으로 이해할 수 있고 사회에 대해 적절한 조작이 가능해져 갈등을 줄여나갈 수 있다고 보았다.

콩트의 사회동학은 체계적이며 설득력이 있지만, 가장 큰 약점은 자신이 주장한 실증적 경험적 방법을 통해 발견되고 검증된 이론이 아니라는 것이다. 콩트는 사회발전의 최종 단계로 실증과학의 단계를 세우고 자신이 선구자임을 자인했

사회정학
사회유지의 원리를 연구한다. 생물학의 영향을 받아 다른 말로는 '사회유기체론'이라고 한다. 사회는 하나의 유기체이며 따라서 각각 분리해 연구하지 말고 유기적 전체로서 연구해야 의미가 있다.

사회동학
사회변동, 사회진보의 원리를 연구한다. 사회의 목적은 유지가 아니라 진보해나가는 것이다. 사회는 신학적 단계, 형이상학적 단계, 실증적 단계라는 3단계 사회진화법칙에 따라 발전한다.

체계		신학적 단계	형이상학적 단계	실증적 단계
문화적 체계	사고의 성격	비경험적 힘, 정신, 초자연적 영역의 존재에 사고를 집중	초자연적인 것에 대한 호소를 거부하고 현상의 본질에 초점을 맞춤	사고는 관찰에서부터 발전하며 과학적 방법에 구속됨 경험적 사실에 기초하지 않은 사고는 거부됨
	정신적 지도자	성직자	철학자	과학자
구조적 체계	가장 두드러진 단위	부족	친족	국가, 산업
	통합의 기초	소집단과 종교적 정신의 유착	국가, 군사력, 법에 의한 통제	상호의존성(국가와 일반정신에 따른 기능 사이의 조정)

표 3-1 콩트의 3단계 법칙

으나 사실상 그 역시 사회변동에 대한 일종의 형이상학적 접근을 했다는 비판에서 자유롭지 못하다.

콩트의 영향

콩트는 자신의 열망과 달리 과학적 방법론을 적용해 사회현상에 대한 지식을 밝히는 데 성공하지 못했다. 물론 그는 사회법칙을 발견했다고 주장했지만 그 법칙들은 오늘날 전혀 진지하게 다루어지지 않는다. 그럼에도 콩트를 사회학의 창시자로 보는 까닭은 단지 사회학이라는 이름을 지어서만은 아니다. 그는 비록 자신이 주장한 바를 과학적 방법으로 밝혀내지는 못했지만, 사회학이라는 학문이 무엇을 하는 학문인지(사회적 법칙에 대한 과학) 그리고 어떻게 연구해야 하는지(관찰, 실험, 비교, 역사적 분석) 방향을 설정했다. 또 그가 분류한 사회정학과 사회동학은 이후 사회학이 기능론과 갈등론이라는 두 갈래로 발전하는 시원이 되었다.

수많은 사회학 개념들의 창시자 카를 마르크스

마르크스는 어떤 인물인가

마르크스는 사회학이라는 용어를 사용하지 않았으며 더구나 그는 사회학의 창시자인 콩트에 적대적인 태도를 취했다. 그럼에도 마르크스는 오늘날 우리가 사용하는 사회학 개념의 상당수를 만들어냈다는 점에서 사회학의 창시자 가운데 한 명으로 대접받는다.

마르크스라 하면 흔히 사회주의나 공산주의의 창시자로 여기고 아주 급진적인 사상가로 생각하지만 사실은 그렇지 않다. 사회주의와 공산주의는 그가 활동하기 전에 이미 유럽에 널리 알려진 운동이었다. 마르크스는 사회주의와 공산주의 운동을 단지 빈부격차에 대한 도덕적 반감이 아니라, 자본주의사회의 내적 모순에서 필연적으로 발생했다고 보고 그 원인과 결과를 과학적으로 해명하고자 했다. 따라서 그를 사회주의자나 공산주의자라기보다는 사회주의와 공산주의를 과학적 방법을 활용해 연구한 사회학자라고 보는 것이 타당하다.

마르크스는 1818년 독일의 트리어라는 작은 도시에서 유복한 유대인 변호사의 아들로 태어났다. 독일에서 태어난 유대인이라고 하면 엄청난 인종차별을 겪었으리라 생각하기 쉽지만 놀랍게도 히틀러가 등장하기 전까지 독일은 유럽에서 유대인 차별이 가장 적은 곳이었고, 그의 아버지는 루터파 개신교도여서 마르크스는 가난이나 소수민족의 설움을 조금도 경험하지 않았다. 실제로 그는 부르주아층에 속한 독일인으로 성장했다.

마르크스의 아버지는 열렬한 계몽주의자로 그에게 큰 영향을 미쳤다. 또한 어린 마르크스에게 가장 많은 영향을 준 사람은 장차 그의 장인이 되는 베스트팔렌 남작이었다. 남작 역시 열렬한 계몽주의자였으며 각종 고전에 해박한 지식인이었던 터라 어린 마르크스에게 자유를 사랑하는 기풍과 고전, 계몽주의 철학에 관한 폭넓은 교양을 전수했다.

마르크스는 열여덟 살이 되면서 부르주아층의 정해진 코스에 따라 베를린대학 법학부에 입학했으나 법학보다는 헤겔철학에 심취해 철학으로 전향해 1841년 철학박사 학위를 받았다. 그런데 그를 돌보아주던 교수가 무신론자로 낙인찍히는 바람에 교수가 될 가능이 사라져버리자 대신 《라인신문》의 편집장이 되었다. 그때부터 마르크스는 사회 부조리에 눈을 뜨고 비판적 언론인으로서 날카로운 기사와 논설을 썼다. 그가 쓴 비판적 시각의 기사와 논설이 러시아 황제를 불쾌하게 만들자 외교상 문제로 비화될 것을 두려워한 프로이센 정부에 의해 신문이 폐간되기에 이른다.

마르크스는 1843년 예니 폰 베스트팔렌과 결혼한 뒤 몽테스키외, 루소, 칸트, 헤겔, 생시몽, 프루동, 포이어바흐 등이 쓴 100여 권의 정치, 사회 관련 서적을 탐독하면서 자신의 사상을 정립해나갔다. 독일이 갈수록 보수화되어 일자리 얻기가 어려워지자 프랑스로 이주한 그는 유럽 각지에서 모여든 급진주의자들(블랑키, 하이네, 바뵈프, 프루동, 루이 블랑, 푸리에, 생시몽, 바쿠닌, 콩트 등)과 교류했는데, 이때 비로소 사회주의(생시몽, 푸리에, 프루동)와 정치경제학(스미스, 리카도, 시스몽디, 밀, 세)을 접하게 된다. 그 가운데 평생 동지이자 친구로 지낸 엥겔스Friedrich Engels, 1820~1895와의 만남이 가장 중요했다고 할 수 있다.

이 무렵 그는 《경제학-철학 수고》《독일 이데올로기》《신성가족》 등 미완성 저작을 남겼는데 애초 출판보다는 자신의 사상을 구체화하고 정리하는 데 목적을 둔 것이었다. 책을 집필하는 동안 그는 급진자유주의 철학자에서 사회과학자로 변신했다.

1848년 프랑스 2월혁명 직전 마르크스는 마침내 자신의 사상을 집대성한 《공산당 선언》을 발표하고 혁명이 일어나자 독일로 돌아가 적극적으로 투쟁에 참여했다. 그러나 혁명이 실패로 끝나면서 그는 독일에서 추방당해 런던으로 망명했다. 런던에서는 세 자녀가 굶어 죽을 정도의 궁핍에 시달렸지만 그 와중에도 연구에 몰두해 특히 각종 통계, 청서, 백서 등 자본주의가 산출하는 온갖 불평등과 고통에 대한 경험적 자료를 수집했다.

노력의 결실은 1867년 《자본론》 1권의 출간으로 이어졌다. 이후 그는 《자본론》 2, 3권을 계속 집필했으나 완성하지 못하고 1883년 사망했다. 《자본론》 2, 3권은 엥겔스가 편집해 마르크스 사후 출판했고, 4권은 카우츠키Karl Kautsky, 1854~1938가 편집해 《잉여가치학설사》라는 제목으로 출판했다.

마르크스 사회학의 기본 바탕

유물론⎯⎯ 마르크스는 당시 유럽의 거의 모든 사상 흐름을 탐욕스럽게 수집해 자신의 것으로 만들었기 때문에 그의 학문 배경을 일목요연하게 정리하기는 매우 어렵다. 그럼에도 마르크스 사회학의 기본 바탕이 무엇인지 꼽는다면 유물론을 들 수밖에 없다.

한때 유물론은 정신적 가치를 부정하고 모든 것을 물질로 환원하는 물질주의로 오해받기도 했으며 냉전 시대에는 사악하고 반인간적 사상으로 매도당하기도 했지만, 마르크스는 '인간 세상에 대한 자연과학적 접근' 정도의 의미로 사용했다. 특히 그는 경제생활에 깊은 관심을 보이며 물질적 신체를 가진 존재로서 인간은 자신을 유지하기 위한 활동이 다른 어떤 활동보다 중요할 수밖에 없다고 말했다. 따라서 마르크스는 사회의 여러 현상을 종교, 철학, 사상, 도덕 따위가 아니라 생존에 필요한 자원을 획득하고 분배하는 과정, 즉 경제활동에 기반해 설명하려는 관점을 견지하며 이를 인간 역사의 유물론적 설명이라 칭했다. 여기서 마르크스가 인간 사회의 여러 현상을 설명할 때 경제적 요인을 강조했지만, 사회의 다른 현상을 설명할 때는 경제결정론을 주장하지 않았다는 점을 눈여겨보아야 한다. 경제적 요인과 여타의 정신적 요인이 밀접하게 관련되어 있지만 그렇다고 경제가 모든 것을 좌우하지는 않는다는 뜻이다.

갈등론⎯⎯ 마르크스 사회학의 또다른 바탕은 갈등론이다. 마르크스에게 사회란 인간이 생존에 필요한 자원을 획득하기 위해 하는 경제활동에서 맺는 여러 관계망과 그로부터 파생되는 제반관계들이다. 이 관계는 자원 획득에 가장 필수 도구인 생산수단의 소유 여부에 따라 결정된다. 생산수단을 소유하지 못한 계급은 어쩔 수 없이 생산수단을 소유한 계급에게 의존해야만 생존에 필요한 자원을 획득할 수 있고, 결국 이것이 지배계급과 피지배계급으로 갈라지는 원인이 된다.

지배계급과 피지배계급 사이에는 필연적으로 갈등이 발생할 수밖에 없는데, 지배계급은 일을 더 시키려 하지만 피지배계급은 조금이라도 덜 하려 한다. 또 지배계급은 생산수단을 소유한 대가로 생산물 대부분을 가지려고 하는 반면, 피지배계급은 노동의 대가로 생산물에 대한 권리를 요구한다. 계급 간 갈등은 결국 자원의 희소성에서 비롯되는 것이기에 인류의 생산력이 자원 분배에 관심을 두지 않을 정도로 확대되기 전에는 절대 사라지지 않는다. 지배계급은 되도록 현재의 상태를 유지하기 위한 여러 사회제도와 규범을 구축한다. 이에 반해 피지배계급은 현재 상태를 혁파하려는 새로운 사회제도와 규범을 만들어낸다. 계급갈등이 격해질수록 두 계급이 보다 많은 제도와 규범을 만들어내면서 결과적으로 이들의 갈등이 인간 사회를 발전시키고 진보시키는 추진력으로 작용한다.

사회계급론_____ 마르크스가 사회학 형성과정에서 가장 크게 기여한 점은 사회계급의 개념을 구체화한 것이다. 마르크스의 사회계급은 단지 부자와 가난한 자의 구별이 아니다. 빈부격차가 사회갈등을 심화시켜 공동체를 위기에 빠뜨린다는 사실은 플라톤이나 아리스토텔레스Aristoteles, B.C.384~B.C.322도 알고 있었다. 마르크스 사회계급론의 특별한 공로는 사회계급을 부유층, 중산층, 빈곤층과 같은 모호한 개념이 아니라 생산수단과 관련한 상대적 위치로 명확하게 개념화한 데 있다.

어떤 사회든 생산에 반드시 필요한 희소자원이 있고 자원의 소유 여부에 따라 이해관계가 상충하는 집단이 발생하는데, 이것이 바로 계급이다. 계급은 처음부터 자원의 불평등한 분배라는 의미를 내포한다.

다만 계급은 생산수단의 소유와 비소유로 그치는 게 아니다. 어떤 사회계급에 속하는가에 따라 개인은 서로 다른 사회적 경험을 하며 서로 다른 사고방식과 문화, 가치관을 가진다. 예를 들어 재벌가 사람들은 서로 알지 못해도 비슷한 생활방식을 공유하고, 건설 노동자들은 서로 비슷한 모습으로 살아간다. 그 결과 사람들은 같은 사회에서 살아가더라도 다른 계급과 상충하는 이해관계와 차이점을, 같은 계급끼리는 공동의 이해관계와 공통점을 갖는다.

불평등한 계급은 사회구조에 의해 체계적으로 재생산된다. 지배계급의 자녀는 설사 무능하더라도 계속 유리한 지위를 점하고, 피지배계급의 자녀는 유능할지라도 불리한 위치에 설 가능성이 크다. 이는 개개인의 능력을 벗어난 사회구조적 결과다. 따라서 지배계급은 불평등한 사회구조를 계속 재생산해 자신의 기득권을 고수하며 자녀에게 대물림하려 들고, 피지배계급은 구조를 바꾸려 하면서 갈등이 발생한다. 이것이 바로 계급투쟁이다.

토대와 상부구조   사회정학과 사회동학의 유기적 결합

마르크스가 말한 사회계급이론과 계급갈등이론은 사회가 생산수단의 소유 여부를 두고 지배와 피지배계급으로 대립한다는 것 이상의 의미를 가진다. 그는 계급투쟁을 고리로 삼아 사회정학과 사회동학을 유기적으로 결합했다. 마르크스 사회학의 사회정학적 요소는 사회 구성체론으로 집약되는데, 이는 경제적 요인인 토대를 기반으로 정신적 산물인 상부구조가 정립되는 것으로 사회구조를 설명하는 이론적 도구다.

먼저 토대란 생산수단과 생산관계를 말한다. 생산수단은 생산에 동원되는 기술적 도구, 생산방식, 기술 등을 의미하며 생산관계는 생산을 위해 생산수단을 이용할 때 사람들 사이에 맺어지는 관계다. 당연히 생산수단에 따라 적합한 생산관계가 정해진다. 예를 들어 활과 화살, 호미로 수렵·채집을 하는 경우와 전자적으로 제어되는 대규모 공장에서 자동차를 생산하는 경우, 참가하는 사람들이 맺는 관계의 유형과 종류가 매우 다르다. 이렇게 특정한 생산수단과 거기에 어울리는 생산관계가 조합된 총체를 생산양식이라고 부르는데, 흔히 채집경제니 봉건주의니 자본주의니 하는 것들이 바로 생산양식이다.

신석기의 발명이나 증기기관의 발명과 같은 생산수단의 획기적 변화는 수단에 맞는 새로운 생산관계를 요구하며, 낡은 생산관계가 새로운 생산관계로 대체되면서 사회가 전체적으로 바뀌어간다. 거꾸로 새로운 생산관계가 새로운 생산수단의 발명을 자극하기도 한다. 생산수단과 생산관계의 상호작용, 즉 생산양식이 전체 사회구조를 결정하는 궁극적 원인이므로 이를 사회의 기반이 된다는 의미에서 토대라 부른다.

상부구조란 정치, 법, 문화, 철학, 종교 등 인간 정신의 산물이자 문화적 산물이다. 정신적 산물은 독자적으로 발전하는 게 아니라 그 시대의 생산양식이라는 토대 위에서 발전한다. 만약 생산양식과 잘 맞지 않거나 오히려 방해가 되는 정신적 산물이라면 사회에서 폐지되거나 소멸한다.

토대
생산의 목적을 달성하고자 할 때 각각의 생산수단을 무엇으로 할지에 따라 그에 적합한 생산관계가 발생한다. 그리고 이 두 가지가 상호작용하면서 생산양식으로 자리 잡는다. 생산양식은 곧 사회의 기반이 되므로 토대라 부른다.

상부구조
생산양식에 맞춰 발전하는 정신적 문화적 산물이다. 마르크스는 특정한 경제적 생산양식을 토대로 정치, 법, 제도 등 여러 상부구조가 발전한다는 사회 구성체론을 정립했다.

이로써 마르크스는 토대를 이루는 특정한 경제적 생산양식과 여기에 조응하는 여러 상부구조로 이루어진 사회 구성체론을 완성했다. 이는 사회가 어떻게 유지되는가에 대한 매우 강력한 설득력을 가진 이론이다. 사회는 보유한 생산도구에 적합한 생산관계에 따라 사람들이 조직되며 이를 유지하는 데 도움이 되는 각종 제도와 문화로 이루어져 있다. 생산이 원활하게 이루어지는 한 구조는 유지된다.

여기서 중요한 것은 마르크스가 기술결정론이나 경제결정론을 주장한 게 아니라는 점이다. 어떤 사회에 증기기관이 도입되었다고 해서 저절로 자본주의적 분업, 임금노동과 자본이라는 생산관계, 자유주의, 민주주의, 입헌주의와 같은 상부구조가 등장하지는 않는다. 마르크스가 말하고자 한 바는 소나 말을 이용한 농경만 있던 사회에 증기기관을 이용한 공장이 들어섰다면 이는 경제생활만이 아니라 사회 구성원들이 맺는 관계의 성격, 문화, 제도, 사상, 종교까지 전체적인 변화를 일으킨다는 것이다.

마르크스가 사회학에 기여한 진정한 공로는 사회구조를 설명한 데 그치지 않고 동시에 사회변동까지 설명했다는 점이다. 콩트식으로 표현하면 사회정학과 사회동학을 융합한 것으로, 그 연결고리는 계급투쟁이다.

대체로 한 사회 구성체는 상당 기간 안정적으로 유지되는 듯이 보이지만 사실 완전히 안정된 상태가 아니라 대립하는 계급 간 투쟁이 동적 균형을 이룬 상태일 뿐이다. 갈등과 균형은 동전의 양면에 불과하다. 어떤 생산양식에서 생산수단을 소유하고 유리한 위치에 있는 계급은 그렇지 못한 계급의 노동력을 착취해 부유하고 안락한 생활을 누린다. 지배계급은 피지배계급이 도전하지 못하도록 억압하는 각종 제도와 법률, 그리고 피지배계급 스스로 지배의 정당성을 인정하게 만드는 각종 사상과 도덕체계 등 상부구조의 도움을 받는다. 이때가 바로 사회 구성체가 상대적으로 안정되어 보이는 시기다.

피지배계급이 사회적 불평등을 인지하고 자신들이 운명 공동체임을 깨달아 집단적으로 이를 개선하고자 할 때 비로소 계급투쟁이 발생한다. 농노나 노동자 등 피지배계급은 평소에는 자신들이 같은 운명을 가진 계급임을 인지하지 못하지만 계급투쟁이 발발하기 시작하면 투쟁 속에서 서서히 하나의 계급을 형성한다. 피지배계급이 지배계급을 위해 순순히 노동하기를 거부하면 기존 생산관계가 유지되기 어려워지고 생산양식을 변동시키는 추진력이 된다. 또 피지배계급이 그동안 지배구조 정당화에 쓰인 각종 가치, 문화, 도덕, 제도, 법률을 거부함에 따라 상부구조에서도 대규모의 변화가 일어난다.

자본주의 비판

마르크스는 자신이 개발한 이론적 도구로 무엇보다도 먼저 자신이 살던 시대를 해부했다. 특히 시장, 화폐, 교환, 임금노동, 자본 같은 자본주의 핵심 개념을 이미 주어진 것으로 간주하는 고전경제학의 한계를 돌파해 이런 것들이 사회 내 복잡한 과정의 결과임을 밝혀냈다. 그리고 정상적이고 당연해 보이는 관계 이면에 감춰진 모순과 착취를 드러내고자 했다. 마르크스는 이런 작업을 통해 가장 강력한 자본주의 비판자로 대두되었고 지금도 그의 논변은 상당한 설득력을 지닌다. 그는 자본주의를 세 측면에서 비판했다.

마르크스의 자본주의 비판
인간소외
착취
경제위기

인간소외 ___ 인간이 만들어낸 것들이 오히려 인간에게 적대적이고 낯선 힘으로 다가와 대립하면서 도리어 인간을 지배하는 현상이다. 원래 포이어바흐 Ludwig Feuerbach, 1804~1872가 종교를 비판하며 도입한 용어로, 인간은 자기 필요에 의해 초자연적 존재인 신을 상상하고 종교를 만들었지만 결국 자신의 창조물인 신에게 지배당하고 말았다는 뜻이다.

마르크스는 이를 자본주의 비판에 도입했다. 인간은 자신의 필요에 의해 기계와 공장 그리고 이를 기반으로 하는 산업자본주의체제를 만들었지만 결국 자본주의가 인간을 지배하는 상황이 되고 말았다. 인간에게 필요한 물건을 만드는 공장이 오히려 생산을 위해 사람을 이용하는 장소가 되어버렸고, 그 피해를 고스란히 받는 존재가 노동자다. 공장에서 노동하며 상품을 생산하는 노동자는 일하는 과정에서 다음과 같은 소외를 경험한다.

생산물로부터 소외 노동자의 비참한 삶은 자본주의체제 때문이다. 노동자가 공장에서 열심히 생산하면 할수록 상품 생산에 의해 유지되는 자본주의는 점점 더 강해진다. 즉 노동자는 자신들의 비참함을 힘들여 생산하는 것이다.

　생산과정으로부터 소외　자본주의의 생산방식은 고도로 분업화되어 노동자가 전체 생산과정에서 소외된다. 과거에 장인匠人은 자신이 만드는 제품 생산의 전반적인 과정을 알고 있었지만, 오늘날 노동자는 특정 작업만 반복하는 기계와 같은 위치로 전락하고 말았다.

　자기 자신으로부터 소외　자본주의의 생산방식에서 임금을 받고 일하는 노동자는 자신의 노동을 스스로 결정할 수 없다. 무엇을 어떻게 만들지는 순전히 자본가의 몫이다. 따라서 노동자는 다른 사람의 의지에 의해 움직이는 상태에 처한다.

　공동체로부터 소외　자본주의사회에서는 사람과 사람의 관계가 상품과 상품의 관계로 바뀐다. 사람들은 상대방을 이윤 획득의 도구로 바라보며 마침내 공동체의 의미가 사라진다.

　마르크스는 원래 노동이란 인간을 가장 인간답게 만드는 활동이었는데, 자본주의체제에서 노동은 일하는 인간을 비인간으로 만드는 고역苦役으로 바꾸었다고 비판한다. 또 고역의 대가로 특정 계급이 안락한 삶을 누리지만 이 계급 역시 노동하지 않는 나약한 인간으로 전락하고 만다고 동정한다. 결국 자본주의는 노동자뿐 아니라 자본가까지도 소외시킨다.

　착취　타인의 노동 결과물에 대가를 지불하지 않고 전유하는 것을 말한다. 착취론의 기본 원리는 간단하다. 자본가는 노동자에게 임금보다 더 많은 노동을 시킨다는 것이다.

　그런데 문제는 착취가 겉으로 드러나지 않는다는 점이다. 노예제도하에서는 착취가 채찍이라는 형태로 쉽게 드러났지만, 자본주의하에서 노동자는 적어도 형식적으로는 자발적으로 노동에 임한다. 근로계약서에 누가 서명하라고 강요한 적은 없다. 하지만 서명하지 않으면 생계유지가 어려울 경우 사실상 강제계약이나 다름없다. 노동자는 채찍이 아니라 생계를 위해 어쩔 수 없이 자본가에게 자신의 노동력을 팔아야 하고, 자본가는 노동자에게 임금보다 더 많은 상품이 생산되는 시간만큼 노동하도록 근로계약을 맺을 수 있다.

노동자는 임금보다 훨씬 더 많은 가치를 생산하면서도 그만큼의 대가를 받지 못하고 잉여생산물(잉여가치)을 자본가가 전유하는 상황을 받아들여야 한다. 노동자는 자기가 한 노동 가운데 상당 부분의 대가를 받지 못한다(불불노동不拂勞動)는 사실을 모르거나 알아도 생계의 압박 또는 실업의 공포 때문에 마지못해 일할 수밖에 없다.

경제위기 마지막으로 마르크스는 자본주의가 근본적으로 불안정해 경제위기가 반복될 수밖에 없고 그때마다 기업 도산과 노동자의 실직이 반복되어 많은 사람의 삶을 파괴한다고 비판했다.

자본주의가 경제위기를 피할 수 없다고 파악한 근본 원인은 사회 전체에 영향을 줄 정도로 사회적 성격을 띠게 된 생산수단과 여전히 개인의 이익 추구를 위해 생산수단을 사적으로 소유할 수 있는 생산관계가 모순적이어서다. 일면 복잡하게 들리지만 사실은 매우 단순한 논리다.

예를 들어 삼성전자나 현대기아자동차 같은 기업은 이제 일개 기업이 아니다. 이들 기업의 존망에 따라 나라 전체 경제가 휘청거릴 수 있다. 그럼에도 이처럼 거대한 기업의 운영이 개인에게 달려 있고, 그 개인은 나라 전체의 관점이 아니라 자신의 이익이라는 관점에서 기업을 운영한다. 말하자면 몇몇 개인에게 나라 운명이 달린 셈이다.

게다가 마르크스에 따르면 자본주의는 스스로 무너질 수밖에 없는 운명이다. 우선 심신 파괴와 착취에 지친 노동자가 하나의 계급으로 뭉치면 대규모 저항이 일어난다. 그러면 자본가들은 어쩔 수 없이 자신들이 챙기던 잉여가치 일부를 노동자에게 양보하게 되는데 이는 이윤율을 저하시킨다. 더구나 자본가들의 경쟁이 치열해질수록 또는 노동자들의 저항이 격렬해질수록 자본가들은 노동자보다는 기계나 설비 비중을 늘리는데, 이는 또다시 이윤율을 크게 떨어뜨리는 원인이 된다.

마르크스의 영향

마르크스에 대한 평가는 그동안 과대평가와 과소평가를 거듭해왔다. 20세기 내내 마르크스는 소련을 중심으로 한 사회주의권에서 거의 신과 같은 권위를 가졌다가 사회주의체제의 붕괴와 함께 조롱의 대상이 되기도 했다. 그러나 이는 마르크스의 책임이 아니다. 사실 그는 자본주의를 중심으로 하는 근대사회의 예리한 비판자이자 철학적 윤리학적 사변 대신 구체적인 데이터 분석에 기반한 사회학의 선구자였지, 사회주의나 공산주의의 창시자 또는 교조가 아니었다. 그의 학문적 기여는 사회주의 운동의 성패와 무관하게 여전히 공고하다.

그의 가장 큰 학문적 성과는 화폐나 교환 같은 경제행위를 중심으로 가족에서부터 국가에 이르기까지 다양한 사회집단의 구성과 변동을 설명했다는 점이다. 그리고 사회적 정치적 변인으로서 시장 형성과 임금노동자의 탄생 같은 경제적 요인의 변동 역시 설명해냈다. 그는 경제와 사회 그리고 정치가 서로 상호작용하고 밀접한 관계를 맺으며 변동한다는 점을 명확하게 밝혔다.

오늘날 그의 공로를 부정하는 사회학자는 없다. 경제, 정치, 사회, 문화, 법 등의 영역이 서로 영향을 주고받는 가운데 경제의 변화가 결정적이라는 사실은 상식이다. 하지만 이렇게 상식이 되어버린 생각이 다름 아닌 마르크스의 학설이라는 것을 우리는 거의 알지 못한다. 특히 경제적 불평등에서 비롯된 사회계급 간 격차와 갈등이 사회학의 중요한 주제가 된 것 역시 마르크스의 유산이라 할 수 있다.

사람들은 종종 마르크스의 학설과 마르크스주의를 혼동한다. 마르크스주의는 전투적 전위조직에 의해 프롤레타리아가 지도指導되는 가운데 혁명으로 자본가를 타도한 다음, 프롤레타리아 독재를 실시한다는 일종의 강령이자 교의다. 하지만 마르크스는 자신을 마르크스주의자가 아니라고까지 말했으며, 오늘날 마르크스주의의 영향력도 현저하게 줄어들었다.

프롤레타리아
고대 로마 시대 때 자기 농토가 없어서 다른 사람에게 품을 팔아야 하는 사람들을 일컬었는데, 이후 마르크스가 이를 자신의 노동력을 팔아 생활하는 임금노동자를 가리키는 말로 사용했다.

그래도 여전히 자본주의 근대사회에 가장 날카로운 비판자로서 마르크스가 남긴 여러 유산은 현재 비판사회학이라는 하나의 큰 흐름을 이루고 있다.

최초의 사회학자
에밀 뒤르켐

뒤르켐은 어떤 인물인가

　프랑스 사회학자 뒤르켐은 사회학자라는 직업명을 처음 사용한 인물로 공식적인 최초의 사회학자다. 물론 그는 선배 학자인 콩트나 마르크스에 비해 한참 후배지만 콩트는 무명의 강사에 불과했고, 마르크스는 철학자나 정치경제학자로 받아들여졌으며 본인 역시 사회학자라는 명칭을 쓰지 않았다. 그러나 뒤르켐은 스스로를 사회학자라 칭했음은 물론이고 사회학 교수라는 타이틀도 획득했다.

　그는 1858년 프랑스와 독일 접경지역인 로렌 지방 에피날에서 유대교 랍비의 아들로 태어났지만 무신론자로서 유대교 전통과 거의 상관없는 생활을 했다. 1882년 그랑제콜 가운데 하나인 파리고등사범학교를 졸업한 뒤르켐은 철학을 쓸모없는 궤변으로 간주하고 사회를 실질적으로 이끌 수 있는 과학적 학문에 헌신하기로 결심했다. 이것이 바로 오늘날의 사회학인데 당시에는 사회학이라는 교과가 없었기에 그는 어쩔 수 없이 고등학교 철학 교사로 일했다. 그후 1887년에 보르도대학 철학과 교수로 경력을 시작했다.

뒤르켐이 명성을 얻은 계기는 1893년 《사회분업론》을 발표하면서부터다. 또 《사회학적 방법의 규칙들》《자살론》을 잇따라 출간하면서 사회학이라는 학문의 진수를 보여주었다. 1898년에는 최초의 사회학 학술지 〈사회학연보〉를 창간하면서 사변적이고 공리공담만 일삼던 철학에 실망한 젊은 학자들의 리더가 되었다. 현실 정치에도 적극적으로 참여한 뒤르켐은 드레퓌스 사건에 가담해 그를 적극적으로 옹호했다는 이유로 학술원 회원에 오르지 못하는 등 박해를 받기도 했다.

1913년 마침내 뒤르켐은 소르본대학에 사회학과를 개설하고 오늘날 프랑스의 현대 공교육과 교사 교육 시스템의 기틀을 마련하는 등 프랑스 사회의 틀을 정립하는 데 기여했다. 그러나 1914년 제1차 세계대전이 발발하고 그의 아들을 포함한 제자 절반이 사망하는 충격을 이기지 못한 채 1917년 쉰아홉의 나이로 사망하고 만다.

> **드레퓌스 사건**
> 19세기 후반 프랑스에는 반유대주의가 팽배했다. 드레퓌스 사건은 프랑스 장교 드레퓌스가 유대인이라는 이유로 스파이 혐의를 받고 유죄 판결을 받은 사건이다. 그의 무죄 여부를 놓고 보수 세력과 진보 세력이 격돌했으며 당시 드레퓌스를 옹호했던 지식인들이 곤욕을 치렀다.

사회연대   집합의식과 계약

뒤르켐의 학설은 마르크스와 상당히 대조적이다. 마르크스는 사회의 갈등과 변화에 관심을 보인 반면, 뒤르켐은 연대와 통합에 관심을 두었다.

또 마르크스가 낡은 사회를 혁파하고 새로운 사회를 건설하고자 했다면 뒤르켐은 사회연대에 대해 설명하고 도덕의 혼란을 극복해 다시 통합된 사회를 건설하고자 했다.

그의 이론은 첫 번째 저작 《사회분업론》에 분명하게 드러난다. 뒤르켐 역시 산업혁명이 사회를 크게 바꾸었다는 점에서는 마르크스와 인식을 함께했다. 하지만 마르크스가 사회 변화를 자본가와 노동자라는 적대적 계급 간의 갈등으로 파악한 반면, 뒤르켐은 고도의 사회분업으로 인해 기계적 연대로는 더이상 사회통합을 유지할 수 없는 상황으로 파악했다.

기계적 연대란 구성원의 동질성에 기반해 사회통합을 유지하는 원리다. 구성원들이 서로 다르지 않다는 의식, 동일한 사상과 가치를 공유한다는 점이 연대를 유지하는 토대다. 주로 사회분업이 진행되지 않았던 고대와 중세의 특징으로, 사람들이 비슷한 일에 종사하는 경우가 많아 서로 강하게 동질성을 느끼며 연대했다. 그러나 그 때문에 개인의 가치는 존중받지 못했다. 구성원 가운데 일부가 빠져도 사회 전체적으로 큰 손실이 없으므로 개개인의 가치보다 동질성을 확인시켜줄 공통의 의식, 가치, 이념 등이 더욱 중요했고 뒤르켐은 이를 집합의식이라 불렀다.

기계적 연대가 이루어지는 사회에서 가장 중요한 원칙은 구성원 간의 동질성 유지다. 사회의 도덕과 규범은 사회통념, 공식 규범, 가치관 등과 다른 생각을 품거나 다르게 행동하는 것을 단죄하는 데 집중되어 있었다. 서양의 이단자 심판이나 마녀사냥, 우리 역사에서 사문난적 심판이나 예송논쟁 등은 모두 사회의 집합의식에 이의를 제기한 대가가 얼마나 큰지를 보여주는 사건들이다. 그 시대에는 차라리 절도나 살인은 사정에 따라 용납될 수도 있지만, 사회통념과 공식적 가치에 도전하는 행위는 추호도

용서받지 못했으며 가혹하게 처벌받았다.

한편 유기적 연대란 근대 이후 사회가 통합을 유지하는 방식이다. 고도로 분업화된 사회에서 동질성이 아니라 이질성에 기반한 연대 원리다. 뒤르켐은 사회분업 면에서 산업혁명을 전후로 결정적 차이가 난다고 보았는데, 이른바 전통사회와 근대산업사회의 구별이다.

아직도 전통사회의 모습이 남아 있는 농촌과 전형적인 근대 대도시를 비교해보면 차이를 확실히 알 수 있다. 농촌 주민 대부분이 농업에 종사하는 데 비해 도시 주민의 직업은 훨씬 다양하다. 따라서 농촌 주민과 달리 도시 주민은 동질성보다 이질성이 더욱 두드러진다. 유대감에서도 결정적인 차이가 나타나 농촌 주민은 이웃집 숟가락 개수까지 알고 있다 할 정도로 유대감이 강한 반면, 도시 주민은 서로 잘 알지 못한 채 개인적으로 살아간다. 근대사회는 이질적 개인적인 사람들이 모였음에도 이전 전통사회에서는 상상하지 못할 정도로 거대한 조직이 만들어지고 국가 규모 또한 훨씬 크다.

뒤르켐은 사회 구성원이 이질적일수록 오히려 타인 의존도가 높아져 사회 규모가 커진다고 설명했다. 이는 얼핏 역설적으로 들리기 쉽다. 하지만 구성원들이 매우 동질적인 사회에서 개인의 가치가 크지 않다는 점을 생각해보면 이는 당연한 귀결이다.

기계적 연대가 이루어지는 사회에서는 타인의 중요성이 크지 않다. 어차피 다 똑같은 일을 하므로 저 사람 하나 없다고 해서 내가 큰 불편을 겪지 않는다. 심지어 나 홀로 남는다 해도 해야 할 일이 늘어날 뿐 생존에 위협을 받지 않는다.

하지만 고도로 분업화된 사회에서 개인은 서로 다른 역할을 담당하므로 누구도 홀로 살아갈 수 없고 상호의존적이다. 내가 하지 못하는 일들을 담당하는 타인은 비록 직접 대면은 없지만 반드시 필요한 존재다. 집합의식이 옅어지고 개인주의가 팽배해진 시대에 오히려 다른 사람에 대한 의존도가 더욱 커진 것이다. 이처럼 이질적 사회 구성원들이 상호의존을 통해 전체를 이루어야 하는 연대가 유기적 연대다. 각기 다르고 개인주의적인 사람들이 모여 집합의식의 공유보다는 서로 합의한 계약과 규범, 법규를 통해 유대가 이루어진다.

개인 간 계약과 합의가 연대의 핵심인 까닭에 처벌받는 범죄의 종류도 달라졌다. 근대사회에서는 사회적 통념이나 집합의식과 다른 주장이나 생각을 양심과 사상에 대한 자유의 범주로 간주해 보장하는 편이다. 대신 계약과 약속의 위반은 철저하게 응징한다. 전통사회에서 이교도나 이단을 범죄자라 했다면 근대사회의 대표적인 범죄자는 사기꾼이다.

그런데 기계적 연대에서 유기적 연대로의 이행은 산업혁명과 함께 자동으로 발생하는 과정이 아니다. 사회의 여러 부분이 변동하는 속도가 서로 다르고 특히 문화, 도덕, 정신 영역의 변화는 기술과 산업의 변화를 따르지 못한다. 그 결과 동질성에 기반한 집합의식이 이미 도덕적인 힘을 상실했음에도 계약에 기반한 새로운 도덕은 아직 자리를 잡지 못해 일시적으로 도덕적 공황이 온다. 이것이 바로 뒤르켐을 유명하게 만든 '아노미 anomie' 이론이다. 오늘날 아노미는 여러 종류의 무규범을 나타내거나 규범적으로 혼란한 상태를 지칭하는 용어로 널리 쓰이고 있다.

아노미
규범이 사라지고 가치관이 붕괴되면서 나타나는 사회적 개인적으로 불안정하고 혼란스러운 상태를 말한다.

사회학의 체계를 세우다

사회연대에 이은 뒤르켐의 두 번째 관심사는 어떻게 사회학을 체계 있는 학문으로 확립하는가의 문제였다. 사회학의 연구 방법과 관련해 콩트가 몇 가지를 제시했지만 일종의 시안적 성격이 강했으며, 마르크스 역시 그의 저작 곳곳에서 언급했지만 체계적으로 정리하지 않았다. 따라서 뒤르켐이 《사회학적 방법의 규칙들》을 통해 사회학 방법론을 체계적으로 정리한 것은 대단히 중요한 업적이다.

바로 이 책에 '사회적 사실에 대한 과학으로서의 사회학'이라는 규정이 나온다. 뒤르켐은 사회현상을 사회 구성원의 생물학적 심리학적 요인으로 환원하는 설명을 거부하고 엄격하게 사회구조적 요인으로 설명했다. 그리고 사회적 사실이 특정 개인을 초월하는 외재적이고 강제적인 힘으로 나타난다고 보았다. 개인은 태어나면서부터 이미 사회에 수립되어 있는 가치와 규범 속에서 살아갈 수밖에 없고, 또 사람들이 협력해 제도를 만들어내더라도 그것은 만들어지는 순간부터 창조자를 제약하기 시작한다. 개인 바깥에 존재하면서 강제성을 띠고 개인 의지와 무관하게 그 의도를 강요하며 외적 구속력 행사하는 모든 형태의 행위가 사회적 사실이다. 따라서 어떤 사회현상의 결정적 원인은 사회적 사실에서 찾아야지 사회를 이루는 개인에게서 찾아서는 안 된다. 예를 들어 어떤 정당을 설명하고자 한다면 당원들의 의식이나 성향보다는 정당을 출현시키고 움직이는 사회적 역사적 힘을 바탕으로 말해야 한다. 또한 어떤 종교를 설명하고자 한다면 신자들의 특성이 아닌 종교집단의 응집력에 영향을 주는 여러 요인에 주목해야 한다.

뒤르켐은 사회학이라는 학문의 성격을 규정했을 뿐 아니라 콩트와 달리 실제 자신이 규정한 방식대로 많은 사회적 사실에 대한 연구를 진행했다. 《자살론》은 그가 주장한 사회학 방법을 실제로 구현한 모범 사례다. 그는 개인문제로 치부되는 자살이 사회적 사실이라는 점을 밝혀 사회학이 얼마나 인간의 시야를 넓혀줄 수 있는지를 설득력 있게 이야기했다. 이 책에서 뒤르켐은 자살이 개인문제일 수도 있지만, 특정 집단이나 전체 사회의 자살률이 갑자기 변하면 이를 병리현상(비정상)이자 사회적 사실이라고 보았다. 그는 산업화가 더디게 진행되어 교회의 영향력이 아직 강하게 남아 있는 남유럽에 비해 산업화가 활발하게 진행되면서 교회의 위상이 약해진 서유럽과 북유럽의 자살률이 급격하게 높아졌음을 통계로 밝혔다. 그리고 이 현상을 '아노미적 자살'이라고 규정했다. 산업화로 인해 크리스트교 중심의 규제력이 약화되면서 사회통합과 연대감이 약해졌고 이것이 자살률에까지 영향을 주었다는 것이다.

개인주의와 사회연대를 유지하는 방법

뒤르켐이 사회학을 연구한 근본 목적은 근대사회의 가장 큰 변화가 '개인'의 탄생임에도 불구하고 사회연대를 유지하는 방법을 찾는 것이었다. 동질성에 기반한 전통사회에서는 개인주의와 관련된 문제가 거의 없었다. 그런데 급격한 근대화로 전통사회의 가치관이 무너지고 전에는 없던 개인주의가 팽배해지면서 이제 개인은 각자의 욕구를 추구한다.

문제는 인간이 생물학적 욕구가 충족되어도 만족할 줄 모르는 욕망을 가진 존재라는 점이다. 개인의 무한한 욕망을 방치한다면 전체로서의 사회가 유지될 수 없다. 사회가 붕괴되면 구성원인 개인 역시 생존할 수 없으므로 모두가 공멸에 이른다. 그러므로 개인의 욕망과 탐욕은 규제를 통해 제한해야 하지만 근대사회에서는 집합의식의 위력이 약해지면서 개인에 대한 사회적 규제가 힘을 잃어버렸다. 결국 모두가 고통받는 아노미 상태를 피할 수 없게 된 것이다.

뒤르켐은 사회가 너무 빨리 변해서 기존 생활양식이 붕괴될 때나 경제적 풍요가 욕망을 자극할 때(욕망이 욕망을 낳는다) 아노미가 나타날 가능성이 커진다고 했다. 그의 눈에 근대산업사회는 이 두 가지 현상이 모두 나타난 위험한 시대였다. 새로운 생활양식이나 가치관이 정립되기도 전에 기존의 것들이 무너지고 동시에 급격하게 확대된 물질적 풍요는 인간의 욕망을 무한대로 증가시켰다.

그러나 외적 규제와 법규에 의한 강제력으로 개인이 가진 욕망을 주저앉히고 연대를 강제하는 방법은 효과가 없으며 때로는 사회갈등의 원인이 될 수 있다. 개인이 내면의 도덕적 의무감에서 스스로 사회의 요구에 따라 욕망을 절제할 때 비로소 문제가 해결된다. 그러므로 뒤르켐은 전통사회의 종교를 대신해 사회 구성원 간 접착제 역할을 할 종교의 기능적 대체제가 필요하다고 생각했다. 1912년에 출간한 역작 《종교생활의 원초적 형태》를 보면 그가 얼마나 종교를 철저히 분석했는지 알 수 있다. 그는 종교가 어떻게 사회의 접착제 역할을 하는지 그 메커니즘을 분석해 종교의 기능적 등가물을 만들어낼 방법을 찾고자 했으며, 종교의 기능을 다음과 같이 정의했다.

- 욕망을 억제하는 훈련을 통해 사회생활을 준비시킨다.
- 전례ritual를 통해 구성원의 유대를 재확인한다.
- 계율을 통해 집단의 사회적 유산을 유지하고 전승해 사회통합을 이룬다.

뒤르켐에 의하면 종교의 이 세 가지 기능을 감당할 수 있는 것이라면 종교의 기능적 대체재가 될 수 있다. 그는 종교가 '신'이라는 가상의 대상을 빌려 사회를 통합하는 제도였다면, 근대사회에서는 사회 자체를 존경의 대상으로 삼아 통합해야 한다고 주장했다. 즉 사회가 신의 기능적 대체물이 되는 것이다. 이는 권위와 타당성 있는 사회규범, 구성원이 자신이 몸담고 있는 사회에 가지는 존경심과 헌신, 구성원의 존경심과 사회에 대한 일체감을 고양시키는 사회적 전례를 통해 가능해진다. 오늘날 많은 나라에서 국가를 표현하는 여러 상징물을 정하고 국민의례 같은 전례를 시행하는 이유가 바로 국가(사회)를 대상으로 일종의 종교적 기능을 행사하려는 것이다.

어떤 종교의 신자가 되기 위해 교리를 익히는 과정이 필요하듯 사회에 존경심과 일체감을 가지려면 특별한 사회화 과정이 필요하다. 이는 의식적으로 교육과 훈련을 거쳐야 가능한 것이기에 뒤르켐은 공교육의 중요성을 강조했다. 즉 학교

뒤르켐과 프랑스 공교육
뒤르켐의 저서 《교육사회학》은 프랑스 공교육체제를 세우는 데 중요한 이론적 기반이 되었다. 뒤르켐 자신도 사회학뿐만 아니라 교육학 강의도 하면서 교사들을 양성하는 데 힘썼다.

는 교회, 교사는 사제의 기능적 대체재인 셈이다. 실제로 뒤르켐은 프랑스 공교육체제를 설계하는 일에 적극적으로 참여해 자신의 소신을 구현했다.

뒤르켐의 영향

 사회학에 미친 뒤르켐의 영향은 지대하다. 그 가운데 가장 큰 영향은 (뒤르켐 본인은 이렇게 불리기를 거부했지만) 이른바 기능주의라고 하는 사회학의 큰 줄기를 만들어낸 것이다. 기능주의는 사회현상과 여러 제도가 전체 사회의 유지와 균형이라는 목적 달성에 어떻게 기능하는가를 설명한다. 더 나아가 뒤르켐은 어떤 사회현상이 사회구조에 미친 결과를 중점적으로 살펴보고자 했다.
 그러나 뒤르켐의 진정한 공로는 사회학이라는 학문을 체계적으로 정립했다는 데 있다. 뒤르켐에 이르러서야 사회학이 사회현상 자체를 연구 대상으로 삼는 과학으로 받아들여졌다. 그는 사회학의 연구 대상과 목적 그리고 방법을 체계적으로 정리했고, 자살론과 종교사회학을 통해 실제로 사회학이 어떻게 사회현상을 설명할 수 있는지 모범을 보였다.

사회학의 지평을 넓힌 막스 베버

베버는 어떤 인물인가

　베버는 뒤르켐과 비슷한 시대를 살았으면서도 그와 반대 방향에서 사회학의 지평을 연 학자다. 뒤르켐이 사회학의 연구 방법을 체계화하고 사회구조에 관심을 집중하면서 과학적으로 사회학의 길을 열었다면, 베버는 사회학 영역을 확장하고 사회적 행위자에 관심을 보이며 현상학이자 해석학으로서의 사회학을 발전시켰다.

　베버는 사회학의 대가 가운데 보기 드물게 유대계가 아닌 독일계 학자다. 그는 1864년 성공한 사업가인 아버지와 정숙하고 지적인 어머니 사이에서 태어났다. 그러나 집안 분위기는 화목과는 거리가 멀었다고 한다. 1889년 베를린대학 법학과에서 박사학위를 받고 강사와 법관으로 근무했으며 1893년 당대의 지식인이었던 마리안네와 결혼했다. 1894년 프라이부르크대학과 1896년 하이델베르크대학에 경제학과 교수로 부임했지만 부친 사망 후 신경쇠약 등 질병에 시달리면서 사직과 복직을 반복했다.

1903년 건강을 회복해 학술지 〈사회과학 및 사회정책〉을 편집했고, 1904년 미국 순회강연을 하며 새로운 사회에 대한 다양한 경험을 수집했다. 또한 퇴니에스Ferdinand Tönnies, 1855~1936, 지멜Georg Simmel, 1858~1918과 함께 1909년에 독일사회학회DGS를 창설하면서 그의 집은 좀바르트, 리케르트, 야스퍼스, 블로흐, 루카치, 만하임 등 당대 거성들이 모여드는 지적 살롱이 되었다.

그러나 베버는 1차 세계대전이 발발하자 민족주의자로서 전쟁을 지지하며 많은 지식인을 실망시켰다. 이후 제국주의적 팽창 전쟁의 본질을 깨달아 전쟁 지지를 철회하고 반대로 1918년에 일어난 독일혁명을 지지하며 바이마르헌법 초안 작성에 참여했다. 그는 자신을 좌우익의 편향을 극복한 합리적 민주주의자로 규정했으나 좌우 진영 모두에게 배척당했고 결국 1920년 세상을 떠났다.

이해사회학 또는 해석학적 사회학

베버는 뒤르켐과 달리 사회학을 사회현상과 사회적 사실을 연구하는 학문이 아니라 사회적 행위에 대한 종합적 과학으로 파악했다. 전체로서의 사회구조나 현상이 아니라 개개의 행위자, 그리고 그 행위자가 자신의 행위에 부여하는 주관적 의미를 연구 대상으로 삼은 것이다. 이런 점에서 그의 사회학을 이해사회학 또는 해석적 사회학이라 부른다.

그렇다고 베버가 전체로서 사회구조의 영향력을 간과한 것은 아니다. 그는 구조적 측면뿐 아니라 개인과 그가 하는 행위의 의미와 동기까지도 연구 대상이어야 함을 강조했는데, 사회 구성원이 인간이기 때문이다. 인간은 기계 부속품과 달리 사회구조의 영향력에 자동으로 이끌리지 않고 나름의 동기와 의미를 가지고 행위한다. 따라서 사회학은 사회현상을 사회구조적 개념으로 설명하는 것에 그쳐서는 안 되며 행위자 개인의 차원에서 이해하는 수준에 이르러야 한다.

예를 들어 자본주의사회에서 노동계급과 자본가계급이 갈등관계에 있음은 사회구조적으로 분명한 사실이다. 그렇더라도 무조건 기업의 직원이 사장과 갈등을 겪는다고 볼 수는 없다. 물론 노동자와 자본가는 계급갈등이라는 사회구조적 요인의 영향으로 갈등의 소지를 분명히 가지고 있다. 하지만 갈등이 생겼을 때 어떻게 이해하고 대처할지 그 행위를 선택하는 것은 개인의 영역이다. 따라서 이들은 반목할 수도 있고 경우에 따라서는 매우 협조적이고 친밀한 관계를 맺을 수도 있다.

사회구조적 요인이 사람들에게 직접 영향을 주지는 않는다. 사람들은 사회구조의 영향을 받기는 해도 자기 나름의 가치관과 동기에 따라 자신에게 가해지는 사회적 사실을 해석하고 의미를 부여하며 행동한다. 그러므로 사회학은 행위자를 사회구조적 맥락 속에서 설명하면서 그의 동기를 이해해야 한다.

사회학 방법론   가치중립과 해석적 이해

사회학에서 사용하는 방법은 무엇일까? 당연히 베버는 과학적 방법론에만 전적으로 의존해서는 안 되며 더불어 해석적 이해가 동원되어야 한다고 주장했다. 과학적 방법론으로 사회구조적 법칙을 발견할 수 있지만 실제 구성원의 행동까지는 설명할 수 없기 때문에 해석적 이해가 필요하다는 말이다.

그렇다면 과학적 방법과 해석적 이해의 차이는 무엇일까? 과학적 방법은 객관세계(인간의 의식으로부터 독립해 존재하는 모든 사물 현상의 총체)의 존재에 대한 진술로, '어떠하다' 정도의 진술만 해야 하지 '어떠해야 한다'는 당위적 진술을 추론해서는 안 된다. 사회학자는 자신이 원하는 세상이 객관세계에 대한 인식을 방해하지 않도록 가치중립을 견지해야 한다. 붉은색을 싫어하는 사람일지라도 "이 장미는 (내 마음에 들지는 않지만) 붉다"고 말할 수밖에 없다. 연구자는 객관적으로 드러난 데이터를 그대로 진술해야지 이에 주관적 해석을 덧붙여서는 안 된다.

그러나 베버는 실증주의자와 달리 사회학이 자연과학처럼 완전히 객관적 지식만 추구하는 학문이라고 생각하지 않았다. 연구를 실행하는 과정은 객관적이어야겠지만 무엇을 연구할지를 결정하는 과정은 연구자의 주관과 가치가 개입될 수밖에 없다. 따라서 자연과학과 사회학은 동일한 연구 방법을 사용해도 연구 의도에서 큰 차이를 보인다. 사회학은 추상적 보편적 법칙의 발견에서 끝나지 않는다. 그런 법칙 속에서 행동하는 개인의 구체적 특질 그리고 그들이 자기 행위에 부여하는 의미까지도 사회학의 관심사다. 추상적인 법칙은 과학적 연구를 통해 발견하겠지만 행위자의 특질과 의미는 그들이 처한 여러 특수한 측면을 직관적으로 이해해야만 가능하다. 사회를 단지

양계장의 사회학
베버에 의하면 기존 사회학은 의식적 존재이자 자유의지를 가진 사람들을 마치 사회 조건에 따라 수동적으로 반응하는 것에 불과하다고 여겼다. 그는 이를 비판하면서 사람을 마치 양계장의 닭으로 치부했다고 비유했다.

개인의 집합으로 보면서 개인들이 사회적 사실과 사회적 현상에 따라 움직인다고 보는 관점을 베버는 '양계장의 사회학'이라 부르며 배격했다.

개념적 척도로서의 이념형

이념형은 베버만의 독특한 방법론이다. 연구자가 구체적 사례들의 유사성과 차이를 확인하기 위해 사용하는 개념적 척도로서 자연과학의 길이, 넓이, 부피에 해당하는 사회학의 기본 개념이다. 쉽게 말해 이념형은 어떤 개념의 특정 부분만 강조해 구성한 이론적 가상이라 할 수 있다. 예를 들어 '민주주의'라는 개념의 이념형은 민주주의라 불리는 여러 정치제도와 체제의 전형적인 특징을 강조해 구성한다. 따라서 민주주의의 이념형과 같은 정치체제는 사실 존재하지 않는다. 그러나 이념형을 기준으로 어떤 나라의 정치체제가 민주주의에 얼마나 가깝고 먼지를 가늠할 수 있다. 이런 식으로 사회현상을 설명하기 위한 이념형을 많이 개발해두면 이를 잣대로 삼아 간편하게 분석할 수 있다. 다음에서 몇몇 이념형을 살펴보자.

행위의 유형 베버는 인간의 행위를 네 가지로 분류했는데, 이 가운데 한 가지 방식으로만 행동하지 않고 실제로는 네 가지 유형이 섞이고 상호작용하면서 나타난다. 우리는 네 가지 사회적 행위 유형의 이념형을 통해 어떤 이의 행위가 무엇에 가까운지 가늠해볼 수 있다.

목적합리적 행위 행위의 목적이 합리적이면서 목적을 달성하기 위한 수단 역시 합리적이다.

　가치합리적 행위　행위의 수단은 합리적이나 목적은 가치에 의해 결정된다.

　정의적 행위　감정과 정서에 이끌린다.

　전통적 행위　과거로부터 전해내려온 행위를 반복한다. 행위의 근거는 베버의 표현에 따르면 '영원한 어제'다.

　베버는 서구 역사를 고찰하면서 인간의 행위를 전통적, 정의적, 가치합리적 행위가 줄어들고 목적합리적 행위가 늘어나는 과정으로 파악했다. 그리고 사회 모든 분야에서 목적합리적 행위가 늘어나는 현상을 근대화라 불렀다.

　권위의 유형　베버가 개발한 이념형 가운데 가장 유명한 것이 바로 권위의 유형이다. 권위란 타인에게 자신의 의지를 관철시킬 수 있는 영향력인 권력을 타인이 스스로 받아들이게 만드는 정당성을 의미한다. 실제로 우리는 어떤 사람이 내린 지시나 명령을 자발적으로 따르는 경우가 있다. 그가 가진 권력이 정당하다고 인정해서인데 이때 그는 권위가 있는 것이다.

　베버의 권위에 대한 연구는 마르크스의 계급갈등이론이 설명하지 못하는 부분을 해명해주었다. 마르크스 이론에 따르면 지배계급은 생산수단과 권력을 가지고 있어 피지배계급에게 자신의 의지를 관철시킬 수 있다. 그런데 막상 현실세계의 노동자나 국민은 고용주나 통치자에게 적대적인 경우보다 그들을 인정하고 스스로 복종하는 경우가 많다. 마르크스라면 이를 지배계급이 불어넣은 허위의식(이데올로기)에 속아 넘어간 것이라고 비판했겠지만, 베버는 이를 권위라는 개념으로 설명했다. 권위를 인정받은 사람은 상대방에게 자발적인 복종을 기대할 수 있다는 것이다.

그렇다면 권위는 어디서 비롯되는 것일까? 베버는 권위가 생겨나는 정당성에 따라 세 가지로 분류했다. 물론 세 종류의 권위도 이념형이므로 현실에서는 뒤섞여 나타나지만 적어도 이를 바탕으로 지배자가 가진 권위의 원천이 어디에 가까운지 알아볼 수 있다.

전통적 권위　전통의 신성함과 영원한 어제에 대한 신념에 근거한다. 전통사회의 왕족이나 귀족, 성직자가 누리던 권위가 여기에 속한다. 전통적 권위는 아득한 옛날 신과의 약속, 신의 명령 또는 오래전부터 그래왔다는 사실 등에 의해 정당화되며 특정 가문이나 직책 등 인격에게 부여된다.

합리적 권위　근대사회에서 가장 중요한 권위다. 합리적 권위의 원천은 합의했다는 사실과 그 합의가 선택할 수 있는 최선의 방안이라는 데 있다. 예를 들어 운동경기에서 심판이 가지는 권위 또는 근대 민주국가에서 선출된 국가 지도자가 가지는 권위다. 특출한 가문 출신이거나 탁월한 능력을 가져서가 아니라 사회적으로 합의된 법률과 절차에 따라 권위를 부여받는다. 즉 합리적 권위는 인격이 아닌 법률, 계약, 절차와 같은 비인격적 대상에 존재한다.

카리스마적 권위　카리스마는 관료제와 함께 베버를 유명하게 만든 용어 가운데 하나다. 각종 오락 프로그램에서 출연자가 눈을 부릅뜨거나 상대방을 무섭게 노려보면 카리스마가 있다고들 하는데 완전히 잘못된 용법이다. 카리스마는 탁월한 능력 또는 뛰어난 매력으로 다른 사람을 복종시킬 수 있는 개인적 자질이나 후광을 의미한다. 베버는 이 용어를 카이사르나 나폴레옹 같은 영웅들을 염두에 두고 사용했지만 오늘날에는 기업가에게도 종종 쓰인다. 스티브 잡스가 애플이라는 기업을 이끌 때 발휘한 권위가 바로 카리스마적 권위다. 애플 임직원들이 그를 인정하고 따랐던 이유는 해고라는 무기를 휘둘렀다거나 합리적 절차와 규칙에 따른 결정이어서가 아니었다(오히려 잡스는 종종 합리적 절차와 규칙을 무시했다). 잡스의 권위는 누구보다 회사가 나아갈 방향을 더 잘 안다는 믿음과 상대를 설득하고 매혹시키는 열정에 의거한 것이었다.

사회계급·계층론 문화적 지위집단과 행정권력의 자립

베버는 마르크스가 정립한 사회계급론을 보다 정교화했다. 그는 생산수단의 소유 여부로 사회를 적대적 양대 계급으로 분류하는 마르크스 이론이 거시적 설명에는 유리하지만 복잡한 현실 사회의 많은 부분을 설명하지 못한다는 약점이 있음을 간파했다. 베버는 경제적 자원의 소유 정도에 따라 갈라지는 계급 외에 문화적 자본과 권력(네트워크, 인맥)의 소유 정도에 따라 구분되는 지위집단과 권력집단이라는 개념을 새로 도입했다. 오늘날에는 이를 통칭해 계급·계층론이라고 한다.

특히 베버는 문화적으로 형성된 지위집단을 강조했다. 계급보다 지위집단이 훨씬 더 용이하게 형성되고 영향력도 크다고 본 것은 구조뿐 아니라 개인의 행위까지도 중요시했기 때문에 가능했던 통찰이다. 경제적 불평등에 기반한 계급은 사회구조적 차원에서 분명히 존재한다. 문제는 그 계급에 속한 개개인이 자기 계급을 알고 있는지, 이해관계가 상충하는 계급을 인지하고 느끼는지다. 그런데 근대사회로 갈수록 경제적 지배/피지배관계는 겹겹의 문화적 장막 아래 가려져 잘 노출되지 않는다.

반면 사람들은 경제적 이해관계보다는 문화적 차원, 즉 생활방식이나 수준이 비슷한 사람끼리 쉽게 동질감을 느낀다. 비슷한 수준의 소비를 하고 비슷한 수준의 존경이나 명예를 가진 이들끼리 동질감을 가지며 결속한다. 반면 자신보다 수준이 떨어지는 집단과는 섞이지 않기 위해 장벽을 친다. 이런 현상은 부르디외Pierre Bourdieu, 1930~2002가 지적한 바 있는 다양한 습관(아비투스habitus)이나 문화적 장벽으로 나타날 수도 있고(6장 참고), 고급 아파트 주민들이 저소득층 주거지역 쪽에 높은 담장을 치고 자녀들이 저소득층 아이들과 같은 학교에 다니지 못하게 교육청에 압력을 넣는 등의 노골적인 방식으로 나타날 수도 있다.

경제적으로 우월한 계급이 문화적으로도 더 수준 높은 생활을 누릴 가능성이 커 지위집단은 대체로 계급과 높은 상관관계를 보인다. 하지만 반드시 그런 것만은 아니다. 전문 기술을 가진 노동자는 자신을 노동계급이라고 생각하지 않으며 노동계급 문화와 상당히 거리가 먼 생활을 누릴 것이다. 반면 소규모 자영업자는 계급상 소부르주아지만 실제 삶의 양식은 노동계급에 가까울 수 있다. 또 일자리를 잃은 고학력 실업자나 유럽의 몰락한 귀족은 경제적으로는 노동계급이거나 그 이하지만 추구하는 삶의 방식이나 동질감을 느끼는 대상은 그보다 훨씬 위를 바라본다.

베버는 권력에 대한 문제에서도 마르크스의 이론을 수정했다. 마르크스는 생산수단을 소유한 경제적 계급이 정치권력도 결정한다고 보았다. 이는 국가를 '부르주아계급의 집행위원회'라고 한 언명에서 극명하게 드러난다. 베버도 경제권력이 정치권력을 결정하는 데 핵심적 역할을 한다는 점은 인정했지만, 그는 근대사회 규모가 점점 커지고 복잡해지면서 정치가 전문화되어가는 과정에 주목했다. 이제 거대한 민족국가, 심지어 제국 통치는 경제적으로 우월한 계급의 대표가 아니고 전문 행정가들이 담당한다. 물론 처음에는 행정가들이 경제권력의 통제를 받지만 통치가 복잡해질수록 행정권력이 독자적으로 발전해 결국은 경제권력까지 통제한다. 따라서 정치권력은 경제권력에 자연스럽게 따라오는 것이 아니라 그 자체로 쟁취해야 하는 가치이자 자원이 되었다.

지배/피지배계급은 단순히 생산수단의 소유/비소유만으로 결정되지 않는다. 이는 경제적 부, 사회적 위신, 권력이라는 삼중 매트릭스의 결과다. 계급구조 역시 지배/피지배계급이라는 양극구조가 아니다. 세 차원의 힘을 모두 가진 계급과 전혀 가지지 않은 계급 사이에 이 가운데 하나 또는 둘을 가진 다양한 조합의 중간계급이 존재한다.

베버가 영화 〈타이타닉〉(제임스 카메론 감독, 1997년)을 보았다면 매우 좋아하지 않았을까 싶다. 여기에는 베버가 통찰한 복잡한 계급·계층관계가 잘 드러나 있다. 가문은 미천하나 돈이 많은 남자(자본가계급), 고귀한 가문이지만 돈이 없는 여자(문화적 지위집단인 귀족계층), 돈도 가문도 없는 남자(노동계급), 가문도 돈도 확실치 않으나 배 안에서는 절대적 권위를 가지고 있는 선장과 고급선원(정치권력집단)이 등장한다. 자본가 남자와 귀족 여자는 정략결혼으로 서로에게 부족한 자원을 보충해 사회 최상층이 되고자 한다. 한편 이들은 적어도 배 안에서는 선장이나 고급선원과의 친분을 과시하면서 이등칸 이하 승객들과 자신의 다름을 과시한다.

합리화와 강철 새장

베버는 오늘날 우리가 살고 있는 세상의 문제에 대한 끈질긴 해명을 행위자의 정신적 측면에서도 시도해 경제적 측면에만 치우친 마르크스를 보완했다. 그는 마르크스가 전통사회에서 근대사회로의 변동을 봉건경제의 자본주의경제로의 이행으로 보고 나머지 정신적 요인은 다만 경제적 변동에 조응하는 상부구조로 간주한 것에 반대했다.

베버가 보기에는 오히려 봉건경제에서 자본주의경제로의 이행이 '합리화 과정'의 한 부분이었다. 합리화란 감정, 정열, 신성한 후광, 영웅적 카리스마 따위가 계산 가능하고 예측 가능한 대상으로 바뀌는 과정이다. 이를 베버는 '탈마법화(탈주술화)'라고 불렀다. 한마디로 세상 모든 것을 논리적 추론과 수학적 계산의 대상으로 바꾸는 과정이다.

따라서 베버는 산업혁명보다 종교개혁을 중요하게 생각했다. 감정, 신비, 정열, 후광의 원천인 종교가 합리화된 사건이기 때문이다. 합리적인 정신과 제도가 뒷받침되어야 차가운 거래관계로 모든 것이 환원되는 자본주의 시장경제가 성립할 수 있음을 해명한 책이 오늘날 사회학 최고 명저 가운데 하나로 인정받는《프로테스탄티즘의 윤리와 자본주의 정신》이다.

베버에 의하면 종교개혁은 오랫동안 유럽을 지배해왔던 기독교가 합리화되어가는 과정이었다. 신비한 의식과 전례라는 일종의 마술적 절차가 소멸했으며 신비한 권능을 은총을 통해 받았다고 주장하는 사제의 특별한 권위도 파괴되었다. 종교생활 역시 추론과 계산이 가능한 범위로 한정되는데, 이때 주목해야 할 것이 성경이다. 이를 베버는 주술종교에서 경전종교로의 이행이라고 설명했다. 종교가 신비의 영역에서 합리적 추론의 영역이 됨으로써 다른 분야의 합리화도 촉진되었다. 지혜로운 자 또는 연장자나 고귀한 자의 자의적 판단이 성문법으로 바뀌는 과정 역시 성직자 중심의 종교가 경전종교로 바뀌는 과정과 동일하다.

마찬가지로 카리스마를 가진 지도자에 의존하던 정치는 합리적 헌법에 기반한 입헌주의로 바뀌었다. 예술도 신비로운 영감이 아니라 합리적 기법(원근법, 색채론, 화성학, 대위법 등)의 결과가 되었다. 이런 합리화 과정이 있었기에 서로 인격적 관계가 아닌 철저한 금전적 거래로만 만나는 시장의 성립이 가능해졌다.

자본주의는 타인의 노동력을 구입한 자본가가 지불한 돈보다 더 많은 돈을 이윤으로 얻는 경제체제다. 노동력과 토지를 상품으로 거래하는 것은 인격이나 삶의 터전과 같은 감정 요소를 완전히 배제할 때, 즉 합리화되었을 때 가능한 일이다. 더불어 이자를 죄악으로 여기던 종교적 전통에서 벗어나 돈의 증식을 늘어나는 숫자로만 냉정히 바라보는 가치가 안착되어야 비로소 가능해진다. 다시 말해 자본주의는 합리화 과정 속에서만 가능하다.

베버는 자본주의 성립이 가능할 만큼 여러 물질적 경제적 조건이 충분했던 중국과 인도에서 오히려 자본주의가 발흥하지 못한 이유를 서유럽과의 비교를 통해 예증했다. 바로 물질적 경제적 조건의 차이가 아니라 정신적 조건인 합리화 과정의 부재 때문이었다는 것이다. 중국이나 인도는 본래 과학기술, 시장 규모와 상거래의 활발함, 각종 물자의 풍부함에서 서유럽보다 앞서 있었다. 서양에서 중세의 막을 내리게 만든 3대 발명품인 화약, 나침반, 인쇄술이 모두 중국에서 왔고 합리화의 핵심인 수학의 원조가 인도임을 생각해보면 이는 자명하다. 그럼에도 서유럽에서 자본주의가 먼저 발흥했다는 점에 주목한 베버는 세 사회를 비교하며, 서유럽에서 종교개혁이라는 사건을 통해 종교 합리화가 이루어졌다는 사실 외에는 다른 이유를 찾기 어렵다고 결론지었다.

합리화는 경제의 시장경제화에 이어 사회조직에도 변화를 가져와 그 유명한 관료제 조직이 등장했다. 관료제 조직에 대해서는 별도로 다루기로 하고(5장 참고) 여기서는 인격적 요소가 모두 배제된 철저한 합리성에 입각한 조직이라는 정도로만 소개한다.

그런데 베버는 근대사회의 합리화 과정만을 설명한 것이 아니라 그로 인한 비인간적인 결과에 대한 비판도 서슴지 않았다. 특히 관료제 조직은 구성원들의 인격적 특성을 무시한 탓에 비인간화되었으며 영혼 없는 전문가들의 조직이 되고 말았다고 비판했다. 또한 합리화의 결과 근대사회는 고도로 분업화된 사회가 되었으며, 모든 사람이 관료제 조직에 의해 삶의 구석구석까지 합리적 조정 아래 놓여 사실상 개인의 자유가 발휘되기 힘든 꽉 막힌 차가운 사회가 되고 말았다고 지적했다. 이를 베버는 '강철 새장'이라는 말로 표현했다.

베버의 영향

베버는 마르크스와 더불어 연구 영역이 가장 광범위한 학자 가운데 한 명이다. 또 마르크스 못지않게 미완성 저작이 많아 다양한 해석의 여지를 남겼다. 그래서인지 베버를 계승한 학자들 역시 철학과 사회과학의 거의 전 분야에 걸쳐 있으며, 사회학에만 한정한다면 오늘날 사회학의 3대 줄기라 할 수 있는 현상학적 사회학(미시사회학), 사회구조론, 비판이론 모두에 큰 영향을 미쳤다.

베버는 대부분의 1세대 사회학자들이 사회구조의 압도적인 힘(사회적 사실)에 주목했을 때 해석하고 의미를 부여하는 행위자(개인)의 중요성을 강조한 보기 드문 학자다. 그의 이론은 사회적 상황에서 개별 행위자의 의미와 동기를 이해하고자 하는 이해사회학과 현상학적 사회학의 발전에 큰 영향을 주어 미시사회학이라 부르는 상호작용론의 기반을 마련했다.

또한 개별 행위자뿐 아니라 사회구조 분석 면에서도 많은 업적을 남겼다. 특히 그가 설정한 여러 이념형은 사회구조를 분석할 때 매우 유용한 통찰을 제공하며, 마르크스의 계급론을 발전시킨 다층적 계층이론 역시 사회구조나 불평등을 연구하는 학자들에게 적극적으로 계승되었다.

한편 근대사회가 합리화 과정을 거쳤으나 합리화가 다시 강철 새장을 만들어낸다고 말한 베버의 통찰은, 훗날 이를 마르크스 이론과 적극적으로 융합한 호르크하이머Max Horkheimer, 1895~1973와 아도르노Theodor Adorno, 1903~1969 등에 의해 비판이론이라는 사회학의 중요한 줄기로 이어졌다.

4장

사회학의 주요 내용은 무엇인가

지금까지 사회학이 무엇을, 어떻게 연구하는지 그리고 이 분야의 선구자는 어떤 이들이었는지를 살펴보았다. 이제 사회학이 연구하는 주요 내용을 보다 구체적으로 알아보도록 하자. 사회학은 워낙 뛰어난 선구자들이 있는 학문이어서 오늘날까지 연구되는 주요 내용은 이미 3대 선구자의 연구 범위 안에 있는 경우가 많다.

개인이 먼저인가
사회가 먼저인가

개인의 지위와 자유

개인이 먼저인지 사회가 먼저인지 묻는 것은 마치 닭이 먼저냐 달걀이 먼저냐와 같은 질문이다. 하지만 18세기까지만 해도 사람들은 당연히 개인이 먼저라고 대답했다. 17~18세기를 대표하는 지성인 홉스, 로크, 루소 모두 내용은 다르지만 이런저런 형태의 사회계약론을 주장했다. 그 내용은 먼저 사람이 있고 이들이 하나의 공동체로 결속하기로 약속했으며 규칙을 정해 사회를 만들었다는 것이다. 그런데 과연 그럴까?

상식적으로 개인이 먼저 존재하고 이

홉스의 사회계약론
사람들이 자신의 안전과 생명의 보호를 위해 통치자에게 모든 힘과 권능을 양도하기로 약속함으로써 통치자가 탄생했다.

로크의 사회계약론
통치자는 시민들의 재산, 생명, 자유를 지키는 일을 하기로 그들과 계약함으로써 통치자가 되었다. 공정한 재판과 공공복리를 위해 정부(통치자)에게 일부 권리를 위임한 것이며, 이를 이행하지 않을 경우 계약 위반으로 권력을 상실한다.

루소의 사회계약론
시민들이 스스로 제정한 헌법과 자신들이 만들어낸 정부에 복종하기로 계약함으로써 국가권력이 수립된다.

들이 모여 사회를 이룬 것처럼 보인다. 보통의 성인에게 "당신은 주체적이고 합리적인 개인입니까?"라고 물어본다면 대개는 당연한 것을 왜 묻느냐는 듯이 쳐다볼 것이다. 또 "당신은 자기 삶의 주인입니까?"라고 물어보면 경우에 따라서는 모욕적인 질문이라고 여길지도 모르겠다. 그렇다면 사회의 기본 요소는 자기 신체와 삶의 주인인 개인이고, 이들이 모여 사회를 이루었다는 주장은 상당히 설득력 있게 들린다.

오늘날 상식으로 여겨지는 이런 생각들은 불과 2,000년 전만 해도(10만 년이라는 현생 인류의 역사에서 2,000년은 비교적 최근에 속한다) 상당히 낯선 논리일 뿐 아니라, 경우에 따라서는 무서운 처벌을 받을 수도 있었다. 아리스토텔레스는 인간을 '폴리스에 매인 존재'로 보고 폴리스 밖에 있는 사람은 신이거나 짐승, 말하자면 사람이 아니라고 간주했다. 폴리스라는 공동체가 먼저 존재하기 때문에 개인이 인간으로서 존재하는 것이었다. 이런 생각은 폴리스 지도자들이 올바름에 대해 제대로 알지 못할 수도 있고, 공동체가 옳다고 믿는 가치가 꼭 그렇지 않을 수도 있다는 말을 하고 다녔다는 이유로 소크라테스를 사형에 처한 아테네 사람들의 행동에서도 알 수 있다. 그들에게는 폴리스에 속한 개인에게 생각할 자유와 말할 자유가 있다는 생각은 대단히 낯설었다.

게다가 노예제가 있던 시대에는 개인이 자신의 생각과 신체의 주인이라는 시각은 더더욱 받아들이기 어려웠다. 노예의 신체와 삶은 주인 소유며 그 주인의 삶 역시 자기 것이 아니라 공동체에 결부된 것이었다. 중세 때 농민은 토지에 부속되어 거주 이전의 자유는커녕 농토를 벗어나면 도망 농노나 유랑민으로 간주되어 사형당하기도 했다. 영국에서는 18세기까지도 유랑민을 강제로 사회에 복귀시키고 이를 거부하면 사형에 처했다. 자신이 속한 지역이나 땅을 벗어나면 더이상 온전한 사람이 아니었다.

이는 오늘날 파시즘으로 지탄받기 딱 좋다. 모든 사람은 이성을 가진 존재기에 자유로운 상태에서 누구나 자신의 주인으로서 합리적 결정을 내릴 수 있다. 또 어떤 공동체의 구성원이 될지 말지를 결정하는 것은 개인의 권리라는 계몽주의의 영향력은 아직도 현재 진행형이다. 누가 뭐래도 현대인의 자화상은 '합리적이고 자유로운 개인'이다. 이성을 가진 인간은 무엇이 이롭고 해로운지 판단해 적절한 합의에 도달할 수 있으며, 합의에 따라 소속되는 것을 받아들인 공동체만이 사회로서 자격을 얻는다. 근대 자유주의사상 역시 자유로운 개인을 속박하는 사회 또는 국가로부터의 자유를 주장한다. 개인은 권리를 침해하는 사회에서 탈퇴할 권리가 있다는 뜻이다. 개인주의의 극치는 자유방임주의로 나타나기도 했다.

근대에 이르면서 개인과 사회의 관계에 두 가지 관점이 성립했는데 먼저 사회가 있고 그 속에서 개인이 독립한 것인가, 아니면 독립적인 개인들의 자발적 계약으로 사회가 만들어졌는가이다. 19세기까지만 해도 개인을 우선하는 관점이 우세해 신이 아담이라는 개인을 창조했으며 아담은 개인일 때 이미 이성적 존재였다는 기독교 교리가 큰 영향을 미쳤다. 이는 생각하는 '자아'를 인식의 중심으로 보는 데카르트 René Descartes, 1596~1650의 의식철학 등을 통해 뒷받침되었다.

19세기 중엽 이후 이성적 존재로서 합리적 개인이라는 개념은 도전을 받는데, 쇼펜하우어 Arthur Schopenhauer, 1788~1860와 니체 Friedrich Nietzsche, 1844~1900는 인간의 합리성을 통렬하게 비판하고 조롱했다. 인간은 감정이나 본능에 쉽게 흔들리는 존재로 유혹과 감정에 약한 인간이 합리적 개인으로 먼저 존재하고 계약을 통해 사회를 결성했다는 생각은 거의 공상에 가깝다고 본 것이다.

마르크스는 계몽주의자들이 걸핏하면 상정하는 사회 없는 상태, 즉 자연 상태는 순전한 공상에 불과하다고 비판했다. 인간은 합리적이건 비합리적이건 간에 노동을 통해 자연으로부터 생존에 필요한 자원을 획득해야 한다. 마르크스에 따르면 인간의 노동은 그때나 지금이나 기본적으로 사회적이다. 인간의 의식, 정신, 합리성, 심지어 개인이라는 관념조차 노동과 생산의 과정 속에서 발생했으며 이것이 인간이 사회적 동물이라는 말의 진실이다. 개인이란 공동체가 파괴되고 모든 사람이 한 사람의 노동자로서 자본가와 마주서야만 하는 자본주의의 관념일 뿐이다.

무엇보다 마르크스는 생각하는 주체인 자아가 실체가 아니라 인간의 관념에 불과하다고 주장했다. 그가 보기에 생각은 결국 머릿속에서 흐르는 말이다. 실제로 우리는 언어가 아닌 다른 형식으로는 생각할 수 없다. 때로 우리 머릿속에서 어떤 이미지나 영상이 떠오를 수도 있으나 그것은 순간적일 뿐 지속적으로 이어가기는 어렵다. 그런데 말은 함께 이야기할 다른 사람들을 전제하고 있다는 점에서 사회적 산물이다. 사회 구성원이 아닌 고립된 인간은 말을 할 수 없으며 따라서 제대로 된 생각도 할 수 없다.

한편 미드나 듀이 John Dewey, 1859~1952 그리고 비슷한 시기에 활동한 비고츠키 Lev Vygotsky, 1896~1934 같은 사회심리학자들은 인간의 의식, 나아가 자아조차 선천적인 것이 아니라 사회적 상호작용의 결과라고 주장했다. 미드는 '나에 해당하는 영어 단어 I와 Me를 구별해 I는 다만 존재하고 있는 나지만, Me는 자신을 제삼자의 관점에서 바라본 나라고 했다. Me라는 관점을 가짐으로써 비로소 자신을 하나의 대상으로 의식하고 자신을 객관화하면서부터 인간은 '의식적 존재'가 된다. Me의 관점을 획득하지 못한 사람은 자기 안에 갇혀 충동과 본능에 따라 행동한다. 나를 객관화할 수 없는 사람이나 "내가 왜 이러지?"라고 반문할 수 없는 사람은 결코 자신의 주인이 될 수 없고 근대적 의미의 개인이 될 수 없다.

Me라는 관점은 저절로 획득되지 않으며 다른 사람들과 의사소통하는 과정에서 생성된다. 거울을 보지 않으면 자신이 어떻게 생겼는지 알 수 없듯 타인의 반응이 없으면 우리는 자신에 대해 생각하지 못할 것이다. 인간은 언어나 상징을 이용해 타자와 소통할 때 그와 마주선 개인을 의식한다. 즉 개인→의식→사회가 아닌 사회→의식→개인 순서라는 것이다.

머튼이나 파슨스Talcott Parsons, 1902~1979 등 기능론자들은 다른 관점에서 개인에 대한 사회의 선차성을 주장했다. 일단 기능론자들은 어떤 개인도 사회가 없으면 생존할 수 없음을 전제한다. 따라서 사회의 존속은 개인이 존재할 수 있는 조건이다. 어떤 사회가 존속하기 위해서는 반드시 필요한 기능들이 있고 그 기능 간에는 체계가 있다. 학자에 따라 구체적 기능과 체계는 조금씩 다르지만, 기능 가운데 어느 하나만 정지되어도 또는 체계가 조금만 흐트러져도 전체로서 사회의 존속이 위협받고 개인 생존도 불투명해진다는 점에서 기능론자들 모두 의견이 같다. 그들은 개인이란 사회에 필요한 기능의 체계 안에서 자신에게 합당한 역할을 담당해야 하는 작은 부속에 불과하다고 보았다.

사회는 개인 간 상호작용의 망이자 지위와 역할의 체계

사회적 지위와 사회적 역할

 오늘날 자유로운 개인들이 합의와 약속을 통해 사회를 만들었다는 생각은 더이상 받아들여지지 않는다. 그렇다면 사회란 무엇일까? 그리고 사회에서 살아간다는 것은 구체적으로 어떤 의미일까?

 사회는 그저 사람이 많이 모여 있다는 뜻이 아니다. 그들이 일정 기간 상호작용을 지속하고 소속감이나 유대감을 공유하고 있다 해도 마찬가지다. 많은 개체가 모여 있는 것을 군집이라 부르듯 많은 사람이 모여 있는 것은 군중에 불과하다.

 야구 구단에 입단한 사람이 있다고 치자. 그런데 타순도 없고 수비 포지션도 주어지지 않는다면 그가 과연 스스로를 선수라 여길 수 있을까? 또는 오케스트라에 입단했는데 어떤 파트에서 연주해야 할지 정해져 있지 않다면 단원이라 할 수 있을까? 혹은 학교에 입학했는데 몇 학년 몇 반인지 정해져 있지 않다면 학생이라 할 수 있을까? 어느 사회의 구성원이 되었다는 것은 그 사회에서 어떤 위치를 가진다는 뜻이다. 자신만의 특정한 위치를 가지고 있지 않은 사회에 소속감이나 연대감을 느끼기란 어려운 일이다.

개인이 사회에서 차지하고 있는 위치 또는 자리를 사회적 지위라 한다. 우리는 흔히 지위라는 말을 높고 낮음의 개념으로 사용하지만 잘못된 용법이다. "당신의 사회적 지위가 무엇이오?"라는 질문을 받는다면 사회에서 담당한 자리가 무엇인지를 묻는 것이지 그 자리의 높고 낮음을 묻는 게 아니다. 야구 선수에게 "당신의 포지션은 무엇입니까?"라고 물었는데 유격수나 포수 등으로 답하지 않고 높다고 말한다면 얼마나 우스꽝스럽겠는가.

그럼에도 사회적 지위를 종종 높고 낮음의 의미로 사용하는 이유는 신분제의 흔적이 아직 남아 있어서이기도 하고, 실제로 사회가 몇몇 지위에 일종의 보상이나 유인으로 높은 가치를 부여한 경우도 있다. 사회적 지위 간에 높고 낮음 또는 우월함과 열등함의 서열이 매겨지는 원인에 대한 설명은 사회적 불평등 부분(6장 참고)에서 다시 다루기로 하고 지금은 사회적 지위란 다만 사회 속에서 사람들이 차지하는 위치라는 정도로만 정리해두자.

사회에서 어떤 자리를 차지하고 있다면 당연히 그 위치에서 해야 할 일과 그에 걸맞은 행동이나 태도가 있다. 만약 할 일이 없는 자리라면 결국 사라질 가능성이 크고 그런 사회적 지위에 있는 사람이 할 일을 하지 못하면 다른 사람으로 교체될 것이다. 이와 같이 사회적 지위에 따라 마땅히 수행해야 할 것으로 기대되는 과업이나 행동을 사회적 역할이라 부른다. 예를 들어 야구 경기에서 투수나 포수는 지위며 상대 타자가 진루하지 못하게 공을 던지는 것이 투수의 역할, 상대 타자에 따라 투수의 전략을 수립하고 수비 전술을 지시하는 것이 포수의 역할이다. 교사와 학생은 사회적 지위며 가르치고 배우는 것은 사회적 역할이다.

사회가 개인 간 상호작용의 망이라면 그 상호작용 대부분은 어떤 역할을 수행하는 가운데 일어난다. 가족의 경우만 보아도 부모와 자식, 형과 아우처럼 어떤 지위를 가진 상태에서 해당 역할을 수행하며 상호작용한다. 사회가 상호작용의 망이라는 말은 곧 지위와 역할의 체계라는 말과 같다.

그렇다면 사회는 지위의 체계일까, 역할의 체계일까? 사회가 지위체계라면 일단 구성원이 차지할 이런저런 자리 사이에 관계가 먼저 만들어졌고 각 자리에서 해야 할 일은 사회가 운영되는 과정 속에서 역사적으로 부여되었다는 설명이 가능하다. 반면 사회가 역할체계라면 사회가 유지되고 발전하기 위해 수행할 일이 무엇인지가 먼저 결정되고 나서 그 일을 담당할 지위가 만들어졌다고 할 수 있다.

그러나 실제로는 두 가지가 동시에 일어난다. 사회가 유지되고 발전하기 위해 필요한 역할체계는 분명 존재한다. 하지만 역할체계가 즉시 그에 따른 지위체계를 만드는 것은 아니다. 지위체계 역시 역사적으로 구조화되어 있고 무엇보다 각 지위에서 이해관계를 가진 사람들이 있다. 따라서 사회가 필요로 하는 역할체계는 이미 존재하는 지위의 구조를 활용해 관철된다. 어떤 사회에서 지위마다 담당해야 할 역할과 각 지위 간의 관계는 고정되어 있지 않고 역사적으로 많은 변화를 거친다. 몇몇 유럽 국가에 남아 있는 왕이라는 지위를 예로 들 수 있겠다. 이 나라의 왕들은 사우디아라비아나 아랍에미리트 같은 나라의 왕과는 역할이 전혀 다르다. 왕이라는 지위는 그대로지만 유럽과 사우디아라비아의 사회적 역할체계가 완전히 다르기 때문에 전혀 다른 역할을 수행하는 것이다. "영국 왕실은 관광상품이다"라는 말이 바뀌어버린 유럽 왕들의 역할을 잘 보여준다.

역할갈등과 역할취득

한 사람은 동시에 여러 사회집단의 구성원이 된다. 이는 구성원이 될 수도 있다 정도가 아니라 되어야 한다는 필연적 의미다. 일단 사람은 태어나면서부터 가족이라는 사회의 구성원이 된다. 나이 들면서 교우집단(또래집단)의 구성원으로, 성인이 되면 생업을 위해 기업이나 관공서와 같은 2차 집단의 구성원으로 생활한다. 2차 집단 내부에도 다양한 비공식적 교우집단이 있고 그 가운데 한두 군데의 구성원이 되지 않으면 직장생활을 해나가기 어렵다. 물론 이 땅에 태어나면서 자동으로 가입된 한국이라는 사회도 있다. 그 밖에 각종 동호회, 시민운동단체, 정치단체에 속하기도 한다. 이처럼 우리는 대부분 다양한 사회집단의 구성원이 된다.

앞서 살펴본 것처럼 사회마다 지위가 있으며 수행해야 할 역할이 있다. 문제는 인간은 유한한 존재이므로 시간이나 자원이 희소한 상태라는 점이다. 따라서 한꺼번에 여러 역할을 수행하기 어려운 상황이 자주 발생한다. 때로는 역할 가운

사회적 역할과 역할갈등

사회 구성원으로서 개인은 그 사회에서 일정한 지위(위치)를 가지며 그에 맞는 사회적 역할을 부여받는다. 마땅히 수행해야 할 과업이나 행동이 있는데, 인간은 오직 하나의 사회에 속하지 않고 다양한 사회집단에서 생활하므로 자신에게 주어진 여러 역할을 동시에 해내기 어렵다. 이처럼 사회적 역할들이 서로 충돌하는 것이 바로 역할갈등이다.

데 일부가 서로 갈등하면서 한 역할을 수행하면 다른 역할은 망칠 수밖에 없는 상황에 처하기도 한다. 이처럼 동시에 맡은 역할들이 충돌하는 것이 역할갈등이다.

예를 들어 민주주의를 신봉하는 경찰관이 정당한 집회를 강제해산하라는 업무 지시를 받았다면 그는 역할갈등 상황에 빠질 것이다. 또 재일교포 출신 강타자가 WBC 일본 대표로 나가서 한국 팀을 무찌르는 역할을 맡아야 하는 경우에도 역할갈등에 처할 수 있다. 특히 가족 구성원으로서의 역할과 공적 책임을 맡은 입장에서 역할이 충돌하는 경우가 많다. 영화 〈인터스텔라〉(크리스토퍼 놀란 감독, 2014년)에서 주인공 쿠퍼는 멸망 위기에 처한 인류의 피난처를 찾아 탐사여행을 할 수 있는 단 한 명의 우주비행사 역할과 엄마가 없는 두 자녀의 아버지 역할을 두고 갈등한다.

우리 역시 일상에서 크고 작은 역할갈등을 경험한다. 역할갈등 상황에서 자신에 대한 정체성이 분명한 사람일수록 난관을 쉽게 빠져나올 수 있는데, 그들의 해결 방법은 의외로 간단하다. 여러 역할을 자기 정체성에 영향을 미치는 경중에 따라 서열화한 뒤 우선순위를 정하는 것이다. 그렇더라도 마지막 양자택일의 상황에서는 순위를 매기기 어려운 경우가 많다.

역할갈등 외에 우리를 곤란하게 만드는 또다른 상황은 역할이 명시적이지 않을 때다. 이미 지위가 정해져 있는 사회집단에서는 어떤 지위를 맡고 어떤 역할을 수행해야 하는지가 대체로 명시적이다. 그러나 상황과 맥락에 따라 그때그때 다른 역할을 수행해야 하는 경우도 생긴다. 맥락 속에서 자신의 역할을 파악하는 행위가 바로 역할취득이다. 예를 들어 파티 장소에 수십 명이 모여 있다면 적어도 파티가 끝날 때까지는 일종의 임시 사회집단이 구성된 것이며 파티에 참석한 순간 그 집단의 구성원이 된다.

그런데 자신이 맡아야 할 역할이 무엇인지 모호하다. 그럼에도 파티장에는 암묵적으로 수행해야 할 역할이 있다. 활발한 대화자, 우아한 접객인, 유머를 담당하는 사람, 기타 등등. 이때 재빨리 자신의 역할을 취득하는 사람이 인기를 얻는다.

역할취득은 지위와 역할이 명시적이지 않은 경우에만 필요한 것이 아니다. 명시적 지위와 역할이 있더라도 상황과 맥락에 따라 유연하게 바뀌어야 하는 때도 많다. 역할취득에 둔해 어떤 경우에도 명시적 역할만 수행하는 사람은 '고지식한 사람' 또는 '앞뒤가 꽉 막힌 사람'이라는 소리를 듣기 쉬우며 결과적으로 자신이 굳건히 수행하려 했던 명시적 역할마저 망칠 수 있다. 교사의 경우 공식적으로 교사라는 지위와 역할 외에도 학생에게 친구, 부모, 멘토, 사법관, 심리상담가, 간호사, 심지어 개그맨까지 다양한 역할을 수행해야 한다. 그러나 이 모두를 동시에 수행할 수는 없다. 어떤 상황에서 어떤 역할을 수행해야 하는지는 교실 상황에 따라 교사가 역할취득을 얼마나 잘하느냐에 달려 있다. 학생들의 상황과 무관하게 주어진 교육과정과 진도표를 억지로 관철시키려는 교사는 결국 수업을 망쳐버리게 된다.

문화
무엇이 개인들을 한 사회로 묶어주는가

사회의 접착제

사회는 지위와 역할의 체계이자 사람들의 상호작용 망이다. 그럼에도 여전히 해결되지 않는 문제는 소속감과 연대감이 어디에서 비롯되는가 하는 것이다. 어떤 사회가 기계로 이루어졌다면 각 부품들이 톱니바퀴나 벨트 또는 납땜으로 연결되어 있겠지만, 우리가 사는 사회는 사람으로 이루어져 이들을 강제로 결합할 수는 없다.

사회 구성원들이 뿔뿔이 흩어지지 않고 소속감과 연대감을 공유하게끔 만드는 일, 즉 사회의 접착제 역할로서 대부분의 사회학자가 손꼽는 것이 문화다. 사람들은 같은 문화를 향유하는 사람과 동질감을 느낀다. 반면 소속집단을 떠나 다른 곳으로 이동한 사람들은 흔히 "문화가 달라서 고생한다"고 말한다.

어떤 사회에서의 연대감을 설명하기 위해 일상적으로 문화라는 개념을 쓴다. 결혼 후 시댁과 친정의 문화가 달라서 고생했다는 이야기, 전학 간

학교에서 문화가 달라 적응하느라 애먹었다는 이야기, 심지어 개고기 먹는 것을 하나의 문화로 보아야 하느냐 아니냐에 이르기까지 문화라는 말은 광범위하게 쓰인다.

그런데 막상 문화가 무엇이냐고 물어보면 명확한 답변이 잘 떠오르지 않는다. 한 가지 확실한 사실은 사람들이 공유하고 있는 무엇이며, 그 무엇이 태어날 때부터 타고난 게 아니라는 점이다. 다시 말해 문화란 사회 구성원이 공유하고 있는 것들 가운데 선천적이거나 자연적이지 않은 후천적 학습의 결과물들을 통칭한다.

예를 들어 야구 경기에서 투수가 공을 던지기 전에 목 근육을 푸는 동작을 한다면 이는 후천적 행동이지만 개인의 버릇일 뿐 문화는 아니다. 하지만 투수가 던진 공이 타자의 몸에 맞았을 때 고의가 아니었더라도 미안함을 표현하는 것은 후천적 학습 결과일 뿐 아니라 야구 선수들이 공유하고 있는 행동이므로, 야구라는 스포츠의 문화라고 볼 수 있다. 투수가 공을 던지기 전에 목 근육을 풀지 않았다 해서 지탄받지는 않지만 타자 몸에 공을 던지고서 미안함을 표현하지 않는 투수는 상당한 지탄을 받는다.

그러나 후천적 학습의 결과이자 사회 구성원이 공유한 것들을 모두 문화로 규정할 경우 범위가 너무 넓어 수많은 유형이 모두 문화로 불릴 위험이 있다. 따라서 사회학에서는 문화를 다음과 같이 분류한다.

무형의 문화 사회 구성원이 공유하고 있는 신념, 사고, 가치, 규범 등을 말한다.

유형의 문화 무형의 문화가 실제로 재현된 대상을 의미한다. 언어와 문자를 포함한 각종 상징과 기술, 그것에 의해 만들어진 산물을 모두 유형의 문화에 포함시킨다.

넓은 의미의 문화 사회 구성원이 공유하고 있는 후천적 학습의 결과 전체를 통칭한다. 이는 공유된 생활양식이라는 뜻이다.

좁은 의미의 문화 공유하고 있는 것들 가운데 특히 미적 도덕적 가치를 구현한 것들을 의미한다. 주로 학문, 예술, 교양과 관련된다.

특별한 경우를 제외하고 사회학에서 문화는 좁은 의미로 쓰이지 않는다. 또 유형의 문화보다 무형의 문화를 더 중요하게 취급한다. 대부분 특별한 설명이 없으면 문화란 사회 구성원들이 공유하는 가치와 규범, 즉 사고방식과 생활양식이라는 의미다. 가치란 무엇이 좋은지나 중요한지 또는 아름다운지를 결정하는 기준이고 규범은 구성원들이 해야 할 행동과 해서는 안 될 행동에 대한 규제를 말한다.

문화는 개인이 사회와 상호작용할 때 그리고 같은 사회의 구성원인 타인과 상호작용할 때 매우 중요하다. 같은 문화를 공유한 사람들은 서로 동일한 사회의 구성원이라는 기본적인 연대감을 가지고 상호작용한다. 그리고 그들이 공유하는 문화는 행위에 의미를 부여하는 배경이 된다.

같은 문화를 공유하지 않은 사람이 있다면 이를 공유한 사람들에게는 설명이 필요 없을 행동과 말에 대해 일일이 그 의미를 설명해야 하는 비용이 발생한다. 예를 들어 마오리족끼리는 서로 코를 비비는 행위가 인사임을 알지만 마오리족이 아닌 사람에게는 그 인사법을 설명해주어야 한다.

사회적 존재라는 말은 '인간'이라는 문화를 공유한 사람들 속에서 비슷한 생각과 행동을 하는지를 서로 바라보면서 자신을 확인하는 존재라는 뜻이다. 비슷한 사람들 속에 있다는 사실은 상당한 심리적 안전감을 준다. 안전감을 느끼기 때문에 사람들은 기꺼이 진취적으로 나서고 다른 이들 역시 나름의 역할에 충실하리라는 신뢰감을 가진다. 또한 자신과 멀리 떨어진 사람까지 포함하는 사회 전체를 위해 자기 역할에 충실하고자 한다. 자신과 비슷한 생각과 행동을 하는 사람을 찾지 못하면 사람들은 불안감을 느낀다.

동질감을 느끼는 대상의 부재로 인한 불안감은 이미 뒤르켐이 《자살론》에서 설명한 바 있다. 자살을 죄악시하는 것은 가톨릭교든 개신교든 마찬가지인데도 개신교 지역에서 자살률이 높은 이유는 가톨릭교 지역에 전통사회, 전통문화, 공동체의식이 비교적 풍부하게 남아 있어 사람들이 동질감과 연대감을 공유할 대상이 많아서였다.

오늘날 경제적으로는 가난한 중남미 지역 주민이 부유한 북미나 유럽 주민보다 높은 행복지수를 보이는 이유도 마찬가지다. 아시아에서도 태국이나 필리핀 같은 개발도상국의 행복지수가 더 부유한 싱가포르, 홍콩, 대만, 일본, 한국보다 높은 이유도 동일하다. 아시아의 신흥 부국들은 유럽이나 미국에서 100년 이상에 걸쳐 이룬 산업화와 정보화를 30~40년 만에 모두 이룬 이른바 압축 성장을 거친 나라들이다. 게다가 싱가포르, 홍콩, 대만은 중국혁명 시기에 건너온 이주민들로 구성되어 있고 한국은 내전과 분단을 거치면서 전통적인 공동체나 문화가 붕괴된 까닭에 큰 혼란을 겪었다.

문화가 가진 속성들

문화는 구체적으로 눈에 보이는 물질적 실체는 없지만 마치 실제로 존재하는 사물과 같은 속성을 지닌다. 문화의 속성에 대해서는 수많은 사회학자와 인류학자가 글을 남겼는데 대부분이 동의하는 내용은 다음과 같다.

전체성 문화의 각 부분과 요소들이 서로 영향을 주고받으며 연결되어 있다는 의미다. 무기와 항해술에 변화를 일으킨 화약과 나침반이라는 발명품의 영향은 두 영역에만 그치지 않고 유럽 전체를 뒤바꾸었다. 또한 유럽에서 전파된 기독교의 영향은 종교에만 국한되지 않았다. 중국의 태평천국운동과 한국의 동학농민운동 모두 기독교에 대한 반응으로 일어난 거대한 농민저항운동이었는데, 당시 파견되었던 선교사 가운데 누구도 이런 결과를 예상하지 못했을 것이다.

학습성 문화를 정의할 때 불가피한 속성으로 문화는 후천적이므로 어떤 형태로든 학습될 수밖에 없다는 것이다. 문화는 유전되지도 상속되지도 않는다. 한국인으로 태어났다 하더라도 미국에서 학교를 다니고 교육을 받았다면 그의 사고방식과 행동은 미국적일 것이다.

문화의 속성
전체성
학습성
변동성
누적성

변동성 시간에 따라 변한다는 말이다. 문화는 인간이 사회를 이루고

환경에 적응하는 과정에서 형성된 여러 행동방식과 사고방식이다. 인간은 환경이 바뀔 때마다 멸종되거나 새로운 변종을 만들어 적응하는 대신 행동방식과 사고방식을 바꾸어, 즉 문화를 바꾸어 적응해왔다. 따라서 인류역사는 문화의 변동사이기도 하다.

그런데 문화는 환경에 적응하는 과정에서만 변하는 것이 아니다. 문화의 전체성으로 인해 어느 한 부분이나 요소에서 발생한 사소한 변화가 전체적으로 변동을 가져오는 일이 흔하다. 또 내부와 외부의 작은 변화에 모두 반응한다. 문화변동의 내적 원인 가운데 가장 보편적인 것은 새로운 사상, 관념, 생각의 등장 그리고 발명이나 발견으로 인한 새로운 기술과 생산방식의 변화다. 이 가운데 마르크스는 기술과 생산방식의 변화를 강조했고, 베버는 새로운 사상과 관념을 중요시했다. 문화변동의 외적 원인은 다른 문화와의 접촉과 교류로 외부의 문화 요소가 유입되는 것이다. 그것이 기존 문화와 잘 어울린다면 문제가 없지만, 전체 또는 일부와 충돌한다면 새로 유입된 문화를 버리거나 변형해서 수용해야 한다. 하지만 새로운 문화를 변형하더라도 수용하는 도중에 기존 문화의 변화가 불가피하며 때로는 이런 변화로 전체 문화가 크게 바뀌기도 한다.

누적성 로마만 하루아침에 세워지지 않는 것이 아니라 문화도 한번에 만들어지지 않는다. 어느 나라든 사회든 자신들의 문화가 언제 누구에 의해 만들어졌는가를 명확히 설명할 수 있는 사람은 없다. 세월이 흐르다 보니 어느새 지금처럼 형성되었을 뿐이다. 예를 들어 그림 4-1과 같은 서양식 정찬을 처음 접한 사람은 차례차례 놓여 있는 수많은 포크와 나이프를 어떻게 사용해야 하는지 몰라 난감해한다. 빵은 어디에 두고 물은 어디에 두고 잔은 어떻게 잡고 음식은 어떻게 먹는지 등등 복잡하기 이를 데 없는 테이블 매너가 여간 성가신 것이 아니다. 그런데 이 복잡하고 까다로운 테이블 매너는 누가 언제 만든 것일까? 정답은 '아무도 모른다'이다. 세월이 흐르며 새로운 식기가 하나둘 추가되고 새로운 식사법이 하나씩 덧붙으면서 오늘날과 같은 서양식 식사 문화가 형성되었다. 다른 분야도 마찬가지다. 오늘날 야구나 축구 경기의 규칙과 전술은 누가 만들었을까? 아무도 모른다. 한 가지 확실한 사실은 처음 시작되었을 때의 야구와 축구는 오늘날과 상당히 달랐다는 것이다. 세월이 지나면서 새로운 요소가 유입되고 기존 요소가 조금씩 바뀌면서 오늘날과 같은 모습이 된 것이다.

그림 4-1 서양식 정찬의 상차림

문화 다양성과 그에 대한 태도
자문화중심주의, 문화사대주의, 문화상대주의

문화는 인간이 환경에 적응하는 과정에서 형성된다. 사람들이 저마다 살고 있는 지역 환경에 적응하고자 독특한 문화를 발전시켜왔기에 지구상에는 다양한 환경만큼 다양한 문화가 존재한다.

열대지방과 한대지방에 사는 사람들의 생활 모습과 사고방식은 각기 다르다. 더운 나라 사람들은 대체로 낙천적이고 느긋한 성격의 문화를, 툰드라 지대 사람들은 신중하고 끈기 있는 문화를 발전시켰다. 건조한 지역의 사람들은 매사가 물을 중심으로 형성되는 문화에서, 온대나 계절풍기후 사람들은 농업 위주의 문화에서 산다.

환경에는 자연환경만 있는 게 아니라 역사적 인문적 환경도 있다. 예를 들어 주변에 적대적인 민족들로 가득한 지역의 주민들은 폐쇄적 호전적 문화를 발전시키고, 교역이 활발한 지역 주민들은 개방적 진취적 문화를 발전시킬 것이다. 우리나라와 인접한 일본과 중국만 해도 각기 문화가 상당히 다르다. 역사적으로 중국은 상인을 숭상하는 문화, 일본은 무사를 숭상하는 문화, 우리는 선비를 숭상하는 문화를 발전시켜왔다. 이는 세 나라의 독특한 역사와 인문 환경의 차이에서 비롯된 문화다.

나라마다 또 민족마다 문화가 다르다보니 사람들은 다른 나라나 민족과 교류할 때 낯선 문화를 마주한다. 문화는 그 안에 사는 사람들에게는 편안하고 당연한 것이지만 다른 사회 구성원에게는 이해하기 어렵고 심지어 부당하고 추해 보이기까지 하는 속성을 지녔다.

사람들이 익숙하지 않은 다른 사회의 문화에 취할 수 있는 태도는 다음 세 가지 가운데 하나다. 일단 배척하는 것이다. 사실 낯선 문화나 낯선 지역 사람과 마주쳤을 때 가장 전형적인 반응은 배척이다. 자신의 문화를 기준으로 낯선 문화를 평가하며 자기와 다른 것은 일단 악하거나 바람직하지 않다고 판단한다. 이를 자문화중심주의라고 한다. 자국의 문화와 역사에 자부심이 강할수록 자문화중심주의가 자리 잡기 쉽다. 하지만 자문화중심주의는 바람직하지 않은 문화나 시대에 뒤떨어진 문화까지도 단지 전통이고 우리 것이라는 이유로 무조건 정당화하면서, 환경의 변화에 적응하기 어렵게 만들고 때로는 사람들에게 문화적 억압으로 작용할 수 있다. 예를 들어 아프가니스탄이나 파키스탄의 탈레반이 여성의 교육을 전통에 대한 도전으로 간주해 여학교를 파괴하고 여학생을 공격하는 행위는 자문화중심주의가 빚어낸 폭력이다.

그런데 낯선 문화가 강대국이나 매우 발전된 문화권에서 비롯한 경우라면 이야기가 달라지는데, 약소국이나 발전이 늦은 사회의 구성원에게는 그 문화권이 일종의 준거집단 역할을 한다. 약소국 사람들이 강대국 문화를 기준으로 다른 문화를 판단하는 것을 문화사대주의라고 한다. 한국어도 서툰 어린아이들을 영어학원에 보내고 원어민처럼 발음하기 위해 설소대(혀밑띠) 제거 수술까지 감행하는 사례는 문화사대주의가 아니라고 보기 어렵다.

한편 모든 문화는 그것을 누리는 사람들이 환경에 적응하는 과정에서 형성되었으므로 충분히 존중해야 한다는 태도가 있다. 이는 문화상대주의로 문화의 가치는 형성된 환경에 따라 상대적으로 평가해야 한다는 입장이다. 한때 유럽인들은 이누이트족이 금속을 사용할 줄 모르고 날고기를 먹는다며 야만족으로 취급했다. 요즘은 별로 쓰지 않지만 전에 이들을 지칭하던 '에스키모'라는 말은 '날고기를 먹는 족속'이라는 뜻이다. 하지만 실제로 잠깐이라도 툰드라지대를 경험해보면 눈과 얼음밖에 없는 곳에서 땔감을 구하기가 쉽지 않고 광석을 캐낼 수도 없어 금속을 제련하거나 음식을 익혀 먹는 일이 거의 불가능함을 알 수 있다. 그곳 사람들은 환경에 적응하기 위해 금속 대신 돌과 뼈를 사용하고 날이 추워 부패의 위험이 없으므로 구태여 익혀 먹는 방식을 고집하지 않았을 뿐이다. 마찬가지로 열대지방 사람들은 느리고 낮잠을 많이 자는 등 게으르다고 비난할 수도 있겠지만, 열대기후를 경험해보면 무더운 오후에 수면을 취하고 기온이 내려가는 밤에 일하는 형태가 훨씬 더 효율적이라는 사실을 깨닫게 된다.

자기 문화 또는 강대국 문화를 기준으로 삼을 경우 이상해 보이거나 열등해 보이는 문화일지라도 문화상대주의 시선에서 그런 문화가 만들어진 배경을 이해하면 주어진 환경에 가장 잘 적응한 훌륭한 문화임을 확인할 수 있다.

하지만 모든 문화를 문화상대주의로 정당화할 수는 없다. 인간 생명과 존엄성이라는 근본 가치를 무시하는 문화나 도덕적으로 정당화할 수 없는 문화는 문화가 아닌 악습이다. 한때 여성의 신체활동은 물론 목숨까지도 위협했던 중국의 전족纏足이나 일부 종교적 근본주의자에 의해 자행되는 명예살인, 교육받은 여성에 대한 테러 같은 경우는 문화상대주의로 판단할 수 있는 것들이 아니다.

사회유지를 위한 방편
사회화 또는 재생산

사회화의 의미

사회는 유한한 생명을 가진 사람들로 이루어져 있다. 따라서 어떤 사회라도 한 세대가 지나면 새로운 구성원을 받아들여야 한다. 새 구성원을 받아들이지 못한 사회는 기존 구성원이 늙고 은퇴함에 따라 소멸한다. 그러나 구성원을 그저 받아들이기만 해서는 사회가 유지되지 않는다는 점이 문제다. 새로운 구성원은 사회의 가치, 규범, 행동방식 등 한마디로 문화를 익혀야 한다. 예를 들어 한국사회가 유지되려면 적어도 사망하는 한국인만큼의 한국인이 계속 태어나야 한다. 물론 태어났다고 해서 저절로 한국인이 되는 것은 아니다. 한국인의 유전자에는 한국어나 한글 또는 김치나 된장에 대한 선호, 젓가락 사용법, 한국의 예절이나 가치 같은 것들이 들어 있지 않다. 문화의 학습성을 살펴보았듯 문화는 후천적으로 배워야 한다. 문화를 배운다는 의미는 경험과 상호작용을 통한 무의식적 과정일 수도 있고, 분명한 목적과 체계적 절차와 방법을 통한 의식적 과정일 수도 있다.

계속해서 새로운 구성원이 들어와 문화를 익히고 계승하지 않는 한 사회는 시간이 지남에 따라 소멸한다. 더불어 배우고 익혀야 하는 것은 문화만이 아니다. 사회에는 여러 지위가 있고 그에 따른 역할이 있다. 따라서 구성원은 사회에 들어오는 것만이 아니라 여러 역할 가운데 하나 이상을 수행해야 한다. 또 그런 역할을 수행할 수 있는 지식, 기능, 가치, 규범 등을 갖춰야 한다. 이 역시 자동으로 유전되지 않으므로 배우고 익힐 수밖에 없다.

한 개인이 사회 구성원이 되고자 문화를 익히고 그 사회에서 역할을 하며 살아가기 위해 필요한 지식, 기능, 태도, 가치, 규범 등을 배우는 과정을 일컬어 사회화라 한다. 이는 넓은 의미의 문화에 해당하기 때문에 사회화를 간단히 사회의 문화를 학습해 구성원의 자격을 갖추는 과정이라 정의해도 무방하다.

사회화는 사회의 입장에서 새로운 구성원을 길러내는 과정이다. 그렇다고 사회화가 개인에게 의미가 없지는 않다. 인간은 사회에 소속되지 않으면 살아갈 수 없는 존재인 까닭에 사회화는 개인에게도 매우 중요한 생존 조건이다. 그러므로 사회화는 사회의 측면에서는 새로운 구성원이 공급되는 과정이자 개인에게는 사회에서 살아가기 위한 준비를 하는 과정이다.

사회화가 이루어지는 곳을 사회화 기관이라 부른다. 다만 기관이라 해서 반드시 학교나 공공기관 같은 곳을 말하는 것은 아니며, 사회화가 이루어지는 곳이라면 어디나 사회화 기관이라 부를 수 있다. 이 가운데 가족과 또래집단은 가장 원초적인 사회화 기관이다. 가정에서 우리는 사회화의 가장 중요한 요소를 담당하는 언어와 다른 사람과 살아가는 법, 기본 예절 따위를 배운다. 또래집단에서는 동등한 지위를 가진 사람들이 서로 조정하며 살아가는 법을 배운다. 더 나아가 학교라는 곳은 사회화만을 목적으로 만들어진 공식적 사회화 기관이자 광범위한 영역에 걸쳐 집중적으로 사회화가 일어나는 기관이다. 하지만 학교를 졸업했다고 사회화가 끝나는 것은 아니다. 직장에 들어가거나 단체에 가입해도 역시 그곳에서 업무 수행을 위해 필요한 요소들을 배워야 하므로 이 역시 사회화 기관이라 할 수 있다. 또 오늘날에는 인터넷이나 각종 대중매체를 통해서도 많은 것을 배우고 있으니 이 역시 마찬가지로 사회화 기관이라 하겠다.

사회화에 대한 관점

사회화 과정을 바라보는 관점이 모두 같지는 않다. 기본적으로 사회화를 거치며 학습하는 문화의 성격을 어떻게 보느냐에 따라 달라진다. 사회화를 통해 익힌 문화가 구성원이 되려면 반드시 맡아야 할 사회적 역할에 필요한 능력이거나, 그 사회 구성원이라면 당연히 공유해야 하는 것일 경우 이는 문자 그대로 사회가 개인을 구성원으로 만들고 다른 한편으로는 개인이 구성원으로 성장하는 사회화다.

그러나 갈등론이나 비판이론 사회학자들은 사회화라는 용어를 선호하지 않는다. 이들은 사회를 지배집단과 피지배집단 간의 갈등 속에 있다고 보면서 사회의 제도, 규범, 문화가 중립적이지 않고 지배집단에게 유리하게 만들어져 있다고 생각한다. 따라서 사회화 과정에서 학습되는 것들은 사회의 지배/피지배관계에 따라 달라진다. 지배계급에 속한 사람은 통치하고 지배하는 기능과 문화를 익히지만 반대로 피지배계급은 생산하고 복종하는 기능과 문화를 익힌다.

인류 역사상 보통교육이 실시된 것이 민주주의가 보편화된 이후라는 사실에서도 이런 면이 입증된다. 오랫동안 학교는 지배계급의 전유물 아니면 지배층과 피지배층 학교가 구별된 분리형 학제로 운영되었다. 교육학자 애플Michael W. Apple이나 지루Henry A. Giroux 같은 비판이론가들은 보통교육이 실시되는 지금도 교육과정과 교육 내용 속에 교묘하게 지배체제의 질서와 가치가 스며들어 있다고 주장한다. 볼스Samuel Bowles와 긴티스Herbert Gintis는 교과 내용과 교육과정뿐 아니라 학교에서 교사의 발언과 반응, 학교 운영방식 등이 공장과 회사에서 노동자가 자본가에게 복종해야 한다는 가치를 내면화시킨다고 비판했다.

> **볼스와 긴티스**
>
> 교육사회학에서 갈등론 중 대표적 경제재생산론자인 볼스와 긴티스는 학교 교육의 중요한 기능은 소비의 사회적 관계를 재생산하는 것이 아니라 생산의 사회적 관계를 재생산하는 것이라고 주장한다. 즉 교육체제는 적절하게 사회화되고 계층화된 노동력의 생산 그리고 공급과 관련되어 있다는 것이다. 그러나 학생과 노동자는 각각 학습과 노동으로부터 소외되어 있고, 성공의 기준은 개인 능력 아닌 경제적 지위다. 따라서 볼스와 긴티스에 의하면 개인의 사회적 지위는 학교 교육보다 가정 배경에 의해 결정된다. 그리고 학교와 경제적 생산체제는 내용뿐만 아니라 구조 면에서도 대응관계가 유지된다.

이른바 사회화가 단지 사회 구성원을 만들어내는 것만이 아니라 지배/피지배라는 관계와 구조까지 세대를 거듭하며 이어지게 한다는 점을 종합해, 비판적 사회학의 대표 이론가 부르디외는 사회화 대신 재생산이라는 용어를 사용했다. 하지만 사회화에 대한 비판이 지나치게 한쪽 측면만 강조하고 있다는 반론도 가능하다. 사회화 또는 재생산은 사람이라는 컴퓨터에 그 사회의 문화라는 소프트웨어를 설치하는 방식처럼 일방적으로 이루어지는 게 아니다. 사람은 스스로 생각하고 주어지는 자극을 해석할 수 있는 의식적 존재다. 설사 사회화가 재생산을 목적으로 이루어지고 있다 해도, 또 학교가 계급 재생산 공장에 불과하다 해도 아이들이 꼭 그렇게 자라는 것은 아니다. 한 아이가 학교를 통과하는 순간 순종하는 노동자로 제조된다는 생각은 단지 관념에 불과하다. 사회화는 개인과 사회의 상호작용과 개인 간의 상호작용을 통해 이루어지며, 개인뿐 아니라 사회도 영향을 받는 쌍방향적 과정이다.

5장

사회조직과 관료제 그리고 네트워크

우리는 일상적으로 조직생활, 조직문화, 조직력 같은 말들을 쓴다. 그렇다면 단순한 무리와 조직은 무엇이 어떻게 다를까? 이번 장에서는 사회조직의 의미와 구성에 대해 알아보고, 근대사회에서 출현한 관료제 조직의 장단점과 그 대안을 찾아본다.

우리는 왜 사회조직을 구성하는가

사회조직의 의미와 구성

사회라고 다 같은 사회는 아니다. 우리는 사회집단과 사회조직을 구별하는데, 실제로 단순한 집단과 조직을 구별하는 표현을 일상적으로도 많이 쓴다. 예를 들어 동네 불량배 무리와 조직폭력배를 구별한다. 물론 사람들은 조직폭력배를 더 두려워하는데, 그들이 더 강한 폭력을 행사해서가 아니라 조직을 구성하고 체계적으로 폭력을 휘두르기 때문이다. 그러나 조직폭력배도 경찰이나 군대와 같은 조직을 당해낼 수는 없다. 경찰이나 군대가 그들보다 더 강한 무장을 해서가 아니라 더 세밀하고 체계적으로 역할을 담당해서다.

폭력배의 비유가 거슬린다면 축구팀을 예로 들어보자. 흔히 4대 축구 강국으로 독일, 이탈리아, 브라질, 아르헨티나를 꼽는다. 선수 한 명 한 명의 기량을 따져보면 브라질과 아르헨티나 선수들이 더 뛰어나지만 11명이 한 팀을 이루었을 때도 반드시 그런 것은 아니다. 독일과 이탈리아는 서로의 역할을 체계화해 11명이 하나의 유기체처럼 움직여 개인 기술이 뛰어난 브라질과 아르헨티나 선수들의 공격을 막아내며 준비된 전술에 따라 신속하게 공격한다. 이럴 때 축구 해설가들은 "유럽의 조직력이 남미의 개인기와 맞서고 있다"고 평한다.

각 부분이 명확하게 구별되는 역할을 수행하면서 전체적으로 마치 하나의 유기체처럼 목적 달성을 위해 최적화되어 있는 것이 조직이다. 마찬가지로 다수의 사람이 모여 상호작용하는 수준을 넘어 분명한 목적 달성을 위해 체계적으로 짜인 지위와 역할에 따라 모이고 행동할 경우 이를 사회조직이라 부른다.

어떤 사회집단이 단순한 무리에서 사회조직이 되면 각 구성원은 자기 마음대로 행동할 수 있는 여지가 크게 줄어든다. 개인은 조직에서 정한 규칙과 조직이 부여한 역할의 범위 안에서만 행동할 수 있다. 또 언제든지 들어왔다가 내키지 않으면 나가는 게 아니라 정해진 자격 요건과 절차에 따라 구성원 자격을 획득하고 역시 정해진 절차에 따라서만 탈퇴할 수 있다.

자유롭던 개인은 이런저런 사회집단의 구성원이 될 때마다 점점 행동에 제약을 많이 받고, 그 사회집단이 사회조직일 경우에는 자유로운 행동의 여지가 거의 남지 않을 정도가 되기도 한다. 그럼에도 인간은 도처에서 사회조직을 만들고 원래 사회조직이 아니었던 사회집단 또한 규모가 커지고 시간이 지나면서 조직 형태로 변모하는 경우가 많다. 사회적 존재인 인간은 혼자서는 생존이 어려울 뿐 아니라, 단순한 사회집단보다 사회조직을 이루었을 때 생존에 필요한 자원의 획득 등 목적 달성에 훨씬 유리하기 때문이다.

루소가 《사회계약론》 머리글에서 "인간은 태어날 때는 자유로우나 도처에서 사슬에 묶여 있다"고 말한 것을 흔히 정치적 압제에 대한 고발로 잘못 해석하는데, 여기서 말하는 사슬은 압제가 아니라 사회 특히 사회조직을 말한다. 루소는 자유롭게 태어난 인간이 왜 스스로 사회조직을 만들고 또 스스로를 사슬로 얽어매는가라는 큰 화두를 던졌다. 그리고 그 이유는 잘 모르겠지만 어떤 과정에서 그렇게 되는지는 알겠다면서 '사회계약', 즉 사람들이 공통의 목적 달성을 위해 자신의 자유 일부를 제한하면서 하나의 사회조직을 만들기로 약속했다는 논지를 편다.

사실 사람들이 사회조직을 만드는 이유는 명백하다. 조직을 만들었을 때 부분의 합보다 더 큰 힘을 발휘할 수 있어서다. 각각 능력치가 1인 사람들 10명이 어떤 목적 달성을 위해 협력할 경우 그저 힘을 합치면 10이 되지만, 서로 체계적으로 역할을 분담해 작업하면 12~13의 힘을 낼 수 있다. 뒤르켐은 이를 가리켜 출현적 현상이라 불렀다. 다시 축구팀의 예를 들면 독일이나 이탈리아 선수들은 각 선수가 마음껏 자기 기량을 뽐낼 수 있는 자유를 제약하고 주어진 역할에 충실하게 움직인다. 그 결과 11명이 그 이상의 능력을 발휘하며 선수 개개인 능력의 합보다 더 큰 '조직의 힘'(조직력)을 만들어낸다.

다만 사람들이 사회조직을 구성하면 분명 이득이기는 하지만, 그렇다고 자발적으로 자신의 자유 일부를 희생하고 조직으로 뭉치기로 합의한다는 생각은 지나치게 낭만적이다. 의외로 사회조직 구성원에게는 선택의 여지가 없는 경우가 많다. 예를 들어 사회조직인 국가에서 살아가는 국민 대부분은 국가를 선택하지 않았다. 마찬가지로 오늘날 대부분의 일자리는 사회조직의 형태로 구성된 기업들이 정해놓은 것으로 개인은 본인이 원하는 일자리를 스스로 선택해서 가기 힘든 실정이다.

관료제는 어떻게 구성 운영되는가

관료제 조직의 구성 원리

오늘날 관료제 조직은 부정적 이미지를 가지고 있다. '낡은 관료제적 발상'이라는 말이 일종의 관용어로 사용될 정도다. 사람들은 보통 관료제라고 하면 경직되고 비효율적으로 구성된 거대한 조직을 생각한다. 그러나 처음 등장할 때만 해도 관료제는 가장 혁신적인 조직 구성방식이었으며, 낡았다고 치부되는 오늘날에도 여전히 가장 중요한 조직들은 그림 5-1처럼 관료제 형태로 운영된다.

흔히 관료제를 비효율적인 공공 부문과 연결 짓고 그 반대편에 창조적이고 자유로운 민간 부문을 대비시킨다. 그러나 관료제란 조직을 구성하고 운영하는 방식을 말하는 것이지 공공기관이나 관료조직을 의미하지 않는다. 실상 민간 부문 조직들도 대부분 관료제 형태로 운영되며 심지어는 시민단체조차 관료제로 조직되어 있다.

관료제는 다음과 같은 특징을 가진 조직 구성 원리 또는 그런 원리로

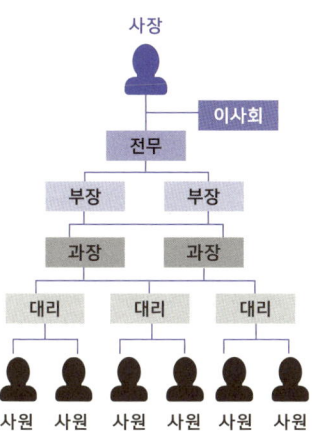

그림 5-1 관료제 조직의 구조

구성된 조직을 뜻한다.

첫째, 관료제는 각종 연고와 인간관계가 아니라 규칙과 절차에 따라 운영되는 조직이다. 대부분의 경우 규칙과 절차는 문서로 작성되고 개정하는 절차 역시 규정되어 있다. 따라서 관료제 조직에서는 어떤 한 사람이 임의로 운영하거나 업무를 처리하기 대단히 어렵다.

둘째, 각 구성원이 철저하게 분업화된 역할과 엄격한 위계에 따라 업무와 권한을 할당받는다. 관료제 조직의 구성원은 전문적으로 분업화된 업무 가운데 하나를 담당하며 위계질서에서 차지한 위치에 따라 권한이 달라진다. 위계질서의 정점에 가까울수록 관할하는 업무 영역이 넓어지며 반대로 멀어질수록 가장 아랫부분에서는 세밀하게 나뉜 업무만 담당한다. 따라서 전근대 조직에서 자주 나타났던 월권행위와 쥐꼬리만 한 권력으로 횡포를 부리는 일이 원천적으로 불가능하다.

셋째, 업무 처리 방법과 절차가 문서화된 각종 규정에 따르며 업무 진행 중에 조직 내 의사소통 역시 각종 문서를 통해 이루어진다. 이는 업무의 불명확성을 제거하고 책임 소재를 분명하게 한다.

관료제의 장점

앞서 살펴본 관료제의 구성 원리는 한눈에도 답답해 보인다. 하지만 오늘날 우리가 마주치는 대부분의 사회집단과 어느 정도 규모를 가진 조직 상당수가 관료제 조직이다. 비록 융통성 없어 보이기는 해도 관료제 조직이 목적 달성에 그만큼 유용하다는 사실을 보여준다. 관료제 조직은 대체로 다음과 같은 장점이 있다.

- 업무 처리가 신속하다. 관료제 조직은 미리 규정된 권한과 책임만 수행하므로 구성원은 어떤 일을 누가 해야 하는지 고민할 필요가 없다. 따라서 많은 양의 업무를 신속하게 처리할 수 있다. 또한 업무를 정확하게 분할해 담당하며 각자 맡은 부분에서 업무 능력의 전문화가 가능하다. 한마디로 관료제 조직은 매우 효율적이다.
- 객관적이고 합리적이다. 관료제 조직은 정해진 규정과 절차에 따라 움직이므로 개인의 자의적 판단이나 근거 없는 관행 또는 관습이 개입할 여지가 적다.
- 월권행위가 대단히 어렵다. 권한과 책임이 지위에 따라 규정되어 있

기에 가능한 일이다. 게다가 이 규정은 명료한 가이드라인이 정해져 있어 이해하기 쉽고 누가 월권행위를 하는지 바로 파악할 수 있다.

관료제 조직의 장점은 관료제가 본격화되기 이전 전근대적 사회의 조직이 어떻게 구성되고 운영되었는지를 비교해보면 금방 확인할 수 있다. 근대 이전 대부분의 조직은 신분 높은 사람들에 의한 자의적 운영이 가능한 귀족주의와 규정이나 절차보다는 인맥이나 관행에 의해 운영되는 연고주의에 따라 편성되고 운영되었다. 물론 어느 정도 관료제 형태를 갖춘 경우도 있었으나 여전히 업무 관할과 범위가 애매하고 얼마든지 월권행위가 가능했다. 이런 사회에서는 구성원의 능력이 발휘되기 어렵고 여러 불합리한 관행이 실시되며 일관성 있는 업무 추진이 어렵다. 또한 윗사람의 자의적 판단에 조직 운영이 좌우되기 십상이다. 게다가 구성원 가운데 조금이라도 권력을 가진 사람이 업무 범위를 넘어 횡포를 부려도 막아내기 어렵다. 얼핏 보면 규정과 절차 그리고 업무 관할을 따지지 않는 것이 인간적이고 유연해 보일 수 있지만 실제로는 그렇지 않다.

관료제 조직이라는 단어에서 가렴주구를 일삼는 관료의 부정적 이미지가 떠오르는 것은 '관료제'라는 용어에서 말하는 관료와 '관료주의'라는 용어에서 말하는 관료를 혼동하기 때문이다. 관료제에서 말하는 관료는 정해진 절차에 따라 문서로 업무를 처리하는 사람, 즉 사무원을 뜻한다. 반면 관료주의bureaucratism에서 말하는 관료는 일반인과 유리되어 일종의 특권집단화된 사람들을 가리킨다. 그럼에도 뷰로크라시bureaucracy라는 단어가 관료제라고 번역된 데는 이 용어가 처음 들어올 당시 한·중·일 등지에 공공기관을 제외하면 관료제로 편성된 조직이 거의 없었고 문서로 작업하는 사무직 종사자 대부분이 관료였다는 이유가 있다.

또한 당시 한·중·일 모두 관료의 월권행위가 빈번했던 터라 관료제 조직이라는 용어와 관료들의 횡포가 연결되어버렸다. 그런데 아이러니하게도 고압적 횡포나 부정부패는 관료제가 제대로 정착하지 못했을 경우 오히려 더 심해진다. 캄보디아 시엠레아프 공항을 예로 들면 이곳은 2000년대 초반까지도 뒷돈, 급행료, 이유 없는 입국 지연 등으로 악명이 높았다. 모든 절차가 느슨하게 진행되었고 직원들은 친절하게 미소 짓지만 절차와 규정이 분명하지 않아 담당자가 자의적으로 판단할 여지가 많았다. 반면 홍콩 첵랍콕 공항이나 싱가포르 창이 공항 직원들은 무뚝뚝하고 문자 그대로 관료적이지만, 각자 정해진 일을 정확히 수행하므로 자의적 판단이 스며들 여지가 없어 모든 일이 제대로 진행된다.

관료제 조직은 효율적이고 공평무사하다. 베버는 관료제 조직이 늘어나는 현상을 불합리한 관행이나 힘 있는 사람의 자의 또는 근거 없는 관습에 따라 운영되는 전근대적 조직이 합리화된 결과라고 분석했다. 따라서 근대화가 진행될수록, 즉 사회 전반에 합리화가 진행될수록 사회조직 가운데 관료제 조직 비율이 늘어날 것으로 보았다. 불문법이 성문법으로 바뀌고 주먹구구식 경영이 체계를 갖춘 회계 장부에 의한 경영으로 바뀌는 흐름을 따라, 연고주의에 기반한 조직이 체계적 합리적 관료제 조직으로 바뀐다는 것이다. 실제로 오늘날 우리가 만나는 사회조직들뿐만 아니라 친목회나 동창회 같은 조직까지도 점차 관료제의 모습을 띠는 경우가 많다.

관료제의 문제점

강철 새장의 세계   자유박탈과 의미박탈

관료제는 장점이 많지만 그만큼 단점도 많다. 근대의 소산인 만큼 후기 근대 또는 탈근대가 논의되는 시점에서는 그리 효율적이지 못한 면도 보인다.

베버는 관료제 조직의 등장을 핵심 주제로 다루며 합리화되는 과정으로 높이 평가한 사람이지만 놀랍게도 관료제 조직에 대한 가장 예리한 비판자이기도 했다. 그는 관료제 조직이 막 보급되던 시점에 이미 문제점을 통찰해내고 이를 문학적 함축이 풍부한 '강철 새장'이라는 말로 표현했다. 이 비유는 관료제 조직이 보여준 답답함과 비인간성의 상징이 되어버렸고, 반대로 이 말로 인해 답답함과 비인간성의 전형이 관료제 조직이라는 인식이 생겼다. 오늘날 베버가 말한 관료제 조직이라고 하면 누구나 합리화가 아닌 강철 새장부터 떠올린다.

그러나 베버의 강철 새장 비유는 관료제 조직 자체가 그렇다는 의미가 아니라 어떤 특수한 조건 아래에서 강철 새장이 된다는 뜻이다. 또한 관료제 조직이 합리적인 조직이 되는 것 역시 특수한 조건 아래서다. 관료제 조직 자체는 부정적이지도 긍정적이지도 않은 가치중립적인 하나의 이념형일 뿐이다. 여기서 말하는 조건이란 어떤 사람이 관료가 되느냐 하는 것이다. 앞서 설명했듯 베버는 사회구조론자가 아니라 행위이론의 창시자다. 개개의 사회적 행위자는 일방적으로 사회구조의 영향을 받는 장기판 말이 아니며, 관료제 조직의 구성원이 되었다고 해서 저절로 관료제에 적합한 인간이 되지 않는다. 그들은 자기 나름의 관행과 문화에 따라 행동하고 사고하며 조직을 해석하고 때로는 조직을 이용한다. 따라서 관료제 조직은 조직 편성 원리만으로 장점을 발휘하지 않는다. 관료가 어떤 사람으로 구성되어 있으며 어떤 동기를 가지고 있느냐에 주목해야 하며 이와 관련해 베버는 직업윤리라는 중요한 개념을 소개했다.

관료제 조직은 직업 관료로서 투철한 소명의식과 직업윤리를 가진 관료들이 있을 때 비로소 합리적 조직으로 기능하며, 직업 관료의 직업윤리는 다음과 같다.

- 관료는 사심 없이 공명정대해야 한다. 즉 자신의 이익이나 정치적 성향 등과 무관하게 정해진 규정과 절차를 철저히 준수해야 한다.
- 관료는 필요한 전문 역량을 갖추기 위해 노력해야 한다. 관료가 소명의식을 가지고 자기 업무 능력을 향상시키기 위해 능동적으로 노력해야 한다는 의미다.
- 관료는 특정한 인물(상사 또는 정치 지도자)이 아니라 자신의 역할에 충성해야 한다. 따라서 관료는 자신이 지지하는 정치 지도자나 정파가

무엇이건 간에 본인에게 맡겨진 역할에만 충실할 것을 요구받는다.

직업윤리는 어찌 보면 매우 비현실적인 가정이다. 실제로는 관료들이 자신의 정치적 성향이나 지지하는 정파에 유리하게 편향된 업무 처리를 하는 경우가 많으며 그런 행위를 완전히 막는 것은 사실상 불가능하다. 특히 이런 경향은 고위직으로 갈수록 심해진다. 무엇보다 심각한 상황은 관료들이 하나의 이익집단으로 뭉칠 때다. 고위직 관료가 전체 조직을 위해서가 아니라 조직 안에서 자신들의 이익을 위해 지위를 사용하는 일은 그리 드물지 않다. 게다가 관료는 고용과 수입이 안정적이므로 어떤 특별한 외적 동기 없이 자발적으로 전문성을 향상시키기 위해 부단히 노력할 이유가 없다. 오히려 조직 전체의 안정성을 유지하고자 전문성 향상을 위해 노력하는 개인을 억압할 가능성이 크다. 그 결과 관료제 조직은 조직 전체의 효율적이고 합리적 운영이라는 원래의 목적에서 벗어나버린다. 또 관료제의 장점인 엄격한 위계질서, 명문화된 규정과 절차는 조직 구성원을 아무 이유 없이 얽어매는 강철 새장이 되어버린다.

한편 조직의 구성원이 된 개인들은 영문도 모른 채 주어진 절차와 규정에 따라 움직이도록 강요받는다. 조직 최상층부 관료들만 전체를 조망할 수 있어 하급 관료는 정해진 절차만 수행하는 자동인형같이 행동하며 본인이 하는 행동의 의미를 설명하지 못한다. 결과적으로 그들은 스스로 목적을 설명할 수 없는 규정과 절차의 노예가 되어 의미와 자유가 없는 시간을 보낸다. 문제는 오늘날 많은 조직이 점차 관료제화되어간다는 점과 사실상 사회 전체가 철저한 관료제 조직인 정부의 영향력 아래 있다는 것이다.

그 밖의 관료제 부작용

미헬스의 《정당론》
진보와 보수를 가리지 않고 모든 정당이 결국은 소수의 지도자에게 권력이 집중되는 현상을 연구한 미헬스는 《정당론》에서 관료제의 부작용을 지적했다.

관료제 조직은 조직 내 민주주의를 위협한다. 관료제로 편성된 조직은 결국 소수 관료에게 의사결정권이 집중되면서 과두제의 길을 걷는다. 이를 미헬스 Robert Michels, 1876~1936는 '과두제의 철칙'이라고 불렀다. 미헬스에 따르면 과두제의 철칙은 다음과 같은 순서를 밟는다.

1. 조직의 규모가 커진다.
2. 규모가 커진 조직은 점차 관료제 조직으로 변모한다.
3. 관료제화가 진행되면 예외 없이 조직 내 민주주의 가능성이 사라지고 관료화된 소수 구성원이 조직 전체를 사실상 지배하는 과두제가 정착한다.

과두제는 그냥 법칙이 아니라 철칙이다. 미헬스는 이를 확인하기 위해 원래부터 보수성을 띤 조직이 아닌 가장 급진적이고 평등을 강조하는 조직인 사회주의 정당이나 각종 노동당 등 좌파 단체들의 변천과정을 관찰했다. 주지하다시피 사회주의자와 좌파는 평등주의를 강하게 주장하면서 처음부터 과두제를 강도 높게 비판해왔기 때문이다. 특히 미헬스는 혁명을 목표로 하는 정당에 주목했다. 다수 인민을 지배하는 소수 과두제를 혁명적으로 타도하는 것을 기본 목적으로 하는 혁명 정당에서 과두제적 경향이 나타난다면, 세상의 모든 조직이 과두제 철칙에서 결코 자유로울 수 없다는 결론을 확증할 수 있다. 관찰 결과 그의 예상대로 혁명 정당조차 시간이 지나면서 몇몇 주도적인 엘리트 활동가에 의해 좌우되는 과두제 조직으로 전락하고 말았다. 과두제 경향은 과연 철의 법칙이었다.

미헬스는 모든 조직에서 과두제 경향이 나타나는 요인을 정리했는데, 첫 번째로 조직 규모의 크기와 복잡성의 증가를 원인으로 들었다. 근대 민주주의 국가가 고대와 달리 결국 국회의원과 일부 정치인만 국가 운영을 담당하게 되는 것과 같은 원리다. 조직이 커지면 커질수록 모든 구성원이 주요 정책의 형성과정에 직접 참여하는 민주주의 구현이 어려워진다. 우선 모든 구성원이 집결하기 어렵고 어떤 합의를 도출하기도 힘들다. 또 조직 규모가 커지면 복잡성도 증가해서 조직을 운영하고 관리하는 일 자체가 매우 전문적으로 바뀌어 일반 구성원들은 이해하기 어렵다.

이에 따라 두 번째 요인인 조직의 관료제화가 등장한다. 조직 규모의 거대화와 복잡화는 조직 운영과 관리 업무의 전문화를 가져온다. 또한 조직이 커지고 복잡해질수록 전문성 수준도 높아져 일반 구성원들이 쉽게 하기 어려운 일이 되어버린다. 결국 조직 관리에만 전념하는 전문가 집단이 형성되며 조직 중심부에 관리와 운영을 전담하는 또다른 조직이 만들어진다. 다시 말해 조직 안에 또 하나의 관료제 조직이 만들어지는 셈이다. 이렇게 만들어진 관료제 조직의 구성원은 다른 구성원들과는 상당히 동떨어진 그들만의 관료집단을 형성한다.

관료집단은 특히 노동조합이나 시민운동단체에서 두드러지는데, 이런 조직의 구성원은 생업에 종사해야 해서 조직에 전념하기 어렵다. 조직 규모가 작고 일이 단순할 때는 구성원이 십시일반으로 업무를 분담할 수 있지만, 규모가 커지고 기업이나 정부를 상대하는 일이 복잡하고 어려워지면 업무를 전담하는 전문 관료집단이 따로 만들어진다.

물론 전문 관료집단이 존재하는 덕분에 일반 조합원이나 회원은 조직 운영을 걱정하지 않고 생업에 종사할 수 있다. 그러나 그 대가로 일반 회원을 조직 운영에서 배제하는 방향으로 흘러가며 점차 조직권력은 관료집단에 집중되고 다른 구성원들의 영향력은 감소한다. 관료집단은 일반 구성원을 제어할 수 있는 조직 내 많은 자원을 장악하며 특히 내부 언론을 선점해 자신들의 지위를 공고히 한다. 조직 업무에만 전념할 수 있는 관료집단은 일반 구성원보다 조직의 제반 정보를 월등히 많이 가지고 있으며 각종 행정적 정치적 기술도 획득할 수 있다. 그 결과 관료집단이 없으면 조직이 유지될 수 없는 상황에 이른다. 이들은 자신의 리더십을 영속화하며 조직은 구성원이 조직의 정치에서 완전히 소외되는 체제로 전환된다. 즉 과두제가 되어버린다.

과두제로 변한 조직은 많은 문제점을 드러낸다. 우선 소수 관료집단은 특권을 유지하기 위해 일반 구성원이 잘 알지 못하게 의사결정을 처리한다. 정보의 투명한 공개가 민주주의에서 매우 중요한 조건이라는 점은 널리 알려진 사실이다. 따라서 이는 일반 구성원을 소수 관료집단 간의 세력다툼에서 영문도 모르는 거수기와 단지 비용만 납부하는 캐시 카우로 전락시키는 비민주적 상황이다.

또 각종 절차와 규정을 갈수록 복잡하게 만들어 일반 구성원이 관료집단의 세계에 접근하지 못하도록 장벽을 친다. 처음에는 소박하고 단순한 목적을 위해 구성된 조직이 갈수록 복잡한 절차와 규정에 따라 움직이는 조직으로 바뀐다. 게다가 조직의 본래 목표를 달성하는 일보다 자기 집단의 특권적 이익을 관철하는 것을 우선시하는 경우가 많다. 지켜야 할 기득권이 존재하기에 이들은 변화를 싫어하는 경직성, 보수성, 획일성과 같은 문제점을 발생시킨다.

대외적으로는 진보적이고 개혁적인 주장을 하는 정치단체나 사회운동 단체임에도 정작 조직 내부는 극도로 경직되고 보수적 분위기에서 운영되는 상황이 비일비재하다. 또한 노동조합이나 시민운동단체가 초기 목적을 상실한 채 단지 직업적인 조합 활동가나 운동가 집단으로서 이해관계와 관행에 따라 움직인다. 그럼으로써 이들 활동가나 운동가 집단은 본래 목표와 방식을 변경하는 것에 극도의 방어 자세를 취하는 역설에 처한다.

그 밖에도 관료제 조직에서 흔히 나타나는 문제점은 다음과 같다.

레드 테이프 문서에 규정된 절차를 그대로 지키려다 발생하는 번거로움과 비효율을 말한다. 16세기 스페인 행정부에서 중요한 행정 서류를 특별히 붉은색 끈으로 묶어놓았던 관습에서 유래한 표현이다. 흔히 문서만능주의라고 일컫는다. 관료제 조직은 업무보다 그것의 처리과정을 보고하고 지시하는 문서 작성에 업무 시간 대부분을 허비하는데, 이를 번문욕례繁文縟禮라고 한다. 실제로 회사나 관공서 직원들을 가장 괴롭히는 업무는 각종 보고서나 기획안 작성, 프레젠테이션 준비다. 기획안이나 보고서의 내용이 아니라 문구나 형식 등이 문제가 되어 결재가 반려되거나 질책을 듣는다면 그 조직은 어김없이 레드 테이프에 포박되었다고 볼 수 있다.

보수주의 관료제 조직의 본질이다. 정해진 규정과 절차를 지키고 엄격한 위계질서에 따라 업무 관할을 나누기 때문에 예외 상황은 용납되지 않으며, 하부 구성원이 유능하다 해도 자신보다 무능한 상급자에게 복종하도록 강요받는다. 계속해서 똑같은 일을 반복하기 때문에 효율적일 수는 있지만, 보수주의는 조직혁신의 큰 걸림돌로 변화하는 환경에 적응하면서 발전해야 하는 조직에는 매우 치명적인 약점이다. 사실 관료제 조직에서 개혁을 좋아하는 사람은 드물다. 일부 혁신적 인물은 이를 답답하게 여기지만 대부분의 구성원은 주어진 일을 정해진 방식대로 반복하는 데서 안정감을 느낀다.

할거주의 업무와 관할의 철저한 분화가 야기한 부작용이다. 다른 말로 부서이기주의라고도 한다. 최상급자 이외의 관료제 조직 구성원은 조직 전체가 아닌 자기 관할 업무에만 관심을 가진다. 그 결과 자신이 속한 부서의 이해관계를 조직 전체보다 우선시하는 경향이 나타난다. 한편 부서 간의 업무 관할 다툼은 대규모 관료제 조직에서는 일상적인 현상이다. 물론 서로 업무를 하겠다고 다투는 게 아니라 하지 않겠다고 떠넘기는 형태로 더 빈번하게 나타난다. 관공서에 문의 전화를 걸거나 민원을 신청하러 갔다가 직원들이 저마다 자기 관할이 아니라고 해서 이 부서 저 부서로 밀려다닌 경험을 누구나 한 번쯤은 해보았을 것이다.

훈련된 무능 훈련된 무능 역시 엄격한 위계질서와 철저한 분업에서 비롯된 문제다. 관료제 조직 구성원은 자신이 맡은 역할과 관할에서만 일하도록 요구받는다. 따라서 담당 분야에는 숙달되어 있지만 다른 부서 업무에는 무능할 수밖에 없다. "죄송하지만 저희 관할이 아니라서…"라며 대답을 회피하는 관료의 모습은 익숙하다. 그런데 그들이 하는 말을 단지 책임을 회피하기 위해 핑계를 댄다고만 볼 수는 없다. 실제로 자기 관할이 아닌 일은 잘 모르는 경우가 대부분이다.

복지부동 자발적으로 나서서 일하지 않고 땅바닥에 딱 붙어 꿈쩍도 하지 않는다는 뜻으로 무사안일주의라고도 한다. 쉽게 말해 관료들이 되도록 일을 하지 않으려고 드는 경향이다. 보통 관료제 조직은 엄격한 징계 체제를 가지고 있으며 구성원의 업무가 명확히 구분되어 있기 때문에 문제가 발생했을 때 누구 책임이며 누가 징계 대상인지 확실하게 가려진다. 따라서 관료들은 일이 되게 하는 쪽보다 가능하면 책임을 회피하는 쪽으로 먼저 움직인다. 책임을 피할 수 있는 가장 좋은 방법은 아무 일도 하지 않는 것이기 때문이다. 아무것도 하지 않는 것 자체도 문책 대상이지만 일을 했다가 사고가 났을 때보다는 문책 강도가 약하다. 이런 이유로 관료들은 적극적으로 나서기보다 상부 지시를 최소한으로만 이행하고 그 이상은 복지부동한다. 영어권에서는 No Action Talk Only를 줄여 'NATO'라고 재미있게 표현하기도 한다.

형식주의 관료제의 문서주의에서 비롯된 문제점이다. 모든 것을 절차와 문서에만 의존하다보니 일 자체가 아닌 그에 대한 절차와 문서를 만드는 것을 더 중요시한다. 관료들은 어떤 프로그램이나 프로젝트가 궁극적으로 지향하는 가치보다 관련된 형식적 절차와 문서에 더 집착하는 경향이 있다. 그래서 상급자가 보기에는 열심히 일하는 것 같지만 실제로는 형식에 따라 문서만 만들고 있는 상황이 벌어진다. 문서는 그럴듯해 보일지 몰라도 실제로 고객이나 정책의 수혜자 입장에서는 불만의 소리가 나올 수밖에 없다.

과두제의 철칙은 두 가지 의미를 가진다. 하나는 어떤 조직이 규모가 커지면 필연적으로 관료제화된다는 것이다. 또 하나는 일단 관료제화된 조직의 규모는 필요한 인원수와 무관하게 계속 커진다는 의미다. 관료제 조직이 비대해지는 원인은 다음과 같다.

- 관료는 경쟁자가 아닌 하급자를 늘리기 원하고 자신들은 관리자가 되고 싶어 한다. 하급자는 더 아래의 하급자를 만들려 하고 그 하급자는 또다른 하급자를 만든다.
- 한번 만들어진 업무는 절대 사라지지 않는다. 관료는 업무를 일종의 영토처럼 생각하며 자기 관할 업무를 사수하려는 경향이 강하다. 한 업무에는 이미 수많은 관료제 조직이 피라미드처럼 얽혀 사실상 그 업무가 필요 없어졌다 해도 폐지하기 대단히 어렵다.
- 한번 만들어진 부서는 절대 사라지지 않을 뿐 아니라 오히려 점점 늘어나고 복잡해진다. 낡은 업무 대신 새로운 업무가 필요해지면 관료제 조직은 옛 부서를 폐지하고 새 부서를 편성하는 게 아니라 옛 부서를 유지한 채 새 부서를 추가하는 경향이 있다. 이를 풍자해 '위원회가 너무 많아서 줄여야 한다'는 문제 제기에 따라 '위원회 감축 특별위원회를 새로 만들었다'는 말이 있다.

관료제 조직의 대안 네트워크

수많은 부작용에도 불구하고 관료제 조직을 무조건 혁파해야 하는 낡은 조직으로 치부할 수는 없다. 그동안 관료제를 대체할 조직을 만들려는 시도가 있었지만 몇몇 특수한 영역을 제외하면 성공하지 못했다. 관료제 조직이 변화에 빠르게 적응하지 못하고 창조성을 억누르는 단점이 있지만, 변화가 적고 반복 업무라면 그 어떤 조직 형태보다 효율성이 높으며 특히 조직 규모가 커질수록 관료제 요소가 반드시 필요하다.

관료제 대안으로 자주 언급되는 것이 바로 네트워크다. 네트워크 조직이라는 용어로도 소개되는데, 사실 네트워크는 엄밀히 말해 조직이라 하기에도 또 조직이 아니라고 하기도 어려운 모호한 형태다. 조직의 가장 중요한 특징이 외부와의 분명한 경계, 명시적 목표, 체계적 지위와 역할인데 네트워크는 내외부 구별이 모호하고 목표 역시 유동적이며 무엇보다 구성원의 지위와 역할이 규정되어 있지 않다. 즉 네트워크는 남남은 아니지만 그렇다고 조직처럼 강하게 결합되어 있지도 않은 사람들의 관계망이자 연결망이다.

그림 5-2는 기존 관료제 조직과 네트워크의 차이를 도식화한 것이다. 왼쪽이 관료제 조직이고 오른쪽으로 갈수록 네트워크 형태로 변화하는 과정이다. 관료제 조직에서 하부 구성원은 자신의 담당 업무 외에는 알 수 없고 최상층에서만 조직 전체를 조망할 수 있다. 권한은 몇몇 간부에게 집중되어 있으며 의사소통이 위에서 아래로 일방통행한다. 그러나 네트워크에 가까워질수록 상층 구성원과 하부 구성원의 차이가 줄어들어 마침내 완전히 수평관계로 변한다. 권한은 조직 말단부로 분산되며, 엄밀히 말해 중심부와 말단부의 구별도 사라진다.

이런 변화는 조직의 생명력과 유연성에 큰 보탬을 준다. 관료제 조직에서는 핵심 구성원 한 명만 공석이어도 조직이 해체되거나 분해되지만, 그

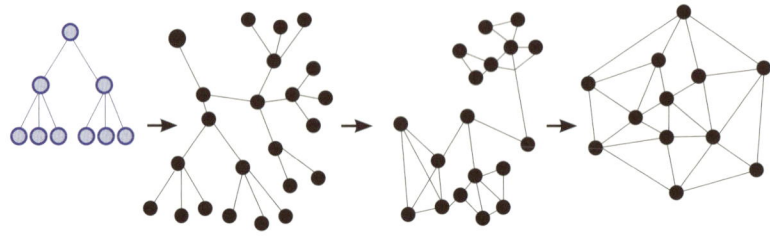

그림 5-2 관료제 조직에서 네트워크 조직으로의 변화

림의 제일 오른쪽에 있는 네트워크는 어떤 구성원이 빠지더라도 연결망이 끊어지지 않는다. 구성원 간 관계가 수평적이고 권한이 분산되어 중심부와 말단부가 언제든 교체 가능하며 주어지는 과제가 무엇이냐에 따라 결정된다. 또 말단부와 중심부 구별이 없으므로 조직 어느 부분과 접촉하더라도 지식과 정보를 전체가 공유할 수 있다. 네트워크의 특징은 특히 지식정보사회에서 대단히 중요한 장점이다. 조직원이 획득한 지식과 정보가 조직에 공유되기 위해서 기존 관료제 조직이라면 위계질서에 따른 절차가 필요하지만, 네트워크에서는 지식과 정보가 조직 어느 부분에 들어와도 즉각 전체에 공유된다.

 매우 유감스러운 일이지만 네트워크의 잠재력을 가장 먼저 확인시켜준 사례는 범죄조직이다. 20세기 대표적 범죄조직은 이탈리아 시칠리아 섬을 근거지로 하는 마피아였다. 이들은 '패밀리'라고 불릴 정도로 조직원 간 유대가 강하고 조직 경계가 명확했다. 두목의 권위가 절대적이며 그 아래로 여러 역할을 분담하는 중간 보스들 그리고 가장 아래에 행동대원이 있었다. 그러나 21세기에 이르러 등장한 러시아 마피아나 국제 마약 카르텔은 이들과 전혀 다르다. 두목의 위상이 모호하고 중간 보스 간에 교류가 거의 없다. 마피아, 카르텔이라고 부르지만 실제로는 독자적으로 활동하는 자잘한 불법단체들의 느슨한 연결망인 경우가 대부분이다. 따라서 경찰 입장에서는 시칠리아 마피아보다 다루기가 훨씬 까다롭다. 이들은 두목과 고위급 중간 보스를 체포하거나 회유하면 조직이 현저하게 약해지지만, 러시아 마피아나 마약 카르텔은 누구를 체포하고 누구를 회유해야 하는지가 모호하다. 일본 영화 〈춤추는 대수사선〉(모토히로 카츠유키 감독, 1998년)에는 네트워크 형태의 범죄조직과 맞서는 거대한 관료제 조직인 경찰이 경직되고 둔탁한 행보로 계속 농락당하는 모습이 나온다. 그러다 정해진 엄격한 명령체계를 따르는 기존 방식을 버리고 현장 경관들이 변화하는 상황에 따라 독자적으로 작전을 수행해 결국 사건을 해결한다.

당연히 범죄조직만 네트워크를 이루는 것은 아니다. 네트워크를 가장 적극적으로 활용한 집단은 기업이다. 지식정보사회에 유리하다는 속성이 기업들을 자극했고, 특히 지식과 정보 분야 기업들은 한결같이 네트워크 형태로 회사를 운영한다. 이 가운데 구글은 거의 완벽하게 네트워크화되어 있다. 구글은 CEO 아래 층층의 계열을 이룬 조직이 아니라 직원들이 그때그때마다 필요한 팀을 결성했다가 해산을 반복하는 조직체계를 가지고 있다. 누구든 새로운 아이디어가 있으면 이를 공유하면서 팀을 결성하는 것이다.

다만 네트워크 형태의 조직 운영이 모든 분야에 적합하지는 않다. 제철

소나 조선소 같은 곳에서는 여전히 기존의 철저한 관료제 조직이 더 적합하다. 반면 정보통신 분야는 말할 것도 없고 영화나 음반 또는 패션 산업 분야는 네트워크 조직이 훨씬 더 효율적이다.

6장

세상은 왜 불평등한가

인간은 모두 평등하게 태어난다. 하지만 주변을 둘러보면 그다지 평등하게 살고 있는 것처럼 보이지 않는다. 다양한 취미생활을 즐기며 여유롭게 사는 사람이 있는가 하면, 당장의 생계도 꾸리기 어려운 사람도 있다. 왜 이런 차이가 생기는 것일까? 선천적 능력 또는 노력의 차이 때문에, 아니면 개인으로서는 어쩔 수 없는 사회구조의 문제일까?

사회적 불평등의 의미와 문제점

사회적 불평등은 왜 생기는가

어느 사회든 구성원들이 가치 있다고 여기는 것이 있다. 생존에 필요한 경제적 자원, 사회적 존중, 넓은 인맥 등 모든 사회를 막론하고 보편적으로 중요하게 여기는 가치가 있는가 하면 사회나 문화에 따라 차이가 날 수 있는 아름다움, 성스러움, 도덕성 같은 것도 있다. 또한 긍정적 가치만이 아니라 부정적 가치도 공유한다. 기근, 자연재해, 질병, 각종 사고나 전쟁 같은 위험, 힘든 노동 등은 구성원 대부분이 공유하는 부정적 가치다. 누구나 긍정적 가치는 더 많이, 부정적 가치는 더 적게 가지려고 한다.

문제는 여러 가치가 사회 구성원에게 동등하게 분배되지 않는다는 점이다. 물론 구성원 모두의 능력이 똑같지 않으므로 어떤 경우에도 완전히 평등한 분배는 불가능하다. 그러나 특정 지위의 구성원이나 집단이 다른 지위에 있는 구성원이나 집단에 비해 항상 긍정적 가치는 더 많고 부정적 가치는 더 적게 받거나, 심지어 불균등한 분배가 제도화되어 있다면 그것은 문제다.

관건은 더 유리하게 분배를 받는 지위가 실제로 그럴 만한 이유가 있는지와 그런 지위에 오를 수 있는 기회가 모든 구성원에게 동등하게 주어지는가이다. 그렇지 않다면 불평등은 개인의 능력에서 비롯된 것이라 할 수 없다. 그렇다면 대체 어디서 비롯되었을까? 중세라면 신의 뜻이라고 하겠지만, 오늘날에는 개인의 능력에서 비롯되지 않은 불평등을 사회적 불평등이라 부른다.

어느 시대나 사회적 불평등이 존재했다. 고대 그리스나 로마의 노예는 아무리 열심히 일하고 유능하다 해도 겨우 생존할 수 있을 정도의 보수밖에 받지 못했다. 그들은 정당한 노동 대가를 전혀 받지 못했고 노동 도구도 얻을 수 없었으며 가족을 이룰 기회조차 갖지 못하기도 했다. 반면 지배층은 노예들의 노동 결과물을 별다른 대가 없이 챙겼다. 또 지배층의 후손은 계속해서 높은 지위를 이어가고, 노예의 자손은 특별한 경우가 아니면 그 상태를 벗어날 수 없었다. 아리스토텔레스는 '태어날 때부터 노예일 수밖에 없는 성품을 가진 사람'이 따로 있고 헬라인이 다른 민족을 노예로 부리는 것은 정당하다고 했는데, 오늘날 이런 말을 했다가는 인종주의자로 몰려 모든 공직에서 사퇴해야 할 것이다.

그러나 노예제 폐지 이후 특히 기독교가 전파된 유럽에서는 이런 식의 불평등에 대한 공식적인 정당화가 불가능해졌다. 지배층은 모든 사람이 신의 자녀라는 생각을 마지못해 인정해야 했다. 물론 동양에서도 '민심이 천심'이라는 민본주의가 보편화되면서 날 때부터 귀하고 천하다는 구별을 정당화하기 어려워졌다. 이에 지배층은 자신이 더 많은 가치를 가져가는 상황을 더욱 고귀하고 중요한 일을 담당하기 때문이라는 식으로 정당화했다.

전통사회에서 말하는 고귀하고 중요한 일은 대부분 군사나 종교와 관련된 역할이었고 지배층은 직접적으로 생산에 참여하지 않았다. 성직자는 신의 나라로 인류를 이끄는 중요한 역할을 담당하고, 왕과 신하는 신의 뜻을 대신해 지상에서 통치하는 역할을 담당하므로 다른 사람보다 더 훌륭한 대접을 받는 게 당연하다는 식으로 불평등을 정당화했다. 그 밖에도 중세 유럽이나 일본에서는 군사 담당자의 지위가 보다 우월했고, 유교의 영향력이 강했던 중국이나 한국에서는 경전을 해석하고 예악禮樂을 실행하는 지식층이 가치 대부분을 자기 몫으로 가져갔다. "선비라는 자들이 아무것도 생산하지 않으면서 생산 결과물만 챙긴다"는 묵가의 비판에 맹자는 "선비는 나라의 방향을 결정하고 왕에게 올바른 말을 진언하는 등 직접 농사짓는 것보다 더 중요한 일을 하는 사람이니 더 나은 대가를 받는 게 당연하다"고 답했다.

어느 사회든 중요하고 가치 있는 일을 하는 사람이 보다 좋은 대우를 받는 것은 당연하다. 하지만 그런 사람들이 사회에서 필요로 하는 자원을 생산하는 일을 직접 담당하는 경우가 거의 없고, 또 직접 생산을 담당하는 사람에 비해 지나치게 많은 가치를 분배받는다면 계속해서 이를 정당화하기란 어렵다. 게다가 그런 자리에 올라갈 수 있는 기회 자체가 성性, 인종, 민족, 출신 지역 등 특정 속성에 따라 차별적으로 주어진다면 문제는 더욱 심각하다. 더 적은 가치를 분배받고 중요한 자리에 올라갈 수 있는 기회를 차단당한 사람들은 당연히 불공정한 처사라고 생각할 수밖에 없다.

우리나라 전통사회를 예로 들어보자. 조선사회 지배층인 양반은 생산에 참여하지 않음에도 직접 생산을 담당한 농민보다 더 많은 농작물을 분배받았으며 조세, 공납, 역과 같은 의무로부터 벗어나 있었다. 실제로 생산을 담당했던 농민은 생산물의 거의 절반 이상을 소작료로 양반에게 지불해야 했고, 이와 별도로 왕에게는 조세를 바쳤으며 각종 공사나 전쟁에까지 동원되는 등 모든 의무를 떠안고 있었다. 양반과 농민에게 각각 주어진 의무는 개인의 능력, 덕성, 가치관과 무관하게 법과 규칙으로 제도화되어 있었다.

또 당시 조선에는 양반이 농민보다 더 중요한 역할을 담당하며 농민이 그나마 농사짓고 살 수 있는 것은 왕과 그를 보필하는 양반 덕분이라는 식의 도덕윤리체계가 발달되어 있었다. 자연스레 불평등은 수혜자뿐 아니라 피해자에게도 깊이 내면화되어 도리어 수혜자를 존경하고 감사하게 여길 정도였다.

과거제도의 폐단
조선 중기 이후 과거제도의 문제점이 지속적으로 거론되었는데 과거를 치르는 장소와 응시자의 수 그리고 지방 배분도 논란이 많았다. 특히 평안도 지역에 대한 차별의 원인으로는 '홍경래의 난'이 거론되기도 했다. 홍경래洪景來, 1771~1812는 1798년 평양의 향시에 합격하고 소과에 응시했으나 지방을 차별하는 폐습 때문에 낙방하자 이에 불만을 품고 1811년 평안북도 가산에서 군사를 일으켰다. 그러나 이듬해 정주에서 관군에게 진압되어 사망했다.

그런데 사회에서 중요한 역할을 담당한다는 양반의 자격은 사실상 태어나면서부터 결정되었고 본인 능력과 무관했다. 과거제도는 형식적으로 농민에게도 기회를 열어두었지만 농민은커녕 양반이라 할지라도 특정 지역, 예를 들어 평안도 출신에게는 거의 닫혀 있다시피 했다. 이런 불평등은 조선사회 자체의 고유한 속성으로 그 안에서 살아가는 개인에게는 하나의 '사회적 사실'이었으며, 특정 농민의 분노나 특정 양반의 자비심과는 무관하게 사회 전반에 팽배했다. 권율權慄, 1537~1599과 그의 사위 이항복李恒福, 1556~1618은 천민 출신 정충신鄭忠信, 1576~1636을 기꺼이 받아들이고 가르쳐 금남공의 지위에까지 오르게 했지만 전쟁 중이라는 특수 상황이었기에 가능한 일이었다.

근대화를 거치며 명시적으로 제도화되어 있던 사회적 불평등은 거의 사라졌다. 세계에서 가장 정밀하게 사람을 차별한다는 인도의 카스트제도 역시 현재 법적으로는 폐지되었다. 그렇지만 오늘날에도 사용자와 노동자, 상류층과 빈곤층의 차이가 엄연히 존재하며 카스트제도는 관행과 문화로 여전히 남아 있다. 다만 법과 제도로 특정한 속성을 가진 사람이나 집단을 사용자와 노동자 또는 상류층과 빈곤층으로 미리 정해놓지 않을 뿐이다.

그렇다면 오늘날 불평등은 사회적 불평등이 아니라 개인 능력의 차이 또는 성실과 근면의 결과일까? 근대 민주국가에서는 누구나 자기 능력과 적성에 따라 얼마든지 원하는 지위에 올라갈 수 있으며 모든 국민에게 평등하게 주어지는 교육을 통해 지위가 보장된다는 믿음이 있다. 이 믿음 덕에 신림동에는 이른바 고시촌이 형성되어 있고 해마다 수능 시험일이 되면 온 나라가 고사장을 방불케 한다. 간단히 말해 소질 있고 공부를 열심히 하면 성공한다고 생각하는 것이다. 하지만 사회학자 대부분은 그렇지 않다고 답한다. 오늘날 사회적 불평등은 겉으로 드러나지 않을 뿐 사회 심층에서 여전히 강력하게 작용하고 있기 때문이다.

그림 6-1의 블라우Peter Blau, 1918~2002와 덩컨Otis Duncan, 1921~2004이 만든 고전적 지위획득모형이 흥미로운 사례를 제공한다. 이 모형은 오늘날 우리 사회가 기회균등이라는 의미에서 평등한 사회라면 부모 지위와 자녀 지위 간에 상관관계가 적어야 한다는 전제에서 출발한다. 부모의 지위가 낮더라도 자녀가 능력 있고 노력한다면 높은 지위로 올라갈 수 있고, 반면에 부모가 존경받는 지위에 있더라도 자녀가 무능하고 게을러 낮은 지위

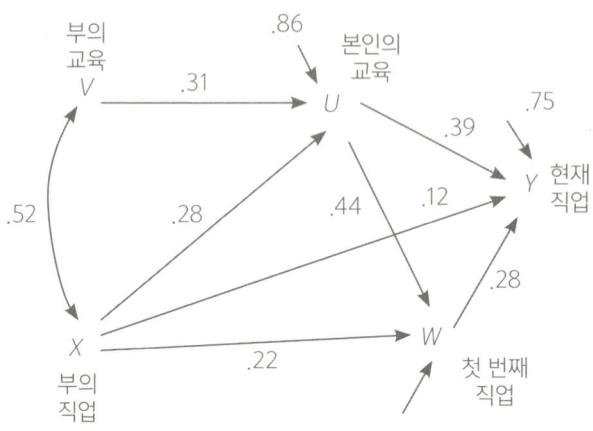

그림 6-1 블라우와 덩컨의 지위획득모형

로 추락할 가능성이 높다면, 이때 발생하는 불평등은 개인의 능력과 속성에서 비롯된 것이라 할 수 있다.

그런데 블라우와 덩컨의 모형은 자녀가 가진 사회적 지위(주로 직업)에 부모의 지위가 강력한 영향력을 행사하고 있음을 보여주었다. 특히 부모의 직업과 교육수준의 영향력이 크게 작용했다. 물론 자녀가 현재 직업을 획득할 수 있었던 가장 강력한 원인은 본인의 교육수준이지만, 그것에 부모의 직업과 교육수준이 막강한 영향을 행사하므로 반드시 자녀의 순수한 능력과 노력만으로 이루었다고 말하기 어렵다. 이를 요약하면 다음과 같다. '공부를 열심히 하고 잘 배우면 높은 지위에 올라 잘살 수 있다. 그런데 원래 지위가 높고 잘사는 집 아이가 공부도 더 잘하고 더 잘 배운다.'

미국이 평등하게 제공되는 공교육을 통해 사회적 불평등이 해소된 사회임을 증명하고 싶었던 콜먼James Coleman, 1926~1995의 연구에서도 동일한 결과가 나타났다(《Equality of Educational Opportunity》, 1966). 콜먼은 자신의 기대와는 정반대로 '학업 성취도는 학생들의 가정환경과 교우집단 성격에 의해 결정된다'는 우울한 결론에 도달하고 말았다. 어떤 가정환경에서 태어나고 어떤 친구와 어울리는지가 그 학생의 학업 성적을 결정해버린 것이다. 저학력, 저소득층 가정에서 태어난 학생은 낮은 학업 성취도를 얻고 형식상 평등한 학업 성취경쟁에서 낙오해 결국 저학력, 저소득층으로 전락해 부모의 지위가 대물림된다는 말이다.

겉으로 드러나지 않더라도 결과적으로 개개인의 특성이나 능력과 무관하게 유리한 지위와 불리한 지위가 대를 이어 결정되고 있다면 여전히 사회적 불평등이 존재하는 것이다. 오늘날 사회적 불평등은 대부분 명시적으로 드러나지 않는 심층의 사회구조 안에서 재생산된다.

사회적 불평등에 대한 관점들

사회적 불평등을 바라보는 시각은 다양하다. 흔히 불평등이라 하면 무조건 바람직하지 않다고 보기 쉽지만 반드시 그런 것은 아니다. 사회적 불평등이 사회 전체를 위해 불가피하고 나름의 기능을 담당한다면 정당화될 수 있다는 관점이 있다. 반대로 불평등이 모든 갈등의 원인이며 결국 기존 사회체제를 전복시킨다는 견해도 있다. 전자는 기능론, 후자는 갈등론의 주장이다.

기능론 입장의 사회학자들은 사회적 불평등이 전체 사회에서 어떤 기능을 수행하는지에 관심을 기울인다. 사회적 불평등으로 인해 사회에 병리현상이 야기된다면 해결해야 할 문제지만, 오히려 어떤 기능이 수행되고 있다면 불평등은 불가피한 것으로서 용인해야 한다.

기능론자들은 사회적 불평등이 사회에서 나름의 기능을 수행한다고 주장하며, 이를 크게 인력을 배치하는 기능과 사회발전의 동기를 부여하는 기능으로 나누었다. 먼저 인력배치 기능이란 사회 전체를 위해 매우 중요하지만 사람들이 잘 담당하지 않으려 하는 역할, 또는 사회를 위해 매우 우수한 인재들이 담당해야 하는데 인재가 충분히 몰리지 않는 역할에 충분한 인력을 끌어들이는 것이다. 사회는 가장 중요한 역할에 특권을 부여해(즉 불평등을 활용해) 필요한 인력을 효율적으로 배치한다.

기능론의 시각
사회적 불평등은 사회 인력배치에 도움을 주고 사회발전에 동기를 부여한다.

갈등론의 시각
지배층이 자기 이익을 유지하고자 사회제도를 만들고 불평등한 구조를 존속한다.

그러나 기능론의 인력배치이론은 몇 가지 중대한 결함이 있다.

- 사회에서 우월한 대우와 보상을 받는 집단이 반드시 가장 중요한 역할을 담당하는지 불분명하며, 설사 그렇다 하더라도 보상 범위가 크게 차이 나는 것은 정당화하기 어렵다. 예를 들어 펀드매니저나 외환딜러가 소방관이나 교사보다 사회를 위해 몇 배나 더 중요한 역할을 담당한다고 할 수 있을까.
- 기능론의 인력배치이론은 사회적 불평등을 사후적으로 정당화한다는 비판을 받는다. 어떤 집단이 사회에서 우월한 대우를 받는 것을 먼저

확인하고 나서 그 집단의 역할이 중요하다고 정당화한다는 말이다.
- 사회마다 불평등을 정당화할 정도로 중요한 역할이 있을 수 있다. 하지만 이미 우월한 지위를 점유한 사람들의 자손이 계속해서 그 지위를 계승하는 현상은 정당화되기 어렵다. 신분제 사회는 물론이고 민주주의 사회에서도 결과적으로 사회적 지위가 대물림되는 경향이 강하며 반대로 불리한 위치 또는 빈곤한 가정에서 태어난 사람이 우월한 지위로 올라가는 사례를 찾아보기 어렵다. 따라서 우월한 지위 또는 가난의 대물림이 사회 전체를 위해 어떤 기능을 한다고 주장하는 것은 도덕적으로도 문제가 많다.

동기부여이론은 인력배치이론의 난점을 어느 정도 설명해준다. 우월한 지위나 부의 대물림 가능성은 자기 후손을 위해 보다 열심히 일하고 성취하고자 하는 동기를 자극할 수 있다. 맬서스Thomas Malthus, 1766~1834는 후손에게 부와 명예가 대물림되지 않는다면 누가 국가를 위해 명예롭게 헌신하겠느냐면서 세습 귀족의 권리를 정당화했다. 또한 스펜서는 극심한 사회적 불평등이 사회발전에 보탬이 되는 속성이 있고, 능력을 가진 개인을 그렇지 않은 개인들로부터 가려내는 일종의 자연선택과 같은 기능을 함으로써 사회와 인류 발전에 기여한다고 했다. 그러면서 19세기 후반 유럽에 확산되기 시작한 각종 복지제도와 빈곤 구제정책을 비판했다. 사회적 불평등을 통해 선발과 도태가 이루어지는데, 이를 인위적으로 교란시키는 시도는 마치 생태계에 인위적으로 개입한 것과 같은 재앙이 되리라는 주장도 덧붙였다.

사회적 불평등을 정당화하는 논리들을 살펴보면 지나치게 비정하게 들릴 수도 있다. 하지만 기능론자라고 해서 사회적 불평등을 무조건 옹호하는 것은 아니다. 기능론에서 가장 중요한 점은 사회 전체가 균형을 유지하고 병리현상에 빠지지 않는 것이다. 따라서 불평등이 사회 균형을 위협하고 병리현상을 불러온다면 더이상 정당화될 수 없다. 또 불평등의 폭이 커지면 불필요한 갈등이 야기되며, 격차가 크면 클수록 서로 다른 계층이 같은 사회에 속해 있다는 동질감을 느끼지 못하므로 지나친 불평등은 바람직하지 않다.

사회 하층부 사람들이 자신을 다른 구성원과 구별해 '우리와 그들'이라고 부르기 시작하는 상황이 혁명의 전조다. 기능론자들이 가장 피하고 싶어 하는 것이 바로 혁명인데 기존의 사회체제, 질서, 균형을 일거에 무너뜨리고 일대 혼란을 가져와 사회를 아노미 상태로 만들기 때문이다. 사회통합을 강조하는 기능론 관점에서 사회적 불평등은 그 격차가 적절하다면 인력배치와 할당을 효율적으로 해결하는 수단이지만, 지나치다면 사회를 무너뜨리는 원인이 된다.

반면 갈등론자들은 사회적 불평등을 기능적으로 정당화하는 데 반대하며, 어떤 이유로 지배적 위치에 오른 이들이 그렇지 못한 사람들을 억압하고 착취하면서 불평등이 발생한다고 보았다. 지배층으로 올라간 이유도 사회 전체를 위해 더 가치 있고 중요한 일을 해서가 아니라 그 위치를 두고 벌어진 투쟁에서 승리한 쪽이 자신들이 가진 속성을 과대평가했을 뿐이다. 그리고 지배와 피지배는 항상 승자가 패자의 노동력을 부리는 결과를 가져와 직접 노동과 거리가 먼 역할이 사회적으로 높이 평가되고 더 우월한 지위를 차지하는 경향이 있다.

물론 피지배층이 순응할 리 없으므로 사회는 항상 갈등하고 대립한다.

갈등론에서는 여러 제도와 체계가 사회 전체 이익보다는 지배계급의 이익을 위해 만들어졌다고 본다. 즉 사회는 이미 지배의 도구가 되어 불평등을 제거하거나 완화하기 매우 어렵다. 불평등한 구조 덕분에 이익을 보는 기존 지배층이 다른 계층과 평등해지는 것을 절대 용납하지 않고 완강하게 저항할 것이다. 실제로 역사를 살펴보면 백성을 측은히 여기는 왕이라 할지라도 지배층의 이익을 줄이고 백성의 이익을 늘리는 정책을 펼치기 어려웠으며, 심한 경우에는 지배층에 의해 목숨을 잃거나 왕좌에서 쫓겨나기도 했다.

갈등론에 따르면 지배층은 피지배층의 반발을 억압하고 기득권을 지키기 위해 사회의 여러 가치를 활용한다. 정치, 경제, 사회, 문화, 법과 관련된 거의 모든 제도는 기본적으로 지배층이 자기 이익을 보호하기 위해 만든 장치다. 따라서 피지배층은 사회제도 전반을 뜯어고치지 않는 한, 다시 말해 사실상 혁명에 가까운 변화를 끌어내지 않는 한 현재의 불리한 위치에서 크게 벗어나지 못한다.

혁명 역시 완전한 해결책은 아니다. 사회체제가 바뀔 때마다 기존 체제에 도전하는 세력은 자신이 보다 올바르고 공정한 세상을 만든다고 주장하지만, 실제로는 자신의 이익을 정당화하기 위해 신이나 인류 또는 사회나 세상 전체를 내세울 뿐이다. 마르크스는 노동자계급이 주도하는 프롤레타리아혁명이 모든 차별을 폐지하고 무계급 사회를 가져온다고 주장했지만, 그것의 전 단계로 노동자계급이 지배계급의 위치로 올라선 불평등한 사회인 프롤레타리아 독재를 전제한다. 물론 마르크스는 프롤레타리아 혁명 이전의 모든 혁명은 다만 사회적 불평등에서 지배층의 지위만 이 계급에서 저 계급으로 교체한 것에 불과하다고 했다.

사회적 불평등의 구조
사회계층과 사회계급

사회계층

 사회적 불평등은 각각의 구성원을 일련번호 1번부터 마지막 번호까지 등급을 매겨 순차적으로 차별하는 방식으로 이루어지는 게 아니다. 특히 국가, 민족같이 규모가 큰 사회에서 사회적 불평등은 개개인이 아니라 특정 지위나 속성을 공유하는 집단 간의 불평등한 처우나 분배라는 방식으로 존재한다. 집단 내부에서 개인차는 있지만 그보다 어떤 집단에 속하느냐에 따른 차이가 훨씬 크다. 사회는 불평등하게 취급받는 서열화된 몇 개의 집단으로 이루어져 있는데, 이를 사회계층이라고 부른다.
 사회계층은 어떤 기준으로 위계질서를 매기느냐에 따라 다양하게 나타나는데 먼저 소득 차이에 따라 고소득층, 중산층, 저소득층, 빈곤층으로 나눌 수 있다. 직업이 가지고 있는 위신(사회적 평가와 다른 사람으로부터 받는 심리적 평가)에 따라서는 고위직, 전문직, 사무직, 판매직, 노무직, 일용직으로 나눌 수 있으며 사회나 다른 사람에게 행사할 수 있는 영향력 차이에 따라 파워 엘리트와 대중으로 나눌 수도 있다. 또한 이 모든 것을 종합해 상류층, 중류층, 하류층으로도 나눈다. 그리고 수입과 위신, 영향력을 많이 가진 계층이 그렇지 못한 계층보다 더 많은 권력을 가지고 그들을 자기 뜻대로 움직일 수 있는 힘을 가진 경우가 많아 지배층과 피지배층 같은 분류도 자주 사용된다. 그러나 실제로 계층 서열을 결정하는 요인인 수입, 위신, 권력은 상호독립적이기보다는 위신이 높은 직업이 더 많은 수입을 벌어들인다거나 수입이 많은 사람이 더 많은 권력을 행사한다거나 하는 식으로 상관관계를 보인다.

세속적으로 표현하자면 "돈이 있어 권력이 굴러들어오는가 아니면 권력이 있어 돈이 굴러들어오는가?"라는 물음으로 바꿀 수 있다. 하지만 이 둘은 어느 정도만 관련 있을 뿐이다. 다시 말해 돈 많은 사람이 위신 있는 직업을 가질 가능성이 크고 위신 있는 직업에 종사하는 사람이 남보다 소득이 높은 정도지, 돈을 제일 많이 가진 사람이 권력 역시 제일 높은 경우는 드물다. 현대그룹 창업주 정주영과 미국의 대재벌 로스 페로Ross Perot가 정치에 나섰지만 선거에서 고배를 마신 것에서도 알 수 있다. 또 오늘날 충분히 발전한 나라에서는 고위 권력자가 치부致富를 하기가 쉽지 않다.

위계화된 계층은 상속되기도 하고 개인의 노력으로 획득하기도 한다. 예를 들어 재산이나 존경받는 가문 등은 본인 능력이나 노력과 무관하게 상속된다. 상속되는 요인이 계층을 나누는 데 결정적으로 작용할 경우 이를 신분제도라고 부르며, 세계에서 가장 강력한 신분제 가운데 하나인 인도의 카스트가 그 예다.

반면 고학력이나 고소득, 높은 위신을 가진 전문직 등은 개인의 능력과 노력으로 획득하는 것이다. 신분제도가 발달한 사회에서는 특정 계층에게만 고등교육이 허용된다거나 전문직이나 위신 있는 직업 또는 힘들거나 존경받지 못하는 직업이 상속되는 경우가 많다. 그러나 오늘날 근대화된 대부분의 나라에서는 원칙적으로 학력이나 직업에 관한 문이 모두에게 열려 있으며 헌법 등에도 명시해 제도화했다. 다만 실제로는 많은 사회에서 계층을 결정하는 요인 가운데 상속되는 요인과 획득하는 요인 간에 강한 상관관계가 있다. 앞서 살펴본 부모의 사회·경제적 지위와 자녀의 학업 성취 사이의 관계가 그 예라 하겠다.

사회계층 서열은 어느 한 가지가 아니라 여러 요인과 제도가 중첩되면서 '계층 요인 간 연관'에 의해 결정된다. 특히 여러 요인 가운데 직업이 가진 위신과 수입(재산)이 가장 영향력이 크다. 고도로 발전한 사회일수록 분업이 발달하면서 어떤 직업을 갖는지가 전체 사회에서 어떤 위치를 점하는지를 정하는 가장 결정적 요인이 되었다. 이는 부모들이 자녀가 새로 친구를 사귀었을 때 친구 부모의 직업과 어디에 사는지를 제일 궁금해하는 데서 확인할 수 있다. 특히 소득수준별로 거주지에 차이가 나는 사회에서는 주소가 곧 그 사람의 재산 상태를 알려주는 척도다.

직업 위신과 수입 가운데 더 중요하게 여겨지는 것은 주로 수입이다. 일단 수입이 많으면 설사 위신 없는 직업에 종사하더라도 자신이나 자녀가 위신 높은 직업으로 옮겨가도록 하는 데 투자하거나(대개는 교육 투자), 현재 자신이 담당한 직업의 위신을 높이고자 여러 상징을 정립하는 데 수입을 사용할 수 있다(전문직 프로젝트). 실제로 수입이 많아지면 그 직업에 없던 위신이 생기는 경우도 허다하다.

20세기 중반까지만 해도 위신 없는 직업으로 여겨지던 상업에 종사한 사람들(예를 들어 유대인 또는 초기 캘리포니아로 이전한 아시아인)이 축적한 재산으로 자녀에게 교육을 받게 해 학자나 예술가로 성공시키는 사례가 많았다. 이것이 19세기에 유대인 가운데 학자와 예술가가 많은 이유, 그리고 20세기 중반 이후 아시아 이민자 자녀의 대학진학률이 하늘을 찌를 듯이 높은 이유다.

오늘날에는 위신 있는 직업으로의 이동보다는 전문직 프로젝트가 활발한 편이다. 가장 대표적 성공 사례로 미용사나 요리사의 전문직 프로젝트를 들 수 있다. 미용사나 요리사 가운데 성공한 사람들은 그 대가로 누리는 많은 수입을 활용해 자기 직업을 매우 중요하고 전문적으로 만드는 작업에 투자했다. 방송 프로그램을 만들거나 관련 대학을 설립하고 대회나 학회를 개최하며 대중을 상대로 관련 직종을 선망하게 만드는 책자를 발간하는 등이 그것이다. 그 결과 한국에서 미용사와 요리사에 대한 사회적 평판은 과거와 비교할 수 없을 정도로 높아졌다. 사회 전반적으로 해당 직업에 대한 인식이 높아진 이유도 있지만, 종사자들이 의식적으로 자신의 직업 위신을 높이기 위해 노력한 것도 중요한 원인이다. 이들과 비슷한 직업적 위신을 가지고 있었으나 상대적으로 전문직 프로젝트에 적극적이지 않았던 이발사의 지위는 그다지 높아지지 않았고, 반대로 원래는 높았던 교사의 위신은 땅에 떨어져 이제는 교실 붕괴라는 말이 나올 지경에 이르렀다.

사회계급

계층과 함께 사회적 불평등을 논할 때 자주 사용하는 용어로 계급이 있다. 두 용어는 '계급과 계층' 또는 '계급·계층론'처럼 함께 붙여쓰는 경우가 많다. 그런데 한국에서는 계급이라는 용어가 은연중에 기피되어왔다. 사회계층은 불평등한 현상을 다만 기술하는 용어로, 사회계급은 불평등한 집단의 갈등을 조장하는 용어로 잘못 이해되었던 까닭이다. 특히 북한이나 중국 등 공산당이 통치하는 나라에서 '역사는 계급투쟁이다' '당은 계급을 대표한다' '프롤레타리아 계급 만세' 따위의 구호를 많이 사용했기 때문에 계급이라는 용어를 사용하면 마치 이에 동조하는 세력으로 오해 받을까봐 두려워하기도 했다. 그래서 군사독재 시절 많은 사회학자가 계급이라는 용어를 사용해야 할 자리에 계층이라는 용어를 쓰기도 했다.

그러나 계급은 투쟁과 연결되고 계층은 상호조화와 연결된다는 생각은 아주 잘못된 것이다. 계급 역시 계층과 마찬가지로 사회적 불평등을 드러내는 집단을 일컫는 말이며, 다만 경제적 요인을 중심으로 보다 엄밀하게 규정했을 뿐이다. 따라서 계층은 계급을 포함해 어떤 형태든 사회적으로 불평등하게 서열화된 집단을 가리키고, 계급은 그 가운데 특히 경제적 불평등으로 규정된 집단을 지칭한다. 마르크스는 생산과정에서의 경제적 자원 보유 여부에 따라 계급을 나누었고 베버는 소비과정에서의 특징, 즉 시장에서의 위치에 따라 계급을 나누었다.

먼저 마르크스의 계급론을 살펴보자. 마르크스는 사회의 가장 중심 생산수단을 누가 소유했느냐에 따라 기본적으로 생산수단을 소유한 지배계급과 소유하지 못한 피지배계급으로 나눈다. 농업사회에서 가장 중요한 생산수단인 농지를 소유하면 지주계급(영주, 양반, 신사)이고 소유하지 못하면 농민계급(농노, 백성, 소작인)이다. 또 자본주의사회에서 가장 중요한 생산수단은 자본이므로 이를 소유한 자본가계급(부르주아)과 자본을 소유하지 못해 자본가에게 고용되어 임금을 받고 노동해야 하는 노동자계급(프롤레타리아)으로 나뉜다. 그 밖에 생산수단을 소유하기는 했으나 규모가 작아 지배계급에는 명함도 못 내밀거나 생산수단을 소유하지는 않았으나 높은 보수를 받아서 노동자라고 보기 어려운 중간계급이 있지만, 장차 두 계급 가운데 어느 쪽의 이해관계에 종속되거나 몰락할 계급에 불과하다고 보았다.

마르크스의 계급론에서는 생산수단을 소유한 계급과 그렇지 못한 계급 간의 갈등을 사회갈등의 원인으로 본다. 생산수단을 소유하지 못한 피지배계급에게는 이윤이 겨우 생존이 가능한 정도로만 할당되며 나머지는 모두 지배계급의 몫이다. 농민의 경우 소작료와 각종 세금을 내고 나면 일가족이 간신히 연명할 만큼의 수확물만 남고, 노동자 역시 일가족이 겨우 생활할 정도의 임금만 받고 나머지 몫은 모두 자본가에게 돌아간다. 이는 마르크스에 따르면 인류의 생산력이 증대됨에 따라 생존에 필요한 수준 이상의 생산이 이루어지면서 비롯된 현상이다. 필요 이상의 생산물을 잉여가치라고 하는데, 이것이 발생하지 않았던 원시 수렵사회에서는 생산물을 n분의 1로 나누면 각자 겨우 생존할 수 있을 만큼이거나 그보다 조금 모자라는 정도여서 계급 간 다툼이 일어나지 않았다. 그러나 농업사회 이후 생산물이 사회 구성원 모두가 필요로 하는 양보다 훨씬 많아졌다. 즉 잉여가치가 발생한 것이다. 여기서 문제는 생산수단을 소유한 계급은 잉여가치를 통해 생존하는 범위를 넘어서는 수준 높은 생활을 누리는 반면 그렇지 못한 계급은 실제 생산에 필요한 노동력을 제공함에도 여전히 겨우 생존하는 수준에 머문다는 점이다.

분배의 불평등은 필연적으로 갈등을 불러온다. 두 계급의 차이가 지나치게 벌어져 같은 사회 구성원이라고 느끼기 어려운 정도가 되었을 때, 피지배계급이 단순한 생존을 넘어 인간다운 삶에 대한 열망을 가질 때, 자연재해나 경제위기 등으로 사회 전체 생산량이 감소해 피지배계급의 생존이 위태로운 지경에 이르렀을 때 갈등이 격화되어 계급투쟁으로 번진다. 역사적으로도 흉년이 들었는데 봉건군주들이 기존 생활수준을 고수하고자 조세를 강제한 경우 어김없이 대규모 농민반란으로 귀결되었다.

가장 대표적인 예가 명나라의 멸망이다. 익히 알려진 바와 달리 명나라는 만주족이 세운 청나라에 의해 망한 것이 아니다. 명나라를 멸망시킨 장본인은 농민반란의 지도자 이자성李自成,1606~1645이었다. 명나라 말기는 소빙하기 등의 이유로 잦은 자연재해와 기근이 발생해 농업 생산성이 크게 떨어진 상태였다. 그럼에도 황실과 지배층은 호화로운 생활을 그대로 유지했는데 흉년이 계속되는 상황에서 종전과 같은 세금을 거두기 위해서는 온갖 가렴주구가 동원될 수밖에 없었다. 결국 견디다 못한 농민들이 반란군에 가담하면서 명나라는 멸망하고 말았다. 명나라 이후 중국을 통치한 청나라 강희제康熙帝,1654~1722는 검소한 생활을 하면서 황실 비용을 대폭 경감하는 등 농민에게 부과되는 세금을 줄이기 위해 노력했다. 그 일환으로 환관과 궁녀 수를 400여 명으로 줄였는데 대폭으로 줄인 것이 이 정도니 이전 명나라 황실의 씀씀이를 짐작할 수 있다(전해지는 바에 따르면 명나라 때는 무려 10만 명이었다고 한다). 또한 현재 우리가 엄청난 규모를 보고 감탄하는 자금성도 강희제가 명나라 때의 규모에서 무려 1,000칸이나 줄인 것이라고 한다. 황실이 그토록 호화로운 삶을 누리는 만큼 관료와 지방의 신사紳士 역시 부유한 삶을 누렸을 것이고, 그 대가로 농민의 삶은 점점 피폐해졌다.

물론 사회가 지배 대 피지배 또는 착취 대 피착취라는 두 개 계급으로만 이루어진 것은 아니다. 농업사회에는 지주와 소작농뿐만 아니라 성직자, 무당, 무사, 상인 등의 계급이 있었고 자본주의사회에는 자본가도 노동자도 아닌 중소상공인, 자영업자, 지식노동자, 전문직 종사자, 직업공무원 등이 있다. 표 6-2를 보면 세부적으로 나눈 계급들의 각자 역할과 이동 방향을 알 수 있다.

마르크스에 따르면 사회는 기본적으로 지배와 피지배계급의 갈등관계에 있으며 중간에 위치한 다른 계급은 지배계급에 기생해 그들을 위해 봉사하거나 착취체제 유지를 위한 권력기구의 한 부분으로, 아니면 조만간 몰락해 피착취계급으로 떨어질 과도적 계급으로 존재한다. 이동 방향 화살표 크기를 통해 확인할 수 있듯 지배와 피지배계급 사이의 다양한 계급은 결국 위나 아래로 이동할 수밖에 없으며 결과적으로 두 계급으로만 구성되는 양극화로 사회가 분리된다. 그 방향은 중간계급이 위아래로 골고루 흩어지기보다는 하방으로 이동해 피지배계급으로 몰락하는 경우가 대부분이다.

마르크스의 계급론은 결국 생산수단 소유 여부에 따라 지배/피지배, 착취/피착취 두 계급으로 나눈 다음 나머지 계급 모두를 둘 가운데 어느 쪽의 협조자이거나 몰락할 대상으로 상정한다. 사회현상과 인류 역사를 계급 간 갈등이라는 관점으로 선명하게 드러냈다고 할 수 있지만, 복잡한 인간 세상을 지나치게 단순화했다는 비판도 받는다.

20세기 들어 다양한 종류의 지식노동자가 양극화되지 않고 안정적인 중간계급으로 자리 잡으면서 마르크스 계급론이 현실과 분리되었다. 특히 서유럽이나 미국 같은 선진사회에서는 오히려 중간계급의 수가 부르주

계급	세부 구분	역할	이동 방향
부르주아	자본가	자본을 소유하고 노동자를 고용해 잉여가치를 획득함	↑ 양극화 (하방 이동이 더 보편적) ↓
	고급 관리직	자본가에게 고용되어 노동자와 생산과정을 관리하며 자본가 역할을 대신함	
	관료	국가나 공공기관을 운영하며 자본가의 이익을 공적으로 수호함	
	이데올로기 담당	자본가의 이익이 사회 전체의 이익인 것처럼 허위의식을 생산하고 교육함	
프티부르주아	기생하는 계층	부르주아의 편의를 담당하거나 오락 등 사치재를 제공함	
	중간 관리직	고급 관리직이나 고급 관료에게 소속되어 실무를 담당함	
	소규모 자영업자	자기 소유의 기업을 가지고 있지만 고용한 노동자가 없거나 있어도 소수라 본인의 노동력까지 동원함	
	자영농	자기 소유의 농토를 가진 농민	
프롤레타리아	노동자	생산수단을 소유하지 못해 타인에게 노동력을 팔고 임금을 받아 살아가는 계급	
	산업예비군	노동자였으나 현재는 실업 상태로 다시 고용될 준비를 하는 사람	
룸펜		노동자에서 완전히 몰락해 다시 고용될 가망이 없는 사람	

표 6-2 지배계급과 피지배계급 그리고 중간계급의 특징과 계급 이동 방향

아와 프롤레타리아를 넘어서면서 지배/피지배로 나누는 계급론은 더이상 현실을 완벽하게 설명하지 못하게 되었다.

라이트Erik Olin Wright가 조사한 바에 따르면 1975년 전후 미국과 유럽에서 전체 인구의 40퍼센트를 넘었던 전통적 산업노동자가 14퍼센트로 줄어들면서 마르크스가 말한 양극화와는 다른 움직임이 나타났다. 더구나 1990년대 이후 산업노동자는 가장 가난한 계층이 아닌 중산층에 가까운 지위를 누리며 전문직이나 관리직보다 더 부유한 경우도 드물지 않게 나타나 피착취계급이라는 용어를 무색하게 만들었다.

한편 베버는 경제적 자본만으로 계급을 나눈 마르크스 계급론의 단순성을 극복하고 그가 설명하지 못한 중간계급의 존재 근거를 해명하고자 했다. 그는 마르크스와 마찬가지로 계급은 주로 경제적 지위에 따라 결정된다고 보았으나 그뿐만 아니라 위신이나 사회적 존경과 같은 문화적 자원 그리고 권력 역시 사회적 불평등을 결정하는 중요 요인으로 꼽았다. 마르크스가 경제적 자원의 소유 여부를 기준으로 모든 계급의 한 줄 세우기를 시도했다면 베버는 경제, 문화, 권력이라는 중층적 구조로 사회적 불평등을 설명했다.

베버는 경제적 요인에 의해 결정되는 불평등한 집단을 계급으로, 문화나 권력의 소유 여부로 결정되는 불평등한 집단을 지위집단으로 불렀는데 특히 권력을 중요하게 생각했다. 당시 정부는 마르크스가 말한 '부르주아의 지배 도구' 수준을 넘어선 강력하고 자율적인 기구로 성장해 있었고, 정부뿐 아니라 기업도 거대한 관료제 조직으로 바뀌면서 누가 자본을 가지고 있느냐보다는 조직에서 누가 권력을 행사할 수 있느냐가 더 중요한 문제였다. 따라서 베버는 계급 간 관계를 착취/피착취보다 기본적으로 지배/피지배 문제로 보았다. 자본을 소유하지는 않았으나 많은 사람에게 자신의 의지를 관철시킬 수 있는 권력을 보유한 고위 공무원이나 대기업 고위 간부 등이 지배계급을 이룬다.

특히 그가 주목한 집단은 생산수단을 소유하지 못하고 소득수준 역시 부르주아라고 볼 수 없으나 어느 정도 자율권을 보유하고 있어 지위집단으로서의 위치는 결코 프롤레타리아라고 보기 어려운 사람들이었다. 이들은 여러 종류의 지식노동자, 전문직 종사자, 공무원 등 흔히 말하는 화이트칼라 노동자로 베버는 신중간계급이라고 칭했다. 신중간계급은 문화 자원과 권력을 소유하고 있으며 이를 이용해 프롤레타리아보다 우월한 지위를 차지하고 있다는 면에서, 단지 작은 규모의 생산수단을 소유하고 있다는 이유로 프롤레타리아와 구별되었던 소규모 자영업자나 자영농과 같은 구중간계급(프티부르주아)과 근본적으로 다르다.

구중간계급은 부르주아와의 경쟁에서 도태되어 결국 프롤레타리아로 전락할 계급이며 그 수나 영향력에서 부르주아와 프롤레타리아 사이에 껴 있는 과도적 계급에 불과했다. 그러나 신중간계급은 상당히 안정적으로 지위를 누리는 계급으로 현대 자본주의에서 공공영역이 비대해지고 기업 규모가 커짐에 따라 점점 수요가 늘어나는 계급이다.

신중간계급 가운데 상당수는 프롤레타리아와 마찬가지로 기업이나 공공기관에 고용되어 임금을 받아 생활한다. 그러나 이들의 임금은 전형적인 산업노동자보다 높고 생활방식 또한 다르다. 이 둘을 구별하기 위해 임금과 보수라는 용어를 사용한다.

임금은 산업노동자, 이른바 프롤레타리아가 노동력을 시간 단위로 판매한 대가로 받는 돈이다. 즉 시간 단위로 계산하는 노동력의 가격이다. 노동력은 가장 단순한 노동을 기준으로 계산한다. 숙련 노동자일수록 시간당 더 많은 임금을 받지만 질적으로 다른 노동이 아니라 단순 노동자보다 시간당 더 많은 일을 한 것으로 가중해 계산할 뿐이다.

반면 신중간계급에 속하는 지식노동자나 전문직 종사자는 월급을 받기는 하지만 산업노동자와 다른 방식을 적용한다. 보유한 능력이나 지식의 희소성에 따라 보수를 받지만 시간 단위로 계산하지 않는다. 자신의 전문 능력을 발휘해 어떤 성취나 결실을 가져다주기로 하고 고용되었기 때문에 장기간의 시간을 기준(연봉)으로 하거나 기대되는 결과물의 성취를 기준(성공보수, 총액계약)으로 한다.

보수와 관련해 다음의 예를 보자. 투수는 연봉으로 계약하면 몇 이닝을 투구하느냐와 무관하게 약속한 돈을 받는다. 다만 처음에 정한 승리를 채우지 못하면 페널티 또는 그 이상의 승리를 따낼 경우 상여금 등 추가 조건이 붙는다. 이 선수가 임금노동자로 계약을 한다면 경기 시간, 경기 출장 횟수에 따라 임금이 달라졌을 것이다. 영화배우의 출연료 역시 하루에 몇 시간을 촬영하는가와 무관하게 촬영 시작부터 작품 완성까지의 기간으로 책정한다. 생산수단을 소유하지 못해 타인에게 돈을 받고 능력을 판매한다는 점에서 노동자라 할 수도 있지만, 이들을 프롤레타리아나 노동자계급과 동일시하기는 매우 곤란하다.

계층과 계급이론의 정교화

20세기 들어 부르디외는 마르크스의 양극적 계급론과 베버의 다층적 계층론을 성공적으로 융합했다. 그는 자본의 소유 여부로 계급을 나누는 마르크스 이론을 기반으로 하면서도, 베버가 말했던 위신 등 문화적 자

> **부르디외의 문화자본**
> **체화된 문화자본** 품위, 세련미, 교양 등 태도와 취향
> **객관적 문화자본** 책, 음반 등 소장품
> **제도화된 문화자본** 학위, 자격증

원과 권력을 각각 문화자본과 사회자본으로 규정해 경제자본과 동등한 자격을 부여했다.

경제자본은 생산수단인 실물과 금전적 자본이고, 사회자본이란 개인이 소속되어 원조와 힘을 얻을 수 있는 집단(흔히 말하는 연줄)이다. 특히 부르디외는 문화자본을 강조했다. 문화자본의 종류에는 주로 지식노동자와 전문가가 보유한 것으로 품위, 세련미, 교양 등의 태도와 취향 같은 개인의 몸과 마음에서 나타나는 체화된 문화자본(아비투스), 책이나 음반 등 소장품처럼 문화적 재화 형태로 존재하는 객관적 문화자본, 학위나 자격증처럼 제도화된 문화자본이 있다.

이 가운데 객관적 문화자본과 제도화된 문화자본은 비용 면에서 조금 무리하거나 다른 부분에서 절약하면 중간이나 중하계급 구성원도 접근할 수 있다. 예를 들어 밥을 굶는 한이 있더라도 최고급 사양의 카메라를 갖고자 한다면 평범한 노동자라 할지라도 어떻게든 장만할 수 있다. 마찬가지로 생활비를 아껴서 구입한 엄청나게 많은 양의 책이나 음반을 자랑할 수도 있다. 유명 발레단이나 오페라단의 후원 회원 중에는 평범한 회사원도 많다. 심지어 회사원 네 명이 검소하게 살면서 돈을 모은 끝에 공동으로 고급 자동차 페라리를 구입해 번갈아가며 몰고 다니는 사례도 있었다. 학위나 자격증 등 제도화된 문화자본 역시 개인의 재능과 노력으로 성취할 수 있다.

그러나 품위, 세련미, 교양 같은 체화된 문화자본은 어린 시절부터 지속적으로 쌓아온 경험과 학습의 결과로 나타난다. 따라서 중하층 출신이 노

력해서 자기 것으로 체화하기가 어렵다. 체화된 문화자본을 보유하려면 원래 그런 집안에서 태어나 자기도 모르게 은연중에 수준 높은 문화가 몸에 배어야 하므로 어릴 때 어떤 환경에서 자랐느냐, 즉 어떤 계급·계층의 자녀로 태어났느냐에 따라 결정되는 부분이 크고 다른 자본에 비해 강한 세습적 성격을 띤다.

문화자본은 그 자체의 불평등으로 그치지 않고 다른 사람과 대화를 나누거나 관계를 맺는 데도 영향을 미친다. 세련된 몸가짐, 풍부한 교양과 지식, 적절한 위트와 재치 있는 화법을 구사하는 사람이라면 다른 사람과 대화하고 사회적 관계망을 넓히는 데 훨씬 유리하다. 또 이렇게 사회적 관계망이 넓을수록 경제적 이익이 따라오는 기회를 얻을 가능성 역시 커지며 고소득을 올릴 수 있는 각종 정보에도 더 쉽게 접근할 수 있다. 게다가 지식정보사회가 되면서 문화자본 자체가 경제자본으로 전환되는 경우도 많다.

부르디외는 경제자본만을 준거로 삼은 마르크스의 1차원적 계급론보다 더욱 풍부하고 다채로운 계급론을 펼쳤다. 그림 6-3을 보면 가장 많은 경제자본을 가진 A가 부유하기는 해도 가장 영향력이 강한 사람은 B다. B의 재산은 A보다 적으나 어쨌든 무시할 수 없는 정도의 경제자본을 갖추고 있을 뿐만 아니라, 더 많은 인맥과 풍부한 교양 등을 갖추고 있다. 따라서 B는 돈만 많은 A를 졸부라 부르며 무시할 수 있는 위치다.

B와 비교했을 때 A는 경제자본이 우위에 있고 C는 더 높은 문화자본을 가지고 있다. 그렇다면 이 둘 중에서는 경제자본을 많이 가진 A가 우위에 설 가능성이 크다. 반면 D는 세 가지 자본 가운데 아무것도 가지지 못했기에 단순 노동자 외에는 어떤 선택의 여지도 없다. E는 D와 마찬가

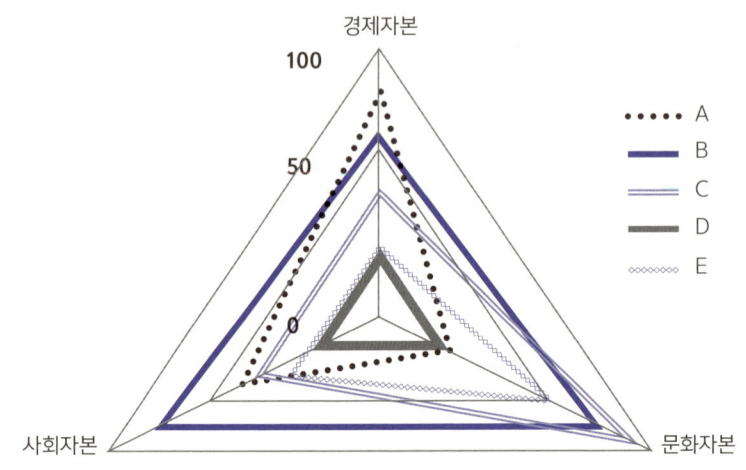

그림 6-3 경제자본, 사회자본, 문화자본의 소유 정도에 따른 영향력

지로 노동계급에 속하지만 어느 정도의 문화자본을 보유한 덕분에 단순 노동자보다 조금 나은 지위를 차지한다.

문화자본을 가진 덕분에 노동계급 최하층으로 전락하지 않은 계급은 다른 계급에 비해 위치가 훨씬 불안하다. 문화자본을 가장 많이 가지고 있는 C의 경우 사회에서 상당히 높은 지위를 누릴 가능성이 크지만, 문화자본은 경제자본이나 사회자본에 비해 자녀에게 물려주기 매우 어렵다는 특성이 있다. 문화자본 가운데서도 체화된 문화자본이 그나마 대물림에 용이한 편이지만 단지 소유권 이전만 하면 되는 경제자본에 비할 바는 아니다. 따라서 이 계급에 속한 어린아이가 학업 성취가 저조하고 충분한 교양을 쌓지 못한다면 부모와 동일한 지위를 갖기 어렵다. 특히 부모가 자본가에 근접할 정도로 높은 소득이 보장된 문화계급(의사나 변호사 등의 전문직)에 속해 있지 않다면 2세는 자칫 노동계급 위치로 떨어질 가능성이 매우 크다.

이런 이유로 문화자본을 보유한 계급이나 계층은 경제자본을 가진 이들에 비해 계급·계층 상속에 대한 불안감이 훨씬 높다. 따라서 문화자본을 소유한 사람들은 계급 차이를 규정하는 기준으로 노동계급의 자녀가 쉽게 획득할 수 없는 체화된 문화자본을 내세운다. 이들은 자신들이 소유한 중상층계급의 언어, 행동방식, 취향 등은 수준 높고 의미 있는 것으로 자리매김하고, 노동계급이 가진 것들은 저속하거나 열등하게 만들기 위해 사회적으로 많은 노력을 기울인다. 노동계급 자녀는 중산층 문화를 '샌님' 또는 '범생이' 등의 말로 조롱하지만 결국 중산층 문화를 체화하지 못했다는 이유로 지위 상승에 실패한다.

한국에서 진보 진영에게 공공의 적으로 취급을 받는 수능이 실상 미국에서는 좌파의 요구에 의해 시행되었다는 사실은 시사하는 바가 크다. 객관식으로 치러지는 시험은 계급과 계층을 불문하고 열심히 공부한 학생에게 유리하므로 부모의 지위가 자녀에게 대물림되는 것을 막을 수 있다. 반면 입학사정관제도는 학생이 살아온 문화적 배경과 환경을 평가하므로 상류층 학생에게 훨씬 유리하다.

피츠제럴드F. Scott Fitzgerald, 1896~1940의 《위대한 개츠비》나 워튼Edith Wharton, 1862~1937이 쓴 《순수의 시대》에는 경제자본만 가진 계급(주로 아일랜드계나 유대계)이 문화자본까지 갖춘 계급(주로 WASP)에 편입되기 위해 일종의 인정

WASP
White Anglo-Saxon Protestant의 약자로 미국사회를 지배하는 백인 가운데 특히 잉글랜드 출신 영국계이면서 신교도인 사람을 의미한다.

투쟁을 벌이는 모습이 자주 등장한다. 《위대한 개츠비》의 주인공 개츠비는 엄청나게 많은 돈을 벌었고 상류층 지역에 대저택을 짓고 호화로운 파티를 열지만, 상류층으로 인정받기 위해서 옥스퍼드대학 출신이라는 거짓말을 보태야 했다. 그렇지 않을 경우 그는 다만 졸부에 불과하기 때문이다.

거시적 계급과 　 일상생활의 계급

 사회적 불평등을 설명할 때 조심해야 할 것이 있다. 바로 계급이나 계층은 현실을 분석하기 위한 하나의 이론적 준거일 뿐 그 자체로 사회적 실체가 아니라는 점이다. 비유하자면 센티미터 단위로 눈금이 그려진 자와 같다. 우리는 자를 이용해 사물의 크기를 측정하지만 실제 사물이 센티미터 단위로 이루어진 것은 아니며 대부분은 직선 모양의 자로 완전히 측정하기 어려운 생김새를 하고 있다.

 사회계급이나 계층도 마찬가지다. 편의상 자본가계급과 노동자계급 또는 상류층과 중산층 등으로 구분해놓았지만 실제로 그리 명확하게 구분되지 않는다. 객관적 조건과 정반대의 상황도 빈번해 여러 요인과 조건상으로는 분명 노동자계급임에도 실제로는 노동자계급과 반대되는 입장을 가진 사람도 많다. 이는 특히 선거에서 자주 나타나는 현상인데, 한국뿐 아니라 다른 나라에서도 일어난다. 한국이든 미국이든 보수정당의 지지자가 진보정당 지지자보다 경제적으로나 문화적으로 더 하층에 속한 경우가 많다. 특히 한국은 고소득층이 진보, 저소득층이 보수를 선택하는 현상이 두드러진다.

또 한국의 많은 군소 IT업체 종사자(개발자)는 살인적 노동 강도에 시달리고 있음에도 한사코 노동조합을 만들지 않는다. 그들은 "우리는 노동자가 아니라 개발자다"라면서 노동조합에 대한 거부감을 드러내기도 한다. 사실상 노동자와 다름없거나 심지어 노동자보다 더 열악한 조건에서 일하면서도 노동계급이라는 인식을 거부하는 것이다. 이런 사람들이 지식정보화가 진행될수록 점차 늘어나는 추세다. 사회 전체적으로는 생산수단 등 자본 소유 여부를 바탕으로 사회를 불평등한 계급들의 구조로 설명할 수 있지만, 개별 사회 구성원이 반드시 특정 계급의 구성원으로서 행동하리라고 장담할 수 없다.

라이트는 생산수단을 소유하지 못했음에도 친자본가적 사고방식을 가지며 노동자라는 계급의식을 거부하는 집단을 모순적 지위라고 불렀다. 후기산업사회를 지나면서 모순적 지위에 속하는 사람 수가 점점 늘어나고 있으며, 스스로를 노동자계급으로 여기는 사람은 선진국의 경우 대부분 15퍼센트를 넘지 않는다.

라이트는 모순적 지위가 나타난 이유를 3차원 요인을 통해 설명하고자 생산수단 자산, 기술 자산, 조직 자산 소유 정도가 계급의식에 주는 영향을 분석했다. 일면 부르디외의 경제자본, 문화자본, 사회자본과 매우 흡사해 보이기도 하지만, 부르디외 이론이 세 가지의 자본 소유 정도에 따라 사회에서 개인의 계급이 결정된다고 본 정적인 것이라면, 라이트의 분석은 세 자산의 소유 여부가 모두 착취/피착취의 도구이며 개인의 계급의식을 형성하는 데 영향을 준다는 역동적 모형이다.

사회에서 가장 아래층에는 세 자산 가운데 어느 것도 통제하지 못하는 피착취계급 노동자가 있다. 생산수단 자산을 소유한 자본가는 당연히 노동자를 착취한다. 그런데 자본가뿐 아니라 생산수단을 소유하지는 않았으나 기술 자산과 조직 자산을 보유한 사람들 역시 자신 또한 노동자면서 다른 노동자를 착취한다. 자본가에게 종속되었음에도 전문 경영인이나 관리직 종사자들은 조직 자산을 보유했다는 이유로 직무수행과정(생산과정)에서 상당 수준의 자율성을 누리며 노동자에게 지배권을 행사한다. 최근에는 고위 관리들이 실제로 회사 지분을 획득하는 경우도 있다. 한편 변호사, 의사, 과학자 등은 기술 자산을 보유한 사람들로 독자적으로 기업을 세우기도 하며, 자본가에게 고용되는 경우에도 기술 자산을 바탕으로 훨씬 많은 자율권과 통제권을 가지고 노동자에게 지배권을 행사한다. 따라서 아무런 생산수단(자본) 없이 자본가에게 고용되었다 할지라도 노동자보다 자본가에 가까운 의식을 가진다.

실제로 라이트의 실증조사에 따르면 생산수단에 대한 통제권이 높아질수록 자본가계급에, 낮아질수록 노동자계급에 친화적 의식을 가진다. 그런데 생산수단에 대한 통제권이 없음에도 기술 자산이나 조직 자산을 많이 보유한 경우에는 친자본가적으로 생각한다는 것이 입증되었다. 특히 그는 사회주의에서도 불평등한 계급관계가 존재함을 증명했다. 생산수단만으로 착취/피착취를 나누는 마르크스 이론에서는 생산수단이 공유될 경우 모두가 평등해지지만, 라이트에 따르면 이 경우에도 기술 자산과 조직 자산의 불평등에 기반한 착취/피착취 계급관계가 나타난다는 것이다. 실제로 사회주의 국가에서 기술 자산과 조직 자산을 보유한 기술관료가 노멘클라투라(Nomenklatura, 구소련의 특권 계층을 뜻하는 단어)로 대두되었고, 프롤레타리아는 여전히 사회의 주인이 되지 못했다.

사회적 불평등은 어떻게 측정하는가

소득 5분위 배율

어느 사회나 불평등이 존재하며 완전한 평등을 이루기란 불가능하다. 하지만 가능하면 불평등 정도가 줄어드는 것이 바람직하지 점점 심해지는 것은 결코 바람직하지 않다. 따라서 여러 학자들이 소득분배가 계층이나 계급별로 얼마나 불균등한지 측정하는 몇 가지 도구를 개발해 그 차이를 확인하고자 했다.

소득 5분위 배율은 불평등을 측정하는 가장 간편한 방법이다. 사회 구성원을 소득에 따라 배열한 뒤 상위 20퍼센트(5분위) 소득을 하위 20퍼센트(1분위) 소득으로 나눈다. 이 수치가 1이면 최하위 20퍼센트 소득과 최상위 20퍼센트 소득이 같다는 뜻이므로 완전한 평등사회다. 또 결과값이 클수록 상위 20퍼센트와 하위 20퍼센트 간 소득 격차가 크다는 뜻이다.

표 6-4를 보면 우리나라는 소득 5분위 배율이 줄곧 4.0 미만을 기록했으나 1997년 IMF 경제위기 이후 4.0을 넘어 계속 상승하고 있는데, 사회

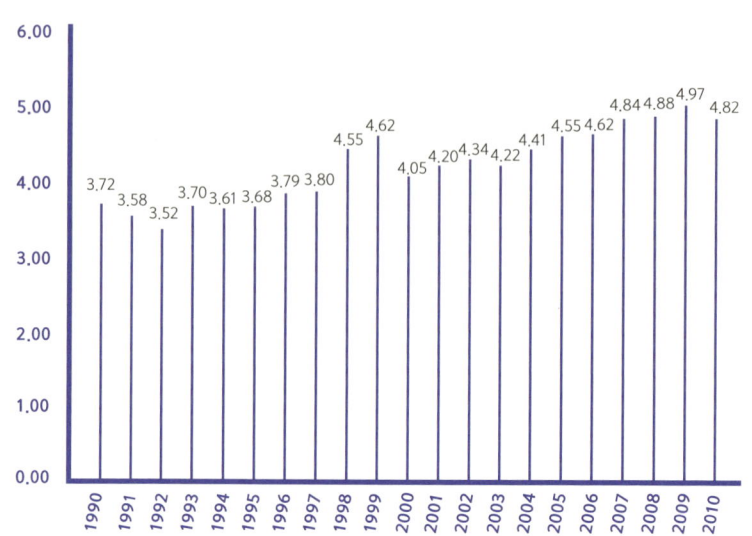

자료: https://data.oecd.org

표 6-4 한국의 소득 5분위 배율

최상층과 최하층 간 격차가 점차 벌어져 소득 양극화가 심화되고 있다는 의미다.

    소득 5분위 배율은 특히 경제 불평등이 사회통합을 저해하는 수준까지 악화되고 있는지를 판단할 때 쓰이는 아주 중요한 자료다. 이때 반드시 5분위 배율을 고집할 필요는 없으며 경우에 따라 10분위 배율도 많이 활용한다. 《21세기 자본》으로 유명한 피케티 Thomas Piketty는 상위 10퍼센트와 하위 50퍼센트의 소득과 재산 비율을 측정해 양극화뿐 아니라 소수에게 집중되는 경제적 부의 실태를 보여주기도 했다.

지니계수

지니계수는 그 사회의 소득분배가 완전 평등으로부터 얼마나 먼지를 보여주는 지표다. 지니계수를 구하기 위해서는 표 6-5와 같이 먼저 인구 누적비율을 가로축으로, 소득 누적점유율을 세로축으로 하는 45도 직선(대각선)을 그린다. 이 대각선이 바로 사회의 완전 평등선이다. 그다음으로 불평등 정도를 표시하는 로렌츠곡선을 그리는데, 지니계수는 로렌츠곡선이 완전 평등선에서 멀리 떨어진 정도를 나타내는 수치다. 지니계수가 0이면 완전 평등선과 로렌츠곡선이 일치해 완벽하게 평등한 사회를 뜻하며, 1에 가까울수록 불평등하다. 통상 0.3 이내면 평등한 사회로, 0.3~0.35 정

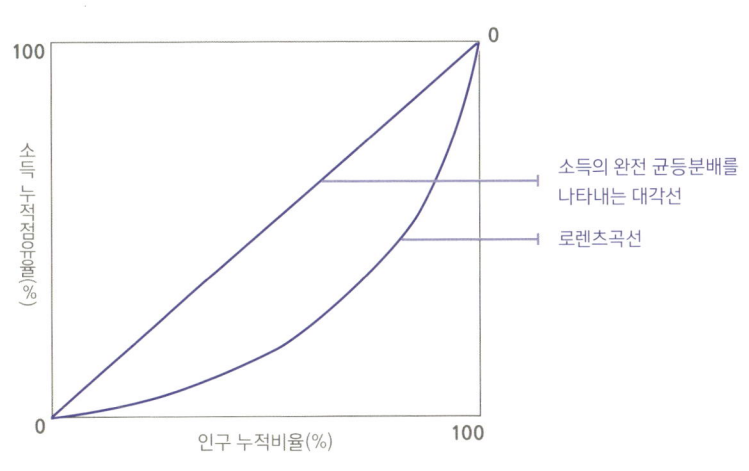

표 6-5 **지니계수와 로렌츠곡선**

도면 불평등이 발생했지만 우려할 수준은 아니라고 본다. 그러나 0.35를 넘어서면 불평등이 문제가 되는 수준으로 간주한다.

표 6-6은 지니계수를 기준으로 이른바 선진국 클럽이라 불리는 주요 OECD 국가의 불평등 정도를 표시한 것이다(2012년 기준). OECD 국가들의 지니계수 전체 평균은 0.312로 그리 심각하지는 않지만 국가 간 편차가 심하다. 같은 선진국이라도 미국, 영국, 일본 등은 대체로 지니계수가 높아 불평등이 심하다. 반면 독일, 스웨덴, 핀란드 등은 평균 이하 지니계수를 보이며 상대적으로 평등하다. 한국은 지니계수가 0.312로 나오는데, 국민들이 체감하는 불평등 정도와 괴리가 큰 잘못된 통계라는 지적이 많다. 또는 우리나라의 경제적 불평등은 소득 불평등보다는 부동산 등 자산 불평등으로 나타나기 때문이라는 해석도 있다.

한편 중국의 경우 국가통계국 자료에 따르면 2010년 기준으로 지니계수가 무려 0.6을 넘어 불평등이 극심한 것으로 나타났다. 중국에는 한국 인구만큼 갑부가 있다고들 하는데 실상 중국의 평균소득은 한국의 절반에도 미치지 못한다. 겉으로 드러난 중국 갑부들의 존재는 그 반대급부로 생존마저 어려울 정도로 극심한 가난에 처한 수많은 일반 민중의 존재를 은폐한 것에 불과하다. 2000년만 해도 0.41로 불평등이 다소 우려되는 수준이었고 2007년에는 0.48이었던 중국이, 단 3년 만에 0.61까지 거의 폭동 직전으로 지니계수가 올라간 상황은 중국 집권당이 여전히 공산당이라는 점을 감안하면 매우 역설적이다.

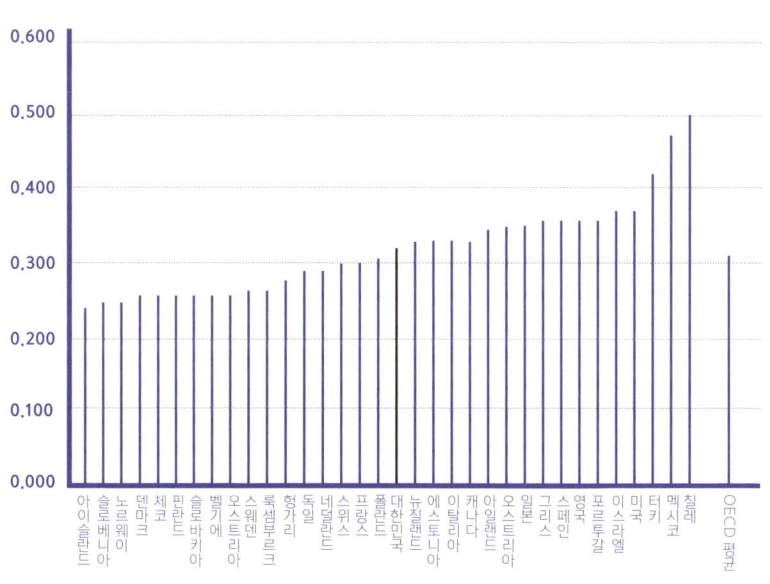

표 6-6 OECD 국가의 지니계수

노동소득 분배율

앞서 설명한 두 지표가 대체로 소득수준을 기준으로 해서 사회를 임의의 계층으로 나누어 파악했다면, 노동소득 분배율은 계급 간 불평등을 측정하는 지표다. 시장경제에서는 모든 가치가 기업을 통해 창출된다. 창출된 가치는 토지, 노동, 자본의 몫으로 각각 분배되는데 전체 가치 가운데 노동에 분배된 비율을 노동소득 분배율이라 한다. 모든 노동자의 임금

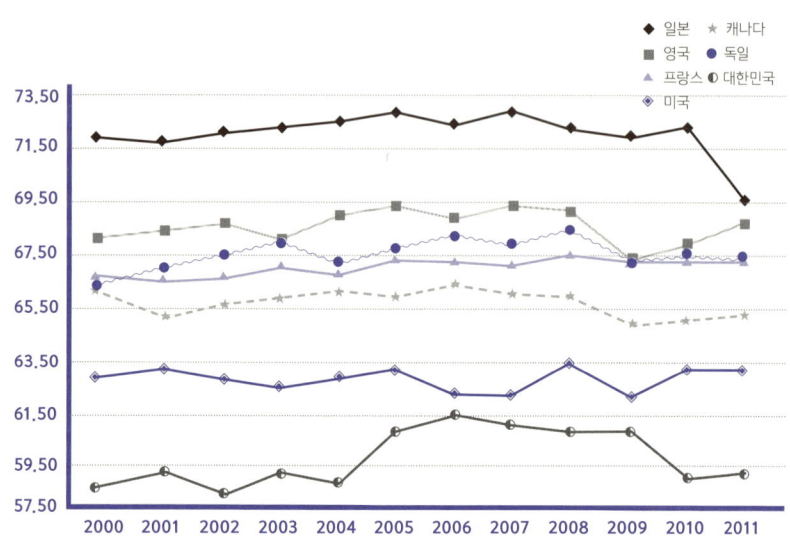

자료: OECD Stat Extracts(http://stats.oecd.org/)

표 6-7 세계 주요국의 노동소득 분배율 변화 추이

을 합한 뒤 그 나라가 얻은 모든 소득의 합으로 나누면 산출할 수 있다. 결과값이 클수록 노동자계급에 많이 분배되었다는 뜻이며, 작을수록 노동자가 아닌 정부나 자본가 등 다른 계급에게 많은 몫이 돌아갔다는 뜻이다.

표 6-7은 우리나라를 포함해 주요 국가들의 노동소득 분배율이 10여 년 동안 변화한 추이를 기록한 것이다. 한국은 다른 선진국에 비해 노동소득 분배율이 매우 낮고, 일본은 상대적으로 아주 높다는 사실을 확인할 수 있다. 특히 한국은 참여정부가 들어선 이후 노동소득 분배율이 상대적으로 높게 유지되다가 이명박 대통령 취임 이후에는 급격히 떨어지

고 있다. 한국의 노동소득 분배율이 낮은 원인을 두고 우리의 경제성장이 저임금노동을 기반으로 해서라는 주장과 전통적으로 다른 선진국에 비해 자영업자 비율이 높아서라는 주장이 엇갈린다. 그러나 한국 자영업자의 소득수준이 노동자보다 열악한 점을 감안하면 큰 설득력이 없는 말이다. 대신 노동자가 다른 선진국에 비해 자기 몫을 제대로 챙기지 못하고 있다거나 혹은 비정규직 또는 불완전고용이 늘어나는 등 고용의 질이 나빠졌기 때문이라는 설명이 호응을 얻고 있다.

오늘날 사회적 불평등은 어떻게 나타나는가

노동자계급 내부의 불평등 심화

오늘날 사회적 불평등은 주요 계급 간 소득이나 재산 격차와 같이 단순한 형태로 일어나지 않는다. 또 반드시 경제 불평등이나 분배 불평등의 모습으로만 나타나지 않으며 다양한 양태를 보인다.

마르크스의 예측과 달리 노동자와 자본가 간 계급갈등은 갈수록 모호해지고 있다. 그렇다고 계급 사이의 불평등이 완화된 것은 아니며 다만 노동운동이 퇴조하고 있을 뿐이다. 노동조합의 조합률이 점점 낮아지고 노동자들이 서로를 운명 공동체로 여기는 계급의식 역시 희박해져가는데, 노동계급 내부에서 다시 계급 분화가 일어나 이제 노동자라고 해서 다 같은 노동자가 아니기에 생겨난 현상이다.

무엇보다 정규직과 비정규직 분할이 심각하다. 미국이나 유럽은 고용형태의 차이가 완전고용과 불완전고용 또는 풀타임과 파트타임 차이지만 한국은 임금수준까지 크게 차이가 난다. 똑같은 시간에 똑같은 일을 하는 노동자들이 정규직/비정규직으로 분류되어 두 배 가까이 차이 나는 임금을 받기도 하는데, 이쯤 되면 거의 신분 차이에 가깝다고 할 수 있다.

노동조합의 조합률이 떨어지는 이유도 이와 무관하지 않다. 점차 수가 줄어드는 정규직 노동자는 노동조합으로 강고하게 단결할 수 있지만, 언제 해고될지 모르는 불완전고용 상태의 수많은 비정규직 노동자는 노동조합을 만들기 쉽지 않다. 조합률 차이는 교섭력의 격차를 가져와 정규직 노동자는 더 많은 임금을 받고 더 적게 일하는 반면, 비정규직 노동자는 더 적게 받고 더 많이 일하게 된다.

표 6-8은 각각 2013년과 2015년에 조사한 통계청 자료다. 2004년부터 2015년까지 정규직 임금은 약 94만 원 오른 반면, 비정규직 임금은 31만 원이 오르는 데 그쳤다. 그 결과 2004년에는 정규직 임금의 65퍼센트였던 비정규직 임금이 2015년에는 54퍼센트로 떨어지며 크게 악화되어가는 양상을 보인다. 비정규직 노동자는 더 많은 시간을 일하면서도 정규직에 비해 절반 이하의 임금을 받고 있다.

정규직 노동자는 직장을 옮기더라도 정규직으로 재취업할 가능성이 비정규직 노동자보다 훨씬 높다. 이런 상황이 계속된다면 노동시장은 정규직/비정규직으로 분할되고, 정규직 노동자와 비정규직 노동자가 사실상 다른 계급처럼 분단되는 경향이 나타날 것이다. 비정규직 노동자가 취업과 실업을 반복하면서 불안한 생계를 이어가는 동안, 정규직 노동자는 더 이상 마르크스가 목격했던 빈곤층이 아닌 화이트칼라와 비슷하거나 더 높은 수준의 소득을 누린다.

그러나 정규직 노동자들이 임금수준만 높을 뿐, 기업의 의사결정 과정이나 승진 기회 등에서는 여전히 누락되고 있다는 점이 문제다. 따라서 이

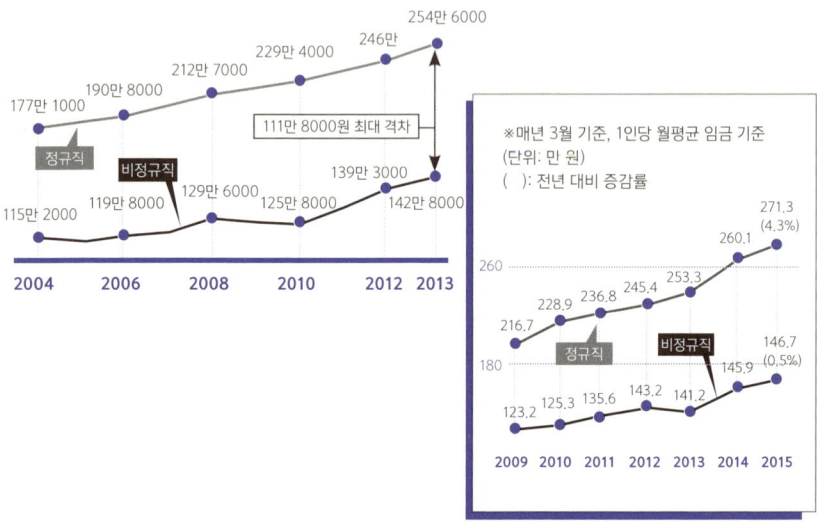

표 6-8 정규직과 비정규직 간 임금 격차의 추이

들은 업무 만족도가 낮고 중간계급으로의 지위 상승 욕구도 크지 않으며 현재 상태를 유지하는 것 외에 별 관심이 없다. 노동자 계급 가운데 정규직 노동자 대부분은 보수성을 띤다. 전통적 의미에서 보면 이제 노동 공동체는 해체되고 전투적 노동운동은 소멸되었다. 결과적으로 오늘날 노동자 계급은 사회적 불평등에 가장 강력히 항의하는 집단으로서의 지위를 점차 상실하고 있다.

신체와 건강의 불평등

20세기만 하더라도 나약하고 나태한 상류층과 건강하고 강인한 노동계급을 비교하는 것이 유행이었지만 오늘날 현실은 그 반대다. 즉 부유할수록 더 건강하고 안전하다.

지금의 사회적 불평등은 경제적 불평등을 뛰어넘어 경제 자산, 기술 자산, 권력 자산뿐만 아니라 건강과 안전 역시 사회적으로 불평등하게 분배되는 자산이다. "없이 살아도 좋다. 그저 건강한 게 최고지" 따위의 말은 더이상 성립하지 않는다. 가난할수록 건강하기 어렵고 위험에도 더욱 많이 노출된다. 특히 극빈층이라 하더라도 기본 식량 공급에는 문제가 없는 선진국의 경우 사회적 불평등에 따른 건강 불평등 문제가 심각하다. 선진국에서는 잘 먹지 못해 건강을 해치는 것보다 나쁜 식습관이나 운동 부족 등으로 인해 건강을 해치는 사례가 많다.

표 6-9는 소득계층에 따른 신체활동 실천율과 비만율을 나타낸 그래프다. 오늘날은 가난한 계급이 더 신체활동을 많이 하고 부유층이 활동이 적은 시대가 아니다. 오히려 소득수준이 높을수록 신체활동이 활발해 비만율이 낮다. 이런 현상은 특히 여성에게서 두드러진다.

그 밖에도 여러 사회통계가 건강 불평등과 관련해 우울한 결과를 보여주고 있다. 비숙련 육체노동자는 전문직이나 화이트칼라 노동자보다 은퇴하기 전에 사망할 확률이 더 높고, 전문직 부모에게서 태어난 아기는 비숙련 육체노동자 가정에서 태어난 아기보다 기대수명이 7년 이상 길다. 어떤 계층에서 태어났느냐가 얼마나 오래 살 수 있는지까지 결정해버리는 것이다. 게다가 직업을 가진 사람이 직업 없는 사람보다 더 오래 산다는 통계

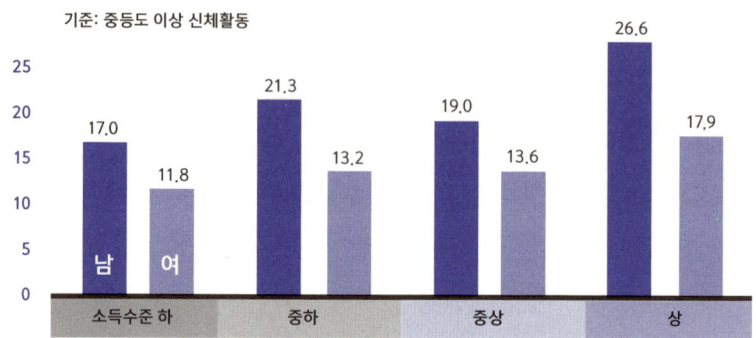

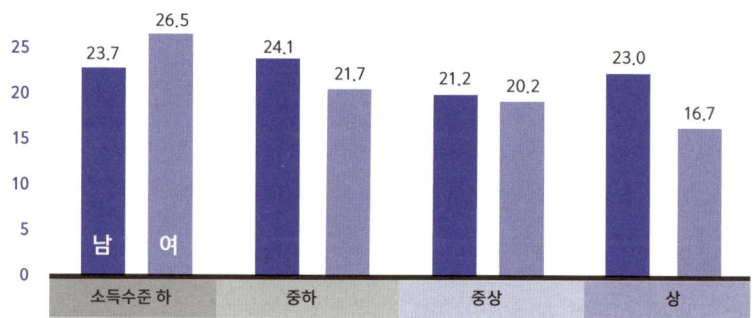

표 6-9 소득계층별 신체활동 실천율과 비만율

도 있다. 안정된 직장에서 꾸준히 일하는 사람이 취업과 실업을 반복하는 사람보다 더 건강하게 오래 살 수 있다는 말이다.

실제로 스타 요리사 제이미 올리버가 영국 내 중하층 학생들이 다니는 학교의 급식 실태를 조사한 결과는 충격적이었다. 상류층 학생들이 비타민과 미네랄, 섬유질 등이 균형을 이룬 건강한 음식을 먹는 반면 중하층 학생들은 지방과 설탕으로 범벅이 된 음식을 먹고 있었다. 더 심각한 사실은 그들의 부모 역시 질 낮은 식사를 하고 있었으며 그런 식단에 대한 문제의식이 전혀 없었다는 점이다. 그들은 세계적인 요리사 올리버가 제공한 음식을 맛없다고 평가하면서 철저히 패스트푸드에 길들여져 있었다. 그들의 모습을 보면 신체와 건강의 불평등이 대를 이어 반복됨을 알 수 있다.

젠더 불평등

경제적 불평등 외에 가장 중요하고 심각한 불평등이 바로 젠더 불평등이다. 과거에는 성차별이라는 용어를 많이 사용했고 지금도 종종 그렇게 불리기도 하지만, 남녀의 생물학적 성$_{sex}$이 아니라 사회적 문화적 성역할과 성정체성$_{gender}$에 대한 차별이므로 두 단어를 구별해 후자를 젠더 불평등이라 칭한다.

젠더 불평등은 차이가 차별로 발전한 대표적 사례다. 사실 남녀가 사회적 문화적으로 같은 역할을 수행하는 사회나 남녀가 수행하는 역할에서 동등한 대우를 받는 사회는 찾아보기 어렵다. 대부분의 사회에서 남녀는 서로 다른 역할을 담당한다. 남성은 자원 획득과 방어 등을 맡고 여성은 자녀 양육과 가사노동을 담당하는데, 문제는 남성이 수행하는 역할이 사회적으로 더 큰 권력을 보유하고 더 많은 보상을 받는다는 점이다. 차별이 비단 남성과 여성 간이 아니라 '남성적 역할'과 '여성적 역할' 그리고 '남성적이라고 여겨지는 속성'과 '여성적이라고 여겨지는 속성' 간에 일어나기 때문에 젠더 불평등이다.

어떤 면에서 인류 역사상 최초의 불평등이라고 할 만큼 젠더 불평등은 역사가 매우 길다. 근대 이전 사회에서는 젠더 불평등이 계급이나 신분 불평등을 능가할 정도였다. 남성은 신분 고하에 따라 차별화된 사회 역할을 부여받았지만, 여성은 신분 고하를 막론하고 권리에서 일체 배제되었다.

모차르트의 오페라 〈피가로의 결혼〉에서 지배자인 백작과 평민 피가로는 격렬하게 대립하지만 백작부인과 시녀 쉬잔은 '여성'으로서 한편이다. 실제로 백작부인과 시녀의 처지는 남자에게 종속되고 활동 영역이 집 안으로 제한되었다는 점에서 그다지 큰 차이가 나지 않는다. 그럼에도 젠더 불평등은 20세기 이후 등장한 새로운 불평등처럼 여겨진다. 그 이전 시기 여성들은 자신의 불평등한 현실을 인식하거나 불만을 공론화할 기회조차 차단당했기 때문이다.

사회학에서 기능론은 남녀의 각기 다른 신체 조건과 속성으로 말미암아 서로 다른 역할을 담당하는 것이 사회 전체를 위해 유용하다며 젠더 불평등을 정당화한다. 아이를 출산할 '모성'을 가진 여성이 자녀 양육과 가사를 담당하고, 더 강한 근육과 공격성을 가진 남성이 수렵과 농경 같은 바깥일을 담당하는 방법이 사회 전체적으로 볼 때 더 효율적이라는 시각이다.

특히 기능론의 대가 파슨스는 사회화 과정에서 여성 역할의 중요성을 강조했다. 그는 모든 사회는 성공적인 사회화를 통해서만 존속 가능하며 특히 1차 집단이 거의 소멸된 산업사회에서는 가정의 역할이 절대적이라고 주장했다. 그는 가정도 사회이므로 체계적 효율적 분업이 필요한데 자녀를 양육하고 정서적으로 지지해주는 표현적 역할을 여성이, 생계를 책임지는 도구적 역할을 남성이 맡는 것이 가장 합리적이라고 주장했다. 볼비John Bowlby, 1907~1990 역시 사회화 과정에서 가정의 중요성을 강조했으며 특히 모성이 절대적 역할을 한다고 말했다. 그 증거로 어린 시절 어머니의 보살핌이 결핍된 아동, 즉 모성박탈 경험이 있는 아동이 반사회적이거나 병리적 행동을 하는 경우가 많다고 지적했다.

그러나 페미니스트들은 기능론의 주장을 다음과 같이 논박했다. 안전과 통합을 위해 사회에 분업화된 역할이 필요한 것은 사실이지만, 그 역할이 반드시 생물학적 성별에 의해 할당되어야 할 필연성은 없다는 것이다. 기능론자는 남녀의 선천적 기질 차이를 주장하지만, 모성이나 '표현적 성향'은 여성의 자연적 성향이라기보다는 여성을 그런 역할에 고정시키고자 하는 남성의 상상 속에서 존재하는 성향일 수도 있다. 또한 도구적 성향을 가진 여성, 모성이나 표현적 성향을 가진 남성도 있다는 주장이다. 페미니스트들은 역할을 성별에 근거해 할당하는 방법이 효율적이지도 공정하지도 않다고 말한다. 또한 그들은 공격적이거나 도구적 역할을 담당하는 사람이 더 많은 자원을 분배받고, 양육과 표현적 역할을 담당하는 사람은 아무 대가도 받지 못하거나 종속적 위치에 머무는 이유를 기능론이 설명하지

젠더 불평등에 대한 시각 차이
기능론 하나의 사회와 마찬가지인 가정 내에서도 산업사회의 필수 요소인 분업이 이루어지는 게 당연하다고 생각한다. 따라서 자녀 양육과 가사는 여성이 담당하고, 남성은 생활비를 획득하고 외부활동을 하는 등 더 공격적이고 도구적 역할을 하게 되었다는 입장이다.
갈등론 자본가가 노동자를 지배하고 착취하듯이, 남성에 의해 여성의 권리와 자유가 억압되고 착취당하면서 젠더 불평등이 발생했다고 본다. 갈등론자들은 여성에 대한 착취와 지배가 가부장제라는 이름으로 현존하며, 여전히 확대 재생산되고 있다고 주장한다.

못한다고 비판했다. 양육과 표현적 역할이 사회의 안전과 통합에 기여하는 정도를 감안하면 오히려 더 많은 보상을 받아야 마땅하지 않겠는가.

한편 갈등론은 남성이 여성에게 가하는 착취와 지배 측면에서 젠더 불평등을 다룬다. 남성이 여성을 착취하고 지배하는 사회구조와 관행체계를 통틀어 가부장제라 하는데, 인간이 인간을 착취하는 가장 원형적 모습으로 인류 역사의 모든 시대에 걸쳐 나타났다. 또한 현존하는 거의 모든 인간 사회에서도 여전히 시공간을 초월해 유지되고 있다. 가부장제는 법과 제도뿐 아니라 남성과 여성에 대한 사회적 태도, 문화, 가정, 교육, 직장에서의 관행으로 끊임없이 재생산된다. 특히 대중문화의 영향이 막대하다. 대중에게 인기 있는 드라마나 영화 속 남성과 여성 캐릭터는 그 사회의 전형적 젠더 역할을 대변한다. 주인공 남자는 여자를 지켜주고 보살피며 외부 위험과 맞서 싸우면서 지도자 역할을 한다. 이런 식의 젠더 묘사는 수많은 영화와 드라마에서 무한 반복되고 있다.

갈등론자들을 곤혹스럽게 하는 주제는 노동자에게 가해지는 자본가의 착취·지배와 여성에 대한 남성의 착취·지배가 어떤 관련을 맺으며, 또 이 가운데 어느 것이 사회적 불평등의 근본문제인가이다. 말하자면 자본주의와 가부장제 가운데 사회적 불평등을 발생시키는 더 근본적 원인을 찾으려 하는 것이다.

볼스는 두 가지를 체계적으로 연결 짓는 데 성공했다. 그는 자본주의사회 노동을 재화와 서비스를 만들어내는 생산노동과 노동력을 제공하고 유지하는 재생산노동 두 종류로 분류했다. 그는 두 가지 노동의 순환이 자본주의를 유지시킨다고 생각했다. 재생산노동이란 노동자가 늙어서 은퇴하더라도 계속 노동력이 공급될 수 있도록 2세를 출산하고 양육하고 교육하는 일과 노동자가 노동력을 쓴 다음 다시 회복할 수 있도록 관리해주는(먹이고 입히고 보살피는) 일을 포함한다. 이를 통칭해 돌봄노동이라 하는데 대부분의 사회에서 여성이 맡은 의무다.

여성은 아이를 출산하고 양육하며 가족인 성인 남성까지 돌보는 역할을 담당하는 등 재생산노동을 하지만, 가부장제와 결합되면서 남성이 담당하는 노동에 비해 가치 없는 것 또는 아무 대가 없이 당연히 해야 하는 일로 취급받았다. 부유층에서는 노예나 하인이 돌봄노동을 맡았고 그럴 여유가 없는 가정에서는 여성이 전담했다. 따라서 자본주의를 유지하는 노동의 두 축 가운데 하나인 돌봄노동은 기본적으로 노예의 일이며 대가를 지불할 필요가 없는 불불노동으로 간주되었다.

돌봄노동은 요소 시장에서 사고팔 수 있는 노동력의 지속적 공급에 의존하는 자본주의 시대에 더욱 중요해졌다. 자본가는 노동력을 구입해 생산에 투입하고, 그 과정에서 지불한 임금을 넘어서는 잉여가치를 발생시켜 이윤을 확보한다. 그런데 재생산노동이 없다면 자본주의는 어느 시점에서 노동력 공급의 고갈에 직면해 무너지고 말 것이다. 노동력 가격(임금)은 다른 상품들과 마찬가지로 한계비용에 따라 결정되는데, 여기에는 일을 마친 노동자가 다음 날 다시 일할 수 있는 상태가 되는 데 필요한 비용과 노동자가 자녀를 자기 수준의 노동자로 양육하는 데 들어가는 재생산 비용이 포함된다.

자본가는 가능하면 더 저렴한 가격으로 노동력을 구입하려 하므로 동일한 수준의 노동력이라면 재생산 비용이 높을수록 시장에서 판매(채용)되기 어렵다. 결국 노동자가 재생산 비용을 줄여야 하는 압력에 처한 상태에서 가부장제가 작용해 돌봄노동은 가정에서 여성이 전담하는 형태로 착취가 이루어졌다. 가부장제가 확고하게 작동할수록 남성 노동자는 여성에게 돌봄노동과 가사노동, 즉 재생산노동의 강도를 아무 대가도 주지 않으면서 강화한다. 그 결과 노동자계급은 생존만 가능한 수준으로 노동력 가격이 억제되었고, 그 덕분에 자본가는 더 많은 이윤을 획득하게 되었다. 자본가가 노동자 임금을 낮출수록 그들은 자기 노동력을 재생산하는 데 필요한 노동을 아내나 가정 내 여성에게 더 많이 강요할 것이다. 이로써 사회 전체적으로 유급노동에 비해 무급노동 비중이 높아져 자본가계급의 이익에 기여한다.

20세기 중반 이후 여성의 사회 진출이 활발해지고 선진국에서 가사노동의 상당 부분이 상품화, 공공화되면서 재생산노동을 다루는 이론의 설득력이 매우 약해졌다. 그럼에도 젠더 불평등은 여전히 사회 전역에서 다양한 차원으로 나타나고 있다.

한편 젠더의 문제를 계급과 연관시킬 수 없다는 견해도 있다. 젠더 불평등과 계급 불평등은 각기 다른 문제로, 가부장제와 자본주의는 서로 어울리기도 하지만 때로는 상충한다는 것이다. 자본주의가 여성의 무급 재생산노동에 기반한 남성 노동자의 착취만으로도 작동하던 시기에는 가부장제와 조화를 이루었지만, 지식정보화와 돌봄노동의 시장화 이후 여성 노동자 수요가 크게 늘어나면서 오히려 가부장제와 충돌한다. 오늘날 젠더 불평등을 논하는 사회학자들은 가부장제가 단일한 축이 아니라 여러 축을 바탕으로 유지된다는 비교적 유연한 주장을 펼친다. 젠더 불평등을 연구하는 대표적 학자 월비Sylvia Walby가 〈소시올로지Sociology〉 5월호에 게재한 논문에 따르면 가부장제는 다음과 같은 여섯 가지 구조를 바탕으로 작동한다.

1. 가정에서의 생산관계 돌봄노동, 가사노동, 양육이 여성에게 전적으로 전가되며 아무 대가 없이 무급으로 수행된다. 사실상 아내의 임금이 남편에게 몰수당하는 것과 같다.

2. 노동과정에서의 배제 젠더 불평등은 계급 불평등과 달리 분배의 차등보다는 배제 형태로 더 많이 나타난다. 여성은 사회활동으로부터 배제되며 설사 사회에 진출하더라도 중요한 지위와 역할에서 배제된다. 사회는 여성들이 하기 적합하다고 규정한 몇몇 지위와 역할에만 그들을 몰아넣는 경향이 있다. 이런 직종에서는 불완전고용과 저임금이 일상화되어 있는데, 남성 노동자가 여성 노동자의 임금을 갈취하는 것이라고 볼 수도 있다.

3. 남성 폭력 남성이 여성에게 가정과 직장 등에서 폭력을 행사해 신체 차이에서 비롯한 어쩔 수 없는 힘의 차이를 확인시켜 여성의 복종을 요구한다. 폭력은 비단 물리적 폭력뿐 아니라 언제든 물리적 폭력을 행사할 수 있는 가능성을 비추는 언어폭력이나 각종 학대의 형태로도 나타난다. 그러나 정부는 폭력을 가정사로 간주해 어느 수준 이상이 되기 전에는 개입하지 않음으로써 이를 효율적으로 조장한다.

4. 섹슈얼리티의 이중 잣대 남성과 여성에게 서로 다른 잣대를 적용한다. 남성의 성적 방종은 허용하고 심지어 영웅시하는 반면 여성의 성적 방종은 대부분 범죄로 처리한다. 예를 들어 청소년에게 성적 경험 여부를 묻는 설문조사를 했을 때 남성은 실제보다 부풀려 응답하고, 여성은 축소해 답해 산술적으로 한 명의 여성이 대여섯 명의 남성을 상대해야만 가능한 왜곡된 결과가 나오기도 한다.

5. 가부장적 조직과 문화 여러 사회조직이 기본적으로 가부장제 형태

로 조직된다. 크게는 국가에서부터 작게는 회사나 단체 심지어 진보적 운동단체에 이르기까지 예외가 없다. 특히 명시적 규정이 아닌 조직 내 문화를 통해 강제되는 경우가 많다. 여성은 형식적으로는 동등한 구성원으로 인정받으나 중요한 의사결정에서는 교묘히 배제된다. 남성 손님을 주로 받는 술집에서 중요한 협의가 이루어진다거나 회의 석상에서 공격적 논쟁과 경쟁 분위기를 조성해 대체로 화합과 관계를 중요시하는 여성들이 자기 견해를 철회할 수밖에 없게 만든다.

6. 국가 자체의 가부장적 성격 정부조직이나 정책 우선순위에서 국가가 남성적 가치와 가부장제 이해관계를 확대 강화한다. 교육이나 복지보다 국방과 산업을 더욱 중요한 국가 업무로 간주하는 정책 등이 그러하다.

계급과 젠더 가운데 어느 것이 더 근본적 불평등인지를 가리는 일은 불가능할 뿐 아니라 무의미하다. 다만 제도적 문화적으로 젠더 불평등이 구조화된 가부장제와 그 잔재가 우리 사회 곳곳에서 여러 차원에 걸쳐 보이지 않는 불평등 장벽을 만들어내고 있으며, 다시 계급 불평등과 상호작용하고 있음은 분명한 사실이다.

7장

사회변동의 과정과 원인은 무엇인가

'십 년이면 강산도 변한다'는 속담이 있다. 이 말은 자연이 변한다는 것이 아니라 세상이, 즉 사회가 변한다는 뜻이다. 전근대사회에서 자연은 변하지 않는 것의 상징이었다. 그런데 십 년이면 자연인 강산마저 변하니 사회는 오죽하겠느냐는 것이 이 말의 속뜻이다. 실제로 사회는 변할 수밖에 없고 아주 작은 충격에도 의외로 크게 변하기도 한다.

사회변동과 역사의 성립

인류 역사는 사회변동의 역사다

사회가 변하는 근본적인 이유는 구성원인 인간의 수명이 유한해서다. 한 세대가 지날 때마다 사회는 구성원이 바뀐다. 아무리 혈통이 유전되고 사회화를 거쳐 문화가 전수된다 해도 인간은 저마다 다른 개성을 가지고 있으므로 구성원이 바뀌면 사회 역시 바뀔 수밖에 없다.

물론 아무리 세대가 거듭되어도 바뀌지 않는 제도, 규칙, 관행도 있다. A라는 학교의 학생들이 수없이 졸업하고 입학해도 또 교사들이 수없이 퇴직하고 새로 부임해도 학교를 움직이는 체제 가운데 변함없이 유지되는 것들이 있다. 사회가 견고하고 안정적으로 유지될 때 구조화되었다고 말하며 이렇게 구조화된 제도, 규칙, 관행의 체계를 사회구조라 한다.

사회구조라 해도 상대적으로 안정감이 있다는 것이지 변하지 않는다는 뜻은 아니다. 변화의 폭이 크면 사회구조가 바뀌어 사회변동이 일어난다. 사회 구성원이 교체되거나 몇몇 사소한 제도 또는 관습이 바뀌는 수준이 아니라, 사회구조를 이루고 있는 것들이 바뀌어 결과적으로 그 사회 전체가 변하거나 상당한 충격을 받을 때를 사회변동이라 한다. 사회변동은 대개 사후에 관측되는데, 혁명처럼 일거에 모든 것이 바뀌기도 하지만 보통은 사회 곳곳에서 작은 변화가 누적되다가 어느새 상당히 다른 사회로 바뀌어버린다.

사회구조를 이루고 있는 제도, 규칙, 관행이 어떤 것들인지 식별해내기가 쉽지 않아 실제로는 사회변동이 일어나고 있는지도 감지하기 힘들다. 따라서 사람들은 사회구조 변화를 직접 확인하기보다는 비교적 짧은 시간이라 할 수 있는 한 세대가 가기 전에 정치, 경제, 문화, 규범 등 사회의 거의 모든 영역에서 큰 폭의 변화가 일어날 경우 사회구조에 변동이 일어났음을 간접적으로 알아차린다.

사실 사회변동은 그 시대를 살고 있는 사람들에게 달가운 현상만은 아니다. 지속해온 삶의 방식과 익숙하게 알고 있던 지식과 기술이 무용지물이 되는 혼란스러운 상황에 처하기 때문이다. 하지만 사회 전체적으로, 또 후손까지 포함한 인류 전체 차원에서 사회변동은 불가결하며 매우 바람직한 현상이다. 사회변동이 없었다면 인류는 아직까지도 300만 년 전 삶에서 크게 벗어나지 못했거나, 몇 차례 빙하기를 포함한 자연의 격변을 견뎌내지 못하고 멸종되고 말았을 것이다. 자신들이 살아가는 사회 자체와 문화를 바꿀 수 있는 능력은 현생인류의 조상 호모사피엔스가 다른 영장류를 압도할 수 있었던 가장 큰 장점이었다. 현생인류와 잠시 같은 시대를 살았던 네안데르탈인은 신체 능력이나 지능 면에서 현생인류에 결코 뒤떨어지지 않았다. 그러나 그들은 수만 년에 걸쳐 비슷한 사회체제와 생활방식을 고수했던 반면, 현생인류는 삶의 방식과 사회체제를 유연하게 바꾸어가며 다양한 환경에 적응했고 또 여러 생산방식을 개발해 생산력을 크게 증진시켰다.

인류 역사는 사실상 사회변동의 역사다. 사회가 변하지 않는 곳에서는 자연사만 존재할 뿐 우리가 '역사'라고 부르는 것은 존재하지 않는다. 최초로 발명되었던 모래시계나 해시계를 떠올려보면 시간은 변화가 있는 곳에서만 의미를 가진다는 것을 알 수 있다. 변화가 없는 대상은 시간을 가지지 않으며 따라서 역사가 없다. 지질구조가 끊임없이 바뀌고 그위에서 살아가는 생물의 생태계가 계속 바뀌면서 지구의 자연사가 성립했다. 마찬가지로 시대에 따라 사회구조가 변동하고 이에 따라 여러 제도와 정치, 문화가 바뀌어왔기 때문에 인류에게 역사가 있는 것이다.

근대화   전통사회에서 근대사회로의 변동

사람들이 사회변동에 관심을 가지기 시작한 때는 시민혁명과 산업혁명이 연달아 일어나던 시기로 유럽은 18~19세기, 우리나라를 비롯한 아시아 여러 지역은 서양 세력이 밀려들어오던 19~20세기의 일이다. 이때를 경계로 수천 년 동안 근본적으로 큰 변화 없이 이어져 내려오던 삶의 방식이 일거에 소멸되었고, 전적으로 낯선 삶의 방식에 적응해야 하는 상황이 펼쳐졌다. 현생인류 역사를 10만 년이라고 보면 9만 9,800년 동안 증가한 인구와 생산력보다 이후 200년 사이에 증가한 인구와 생산력이 더 크다. 그전에도 사회가 변하지 않았던 것은 아니지만 앞서 일어난 사회변동은 적어도 한 세대 이상에 걸쳐 서서히 진행되었다. 한 세대보다 짧은 시기에 집중적으로 변화하는 급격한 사회변동은 전쟁이나 정복 또는 엄청난 규모로 발생한 자연재해가 아니고서는 일어나지 않기 때문에 일종의 재앙으로 간주되었다.

18세기 무렵 유럽에서, 그리고 아시아 지역은 19세기에 이르러 그야말로 한 세대 만에 모든 것이 바뀌었다. 어린 시절의 사회와 어른이 되었을 때의 사회가 완전히 바뀌어버릴 정도의 사회변동이 특정한 일부 지역이 아닌 전 유럽 또는 전 세계에 걸쳐 일어나는 일은 역사상 유례가 없었다.

사회변동과 관련된 연구와 이론이 주로 이 시기를 설명하기 위해 등장했고, 이때의 변동을 전후로 인류 역사가 전근대사회와 근대사회 또는 전통사회와 근대사회로 나뉜다. 이 거대한 사회변동을 통칭해 근대화라 칭하고, 근대화를 거치며 사회에 나타난 새로운 여러 속성을 근대성이라 부른다.

물론 인류가 근대화 이전에 항상 같은 방식으로 사회를 이루고 살았던 것은 아니다. 또 근대화가 역사상 가장 결정적인 변동은 아니었다고 주장하는 학자도 많다. 마르크스와 엥겔스는 신석기의 발명과 이에 수반된 농업혁명이 역사상 가장 결정적인 변화였다고 주장했으며, 이를 계기로 인류는 정착생활을 하게 되었고 가족과 가부장제가 등장했다고 설명했다. 또한 사유재산이 발생하면서 사회계급, 착취/피착취관계가 등장했다고 보았다. 그러나 마르크스와 엥겔스 역시 농업혁명으로 만들어진 사회가 수천 년 동안 이어져 내려오다 산업혁명 이후 완전히 뒤바뀌었다는 해석에는 반대하지 않았다.

일반적으로 근대화는 경제적 측면에

근대화의 요인
경제적 측면 → 산업화
정치적 측면 → 민주화
사회·문화적 측면 → 합리화

서의 산업화와 정치적 측면에서의 민주화, 사회·문화적 측면에서의 합리화라는 방식으로 관철된다. 어느 것을 보다 근본 요인으로 보느냐에 따라 여러 학파로 갈라져 애덤 스미스Adam Smith, 1723~1790, 마르크스, 뒤르켐은 산업화를 강조했지만 베버와 지멜 그리고 그뒤를 이은 비판적 사회학자들은 합리화 또는 계몽 정신이 근대화의 동력이라고 주장했다. 다만 이들이 한 부분만 강조하고 다른 측면을 모두 무시한 것은 아니다. 근대화는 세 요인 모두가 상호작용하면서 함께 변동한 과정으로 그 출발점이 어디인지가 쟁점이다.

마르크스나 뒤르켐의 관점에서는 경제 산업화에서 모든 것이 시작한다. 산업화란 생산과정에서 고도로 분업화가 이루어져 교환경제가 보편화되고 본인이 사용하기 위한 생산이 아닌 화폐를 획득하기 위한 생산으로 전환되는 것에서 출발한다. 가족이나 지역 공동체 단위의 자급자족경제가 분업화된 경제로 바뀌어 특정 상품만을 전문적으로 생산한 다음 서로 교환하는 형태로 변모한다. 변화는 곧 특별한 물건을 전문적으로 생산하는 공장의 출현으로 이어지고 큰 비용이 필요한 공장을 세우고자 할 때, 자본을 투자할 수 있는 자본가와 그에게 고용된 노동자의 구별이 나타난다. 최대한 이윤을 뽑아내기 위해 공장을 효율적으로 관리하려는 자본가의 의도에 따라 공장과 여타 생산조직은 합리적으로 운영되고 그 운영방식이 사회 전체에 확산된다. 사회 전반적으로 합리화가 진행되면 전통과 왕권신수설 등 불합리한 전승傳承에 의해 정당화되었던 권력이 의심을 받는다. 이어 민주주의라는 정치적 변동으로 연결된다. 이렇듯 근대화는 산업화(분업화), 합리화, 민주화 순서로 진행한다.

이는 일반적 순서일 뿐 사회변동이 반드시 이대로 진행한다는 말은 아니다. 실제로는 경제에서 산업화가 일어나기 위해서 먼저 문화적으로 합리화가 선행되어야 한다는 주장도 만만찮다. 대표적 예를 베버의 유명한 저서 《프로테스탄티즘의 윤리와 자본주의 정신》에서 찾아볼 수 있다. 베버에 따르면 근대 자본주의경제가 발흥함으로써 합리적 사고방식이 보편화된 것이 아니라, 합리적 사고방식이 일반화되었기 때문에 자본주의가 발흥할 수 있었다. 그리고 그 덕에 현실세계에서 부를 축적하는 행위와 관련해 종교적 터부가 사라졌고, 이윤을 목적으로 하는 자본주의적 생산양식이 뿌리내릴 수 있었다.

또한 다른 요인보다도 특히 민주주의가 근대화의 결정적 요인이라는 주장도 얼마든지 가능하다. 우선 자본주의는 자본의 자유로운 투자와 노동자의 자유로운 취업이 보장되어야 성립 가능하다. 그런데 길드 등 각종 복잡한 특권 또는 카스트 같은 세습적 사회분업체계가 남아 있다면 아무리 돈이 많아도 자기가 원하는 사업을 할 수 없다. 또 중세 농노처럼 거주 이전과 직업 선택의 자유에 제한이 있다면 자본주의경제의 핵심인 자유로운 노동자계급이 형성되지 않는다. 자본주의경제는 자유롭고 투명한 계약제도가 핵심이며 기본적으로 계약 당사자 간 평등한 관계를 전제로 한다. 따라서 민주주의가 이루어지지 않은 상태라면 근대 자본주의경제가 제대로 성장하기 어렵다.

근대화의 세 요인은 서로 머리와 꼬리를 물고 있는 형국이라 어느 하나가 다른 것들에 비해 더 근본적이라고 말할 수 없다. 요약하자면 세 가지 요인이 서로 상호작용하며 나타날 때 사회는 수백 년에서 수천 년 동안 내려왔던 전통과 전승이 한 세대가 가기 전 일거에 무너져버리는 경험을 하며 모습이 완전히 뒤바뀐다.

주의해야 할 점은 전통사회와 근대사회라는 개념에는 가치판단이 들어 있지 않다는 것이다. 예를 들어 베버가 근대사회를 '합리화 과정'이라고 설명했지만 합리화가 반드시 더 좋은 세상을 뜻하지는 않는다. 합리화로 인해 파괴되어버린 초자연적 대상에 대한 믿음과 전통적 믿음, 관습 등은 우리에게 비이성적 억압이기도 했지만 정서적 안정감을 주는 둥지이기도 했다. 합리화는 전통과 전승을 차가운 계약관계와 사회조직, 특히 관료제 조직으로 바꾸어버림으로써 삶을 냉혹하게 만들었다.

문화대혁명
마오쩌둥과 그의 추종자들, 홍위병들이 봉건주의와 자본주의 문화를 일소하고 사회주의를 실천해야 한다면서 일으킨 대규모 운동이다. 그 결과 1966년부터 10년 동안 중국에서 수많은 문화계 인사와 지식인 들이 큰 고초를 겪었다.

타도공가점
유교를 공씨 집안의 낡은 사상으로 비하한 뒤 이를 몰아내자고 주장했던 홍위병의 구호다.

그럼에도 서양의 식민 지배를 경험했던 지역에서는 근대화를 가치함축적 개념으로 사용하는 경우가 많다. 이들 나라에서는 근대화에 뒤처졌기 때문에 식민지로 전락하고 말았다는 자조감이 생겨나 근대화와 근대성을 좋은 것으로, 전통사회의 요소를 버려야 할 낡은 것으로 규정했다. 우리나라도 마찬가지로 1980년대까지만 해도 초중고 교과서 맨 앞을 '조국 근대화의 사명'을 강조하던 국민교육헌장이 장식하고 있었다. 중국 역사상 가장 큰 비극 가운데 하나로 기록된 문화대혁명은 바로 근대화 조급증이 자아낸 참변이다. 마오쩌둥毛澤東, 1893~1976과 홍위병들은 '타도공가점打倒孔家店'이라는 구호 아래, 공자孔子,B.C.551~B.C.479로 상징되는 중국 전통문화를 낡은 봉건잔재로서 일소되어야 한다고 규정해 대대적으로 전통 파괴에 나섰다.

근대사회 이후의 사회변동

근대사회의 역사는 그리 길지 않았다. 구석기가 수십만 년간 이어지고 농업혁명 이후 전통사회가 수천 년의 역사를 가지고 있다면, 근대사회는 불과 100~150년 만에 중대한 변동 국면을 맞이하며 마지막 길로 들어섰다. 이미 1970년대에 후기산업사회라는 용어가 등장하면서 세계가 근대사회와는 다른 국면으로 접어들었음을 암시하는 책들이 나왔다. 1990년대에는 탈근대사회, 정보화사회, 네트워크 시대, 위키노믹스 시대 등 새로운 용어가 쏟아져 나왔다. 또한 근대사회에서 새로운 사회로 이행하는 변동을 설명하고자 정보혁명, 제3의 물결, 패러다임 시프트paradigm shift, 3차 산업혁명 같은 용어도 등장했다. 변동을 지칭하는 용어는 다양하지만 그 시기는 비슷해 대체로 1980~2000년 사이 중대한 사회변동이 발생했음을 알 수 있다.

이미 OECD 등 국제적 경제기구에서는 생산방식의 패러다임이 바뀌었음을 공식화했다. 사회학자 대부분은 생산방식 변화가 다른 분야의 변화를 이끌어낸다는 데 동의하므로 이는 곧 사회 전체의 변동을 의미한다.

OECD에 따르면 인류는 그림 7-1에서 보듯이 세 번째 패러다임 시프트에 접어들었다. 첫 번째 패러다임은 노동 중심 사회였다. 1차 산업이나 수공업에 의존하던 전통사회의 생산에서 가장 중요한 것은 노동이었다. 따라서 인구가 국력의 상징이었으며 얼마나 많은 노동력을 투입하느냐가 생산력과 직결되었다. 두 번째 패러다임은 근대산업사회였다. 산업혁명 이후 생산은 기계와 설비를 갖춘 대규모 공장에서 이루어졌다. 대량생산과 대량소비로 대표되는 근대산업사회에서 관건은 대규모 기계와 설비를 갖출 수 있는 충분한 자본을 어떻게 확보하는가였다. 노동 자체는 기계화와 분업화된 공장에서 단순 작업만 반복하므로 중요하지 않았다. 그렇다면 세 번째 패러다임은 무엇일까? 오늘날에도 대규모 공장이 사라지지는 않았지만 그보다 더 높은 부가가치를 올리는 산업은 새로운 삶의 방식과 혁신적 아이디어를 바탕으로 하는 정보통신을 중심으로 발전하고 있다. 이제 가장 중요한 것은 어떤 설비를 갖추고 있느냐가 아니라 그 설비를 가지고 어떤 새로운 것을 창출하느냐다. 가장 중요한 생산요소는 바로 새로운 것을 창출할 수 있는 지식이며 더불어 정보와 감성으로 소통하는 시대가 도래했다.

한편 리프킨Jeremy Rifkin은 18세기 산업혁명 이후에도 두 차례 더 산업혁명이 발생했으며, 현재 3차 산업혁명에 이르렀다고 한다. 리프킨은 생산방식이 아니라 주요 에너지원을 중심으로 근대 이후 사회변동을 설명하는

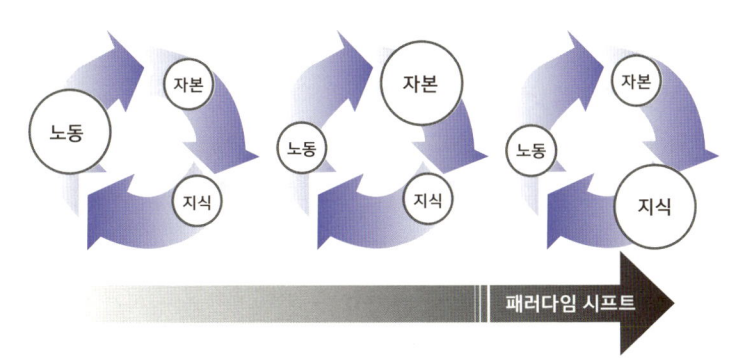

자료: OECD, DeSeCO Key Competences, 2005

그림 7-1 **역량의 개념과 영역체계**

데, 세 번째 산업혁명이야말로 화석연료 시대에서 신재생에너지(그리고 수소 저장기술)로의 근본적 변화다. 그에 따르면 1·2차 산업혁명의 경우 화석연료를 채굴하고 정제하는 과정에서 많은 자본과 거대한 노동력이 필요해 사회구조도 대규모 조직 위주로 편성되었고, 이는 필연적으로 수직적이고 중앙집권적 관료제화로 귀결된다. 반면 재생에너지는 소비자와 생산자의 구별이 모호하고 작은 규모의 자가 발전소에서 분산적으로 생산되며 에너지원을 얻기 위해 대규모 시설과 자본이 필요하지 않다. 따라서 3차 산업혁명에서는 사회조직 역시 수평적, 분산적, 협력적 방식으로 바뀐다고 주장하며 대표 산업으로 사회적 기업의 대두를 든다.

탭스콧Don Tapscott의 경우 지식이 가장 중요한 자원으로 생산하는 게 아니라 창출한다는 점에서 기존 산업과 완전히 다른 경제체제를 요구할 것이라 예측했다. 한 시대의 사회가 핵심 자원을 생산하는 방식에 영향을 받는다고 할 때, 지식이라는 자원의 속성이 사회 전체에 변화를 가져오는 것은 당연하다. 지식은 배타적 소유가 불가능하며 쉽게 확장되고 서로 결합해 빠르게 발전한다. 이런 흐름을 감지한 탭스콧은 제조업에 가장 적합했던 근대사회가 더이상 유지되기 어려워졌으며, 근대사회의 중요한 권리였던 소유권마저 지식 시대에는 의미가 없다고 주장했다. 그는 새로운 시대를 가리켜 특별한 저자 없이 수많은 사람의 지식 공유를 통해 만들어지는 백과사전 위키피디아에서 이름을 가져와 위키노믹스라고 명명했다. 위키노믹스 시대는 소유에 기반한 폐쇄적, 수직적, 경쟁적 사회가 아니라 공유에 기반한 개방적이고 수평적 사회다. 이전 이코노믹스 시대는 역량 자체를 경쟁력이라는 용어로 사용한 데서도 알 수 있듯 주어진 과제에서 다른 사람을 물리칠 수 있는 능력이 중요했지만, 위키노믹스 시대는 다른 사람과 관계망을 만들어가면서 협력하고 새로운 과제를 창조하는 능력이 중요하다. 아래 표 7-2를 통해 두 시대의 차이를 명확하게 알 수 있다.

구 분	이코노믹스	위키노믹스
핵심 가치	핵심 역량의 전유專有, 경쟁	참여, 공유, 개방
사회적 배경	제조업 기반 산업사회	ICT 기반 지식사회
경영 전략	규모의 경제 달성과 거래비용 절감을 위해 대형화 추구	낮은 외부 거래비용으로 인해 소형화, 네트워크화 (유사기업 연결) 추구
조직	폐쇄적 수직적 계층구조	개방적 수평적 관계
인재 활용	자체 직원/아웃소싱으로 이분화	인터넷상의 전 세계 인재 활용 (내외부 경계 모호)
핵심 기술 R&D 전략	내부 연구 인력을 활용한 자체 R&D	적극적 정보 공유와 외부 인재를 활용한 개방형 R&D
지식재산권	특허 획득 또는 사내 기밀로 보호	선택적 개방(핵심 기술과 완성 제품을 제외한 지식재산 모두를 공유)

표 7-2 이코노믹스와 위키노믹스의 비교

사회변동을 설명하는 이론들

사회순환론

　지금까지 인류가 겪어온 중요한 사회변동을 살펴보았다. 그런데 사회변동은 왜 일어나는 것일까? 그리고 어떤 방향이 있는 것일까 아니면 무작위로 일어날까? 이제 사회변동을 설명하는 여러 이론을 알아보자.

　하늘 아래 새로운 것이 없다는 말이 있다. 지금 최신 패션이라 불리는 것도 사실은 한 세대 전에 유행했던 패션의 변형에 불과한 경우가 많다. 현재 유행하는 패션 역시 언젠가 다시 최신 패션이라는 이름으로 등장할 것이다. 이처럼 엄청난 변혁이고 완전히 새로운 사회현상처럼 보이는 것도 사실은 과거의 반복일 수 있다.

　마찬가지로 사회변동이란 과거에 일어난 변화가 일정한 패턴에 따라 계속 반복된다는 입장이 사회순환론이다. 사회순환론에 따르면 단기적으로 분명 사회변동이 일어나지만 장기적으로는 몇 가지 유형의 사회가 반복해서 교체되는 것에 불과하다. 그러므로 사회가 변동한다고 해서 그 사회가 더 발전할 것이라고 보기 어렵고, 시간이 흐른다고 해서 더 우월한 단계라고 할 수도 없다.

순환론은 동아시아 문화권에서는 매우 익숙한 논리다. 나관중의 《삼국지연의三國志演義》 첫 문장은 '천하의 대세란 나뉘면 반드시 합해지고 합치면 반드시 나뉘는 법天下大勢 分久必合 合久必分'이라고 시작한다. 수천 년 중국 역사를 한마디로 요약하는 엄청난 문장이다. 결국 중국 역사는 여러 작은 나라가 하나의 제국으로 통일되는 과정과 통일된 제국이 다시 여러 나라로 나뉘는 과정의 반복이다. 중국 전통사회를 대표하는 사상가들에게 사회변동이란 질서가 무너지고 삶이 곤궁해지는 난세와 태평성대를 누리는 치세가 순환 반복되는 것이다.

다만 순환에 불과하기 때문에 난세와 치세의 반복이 수십 번 이루어져 천 년이 지났다 할지라도 치세는 모두 치세며 난세는 모두 난세다. 따라서 천 년 전 치세가 천 년 뒤 난세보다 더 살기 좋고 바람직한 상태로 간주된다. 시간상 3,000년의 차이가 나지만 요순시대와 정관지치 그리고 다시 천 년 뒤 강희지치가 모두 훌륭한 통치 시기라는 점에서 다르지 않다. 심지어 유교사상가들은 이 가운데 가장 옛날의 치세인 요순시대를 제일 높게 평가한다.

요순시대
중국 고대의 명군 요임금과 순임금이 통치하던 시기다.

정관지치
당나라 명군 당태종의 통치 시기를 말한다.

강희지치
청나라 명군 강희제가 통치하던 시기다.

한편 서양은 기독교 영향이 강해 순환론이 보편적 사회변동이론으로 자리 잡지 못했다. 기독교는 역사가 순환하는 게 아니라 타락 → 구원 → 영원한 낙원으로 이어지는 분명한 방향을 가졌다고 여겼다. 하지만 기독교가 보편화되기 전 고대의 사상가들에게는 순환론이 오히려 보편적이기도 했다. 예를 들어 고대 그리스에서는 역사가 계속 변한다는 만물 유전을 주장한 헤라클레이토스학파보다 과거의 일이 순환한다는 피타고라스학파나 아예 변화란 없다는 파르메니데스학파의 관념이 더 우세했다.

중세 이후에도 몇몇 눈여겨볼 순환론자가 있었다. 이슬람의 학자 이븐 할둔Ibn Khaldūn, 1332~1406은 중세 이후 사회사상가 가운데 가장 체계가 잡힌 사회순환론을 발표했다. 그는 때로 역사상 최초의 사회학자라 불리기도 하는데, 사회를 개인의 합이 아니라 그 자체를 하나의 실체로 보고 법칙을 탐구했던 최초의 학자였기 때문이다. 그는 이슬람 문명 흥망사를 연구하면서 역사를 사회의 특정한 유형이 교체된 것으로 설명할 수 있음을 발견했다. 바로 그 유명한 유목민 사회와 정주민 사회의 교체다. 여기서 말하는 유목민과 정주민이란 일정한 지역에 정착해 사는지 아닌지에 따라 몽골족이나 거란족처럼 떠돌아다니는 유목민과 한족과 같이 영토에 정착하는 정주민이라는 의미도 있지만, 한편으로는 사회·문화 속성과 민족 기질 면으로도 구분한다.

유목민의 기질과 문화는 거친 환경 속에서 자주 이동하며 다양한 환경에 적응해야 하기 때문에 적응력과 순발력이 뛰어나며 도전적이고 진취적이다. 반면 이들은 언제 어떻게 될지 모르는 환경에서 살아가므로 언제든 떠날 준비를 하며 살고 주변을 정리하거나 기록을 남기는 등의 일에 취약해 매사에 뒷마무리가 허술하다. 또 장기 계획을 세우지 않아 쉽게 무모한 결정이나 모험을 하는 경향이 있다. 이와 달리 정주민의 기질과 문화는 한곳에 오래 머물러 생활하면서 주변 환경을 가꾸고 정리한다. 그곳에서 계속 살아갈 것이므로 장기 계획을 세우고 기록과 보관을 철저히 한다.

대신 삶의 터전을 쉽사리 바꾸려 하지 않고 지금 가진 것을 잃지 않으려는 경향이 강해 도전적이기보다는 조심스러우며, 때로는 비굴해지기도 하고 융통성이 모자라거나 시야가 좁고 고루한 특성이 있다.

이븐할둔이 바라본 인류 역사는 이 두 가지 사회가 교체되는 순환의 반복이다. 유목민형 사회가 등장해 활기차고 혁신적 변화가 일어나지만 어느 정도 시간이 지나 사회가 안정되면 이번에는 정주민형 사회로 교체된다. 사람들은 안정적인 번영을 누리지만 시간이 지나 낡고 고인물이 되어 시대에 뒤떨어지는 순간 다른 유목민에 의해 창조적 파괴가 일어난다. 그러나 유목민의 나라는 무계획적이고 무모해 오래 가지 못하고 결국 정주민의 나라로 다시 교체되는 과정을 반복한다.

이븐할둔의 순환론은 실제 존재하는 유목민과 정주민의 교체인지 아니면 사회 성격에서 주도적 기질의 교체인지 다소 애매한 면이 있다. 소로킨 Pitirim Sorokin, 1889~1968 에 이르러 비로소 사회순환론의 의미가 분명해졌다. 소로킨은 특정 민족의 교체보다는 서로 다른 기질을 가진 두 가지 사회·문화체계 간에 순환이 일어난다고 설명했다. 그는 인류 역사를 관념지향형 문화체계와 감각지향형 문화체계의 순환으로 보았다.

관념지향형 문화체계는 물질세계보다 초월적이고 정신적인 것의 가치를 더 높이 평가하며 이를 중심으로 여러 가치체계와 사회체계를 구성하는 것을 말한다. 관념지향형 사회에서는 현실세계, 구체적 경험, 과학보다는 계시나 영감, 신념, 권위를 더욱 중요시한다. 더 나아가 눈앞에 보이는 현실세계는 다만 스쳐 지나가는 가상에 불과하고 정신적 영적 세계가 영원한 실재라는 생각이 높이 평가받는다. 따라서 관념지향형 문화체계가 지배하는 사회는 현실세계에 관심이 적고, 그 안에서 물질을 다루는 사람에 대한 사회적 평판도 떨어져 천한 일로 취급한다. 결과적으로 종교와 철학 등 고도의 정신문화가 발달하기는 하나 기술과 경제가 낙후되기 쉬워 고상하지만 가난한 삶을 살게 될 가능성이 크다.

감각지향형 문화체계는 감각으로 지각할 수 있는 세계, 즉 현실적으로 경험할 수 있는 세계만이 유일한 실재며 가치 있다고 본다. 이 문화체계가 지배하는 사회에서 사람들은 과학적이고 실질적인 것을 추구하며, 물질적 부와 현세적 쾌락을 삶의 목표로 삼으면서 이 분야에서의 성공을 높이 평가한다. 반대로 정신적 영적 가치를 추구하는 사람은 괴짜나 이상주의자로 손가락질을 당할 수도 있다. 과학기술이 발달하고 거대한 부를 축적할 수 있는 사회지만 사람들이 이기적으로 변할 가능성이 크고 도덕과 윤리를 무시하는 분위기로 인해 사회통합이 약해질 수 있다.

사실 소로킨의 목적은 존재하는 여러 문화권을 관념지향과 감각지향으로 분류하려는 게 아니었다. 그는 절대적 의미에서의 관념지향형 또는 감각지향형 사회는 없다고 말했다. 두 가지 경향은 모든 사회에 다 나타나며 한 경향이 우세하게 나타날 경우 그 사회는 위기가 오거나 무너진다. 관념지향으로 치우친 사회는 빈곤한 생산력과 나약한 국방력으로 위기에 처하거나 다른 사회에 정복당한다. 반면 감각지향으로 치우친 사회는 부강하지만 사회 구성원의 정신적 유대가 약해 결국 분열과 내분으로 무너진다. 따라서 사회는 두 문화 사이에서 균형을 찾기 위해 시계추처럼 순환하는 경향이 있다는 것이 그의 주장이다. 만약 균형점을 찾았다면 순환이 멈추는데, 소로킨은 이를 이상적 문화라 불렀다. 이상적이라는 말에서 확인할 수 있듯 실제로 이런 사회는 존재하지 않는다. 소로킨은 인류 역사를 크게 동양의 관념지향형 문화체계가 서양의 감각지향형 문화체계에 밀렸으나, 감각지향형 문화체계가 한계에 도달해 다시 관념지향형 문화체계로 교체되는 오늘날에 이르렀다고 설명했다.

한편 사회는 기본적으로 바뀌지 않고 다만 권력을 장악하는 엘리트의 성격만 바뀐다는 주장도 있다. 흔히 사람들이 자조적으로 말하는 "누가 권력을 잡아도 어차피 세상은 똑같다"는 것과 일맥상통하며 이를 사회학자들은 엘리트 교체론 또는 엘리트 순환설이라 말한다. 엘리트 순환설을 주장한 학자 가운데 가장 유명한 사람은 경제학자로도 유명한 파레토 Vilfredo Pareto, 1848~1923 다.

그에 따르면 역사는 사회 자체가 변하는 게 아니라 지배 엘리트 가운데 여우형과 사자형이 번갈아가며 권력을 차지하는 순환이다. 여우형 엘리트는 조합과 재조합에 능한 사람으로 영리하고 수완이 좋으며 임기응변에 능하지만, 상대적으로 막강한 통제력은 떨어진다. 사자형 엘리트는 전통과 관습을 존중하고 보수적이며 강력한 통제력을 가졌지만, 임기응변이 약하고 수완이 부족하다. 파레토는 성격이 판이한 엘리트가 번갈아가며 권력

사회순환론을 주장한 학자들

이븐할둔 피정복민들이 정복민들의 습성을 그대로 받아들인다는 면에서 권력을 받드는 성향에 주목한 이븐할둔은 《역사서설》에서 강력한 연대의식으로 연결된 유목민이 도시를 정복한다고 말했다. 그러나 그들은 도시 문명에서 생활하며 점차 본래의 강인함과 연대의식을 잃어버리고 결국 다른 유목민에 의해 정복당하고 만다.

소로킨 사회의 균형 상태에 강한 의구심을 품었던 소로킨은 사회계층과 사회이동에 대한 연구에 집중했다. 그는 사회의 변동에 대해 관념지향적 문화와 감각지향적 문화가 반복적으로 순환한다고 하면서 이 두 체계 사이에 두 가지 성격이 혼합된 이상적 문화가 나타난다고 주장했다.

파레토 19세기 후반에 등장한 엘리트 이론은 당시 민주주의와 자본주의가 확산되었음에도 결국 정치체제는 몇몇 소수자에 의한 지배로 귀결되며, 이런 형태의 지배가 필연적일 수밖에 없다고 한다. 파레토는 엘리트의 권력을 심리학적 자질로 설명하면서 여우형과 사자형으로 구분하고, 이 두 가지 형태의 엘리트가 시대에 따라 순환하지만 어떤 사회든 항상 소수의 엘리트에 의한 지배가 일어난다고 보았다.

을 장악하는 까닭에 사회 성격도 그때그때 바뀌지만 단지 엘리트의 성격에 따라 극단을 오가는 것일 뿐, 발전이나 퇴행으로 보기 어렵다는 입장이다.

얼핏 그의 이론은 그럴듯해 보인다. 실제로 오늘날 선진국 대부분은 양당제가 정착되어 두 정당이 번갈아가며 집권하고 그때마다 나라 모습이 변한다. 하지만 다시 생각해보면 이는 지나치게 엘리트 중심 사고방식이며 무엇보다도 여우형과 사자형이라는 두 유형의 엘리트가 등장한 배경을 설명하지 못했다는 점에서 큰 한계를 가진 이론이다.

지금까지 살펴본 사회순환론은 단기적으로는 사회가 변한 듯해 보여도 장기적으로는 두 유형의 사회가 반복적으로 교체되는 과정에 불과하다는 주장들이었다. 그러나 실제로는 장기적 측면에서 사회가 변하며 이후에 등장한 사회가 이전과 판이하게 달라 순환이라고 보기 어려운 경우도 많다. 슈펭글러Oswald Spengler, 1880~1936는 이런 난점을 해결하는 독특한 사회순환론을 주장했다. 그의 말에 따르면 사회도 사람의 일생과 마찬가지로 출생과 유년기, 청소년기, 성숙기, 노년기, 사망기의 5단계를 거친다. 그는 하나의 순환을 마치고 소멸할 때까지의 사회 단위를 '문명'이라 지칭하며, 인류 역사를 여러 문명이 탄생하고 사망하는 과정이 계속되는 것이라고 보았다. 탄생하고 소멸하는 문명 간에는 어떤 공통점이나 관계가 없고 한 번 소멸한 문명과 비슷한 유형의 문명이 다시 등장한다는 보장도 없다. 다시 말해 특정 유형의 사회가 반복되는 게 아니라 문명의 등장과 소멸까지의 과정이 반복되는 것이다. 예를 들면 피타고라스가 전과 똑같은 모습으로 똑같은 지팡이를 들고 다시 돌아올 수는 없지만 그 이후의 모든 사람은 피타고라스와 마찬가지로 태어나 살다가 죽을 것이다.

우리에게는 인생의 각 시기마다 특정 단계에 접어들었음을 알 수 있는 여러 징표가 있고 이는 시대와 무관하게 보편적으로 나타난다. 한 사람에게 2차 성징이 나타나면 청소년기로 접어들었음을 알고, 머리가 하얗게 새면서 갱년기 증상이 나타나면 노년기가 시작됨을 안다. 변화는 사람에 따라 다르지 않고 반복되는 현상이라 누구라도 이런 징표를 통해 앞으로의 운명이 어떻게 될지를 예측할 수 있다. 슈펭글러에 따르면 문명도 마찬가지다. 그

《서구의 몰락》
제1차 세계대전에서 독일의 패망이 가까워오던 1918년 독일의 역사가이자 철학자인 슈펭글러가 출간한 《서구의 몰락》은 사람들의 주목을 끌기에 충분했다. 이 책에서 그는 문명 역시 유기체와 마찬가지로 발생-성장-쇠퇴-몰락의 과정을 거친다고 주장했다. 슈펭글러는 여러 문명의 발전 과정에 유사한 면이 있어 정치, 경제, 종교, 과학 등 다양한 측면에서 서로의 문명을 비교해보면 특정 사회가 어떤 단계에 있는지 파악할 수 있다고 했으며, 이것을 문명 흥망에 관한 학문으로서 '문화형태학'이라 칭했다.

는 여러 문명의 흥망성쇠를 비교분석한 결과 어느 문명이 성쇠할지 알아낼 수 있는 징후가 있으며, 현존하는 문명이 어떤 단계에 이르렀는지 예측할 수 있다고 주장했다.

그렇다면 슈펭글러가 진단한 현대사회는 어떤 단계에 들어섰을까? 그는 20세기 서구 문명이 이미 성숙기를 넘어 노년기로 들어서는 시기라면서 앞으로 몰락의 길을 걸어갈 수밖에 없다고 했다. 그러나 서구 문명을 대신해 들어설 문명 역시 언젠가는 노쇠해 멸망할 것이므로 나중에 번성한 문명이 앞서 소멸한 문명보다 우월하다고 보기는 어렵다. 이는 후손이 반드시 조상보다 훌륭한 사람이라고 보기 어려운 것과 같은 이치다.

사회발전론

사회발전론은 사회변동이 곧 사회의 발전을 의미한다는 관점이다. 따라서 사회변동이 일어난 다음 단계는 이전에 비해 어떤 형태로든 더 발전한 사회다. 말하자면 근대사회는 전통사회보다, 지식정보사회는 근대사회보다 더 발전한 사회다.

사회변동에 대한 이런 식의 관점은 주로 유대교, 기독교, 이슬람교와 밀접하게 연관된다. 인간의 타락과 구세주에 의한 구원 그리고 최후의 심판이라는 방향성 있는 역사관을 공유한 이들 종교의 영향을 받은 지역에서는 일찍이 순환론보다 발전론이 보편화되었다. 예수와 무함마드가 등장한 이후의 세계가 이전의 세계보다 더 우월할 수밖에 없는데, 구원의 가능성이 생겼기 때문이다. 따라서 앞으로 점점 더 높은 단계로 올라가 마침내 구원받은 세상에 도달할 것이라 믿었다.

뉴턴이 있으라
영국의 시인 알렉산더 포프Alexander Pope, 1688~1744는 뉴턴의 묘비에 이렇게 썼다. "자연과 자연의 법칙은 어둠에 잠겨 있었다. 신이 '뉴턴이 있으라' 하시자 세상이 밝아졌다."

종교의 영향력이 약해진 시민혁명 이후에도 동일한 사고방식이 강화되었다. 다만 계몽사상가는 종교의 계시와 구원을 지혜와 이성으로 대체했을 뿐이다. 뉴턴의 묘비에 쓰인 "뉴턴이 있으라"는 문구는 "빛이 있으라"고 한 신의 말씀을 대신한다.

'계몽'이라는 말 자체가 몽매한 상태에서 깨어나 이성의 밝은 정신을 갖추게 된다는 의미로, 일단 이성의 밝은 정신을 갖추면 인류의 지식은 늘어나고 지혜는 높아지며 기술이 발전해 마침내 가장 이상적 상태에 도달한다. 콩도르세Marquis de Condorcet, 1743~1794는 근대 사회사상가 가운데 가장 낙관적인 사회발전론자다. 그는 민중의 배신으로 체포당해 목숨을 잃는 순간에도 인류의 끊임없는 진보와 발전에 대한 희망을 피력하는 글을 쓰고 있었다. 콩도르세는 인간의 역사를 다른 동물보다 나은 점이 없었던 가장 낮은 야만 상태에서 출발해 계몽, 덕, 행복 등의 길로 끊임없이 진보하는 10단계 과정으로 묘사했는데, 마지막 열 번째 단계는 아직 이 사회가 도달하지 않은 이상적 단계였다.

또한 그는 세 가지를 진보의 지표로 내세웠는데 국가 간 평등과 계급 간 평등 그리고 개인의 향상과 인간성 자체의 무한한 지적, 도덕적, 신체적 완성 가능성이다. 여기서 말하는 평등이란 절대적 평등이 아니라 자유와 권리의 평등을 뜻한다. 즉 국가와 국가가 서로의 자유를 침해하지 않으며 동등한 권리를 누리고, 계급 간에 동일한 자유와 권리가 주어지며, 모든 개인이 자신을 향상시킬 수 있는 기회를 누리는 사회를 향해 인류는 계속 전진한다는 것이다.

마르크스 역시 대표적 발전론자다. 물론 변증법 사상가로서 그는 모든 사회변동이 발전은 아니고 진보와 반동을 거듭하며 역사가 나선형으로 발전한다고 했지만, 어쨌든 장기적으로는 발전이라고 보았다. 마르크스는 사회가 생산력 발달에 따라 5단계의 생산양식을 거치며 발전한다고 주장했다. 그가 설정한 단계들은 이후의 단계로 갈수록 더 발전한 사회며 역행하지 않는다(마르크스는 역행을 반동이라 부르며 일시적이지만 결국 실패한다고 보았다)는 점에서 강력한 발전론이라 할 수 있다. 그가 말한 5단계란 원시 공산주의-고대 노예제-중세 봉건제-근대 자본주의-사회주의로, 최후 단계에 공산주의가 있지만 이는 일종의 이상향으로 간주되었다.

각 단계는 뒤로 갈수록 더 우수한 생산도구를 가지며 더욱 유기적이고 체계적으로 생산관계가 설정된다. 착취 역시 이전보다 간접적이고 덜 가혹하다. 노동자계급의 처지가 열악하기는 하지만 농노만큼은 아니며, 농노의 삶이 비참하기는 하지만 노예만큼은 아니라는 말이다. 그런데 이 발전은 시간이 지나거나 생산력이 발달하면서 자동으로 일어나는 변화가 아니라 계급투쟁의 과정이다. 피지배계급의 저항과 투쟁으로 인해 점점 통치하기가 어려워진 지배계급은 새로운 지배 방법을 고안해내고, 피지배계급 또한 새롭게 투쟁하면서 역사가 발전한다. 마치 진화생물학에서 말하는 포식동물과 희생자 간 군비경쟁을 떠오르게 하는 과정이다. 반대로 피착취계급이 착취당하는 현실에 완전히 순응하며 체념하고 있는 사회, 즉 계급투쟁이 잠자고 있는 사회는 발전하지 않는다.

스펜서는 다윈의 진화생물학을 사회에 적용한 이른바 사회진화론으로 알려져 있다. 그에게 진화란 불확정적, 비응집적, 동질적 존재가 확정적, 응집적, 이질적으로 변하는 명백한 방향이 있는 발달과정이다. 인구 증가와 영토 확장 등으로 규모가 커질수록 사회는 단순한 사회에서 복잡한 유기체로 진화한다. 사회 각 부분과 구성원은 기능을 분담하고 서로 의존하면서 하나의 전체를 이룬다. 발달한 사회일수록 분업이 정교하게 이루어지고 구성원이 특별한 기능에 전문화되어 있다. 세밀한 분업으로 사회 내부 이질성이 증가함에 따라 발달한 사회는 사회 전체 통합을 위해 이질적 부분의 조율을 담당하는 내적 규율체계를 갖춘다. 마치 신체조직이 복잡하게 발달한 고등생물이 중추신경계(뇌)를 갖춘 것과 같다. 반면 진화 수준이 낮은 사회는 각 부분이 서로 다른 부분의 기능까지 수행하며 구성원은 동시에 여러 역할을 하기 때문에 전문화 정도가 낮다. 따라서 각 부분 간 동질성이 강하며 내적 규율체계가 발달되어 있지 않다. 이는 하등생물이 신체 각 부분의 차이가 크지 않으며 중추신경계가 없는 것에 비유할 수 있다.

한국 야구의 발달과정을 보면 스펜서의 주장을 더 잘 이해할 수 있다. 1970~1980년대는 고등학교 야구가 큰 인기를 누리던 시절이었다. 그렇다고 당시 고등학교 팀이 오늘날 프로구단과 같은 수준은 아니었다. 선수의 역할 분담은 정교하지 못했고 가장 잘하는 선수가 모든 것을 담당하는 상황이 비일비재했다. 팀에서 가장 잘하는 선수는 으레 에이스 투수이자 4번 타자였다. 또 에이스 투수는 선발과 마무리를 가리지 않고 등판해 공을 던졌는데, 초창기 프로구단에서도 흔한 일이었다. 1981년 해태 타이거즈 김성한 선수는 팀에서 가장 타율이 높은 타자이자 가장 많은 승리를 거둔 투수기도 했다. 그러나 요즘에는 프로구단은 물론이고 고등학교 팀에서도 이런 일을 찾아보기 어렵다. 투수와 타자 역할을 엄격하게 구별하고 투수 자체도 선발, 중간계투, 원포인트, 마무리 역할로 세분화되어 있다. 스펜서식으로 표현해 야구팀이 진화한 것이다.

스펜서에 의하면 사회는 분업화가 제대로 이루어지지 않은 단순사회에서 정교한 분업체계와 내적 규율체계를 갖춘 복합사회로 진화한다. 복합사회는 다시 사회의 내적 규율방식에 따라 군사형 사회에서 산업형 사회로 진화한다. 군사형 사회는 중앙집권적 권력이 사회 각 부분에 통합된 행동을 강제하며 시민의 의지보다 정부 의지가 관철된다. 즉 강제적 협력이 이루어지는 사회다. 산업형 사회는 분산된 권력이 개인의 자유를 보장하고 자발적 협력에 의해 통합을 이루는 사회로 중앙집권적이지 않은 약한 내적 규율체계다.

단순사회에서 복합사회, 군사형 규율체계에서 산업형 규율체계로의 진화는 직선적 과정이 아니라 진보와 퇴보를 거듭하는 나선형 운동이다. 그래서 사회변동이 단기적으로는 진화가 아니라 순환하는 것처럼 보일 수 있다. 다시 말해 장기적으로는 군사형 사회가 줄고 산업형 사회가 늘어나지만, 단기적으로는 군사형과 산업형이 번갈아가며 나타나는 듯해 보인다.

문제는 모든 사회의 진화 속도가 똑같지 않으므로 더 빨리 진화한 사회와 그렇지 못한 사회가 공존한다는 점이다. 그러나 공존은 오래가지 못한다. 생존경쟁을 하는 과정에서 약육강식의 적자생존 원리에 따라 진화에 성공한 사회가 승리해 일종의 자연선택이 일어난다. 따라서 스펜서의 사회진화론은 제국주의의 침략을 정당화했다는 비난을 받는다. 유럽 강대국들이 다른 나라를 정복한 것을 두고 진화의 법칙이라 주장할 수 있기 때문이다. 하지만 이는 다윈의 생물학을 오해한 데서 비롯된 것이다. 다윈은 생물이 자연에 적응하는 과정에서 다양한 종으로 분화한다는 점만 이야기했을 뿐, 현재의 종이 과거의 종보다 우월하고 더 발달했다는 의미로 진화론을 펼치지 않았다.

이제 마지막으로 사회발전론 입장에서 베버의 이론을 살펴볼 텐데, 그를 발전론자로 볼 수 있을지는 매우 애매하다. 베버 역시 사회변동에 어떤 방향성을 전제한다는 점에서는 발전론자이지만 이후 단계가 전 단계보다 반드시 더 우월하다고는 하지 않았다.

일단 베버는 전근대사회(전통사회)에서 근대사회로 변동 방향을 설정했다. 이 방향이 역행하지 않는다는 점에서는 명백히 발전론적이다. 그는 변동이 사회 특정 영역뿐 아니라 모든 영역에서 일관되게 나타난다고 했으며, 이를 합리화라 칭했다. 합리화란 우연, 감정, 정열, 신성한 후광, 영웅적 카리스마 따위가 분석과 계산 그리고 예측이 가능한 대상으로 바뀌는 과정이다. 신비롭고 정서적이었던 존재가 모두 합리적이고 분석적으로 바뀐다. 그에게 근대는 사회 구석구석에서 신성한 후광과 신비한 대상이 분석할 수 있고 예측 가능한 대상으로 바뀌는 과정이었으며, 다른 말로 탈마법화(탈주술화)라고 표현했다.

일례로 종교개혁은 신비와 계시와 은총에 의해 이루어졌던 인간 대 신의 관계를 가치합리적으로 체계화한 과정이었다. 그 결과 각종 성사^{聖事} 또는 은사^{恩賜}라 불리던 종교 전례의 마술적 절차가 소멸했고, 일종의 주술적 권능을 지녔던 사제의 권위가 파괴되어 단지 교회 관리자 정도로 취급되었다. 베버는 종교개혁 이후의 종교를 경전종교라 불렀는데, 이제 신비한 계시가 아니라 체계적으로 기술된 경전을 중심으로 종교생활이 이루어지기 때문이었다. 마찬가지로 지혜롭고 현명한 연장자의 판결은 문서로 규정된 성문법에 의한 판결로 대체되었으며, 카리스마 있는 지도자에 의존하던 정치는 합리적 입헌주의로 바뀌었다. 변화는 예술 분야로도 이어져 천재의 영감에 의존하던 형태를 벗어나 합리적 체계적 기법이 등장했다. 정부나 대기업 등 조직 역시 특정 개인의 자의적 판단이나 애매한 관행을 배격하고 엄격한 업무 분업과 전문화, 직책 간 확실한 위계질서, 문서를 통한 정확한 의사소통으로 운영하는 관료제 조직으로 대체되었다.

그러나 이런 변동이 과연 더 나은 사회, 더 나은 삶인가에 대해 베버는 회의적이었다. 그는 고도의 분업화가 사람의 관심을 협소하게 만들어 삶이 왜소해지고, 규칙과 관료제 조직이 삶의 모든 영역을 합리적으로 조절함으로써 개인의 자유가 크게 위축된다는 점에 주목했다. 그리고 그 결과로 의미와 자유가 상실된 강철 새장의 시대가 왔다고 보았다.

사회변동을 일으키는 원인들

사회변동의 일반적 원인

긍정적이든 부정적이든 사회변동이 우리 삶에 큰 영향을 미치는 것은 분명하다. 미래의 후손은 변한 사회에 고마움을 느낄지도 모르겠으나 당장 사회변동이 일어나는 시대를 사는 이들에게는 영 달갑지 않고 고통스러운 일일 수 있다. 하지만 그 원인과 과정을 안다면 고통은 훨씬 가벼워질 것이다.

사회학자들은 사회변동을 해명하기 위해 또는 발생 원리를 이해한 후 직접 조장하기 위해 사회변동 원인을 연구하고 여러 설명을 내놓았다. 그 가운데 대표적 원인을 꼽아보면 다음과 같다.

물리적 환경(자연환경) 변화_____ 사회란 인간이 자연에 적응하는 과정에서 발생했으므로 기후나 지형과 같이 적응해야 할 자연환경이 바뀐다면 당연히 사회도 바뀔 수밖에 없다. 큰 강을 중심으로 농사를 짓는 지역에서는 대규모의 노동력 동원이 가능하고 영토를 중심으로 생활하는 중앙집권체제 사회가 나타난다. 또 오아시스를 찾아 이동하며 살아가는 사막이나 초원에서는 느슨한 연대와 유연성, 공격성을 특징으로 하는 유목민 사회가 발전하는 것이 당연하다. 강이 메말라버린다거나 초원에 강수량이 크게 늘어 농업에 적합한 기후로 변하면 사회도 그에 적응하기 위해 변할 것이다.

인구 변화 인구가 늘어나거나 줄어드는 규모의 변화뿐 아니라 성별, 연령별, 계층별 구성과 분포 변화까지 포함한 개념이다. 1차 집단으로 이루어진 사회에서 인구가 늘어나면 2차 집단으로 바뀌지 않을 수 없으며, 기계적 연대에 의존하던 사회가 어느 규모 이상으로 넘어가면 분업을 통해 유기적 연대를 발전시키거나 작은 규모의 여러 사회로 분열한다. 또한 전체 인구 가운데 청년층 또는 고령층 비율이 달라짐에 따라 그 사회의 성격 역시 크게 달라진다. 오늘날 한국을 포함한 선진사회는 전체 인구 면에서는 큰 변화가 없으나 고령화라는 구성상의 변화로 사회 전체가 변동하는 상황에 직면해 있다.

기술(생산방식) 변화 기술 발달, 새로운 발명이나 발견, 새로운 기술 도입이 원인이 되어 사회가 뒤바뀐 사례는 많다. 봉건기사계급의 몰락을 부추겨 중세에서 근대로 넘어간 중요한 계기는 총포술의 발명이었다. 또 인쇄술은 성직자를 중심으로 한 일부 계층이 지식과 정보를 독점하지 못하게 해 근대 민주주의가 태동하는 데 큰 역할을 했다.

무엇보다도 가장 중요한 생산수단과 직결된 기술 변화가 결정적이다.

마르크스는 중세와 근대를 물레방아와 증기기관의 차이라고 비유하기도 했다. 최근에도 컴퓨터와 인터넷, 모바일 기술 발달은 사회 모습을 크게 바꾸어놓았다. 권위주의적 중앙집권체제를 유지하고자 하는 중국이 페이스북 등 사회연결망서비스SNS를 경계하는 것은 통신기술의 변화가 불러올 사회체제 변동을 두려워하기 때문이다. 모든 기술상 변화가 사회변동의 원인은 아니지만 널리 보급되어 생산과 생활에 의미 있게 받아들여진 기술 변화는 크건 작건 사회를 바꾼다. 20세기 중반 이후 여성의 권리가 확대된 데는 여성인권운동가의 노력뿐 아니라, 세탁기나 전기 오븐과 같은 가전제품이 발명되면서 가사노동으로부터 벗어날 수 있었다는 점도 크게 기여했다.

새로운 관념 가치관, 학문, 사상 등 우리가 전과 다른 생각을 할 수 있게 만들어주는 것 모두가 새로운 관념이다. 새로운 문화는 구성원에게 생활습관과 사고방식을 변하게 해 사회의 변동을 자극한다. 예를 들어 조선 후기 천주교의 유입은 단지 새로운 종교 하나가 들어온 것 이상의 의미가 있었다. 초창기 천주교 신자가 그토록 가혹한 탄압을 받았던 이유는 새로운 사상이 조선사회 지배체계 전반을 위협했다는 데 있다. 새로운 생활방식이나 생각은 외부에서 유입되기도 하고 내부에서 발생하기도 하며 내외부 모두에서 영향을 주기도 한다. 근대 자본주의 발흥에 프로테스탄트 윤리가 결정적 역할을 했다고 본 베버는 특히 새로운 관념을 사회변동의 원인으로 강조했다.

사회변동은 앞에서 살펴본 네 가지 원인 가운데 하나가 단독으로 작용해 나타나지 않고 보통은 연관되어 일어난다. 또 원인들 서로가 서로의 원인이거나 결과이기도 하므로, 사회변동의 원인을 특정한 하나로 지정해 설명하기는 대단히 어렵다. 18세기 유럽을 뒤흔든 시민혁명의 원인 가운데 하나로 소빙하기로 인한 기근이 민중의 삶을 피폐하게 만든 것을 들 수 있다. 그러나 비슷한 조건에서 일어난 민중 봉기가 중국에서는 다만 왕조의 교체에 그친 반면, 프랑스에서는 왕정의 폐지로 귀결된 것은 프랑스 사회에 널리 퍼진 계몽사상이라는 새로운 사고방식의 등장 때문이었다.

여러 원인이 사회변동으로 이어지는 이유는 대체 무엇일까? 또 각종 원인들이 관련된 특정 사람에게만 영향을 주지 않고 사회 전체의 변동으로 이어지는 까닭은 무엇일까? 이에 관해 기능론과 갈등론이 서로 다른 설명을 제시한다.

기능론의 설명　자극 반응과 균형 유지

기능론은 사회란 전체로서 유지되기 위해 이질적인 각 부분이 기능을 분담하며 조정되는 유기체라는 사회유기체론에 기초한다. 사회는 이질적 구조가 서로 다른 기능을 담당하며 동적 균형 상태에 있다. 만약 사회 특정 부분이 제대로 기능하지 못하거나 엉뚱한 기능을 한다면 균형이 깨지면서 전체가 위험에 처한다. 즉, 유기적으로 연결된 사회의 어떤 한 부분에서 변화가 생기면 거기에만 그치는 게 아니라 전체 균형에 영향을 미치는 것이다.

변화가 항상성(현재의 균형을 유지하는 힘)을 깨뜨리는 수준이라면 사회

세일럼의 참사
1692년 매사추세츠 주 항구도시 세일럼에서 벌어진 일련의 마녀사냥과 재판을 말한다. 140명이 마녀 혹은 마녀 옹호자로 몰려 체포되었고 그 가운데 19명이 사형당했다. 아서 밀러가 쓴 희곡 〈크루서블〉의 소재가 된 사건이다.

파룬궁
중국의 리훙즈李洪志가 창안한 기氣 수련법으로 1억 명 이상의 수련생이 있다. 중국 정부는 파룬궁을 불법, 사교집단으로 몰아 대대적으로 탄압했다. 100가지 고문법을 사용해 수련을 포기하게 했는데, 그 와중에 사망한 수련자는 공식적으로 3,000명이 넘는다.

는 전체의 균형을 회복하기 위해 변화가 야기한 자극에 반응할 수밖에 없다. 먼저 변화가 일어난 부분을 원래대로 되돌리거나 유입된 변화 요인의 제거를 시도한다. 경직되거나 단순한 구조의 사회일수록 이렇게 반응할 가능성이 크다. 전통사회가 새로운 사고방식이나 기술에 대단히 적대적이었던 것은 이 방법이 항상성을 지키기에 가장 단순하고 쉬웠기 때문이다. 유대인이 예수를 십자가에 매달았던 이유와 로마가 초기 기독교도를 과도하게 탄압한 이유, 기독교가 지배한 중세 유럽은 물론이고 개신교 사회인 근대 미국에서까지 마녀사냥이 횡행해 세일럼에서 참사가 일어난 이유, 또 21세기 대명천지에 중국 정부가 단지 유사종교집단에 불과한 파룬궁을 가혹하게 탄압한 이유도 별반 다르지 않다.

반면 복합적이고 복잡한 구조의 사회는 특정 부분이 변한다고 해서 곧바로 항상성을 잃지 않는다. 새로운 요인을 무조건 제거하기보다는 동화시키려 하며, 이 과정에서 새로운 요인 일부가 변하고 사회의 일정 부분도 변하지만 사회 전체의 균형은 유지된다. 새로운 요인을 제거하거나 동화시키지 못할 경우 결국 항상성을 잃는다. 기능론자들은 이를 '사회병리' 현상이라 불렀다. 흡사 인체가 외부에서 유입된 물질이나 유기체를 면역체계를 이용해 박멸하지 못하거나 적절하게 소화하지 못할 경우 질병에 걸리는 것과 같다.

기능론은 작은 규모의 부분적 사회변동과 점진적으로 이루어지는 사회변동은 설명할 수 있으나, 혁명처럼 단기간에 광범위하게 일어나는 대규모 사회변동은 설명할 수 없다는 단점이 있다. 대규모 사회변동은 변동 요인의 동화에 실패한 것이나 다름없기 때문에 기능론 관점에서는 빨리 회복해야 할 병리현상, 그것도 중병에 걸린 셈이다. 이런 의미에서 뒤르켐은 생산이나 물질적 영역에서 급격한 변동이 왔을 때 이를 충분히 동화시킬 수 있는 가치와 윤리체계가 아직 갖춰지지 못한 상황을 아노미라 부르며, 일종의 사회적 재앙으로 취급했다.

갈등론의 설명   희소자원의 분배와 갈등

갈등론적 시각에서 사회는 서로 다른 이해관계를 가지고 있는 계급 간 갈등 속에서 끊임없이 변동한다. 때로 사회가 안정적 구조를 이루는 경우도 있지만 겉보기에 그럴 뿐, 계급 간 힘이 팽팽하게 대치하고 있는 것에 불과하다. 갈등론에서 계급들이 상충하는 이해관계는 경제적이거나 정치적이다. 경제적 관계에서는 특정 계급이 덜 일하면서 더 버는 착취/피착취, 정치적 관계에서는 특정 계급이 의사결정에 더 많은 영향력을 행사하는 지배/피지배 문제가 관건이다.

마르크스의 사회변동   마르크스는 갈등에 의한 사회변동 과정을 일목요연하게 정리하지 않았지만, 여러 저서에 분산되어 있는 그의 주장을 다음과 같은 일련의 명제로 간추릴 수 있다. 마르크스 갈등이론의 가장 큰 특징은 희소자원(경제적 자원)의 불평등한 분배에서 비롯된 이익갈등이 모든 변동의 원동력이라고 본 점이다. 즉 착취와 지배라는 갈등의 두 요인 가운데, 착취를 보다 근본적 원인으로 본다. 마르크스가 말한 변동 과정을 좀더 자세히 살펴보자.

우선 한 사회 내 희소자원이 불평등하게 분배된다. 불평등은 생산수단을 소유한 유산계급과 소유하지 못한 무산계급 사이에서 발생한다. 무산계급은 생존에 필요한 생산을 하려면 유산계급이 가진 생산수단을 이용해야 하므로 자신뿐 아니라 유산계급을 위한 노동까지 해야만 한다. 이런 이유로 유산계급과 무산계급 간 이해갈등이 발생한다.

갈등의 발생 여부는 유산계급이 자기 이익을 사회 전체 이익으로 받아들이게 만드는 가치체계(이데올로기)를 다른 여러 계급에게 성공적으로 선전할 수 있는지에 달려 있다. 이런 시도가 성공한다면 무산계급이 불평등을 스스로 수용하면서 갈등으로 격화되지 않는다. 왕권신수설이 효과적으로 작용할 때 농노는 국왕이나 영주, 성직자를 위해 죽도록 일하는 것을 당연하게 받아들였다. 그러나 기존 사회질서의 정당성에 의구심이 생기자 무산계급은 불만을 표시했다.

무산계급이 자신의 불만을 체계화하고 소통시킬 수 있는 이데올로기적 대변자를 얻을 경우, 기존 사회체제를 거부하며 새로운 사회체제를 요구하는 집단행동에 나선다. 그런 대변자가 없다면 폭동과 같은 단순한 반응을 보일 뿐이다. 조선 후기에 빈번히 일어난 농민 폭동은 그들의 불만을 체계화할 지도자가 없을 때는 단지 관아 창고를 터는 수준에 그쳤으나, 전봉준이라는 지식인 출신 지도자와 결합하면서 체계적 사회개혁으로 발전했다.

기존 생산양식(사회체제)이 여전히 생산력의 증대를 관리할 수 있을 정도면 유산계급은 무산계급의 불만을 진정시킬 수 있는 수준까지 양보한다. 하지만 유산계급에게 양보할 여력이 없으면 그들은 무산계급의 집단행동을 무력으로 진압하려 든다. 그런데 이는 오히려 무산계급의 대대적 봉기를 유발해 그들은 유산계급을 타도하고 새로운 사회체제를 건설한다. 예를 들어 먹을 빵을 달라며 봉기한 프랑스 민중은 계몽사상가와 결합하면서 공화정을 요구하는 사회변혁운동으로 발전했다. 그런데 당시 프랑스 왕실은 사실상 파산 상태였던 터라 어떤 양보도 할 여력이 없었다. 그래서 무력진압이라는 수단을 선택했지만 결국 혁명으로 전복되고 말았다.

베버의 사회변동 베버 역시 자원의 불평등한 분배에서 발생하는 이익갈등이 사회에 상존하고 있음을 인정한다. 하지만 이익갈등이 반드시 계급갈등으로 이어지지는 않는다고 보았다. 그에게 중요한 것은 착취/피착취에서 발생하는 이익갈등이 아니라 지배/피지배관계에서 비롯한 권위와 정당성의 문제였다.

피지배계급이 지배계급의 정치적 권위에 대한 정당성을 받아들이는 한 갈등은 표면화되지 않거나 피지배계급에 의해 스스로 정당화된다. 그러나 피지배계급이 더이상 지배계급의 정치적 권위를 인정하지 않는 정당성 철회 상황이 오면 문제가 심각해진다. 베버는 사회적 불평등이 심화되면 정당성 철회가 나타난다고 했다. 경제자본, 문화자본, 사회자본이 모두 특정 계층에 집중되거나 불평등 정도가 지나치게 심하거나 사회적으로 지위를 향상시킬 수 있는 가능성이 거의 없을 경우, 피지배계급에 의한 정당성 철회가 나타난다.

여기서 베버는 카리스마 있는 지도자라는 색다른 변수를 도입한다. 피지배계급의 분노를 정치적으로 동원할 수 있는 카리스마 있는 지도자가 나타난다면 분노는 집단투쟁으로 발전해 기존 사회질서를 파괴하고 새로운 사회를 세우지만, 그런 지도자가 나타나지 않는다면 계급 간 갈등과 투쟁만 계속되면서 기능론에서 말하는 아노미 상태로 빠져든다.

그렇다면 억압받는 이들을 동원할 카리스마 있는 지도자는 어떻게 나타날까? 이에 대해 베버는 명확하게 설명하지 않았다. 어떤 점에서는 사실상 우연의 영역으로 간주한 것처럼 보이기도 한다. 따라서 베버의 관점에서 보자면 지배/피지배계급 간의 갈등은 우연히 카리스마 있는 지도자를 만나면 혁명으로, 만나지 못하면 아노미로 귀결된다.

한편 20세기 대표적 갈등이론가 다렌도르프Ralf Dahrendorf, 1929~2009는 마르크스의 계급, 베버의 지위집단과 권력집단 등을 구별하지 않고 통칭해 '권위적으로 조정되는 단체ICA, Imperatively Coordinated Associations'라고 불렀다. 이는 매우 폭넓은 개념으로 다른 사람들로부터 동조를 이끌어내는 권력을 가진 단체 모두를 포괄한다. 권력 분화가 관측되기만 한다면 규모가 작은 사회뿐만 아니라 국가나 국제사회까지 모두가 ICA다. ICA 안에는 권력과 권위를 놓고 다투는 내부집단이 있는데 이를 준집단이라 한다. 모든 ICA는 내부에서 권력과 권위를 다투는 준집단들의 갈등으로 이루어져 있다.

서로 다투는 준집단들이 지배와 종속이라는 두 역할로 이원화(양극화)되는 경우 갈등이 심해진다. 특히 상위집단과 하위집단 간 이동률이 적고 갈등을 조정할 수 있는 정치적, 기술적, 사회적 조건이 갖춰져 있지 않다면 갈등은 폭력적 양상을 띠기도 한다. 그리고 갈등의 결과, 준집단들 사이에 권위와 권력의 재분배가 일어난다. 하위집단의 반발에 상위집단이 양보하는 방식이 될 수도 있고, 하위집단이 상위집단을 타도해 새로운 분배 형태를 만드는 것이 될 수도 있다. 어느 경우에나 사회는 전체적으로 큰 변동을 겪는다. 또 재조정된 ICA라 하더라도 준집단이 하나도 없을 수는 없으며 준집단들이 완전하게 평등할 수도 없기 때문에 권위와 권력의 분배를 놓고 갈등은 새로운 모습으로 다시 나타난다. 다렌도르프는 이와 같은 방법으로 아주 작은 사회부터 국가에 이르기까지 모든 규모의 사회변동을 갈등이라는 측면에서 설명하고자 했다.

사회변동의 여러 양상

혁명

사회변동의 구분
혁명 사회 전반에 걸쳐 급격하게 나타나는 근본적 본질적 변동이다.
혁신 기존의 것이 유지되며 가치를 더해 새로운 아이디어 등을 창출해내는 과정이다.
개혁 문제가 있는 특정 부분에서만 집중적으로 변화가 일어난다.

사회변동은 우리가 느끼지 못하는 사이 서서히 진행될 수도 있고 천지를 뒤흔들며 요란하게 일어날 수도 있다. 또 사회 전체에 걸쳐 전면적으로 진행되거나 몇몇 영역에서만 집중적으로 나타날 수도 있다. 사회변동을 속도와 범위에 따라 다음과 같이 분류한다.

혁명이란 정치적으로 국민 전체 또는 대다수에 의한 비합법적 정권 교체와 사회 전반에 법적 제도적 격변이 일어나는 사건이다. 사회적으로는 모든 분야에서 거대한 변동이 단기간에 그리고 동시에 일어나면서 기존 계급과 계층관계, 체제, 제도, 가치관이 일소되는 사건이다. 일반적으로 혁명은 정치적 사건을 지칭하며, 반드시는 아니지만 종종 폭력을 수반해 폭력적인 이미지가 떠오른다. 영국의 명예혁명처럼 폭력을 수반하지 않은 사례도 있지만, 이 역시 언제든 폭력을 사용할 수 있다는 가능성 때문에 실현 가능했던 무혈 혁명이다. 만약 제임스 2세가 퇴위를 거부했다면 영국의회는 무력을 동원해서라도 윌리엄 3세를 보위에 앉혔을 것이다. 혁명과 달리 국민 전체 또는 다수의 참여 없이 일부 무장 세력이 무력으로 정권을 탈취하는 사건은 정변 또는 쿠데타라고 부른다.

강력하며 극적 성격을 띤 혁명은 예술 작품의 단골 소재다. 낡고 병든 사회의 문제점을 일거에 해결하는 구세주 같은 존재로서 낭만적으로 그려지거나, 아니면 사람들이 광기에 사로잡혀 서로 죽고 죽이는 참혹한 사건으로 묘사된다. 실제로 혁명에는 두 가지 면이 모두 들어 있다.

혁명은 역사적으로 그렇게 자주 일어나지 않는다. 역사상 주목할 만한 혁명은 17세기 영국과 18세기 프랑스에서 일어났던 시민혁명, 1848년 유럽혁명, 19세기 산업혁명, 1911년 중국 신해혁명, 1917년 러시아혁명 정도다. 그 밖에 논란의 여지는 있지만 19세기 중반 일본 메이지유신과 1975년 베트남 통일도 일종의 혁명으로 볼 수 있다. 반면 1949년 중국에서 일어난 혁명은 국공내전으로 보는 견해가 더 많다. 또 1917년 러시아혁명도 1차는 전형적 혁명이었지만, 2차 이른바 볼셰비키혁명은 민중 봉기가 아니라 소수 활동가가 일으킨 쿠데타에 가깝다는 견해도 있다.

혁명이 일어나는 원인과 과정을 심리학적, 정치학적, 사회학적으로 분석할 수 있다. 그러나 세 가지 중 어느 하나만으로는 완전한 설명이 불가능하며 세 원인의 상호작용 결과 혁명이 일어났다고 보아야 한다.

먼저 혁명에 대한 심리학적 설명에는 군중심리론과 박탈감이론이 있다. 군중심리론에서 혁명이란 사람들의 '상호 동의 아래 금지된 행동을 저지르고 싶어 하는' 본능이 대규모 군중으로 모이면서 분출된 사건이다. 그러나 군중심리로는 폭동과 혁명을 구별할 수 없다는 문제점이 있다. 실제로 혁명은 군중이 비일상적 행동을 뛰어넘어 지도자를 따라 일관성 있게 행동한다는 점에서 그리고 제멋대로 하는 행동이 아니라 나름의 규율을 가지고 명확한 이상을 공유한다는 점에서 폭동과 다르다.

따라서 오늘날 심리학적 측면에서 자주 동원하는 설명은 박탈감이론이다. 마땅히 그래야 하는 당위와 실제 현실의 불일치에서 발생하는 긴장감이라는 개념이 중요하며, 이를 기대박탈가설이라고 표현한다. 사람들은 기대와 현실의 격차가 커질수록 박탈감을 느끼고 그것이 임계점을 넘으면 폭력성을 띤 정치행동으로 나타난다. 거Ted Gurr의 《Why Men Rebel》(1970)에 따르면 상대적 박탈감은 세 가지 상황에서 발생한다.

1. 기대는 그대로인데 실현 능력이 하락하는 경우 사람들이 바라는 바는 여전히 소박함에도 대규모 실업 등으로 그마저 이루기 어려워진다.
2. 기대는 증가하는데 실현 능력이 고정된 경우 산업혁명 등으로 사회가 크게 진보하지만 그 열매가 소수에게 집중되고 대다수 민중의 삶은 여전히 그대로다.
3. 기대는 증가하는데 실현 능력이 하락하는 경우 이는 최악의 상태다. 사회가 진보해 더 많은 것을 실현할 수 있다는 기대가 부풀어오르는데, 오히려 일자리가 줄어들고 실질임금이 하락하는 등 갈수록 살기가 더 어려워지는 상황이다.

첫 번째 경우는 혁명이라 부르는 현상보다 파시즘의 발호와 연결되는 경향이 강하며, 두 번째는 혁명까지 촉발할 만한 에너지가 부족하다. 역사상 발생한 대부분의 혁명은 세 번째 경우다. 다만 기대박탈가설은 폭력적 정치행동의 분출 조건만 설명하고 있다는 단점이 있다. 즉 혁명이 일어날 조건과 잠재력은 설명할 수 있으나 그 분출이 왜 폭동이 아닌 혁명이냐는 점은 여전히 설명하지 못한다. 따라서 혁명에 대한 심리학적 접근은 정치학적 사회학적 설명과 결합할 경우에만 온전한 이론이 된다.

다음으로 혁명의 원인을 정치학적으로 알아보자. 혁명은 권력이 이동하는 사건이므로 기존 주권자를 대체할 경쟁자가 출현하는 상황이 원인이다. 이것을 틸리 Charles Tilly, 1929~2008는 주권에 대한 도전자라 불렀다. 정부와 도전자 간 균형이 도전자에게 기울면 그는 무력을 동원해 정부를 전복하고 혁명을 일으킨다.

균형이 도전자에게로 기우는 경우는 다음 세 가지다. 첫째, 도전자가 대중의 마음을 얻어 지지를 획득한다. 베버의 카리스마 있는 지도자, 마르크스가 말한 민중의 이데올로기적 대변자라는 의미와 상통한다. 둘째, 도전자의 내부가 강고한 정치적 동맹으로 결성된 반면 기존 정부와 지배집단은 단결하지 못한 상태다. 프랑스혁명기에 프랑스 왕실은 온갖 암투로 와해 지경이었으며, 중국혁명 당시 도전자는 쑨원의 지도 아래 뭉쳐 있었던 반면 청나라 황실은 장군들마저 통제하기 어려운 상황이었다. 마지막으로 기존 정부가 도전자를 제압할 만한 무력 운용력을 보유하지 못했을 때 도전자에 의한 혁명이 일어난다.

그러나 이런 주장은 무력을 통한 권력 이동만 설명할 뿐이며, 권력이 이동하면서 근본적으로 어떻게 사회변동을 수반하는가는 설명하지 못한다. 그러므로 심리학적 정치학적 접근만이 아니라 사회학적으로도 살펴보아야 혁명을 온전히 설명할 수 있다.

사회학적으로는 민중 또는 시민의 요구나 불만을 수용할 수 있는 체계가 사회에서 더이상 작동하지 않을 때 혁명이 일어난다고 본다. 사실상 기능론과 갈등론도 똑같이 설명했다. 즉 시민의 요구가 수용되지 않을 경우 사회적 동의의 가치가 떨어지면서 불만이 형성되는데, 이를 성공적으로 처리할 장치가 제 기능을 하지 못하면 혁명이 일어난다는 것이다. 불만을 처리하는 장치를 기능론에서는 조정 장치로 보고, 갈등론에서는 억압 장치로 본다는 점만 다를 뿐이다. 다시 말해 기능론에서는 사회적 불만을 조정해 사회통합을 성공적으로 유지하지 못할 경우에, 갈등론에서는 사회적 불만을 억압해 피지배계급을 성공적으로 복종시키지 못할 경우에 혁명이 일어난다고 보았다.

앞서 말한 심리학적, 정치학적, 사회학적 관점을 종합해 혁명의 발생 원인과 과정을 다음과 같이 정리할 수 있다.

1. 사람들의 기대박탈로 불만이 증폭된다.
2. 불만을 조직적으로 모아 권력에 도전할 수 있는 세력이 형성된다.
3. 기존 사회체제가 불만 세력을 조정하거나 억압할 수 있는 능력을 상실했을 경우 사회가 전복되면서 혁명이 일어난다.

혁신과 개혁

혁명은 사회 모든 부분에서 급격하고 전면적으로 변동이 일어나는 극적 현상이지만 실제로 역사에서 그리 빈번하게 발생하지 않는다. 마르크스는 인류 역사를 마치 일정한 온도가 되면 끓어오르는 물처럼 점진적 변화가 누적되다 마침내 분출하는 혁명의 연속으로 기술했지만, 이는 실제 역사적 사실과는 다르며 다만 서유럽의 특수한 경험일 뿐이다. 사회변동은 전면적이라기보다는 부분적이며 점진적일 때가 많고 주로 혁신이나 개혁이라는 양상으로 나타난다.

혁신은 기본적으로 현재 존재하는 것이 아예 사라지거나 전복되는 변동이 아니다. 기존의 것에 새로운 가치를 더해 새로운 행동이나 아이디어 등을 창출해내는 과정을 혁신이라 부른다. 이미 존재하고 있는 것이 유지되기는 하지만 완전히 다른 새로운 기능을 담당한다는 면에서, 기존 기능을 향상시킨다는 뜻의 발전과는 다른 개념이다. 또 전에 없던 새로운 것이 등장하는 게 아니라는 점에서 발명과도 구별된다.

특히 혁신은 자본주의의 성장 동력이라는 데 의의가 크다. 애덤 스미스나 리카도David Ricardo, 1772~1823 같은 고전 경제학자들은 자본주의가 성장할 수 있었던 동력을 분업이라는 작업 형태의 혁신에서 찾았다. 슘페터Joseph Schumpeter, 1883~1950 역시 끊임없는 창조적 파괴에 이은 혁신이 새로운 시장을 창출하고 자본주의경제를 발전시킨다고 주장했다.

한편 개혁은 사회 특정 부분에서 집중적으로 변화가 일어나는 현상이다. 변화가 일어나는 부분은 무언가 잘못되었거나 부패했거나 기능이 충분치 않은 상태다. 한 부분의 변화로 인해 다른 부분의 변화도 어느 정도 수반되지만 정도가 그리 크지는 않다. 변화가 일어나는 부분 역시 한번에 교체되거나 바뀌기보다는 드러난 문제를 해결하는 수준에서 점진적으로 바뀌는 경우가 많다. 따라서 혁명이 근본적이고 본질적 변동이라는 의미를 가지는 반면, 개혁은 현재 문제가 드러난 부분과 고칠 수 있는 부분부터 바꾼다는 비교적 온건한 의미다.

개혁이라는 용어는 관점에 따라 과격한 이미지와 기회주의적 이미지를 동시에 가진다. 예를 들어 종교개혁 당시 루터주의자는 보다 과감한 칼뱅주의자를 개혁주의자라고 불렀다. 반면에 마르크스주의자는 라살레Ferdinand Lassalle, 1825~1864와 베른슈타인Eduard Bernstein, 1850~1932 등 온건한 개혁주의자를 수정주의자라고 부르면서, 혁명을 통한 근본적 변혁을 포기했다며 노동자계급을 배신한 것으로 간주했다. 영어로는 똑같이 reformist인 단어를 한글로 번역하면 전자는 개혁주의자, 후자는 개량주의자라 구별해 부른다.

혁명과 개혁을 구별하는 또다른 기준은 권력 이동이 수반되는가이다. 기존 지배체제가 교체되는 혁명은 피지배계급과 피억압계급이 변동을 주도한다. 그러나 개혁은 기존 지배체제가 유지되면서 지배계급이나 온정적 중산계급 등이 변동을 주도한다. 물론 지배계급을 개혁에 나서게 만든 압력 자체는 피지배계급의 투쟁과 이로 인한 혁명의 위협에서 비롯된다는 주장도 있다. 그러나 개혁을 가져오는 압력이 반드시 피지배계급의 저항에서만 생겨나는 것은 아니다. 일본 메이지유신이나 중국 양무운동에서 볼 수 있듯 그 압력은 외세로부터 오기도 한다.

8장

사생활은 정말 개인의 생활일까?

우리는 흔히 사생활과 사회생활을 구별한다. 사회생활은 여러 사회적 법칙에 따라 움직이더라도 사생활만큼은 철저히 개인 취향과 개성의 영역이라 믿는다. 그러나 대부분의 사회학자는 그렇게 보지 않는다. 엄밀한 의미에서 완전한 사생활은 성립할 수 없다. 우리의 일상적 사생활에도 사회의 그림자가 짙게 깔려 있기 때문이다.

사회학에서의 미시적 관심

거시적 사회구조와 미시적 일상생활의 불일치

사회학은 기본적으로 사회변동이나 불평등 같은 사회구조적 문제를 연구하기 위해 출범한 학문이다. 초창기 사회학은 사회 전체를 하나의 사물처럼 취급했고 상대적으로 그 안에서 살아가는 개별 구성원에게는 관심을 두지 않았다. 쉽게 말해 사회를 거시적 관점으로 바라보았다.

그러나 거시적으로 타당한 사회법칙들이 실제 일상생활에서 사람들의 구체적 행동을 예측하는 데 실패하는 사례가 많다. 가톨릭교 신자 비율이 높은 나라에서 행복지수가 높고 자살률이 낮다는 사실이 경험적 자료로는 쉽게 증명되지만, 이것이 코스타리카에 사는 마르케스 씨가 행복하다는 증거는 아니다. 마찬가지로 미국에서 연봉 5만 달러 미만 노동자계급과 뉴욕에 거주하는 아일랜드계 주민이 민주당을 지지한다는 거시적 자료가 있지만, 이것이 연봉 4만 5,000달러를 받고 뉴욕에 거주하는 코너 씨가 오바마에게 투표했다는 증거는 되지 못한다.

이런 예는 무수히 많다. 특히 마르크스 계급갈등이론의 경우 더욱 그렇다. 거시적으로 노동자계급과 자본가계급 간에 충돌하는 이해관계를 입증하는 것은 그리 어렵지 않은 일이지만 작업장이라는 일상 속에서 실제로 찾아보기는 쉽지 않다. 해마다 불법체류자 단속반과 이주노동자 사이에 숨바꼭질이 벌어지는 안산 산업공단 상황만 보아도 알 수 있듯, 친밀한 관계를 유지하는 고용주와 노동자를 더 쉽게 찾아볼 수 있다. 고용주는 이주노동자들을 도와 단속반을 따돌리는 것에 발 벗고 나설 때가 많은데, 단지 저임금노동자를 계속 착취하기 위해서가 아니라 고용주와 이주노동자 사이에 상당한 수준의 친밀감이 형성되어 있어서다.

거시적 차원의 사회학 법칙은 일상생활에 그대로 적용되지 않는 경우가 빈번하다. 거시적 법칙은 어쩌면 사소해 보이는 개개인의 상호작용을 통해서 관철된다. 우리는 한국사회의 구성원이지만 실제 우리 삶은 이 사회의 시민으로서가 아니라 가족이나 또래집단 또는 직장 등에서 만난 사람들과의 일상적이고도 사소한 상호작용으로 이루어진다. 이런 관계를 직접 얼굴을 마주 대한다는 의미에서 면대면 상호작용이라고 한다.

19세기 사회학자들이 사회구조적 문제인 거시적 현상에 관심을 두었다면, 20세기에는 특히 미국 사회학자들을 중심으로 사회구조보다 일상생활에서의 다양한 상호작용에 관심을 기울이는 사회학이 등장했다. 가족이나 또래집단같이 아주 작은 단위의 사회에서 일어나는 개인과 개인 간 상호작용을 주로 분석하는 까닭에 사회구조를 다루는 거시사회학과 대비해 미시사회학이라 부른다.

그렇다고 미시사회학이 거시사회학과 전혀 무관한 연구를 하는 학문은 아니다. 어떤 일상적 면대면 상호작용도 거시적 사회제도나 사회구조의 배경 없이 이루어지지 않는다. 근대화와 산업화라는 거시적 변동이 없었다면 우리는 신분에 따라 면대면 상호작용이 제한되는 상황에서 살고 있을 것이다. 또 아무리 어릴 적 친구였다 하더라도 고용주와 노동자 관계라면 그들은 어쩔 수 없이 서로 이해관계가 상충하는 조건에서 상호작용할 것이다. 즉 미시사회학은 거시사회학 법칙이 실제 우리가 살아가는 사회에서 어떤 방식으로 작동하고 구현되는지 구체적으로 해명하는 역할을 한다.

거시사회학
분석 단위가 크고 보통 집단, 조직, 체계 등 전체 사회에 대한 분석이나 사회구조, 사회체계 등에 관심을 가진다. 방법론적으로는 개별 구성원들의 일반적 행위가 사회구조에 의해 결정된다는 전체주의적이고 구조주의적 방법을 선호한다.

미시사회학
분석 단위가 작고 개별 인간의 여러 특성에 입각해 사회변동 양상을 설명한다. 일상생활에서의 대면적 상호작용이나 집단에서의 행위 등에 초점을 맞추며 대체로 개체주의적 방법론을 선호한다.

미드의 미시사회학   정신, 자아, 사회적 상호작용

미시사회학의 뿌리를 거슬러 올라가면 베버와 지멜에서 시작하지만 본격적으로 미시사회학을 연구한 학자는 미드라 하겠다. 그는 미시적 대상인 인간의 정신과 사회적 자아, 거시적 대상인 사회구조를 사회적 상호작용과정으로 연결시켜 미시사회학을 정립했다.

정신, 자아, 사회적 상호작용 등 미시사회학의 핵심 개념 모두를 미드가 개발해낸 것은 아니다. 자아는 인간이 스스로를 대상으로 놓고 사고할 수 있는 능력으로 제임스William James, 1842~1910가 처음 사용했다. 사람들이 자아를 다른 사람의 반응, 즉 상호작용을 통해 정립한다는 생각은 쿨리Charles Cooley, 1864~1929의 영상자아(거울자아, 경상자아) 개념에서 비롯되었다. 또 환경이나 타인과의 상호작용 속에서, 상황을 해석하고 결과를 예측하며 행동 지침을 선택하는 사고과정으로서 정신이라는 개념은 듀이의 것이다. 미드는 이 개념들을 사회적 상호작용이라는 틀을 이용해 하나로 엮고 나아가 사회구조가 형성되는 과정까지 설명했다.

우선 미드는 인간이 생물학적으로 나약한 존재기 때문에 다른 사람과 협력이 필수불가결하다는 전제에서 출발했다. 협력은 저절로 이루어지지 않고 한 사람이 다른 사람과 행동을 교환하는 과정, 즉 상호작용이 필요하다. 상호작용이란 두 사람이 단순히 주고받는 행동을 일컫는 말이 아니며 서로 상대방에게 자신이 기대하는 반응을 끌어내기 위해 행동을 교환하는 것을 의미한다.

예를 들어 두 사람이 마주보고 독백을 한다면 이는 상호작용이 아니다. 그러나 둘이 서로에게 어떤 반응을 끌어내기 위해 무엇인가를 한다면 상호작용을 하는 것이다. 아이가 무서워 울고 있는 것은 상호작용이라 할 수 없지만, 그 소리를 듣고 어른이 어떤 조치를 해주리라 기대하고 우는 것이라면 상호작용이다. 이처럼 사회적 상호작용은 상대방에게서 우호적 반응이나 협력을 이끌어내기 위해 일련의 자극을 주고받는 과정이다. 다시 말해 자기 입장뿐 아니라 다른 사람 입장까지 고려해 나오는 행동이다.

상호작용의 가장 기본 행위는 상대방으로부터 우호적 반응을 이끌어내는 제스처다. 제스처는 점점 발전해 언어적 의사소통으로 이어지며, 그 의미도 우호적 반응만이 아니라 다양한 호응과 어떤 대상이나 정보까지 포괄한다. 여러 사람이 이런 과정을 반복하면서 그 속에서 특정한 제스처나 언어가 공통 의미를 가지게 된다. 어떤 제스처나 언어는 우호적 의미를, 다른 제스처나 언어는 적대적 의미를, 이 제스처는 이 대상을, 또다른 제스처는 저 대상을 나타내고 있음을 공유하는 것이다. 반복되는 제스처와 언어를 공유하면서 사람들은 서로가 기대하는 상대방의 반응을 얻기 위해 수많은 제스처와 언어를 실험하는 수고에서 벗어났다. 사회생활이란 바로 공유된 제스처와 언어를 이해하고 이를 이용해 상호작용하는 것이다. 이에 대한 이해가 부족하면 다른 사람들로부터 자신이 원하는 반응을 얻어내지 못하므로 사실상 사회생활이 불가능하다.

  중요한 것은 지금 자신이 상호작용하려는 상대방과 과연 어떤 수준까지 제스처와 언어 의미를 공유하고 있는지 직접 상호작용을 해보기 전에는 알 수 없다는 점이다. 상대방에게서 우호적 반응과 협력을 이끌어내기 위해 어떤 행동을 했는데 오히려 적대적 반응을 유발했다면 이만저만 낭패가 아니다. 따라서 우리는 다른 사람에게 어떤 행동을 하기 전 그것이 어떤 반응을 불러일으킬지 머릿속에서 상상으로 시연해본다. 여기서 미드는 인간 정신에 대한 독특한 이론을 펼친다.

  그전까지는 정신이야 말로 사람을 사람답게 하는 고유의 것이며 각각의 개인이 자기 정신의 주인이라는 생각이 지배적이었다. 사람마다 가지고 있는 고유의 정신은 때로 영혼이라 불리기도 한다. 인간을 영적 존재로 보고 동물과 구별하는 각종 종교 교리는 바로 정신적 존재로서 인간을 전제한다. 각종 B급 문화나 호러영화에서 자주 등장하는 좀비는 육체는 갖추고 있으나 정신을 상실했기에 사람으로 보지 않고, 그들은 피와 살을 향한 굶주림에만 반응하며 충동에 따라 움직일 뿐 사회를 이룬다거나 집단행동을 하지 않는 것으로 묘사된다. 우리가 정신에 대해 공유하고 있는 통념은 모든 인간이 정신을 가지고 있고 그런 사람들이 모여 의사소통하고 사회를 이룬다는 것이다.

정신은 다만 생각하는 능력만을 의미하지 않는다. 먼저 정신의 일반적 의미를 정리해보자.

> 1. 충동과 욕망에 따라 즉각적으로 행동하기 전에 자신을 둘러싼 환경 속에서 행위 대상을 정확하게 지시한다.
> 2. 그 대상에게 행할 몇 가지 대안적 행위를 미리 시연해 결과를 예측한다.
> 3. 이를 바탕으로 부적절한 행위 지침을 금하고 적절한 행위를 선택하는 일련의 사유 능력이다.

인간은 행위에 앞서 사유하는 존재로 동서양을 막론하고 모든 전통윤리와 전통철학은 물질보다 정신을, 육체보다 의식을 더 근본적인 것으로 존중해왔다. 정신을 육체 외부에서 받아들인 영혼이나 그 밖의 영적 존재로 보면 종교가 되고, 몸을 지배하고 조정하는 우월한 대상으로 여기면 의식철학이 된다. 근대 이후 대부분의 사상에서 의식의 담지자이자 주체로서 나, 즉 자아는 신성불가침한 존재였다. 서양의 모든 윤리는 '나 자신의 주인은 나다'라는 전제에서 출발한다. 특히 모든 것이 회의의 대상이 된다 할지라도 생각하고 있는 '나'만큼은 부정할 수 없다는 대전제로부터 모든 명제의 타당성 근거를 찾은 데카르트의 '의식 주체 철학'에서 정점에 이르렀다.

그러나 듀이와 미드에 따르면 이는 완전히 거꾸로 된 논리다. 그들에 의하면 사회는 정신을 가지고 태어난 자율적 개인들이 의사소통을 통해 창출한 게 아니다. 오히려 사회를 이루지 않으면 생존할 수 없는 인간이 서로 협력적 반응을 끌어내기 위해 상호작용하는 과정 속에서 언어가 만들어졌다. 이 언어를 통해 어떤 행위의 결과를 상상으로 시연할 수 있는 능력인 정신이 발생했다. 그리고 가장 나중에 발생한 것이 신성불가침한 존재로 여겼던 나, 바로 자아다. 더 자세히 알아보면 다음과 같다.

다른 사람에게서 기대하는 우호적 협력적 반응을 끌어내기 위해서는 자신 역시 상대방이 기대하고 있는 반응을 보여주어야 한다. 따라서 사회적 상호작용에는 다른 사람의 행동을 해석하는 능력이 필요하다. 인간은 타인에게 자신이 기대하는 반응을 표현하는 능력과 더불어 그가 자신에게 기대하는 바를 해석하는 능력을 발전시켜왔다. 그런데 상대방 마음속에 들어가볼 수는 없으므로 자기 행동에 대한 반응을 거울삼아 해석할 수밖에 없다. 사람은 다른 동물과 달리 타인의 관점에서 자기 행동을 해석하고 평가할 수 있는 능력을 획득하는데, 이것이 바로 정신이다. 또 객관적으로 자신을 바라볼 때 그 대상이 되는 것이 자아다.

아직 언어나 제스처로 상호작용할 수 없는 영아는 충동적으로 소리를 낸다. 그러나 이미 어른의 존재를 인지하고 그들의 협력을 구하고자 하는 유아는 어른이 자신에게 기대하는 행동을 의식하면서 말하거나 행동하거나 울음을 터뜨린다. 흔히 아이들이 자기 이름을 주어로 두고 "아영이는 배고파" "아영이는 슬퍼" 하는 식으로 말하고는 하는데, 이는 자신을 객관화하는 가장 기초 단계라 할 수 있다.

조금 더 자란 아이는 또래집단 등 집단의 관점에서 자기 행동을 평가하고 조정하며 마침내 특정 집단이 아닌 사회 전체의 눈으로 자신을 바라본다. 자아를 사회 전체 시각으로 바라보는 것을 '일반화된 타자의 관점'이라고 한다. 예를 들어 어린이나 청소년은 어떤 행동을 하거나 말을 할 때 '선생님이 나를 어떻게 생각하실까?'라는 식으로 자신을 객관화하지만, 보다 넓은 관점을 획득하면 '사람들이 나를 어떻게 볼까?'라는 식으로 객관화한다.

결국 사회란 거시적 실체로서 존재하는 게 아니라 사람들이 자기 행동을 선택하고 평가할 때 취하는 일반화된 타자의 관점으로 마음속에 존재하며 그런 사람들 범위만큼의 크기를 가진다. 실제로 존재하는 것은 사람들 간에 이루어지는 상호작용뿐이며, 사회는 다만 상호작용하는 이들이 전제하는 배경으로 그들 마음속에서만 존재하는 셈이다.

상징적 상호작용론의 정립

미드는 미시사회학에 필요한 개념을 개발하고 새로운 논리체계를 만들었으며, 이후 그의 후계자들이 다양한 미시사회학 분파를 형성했다. 거시사회학자가 사회 전체에 대한 통계자료를 주로 활용한다면, 미시사회학자는 사람들의 일상생활을 참여관찰법 등 질적 연구법을 이용해 연구한다. 미드의 후예들이 확장시킨 이론 가운데 가장 중요한 것은 블루머Herbert Blumer, 1900~1987와 쿤Manford Kuhn, 1911~1963을 중심으로 하는 '상징적 상호작용론'과 고프먼Erving Goffman, 1922~1983이 내세운 '연극적 접근'이다.

먼저 미드의 상징적 상호작용론부터 살펴보자. 그의 이론에 따르면 인간은 주변 세계의 여러 측면을 지시할 상징을 창출하고 사용하는 존재다.

인간은 상징적 능력 덕에 다른 존재와 구별되는 독특성을 가진다. 상호작용은 제스처를 보내고 해석하는 능력에 달려 있으며 가장 중요한 개념이 역할취득이다. 역할은 행위자로 하여금 눈앞에 존재하지 않는 타자와 그들로 이루어진 집단의 관점을 파악할 수 있게 해준다. 타자와 집단은 사람들 간 상황의 정의와 관련된 대상으로, 사회적 상황은 문자 그대로 '일이 되어가는 과정'이기 때문에 계속 변화하며 그때마다 사람들은 새로 상황을 정의하고 역할취득을 갱신해 상호작용을 조정한다.

예를 들어 한국시리즈가 열리는 경기장에 입장한 관람객은 결승전을 치르는 두 팀 중 어느 하나를 응원하는 상황 속에 들어간다. 이어 그 팀을 응원하는 사람들 관점에서 자신을 객관화하고 역할취득을 한 다음 행동을 조정한다. 그러나 월드컵 경기가 열리면 두산이나 엘지 팬 따위가 아니라 한국인이라는 관점에서 자기 역할을 재조정하고 행동을 결정한다.

사회구조는 사람들이 각자 반응을 조정하는 가운데 조성된다. 따라서 미드가 말한 것처럼 개인이 역할취득을 할 때 참고하는 일반화된 타자의 범위까지가 사회의 범위다. 글로벌 시대 또는 지구촌 시대라 일컬으면서도 여전히 민족주의나 국가주의가 강고한 이유는 사람들이 일반화된 타자의 범위를 전 지구적 범위까지 확대해 역할취득을 하지 못해서다. 사회구조는 사회적 상호작용의 결과지만, 일단 사회구조가 조성되면 다시 사회적 상호작용에 영향을 미친다. 행위자는 타자뿐 아니라 사회구조도 상황의 정의 대상에 포함해 상호작용을 조정한다. 그리고 조정된 상호작용이 사회구조를 변화시킨다. 또 변화된 사회구조는 다시 행위자에게 새로운 적응을 강제하는 양상으로 반복된다.

상징적 상호작용론의 분화   블루머와 쿤의 논쟁

미드의 상징적 상호작용론은 블루머와 쿤의 논쟁을 통해 이른바 시카고학파와 아이오와학파로 분화되었다. 블루머와 쿤은 미드가 말한 상호작용론의 일반 전제는 공유했지만 다음과 같은 몇 가지 핵심 주제에서 견해가 갈렸다.

개인의 본질 블루머와 쿤은 개인의 능동성에 대해 상반된 견해를 보였다. 두 사람 모두 미시적 관점을 강조했지만 블루머는 거시적 현상으로부터 상대적으로 자유로운 개인의 능동적 행위 창출 능력을 강조했고, 쿤은 거시적 조건이 개인의 행위에 미치는 과정을 미시적으로 설명하고자 했다. 블루머가 생각하는 개인은 주관적 상황 정의를 통해 적극적으로 세계를 창조하는 존재이자 비결정적 존재인 반면, 쿤이 바라본 개인은 사회화 과정으로 형성된 '핵심 자아'에 의해 상황을 정의하는 방법에 제약을 받아 어느 정도 안정적이고 결정적인 성격의 존재다.

상호작용의 본질 블루머와 쿤 모두 사회구조에 대한 미드의 핵심 개념을 이어나갔다. 즉 개인이 역할취득을 하면서 타자(사회)가 자신에게 기대하는 반응을 보여주고, 상대로부터 자신이 기대하는 반응을 끌어내 협력을 이루어가는 과정으로서 사회적 상호작용이라는 점은 공유했다. 그러나 개인을 이해하는 방향이 다른 만큼 사회구조에 대한 상호작용의 자율성 면에서 견해를 달리했다.

블루머로 대표되는 시카고학파는 개인 간 상호작용이 가지고 있는 창조적 비결정적 성격을 강조했다. 행위자는 타자뿐 아니라 자아까지도 상징적으로 해석하고 창조한다. 세계는 객관적 대상이 아니라 행위자에 의해 해석되고 상징적으로 표현된 대상들의 집합이다. 시카고학파는 각각의 행위자 모두가 나름의 해석을 하며, 상징적으로 표현된 대상들의 집합을 가지고서 그 해석과 상징을 서로 재해석하고 재구성하는 과정을 상호작용으로 보았다. 모든 사람은 타자를 만나 상호작용하는 순간 서로 다른 세계와 상징을 해석한다. 그리고 계속해서 상황 정의를 재정의하고 재구성하며 행동을 수정한다. 따라서 사회구조와 문화구조는 시카고학파 관점에서는 행위자에게 큰 힘을 발휘하지 못하며, 오히려 행위자의 부단한 재해석과 재정의에 따라 변경된다.

반면 쿤을 중심으로 하는 아이오와학파는 일반화된 타자로서 사회구조와 문화구조가 행위자에게 가하는 압력을 보다 중시한다. 상호작용은 행위자로부터 일어나는 것이 아니라, 일반화된 타자인 사회구조와 문화구조에 의해 행위자가 자기 역할이라고 받아들인 핵심 자아의 제약 아래 수행되는 것이다. 이 경우 행위자에 의해 상호작용이 구성될 가능성도 있지만 그 범위는 제한적이며 사회구조와 문화구조 범위를 벗어나기 어렵다.

사회조직의 본질 개인과 상호작용의 본질에 대한 시카고학파와 아이오와학파의 차이는 필연적으로 사회조직을 바라보는 관점 차이로 이어진다.

시카고학파에게 사회조직이란 무상無常한 것이다. 자신을 포함한 모든 대상을 자기 방식대로 해석하고 나름의 상징세계를 구성할 수 있는 행위자의 상호작용이니만큼 구성적이며 창조적 힘을 가진다. 블루머에게 사회조직은 상호작용 속에서 출현적으로 잠시 나타난 현상에 불과해 행위자가 바뀌거나 상호작용 성격이 바뀌면 사회조직 역시 바뀐다. 따라서 사회구조는 그 당시 행위자들이 행한 상황 정의 방법의 한 종류일 뿐이다.

반면 아이오와학파는 개인 간 상호작용이 누적되면서 어떻게 사회구조를 형성하는가에 관심을 기울였다. 어떤 유형의 상호작용이 지속적으로 반복된다면 거기에 참여하는 개인은 공통의 상황 정의, 역할과 규범, 관계망(네트워크)을 안정적으로 공유한다. 안정적으로 반복되는 상호작용은 결국 하나의 사회구조를 이루며 이후 상호작용을 제약하는 힘으로 작용한다.

시카고학파와 아이오와학파 모두 사회조직을 개인 간 상호작용의 결과로 본다는 점에서는 동일하다. 그러나 시카고학파는 사회조직을 상호작용에 의해 계속 창출되고 교체되는 것으로 보았고, 아이오와학파는 상호작용으로 사회조직이 창출되지만 일단 생기고 나면 안정적으로 유지되면서 오히려 상호작용을 제약하는 것으로 파악했다.

사회조직을 바라보는 상반된 견해는 당연히 두 학파 사이의 연구 방법도 갈라놓았다. 시카고학파는 사회를 안정적 구조로 인정하지 않고 다만 개인들의 상호작용 속에서 잠시 출현하는 현상으로 파악했기 때문에, 사회를 사물로서 다루는 실증적 방법론을 중요하게 다루지 않는다. 그들은 개인 간 상호작용 양상이 무수히 많으며 이에 따라 사회조직이 바뀌므로 보편적이고 인과론적 사회법칙은 사실상 존재하지 않는다고 보았다. 유일하게 가능한 연구는 상호작용이 이루어지는 상황과 행위자가 행위를 구성하는 과정을 맥락 그대로 관찰하고 기술하는 것이다. 따라서 시카고학파의 연구 방법은 계량적 조사, 구조화 면접 등이 아니라 비구조화 면접,

참여관찰, 민족지학 등이다.

아이오와학파에게 사회구조는 이미 하나의 실체로서 존재하며 사물로 취급할 수 있다. 따라서 사회에 인과론적 추론이 가능하다고 믿었다. 그들은 경험적 자료를 수집해서 가설을 검증하는 과학적 방법을 이용해 개인이 하는 행위와 상호작용에 미치는 여러 영향에 대한 일반법칙을 발견하고자 했다.

구조화 면접
모든 응답자에게 미리 정해진 동일한 질문을 해서 응답의 결과를 비교할 수 있는 면접법이다.

자아의 사회학

자아 정체성과 사회적 전념

 상호작용론에서 행위자는 단순한 인간이 아니라 각 개인의 자아다. 따라서 사회적 상호작용은 결국 사회 속에서 인간이 자아를 형성하는 과정이다. 개인들이 자신을 사회적 행위자로서 정립해가는 과정, 즉 자아 형성 과정에 많은 관심을 기울이며 '정체성'이라는 중요한 개념이 등장했다. 상호작용론은 정체성 개념을 심리학에서 사회학으로 가져왔고, 사회심리학이라는 분파를 형성했다.

 인간은 타자와 상호작용하는 가운데 자신을 다른 사람과 다른 독특한 존재로 파악한다. 정체성은 타자와 나를 구별하는 속성으로 미리 정해져 있는 경우가 거의 없고 상호작용하면서 상대적으로 결정된다. 예를 들어 교사라는 직업에 종사한다는 속성은 학교 안에서는 정체성이기 어렵지만 학교 밖에서는 정체성의 한 자리를 차지한다.

 아이오와학파인 스트라이커Sheldon Stryker에 따르면 사람들은 다양한 사회적 맥락에 참여할 때마다 다양한 지위를 차지하며, 그에 따른 다양한 역할기대를 받는다. 역할기대 가운데 자아에 대한 일종의 표지로서 내면화된 것들(자아 지시)이 바로 정체성이다. 그런데 사람들은 적어도 두 개 이상의 사회에 소속되어 둘 이상의 역할기대를 받고 있으므로, 여러 역할기대 가운데 자아 지시로 내면화된 것들도 두 개 이상일 가능성이 크다. 따라서 정체성은 속성들의 위계로 조직된다. 그런데 대부분의 사회적 상호작용은 정체성 가운데 하나만 기준으로 해서 행동을 선택할 수 있는 단순한 상황이 아니다. 사람들은 복합적 정체성의 상황 속에서 높은 위계를 차지하고 있는 정체성에 따라 자기 행동을 조정하고 타자의 행동을 해석한다.

사회생활을 한다는 것은 다른 사람과 관계를 맺는 일이다. 그 가운데 특정 정체성과 결부되는 정도가 강한 관계가 있고 그렇지 않은 관계가 있다. 가족이나 친구 사이는 서로의 특정한 역할기대에 의존하기보다는 자연스러운 친밀감에 의존한다. 그래서 이런 공동체를 자연 공동체라 부른다. 그러나 교사와 학생, 상사와 부하직원 같은 관계는 지위에 결부된 정체성에 의존도가 높다. 학생이 질문할 때마다 틀린 답을 말해주는 교사나 수업 시간에 학습활동을 전혀 수행하지 않는 학생은 사제지간이라는 사회적 관계를 제대로 맺기 어렵다. 상사와 부하직원 관계 역시 우선은 업무 수행과 관련된 기대를 얼마나 충족시키느냐에 따라 결정될 가능성이 크다.

대부분은 사회적 상황에 따라 특정한 정체성을 가진 상대방과 관계를 맺는 경우가 많다. 사람들은 타자와 관계를 맺고자 특정 정체성을 가진 사람이 되기 위해 노력하는데, 이를 사회적 전념이라 한다. 즉 어떤 사회적 상황에 직면했을 때 맺어지는 사회적 관계에서 크게 의존하는 정체성이 무엇인지 파악해 여러 정체성 가운데 그것에 전념해 자신의 특성 위계에서 높은 서열에 놓는 것이다. 전념의 정도가 큰 정체성이 성공적으로 발현하면 자아존중감에 큰 영향을 미친다.

사회적 전념이라는 개념은 사회구조가 인간 행위를 제약하는 미시적 과정을 설명하는 데 매우 유용한 도구다. 자아는 타자와의 관계 속에서 형성되는데, 타자의 기대를 충족시킬 수 있는지의 여부와 타자가 내리는 평판이 자아존중감을 결정한다. 사람들은 자아존중감을 높이는 쪽으로 행동하기 마련이며, 의미 있는 타자로부터 좋은 평판을 받을 수 있는 정체성을 확립하는 데 전념하고자 한다. 개인의 성장과 더불어 의미 있는 타자의 범위가 확장되면 개인은 일반화된 타자의 기대를 충족시키는 정체성에 전념하며, 이는 결과적으로 사회의 기대에 따라 행동하는 것이 된다.

어떤 사회가 상당한 수준으로 구조화되어 있을 경우 구성원들이 가진 정체성의 특성 위계가 비슷한 수준으로 조직화되어 있을 가능성이 크다. 그 사회 구성원들이 대체로 비슷한 정체성에 전념하기 때문이다. 이렇게 미시적 행위는 거시적 사회구조와 연결된다.

역할 정체성

시카고학파 영향을 받은 맥콜George P. MacCall과 시몬스J. L. Simmons는 정체성에서 사회구조가 차지하는 중요성을 강조한 스트라이커와 달리 개인의 역할 창출 능력을 강조했다. 사람들은 주어진 사회조건에서 자기 역할이 무엇인지를 파악하는 역할취득만 하는 게 아니라, 스스로 역할을 창출할 수도 있다는 것이다.

그들은 자아 정체성과 구별되는 역할 정체성이라는 개념을 사용했다. 자아 정체성은 한 개인이 자신에게 주어진 여러 속성과 역할 가운데 위계를 매긴 것이라면, 역할 정체성은 개인이 스스로 고안한 성격과 역할이다. 역할 정체성은 자아 정체성과 달리 일종의 상상적 자아관을 구성한다. 물론 순전히 상상의 소산이라는 말은 아니다. 어느 정도 주어진 사회조건에서 상상으로 구성한 성격과 역할이다. 간혹 아직 사회조건이 결정되지 않은 청소년기에는 그저 상상으로만 이상적 자아관을 구성하기도 한다. 이른바 '중2병'의 실체가 그러하다. 문제는 과대평가한 자아관을 실제로 역할 수행에 대한 평가로 입증하는 일이다. 자신이 창출한 자아관을 입증하는 것을 역할 지지라고 한다.

그런데 맥콜과 시몬스는 기존 상호작용론자와 달리 역할 지지 주체인 평가자가 의미 있는 타자 또는 일반화된 타자가 아니라 바로 자아를 만든 자기 자신이라고 보았다. 다만 완전히 주관적으로만 자기 역할을 평가하는 것이 아니라 객관적 실적과 다른 사람들의 반응 등을 종합해 평가한다. 스스로에게 내린 평가와 외부에 존재하는 타자, 즉 청중이 내린 평판이 어우러져 역할을 지지하는 것이다. 바로 이 지점에서 항상 불일치와 탈구의 가능성이 존재한다. 결국 사회생활을 하는 개인은 스스로 자기 배역을 창출한 뒤 관객의 박수를 기다리는 배우와 같다.

미시사회학의 종결자 고프먼

연극적 접근

미드가 미시사회학의 선구자라면 고프먼은 미시사회학의 종결자라 할 수 있다. 고프먼은 사회적 상호작용과 사회구조의 관계를 연구하던 상징적 상호작용론과 달리 거시사회학으로는 절대 설명할 수 없는 미시사회만의 독특한 현상을 설명하고자 했다. 그는 사회구조를 연구하는 거시적 문제는 완전히 배제하고 '사람이 타인을 만날 때의 행위 양태' '사람이 다양한 상황에서 타인과 접촉할 때 나타나는 행위 양태' 자체에만 집중했다. 사회학자 대부분이 사회

고프먼의 이론
고프먼은 일상생활에서 사람들의 행동에 대한 미시적 분석에 초점을 두고 일상생활을 드라마의 장으로, 역할 개념을 분석 도구로 삼아 인간관계의 기술적 연구를 시도했다. 그는 사람들이 끊임없이 서로 의미를 교환하며 살고 있다는 점을 보여주고, 대면 접촉에서 자신의 인상을 관리하는 등 연극적 요소가 보인다고 말했다. 또한 사회의 구성원이 자신의 정체성과 사회적 현실을 전략적으로 조작하는 상호작용 과정을 밝혀 《자아 연출의 사회학》《상호작용 의례》 등을 저술했다. 고프먼에 따르면 정체성이란 자신의 행위를 구성하는 상황 속에서 독자성을 표현하고 성취하고자 하는 개인의 시도로 그는 정체성을 사회 정체성, 개인 정체성, 자아 정체성으로 분류했다.

가 어떻게 구성되고 움직이는가라는 문제에 관심을 두고 상징적 상호작용론자조차 이 문제에서 자유롭지 못한 반면, 고프먼은 사회생활을 할 때 우리가 어떻게 행동하는가에만 집중했다.

그의 결론은 사람들이 다양하게 자아 연출을 한다는 것이었다. 사회생활을 한다는 의미는 다양한 사회적 상황에서 자신이 맡아야 할 역할을 재빨리 취득하고 거기에 맞춰 자아를 연출하는 과정이다. 이는 미드의 전통과도 연결된다. 사회적 상호작용을 위해 우리는 자신의 욕망과 충동이 아니라 타자, 더 나아가 눈앞에 존재하지 않는 일반화된 타자의 기대에 맞춰 행동해야 한다. 자기가 하는 행동이 본래 성격이나 의도와 충돌한다 해도 실제 자기 모습을 노출해서는 안 되며 마치 원래 모습이 그런 양 자아 연출을 해야 하는 것이다.

자아 연출

자아 연출은 주어진 상황에서 자신이 역할취득을 제대로 했고, 최선을 다해 역할을 수행하는 것처럼 보이게끔 말과 행동을 조정하는 행위를 말한다. 개인은 자신이 어떻게 반응할 것인가에 대한 정보와 신호를 타인과 주고받는다. 이처럼 다른 사람과 신호를 주고받는 가운데 나름의 상황 정의를 공유하고 협력적 활동 계획안을 만든다. 여기에는 상호작용이 일어나는 상황 속에서 개인이 어떤 역할을 담당하며 어떤 반응을 보여야 하는가에 대한 암묵적 잠재적 동의가 포함되어 있다. 결국 사회생활을 한다는 것은 타자와 상호작용을 한다는 뜻이며, 상호작용이란 타자와 공유하는 상황 정의와 자신의 행동을 일치시키는 일이다.

자신이 판단한 상황 정의와 집단이 공유한 상황 정의가 다를 경우 또는 상황 정의는 같더라도 적합한 기대행동이 다른 사람과 다를 경우 불일치가 발생하지만, 사람들은 자신을 최대한 감추며 공유되고 기대되는 방식에 따라 행동한다. 그러나 이 행동은 어디까지나 자기 본성과 본심에서 나오는 것이 아니므로 일종의 연기라 할 수 있다. 다만 타인에게 연기로 보여서는 안 되기 때문에 최선을 다해 상황과 자아를 연출한다.

무대 전면의 창출 무대 전면이란 무대에서 관객에게 노출되어 연기가 이루어지는 부분을 말한다. 연출의 첫 번째 단계는 무대 전면을 창출하는 것에서 시작한다. 연극이 공연되는 극장을 떠올려보면 쉽게 이해할 수 있다. 배우는 늘 맡은 배역만 연기하는 사람이 아니다. 그렇다고 배우 개인의 성격과 그가 맡은 역할의 성격이 완전히 똑같은 것도 아니다. 극장은 배우가 배역으로 존재하는 전면과 자기 자신으로 존재하는 후면을 구별해놓는다. 무대 전면에서 배우는 역할에 충실하지만 드레스룸과 창고, 장치들이 있는 무대 후면에서는 자기 자신으로서 존재한다. 마찬가지로 사회생활을 할 때도 협력된 활동 계획이 수행되며 자신이 아니라 상황 정의에 따라 행동해야 하는, 즉 연출된 자아로서 존재해야 하는 공간이 있고 사적이며 비공식적 공간이 있다. 그리고 이 둘을 구별하는 것은 매우 중요하다.

연극적 실현 무대 전면에 등장한 개인은 주어진 상황 정의에 자신이 전념하고 있음을 보여주는 신호로 제스처를 사용한다. 신호를 보낸

다음 개인은 그 상황에서 자신이 취득한 역할과 협력적 활동 계획안에 따라 자아를 연출한다. 그리고 가능하면 이상화된 방식인 '공식적으로 인정된 사회가치를 구체화하고 예증하는 방식으로' 자신을 연출하기 위해 노력한다. 개인의 연기 목적은 행동과 상황 정의 사이에 나타나는 불일치를 방지하는 데 있다.

그런데 개인에게 주어지는 역할이 본래 자기가 가진 속성과 잘 들어맞는 경우가 드물고 본성과 충돌하는 때가 많다. 개인이 행하는 이상화된 연기는 적극적으로 자신을 드러내기보다는 주어진 역할과 상충하는 자신의 요소를 억압하고 은폐하는 방식으로 이루어진다. 이를 '표현적 통제의 유지'라고 말한다.

스탕달Stendhal, 1783~1842의 소설에서 일반 시민 출신 주인공들은 귀족사회와 처음 접했을 때 그들의 무표정과 무관심에 놀라고, 예의 바르고 정중한 태도에 한 번 더 놀란다. 그만큼 귀족사회가 자신의 사회적 역할에 충실하기 위해 역할과 상충하는 개인 특성과 관심을 은폐하는 연출력이 발달했음을 알 수 있다. 이런 의도적 무관심은 '시민적 무관심'이라는 이름으로 아직까지 남아 있다. 예를 들어 어쩔 수 없이 타인과 좁은 공간에 함께 있어야 하는 엘리베이터나 기차 같은 공간에서 사람들은 서로에게 관심이 없으며 사생활을 침해할 뜻이 없다는 제스처와 행동을 연출해 보여준다. 시민적 무관심은 농촌 출신보다는 도시 출신이 훨씬 능숙하다. 농촌에서 생활하는 사람들이 서로 이웃집 밥숟가락 개수까지 알고 지내는 사이라면, 익명성 속에 살아가야 하는 도시 사람들은 설사 그런 것을 알고 있더라도 못 본 척하는 제스처를 취할 수밖에 없기 때문이다.

초점 상호작용

초점 상호작용이란 친밀하고 면식 있는 참여자에 의해 이루어지는 상호작용이다. 여기에는 대화, 놀이, 협력적 작업 등이 포함된다. 초점 상호작용은 관심을 가시적으로 드러내고 이를 유지하는 것에 동의하고 있음을 표출하는 여러 신호로 이루어진다. 가장 핵심적 단위인 '조우'는 어떤 사람이 다른 사람을 만났을 때 서로의 상황 정의와 역할을 공유하고 유지하려는 상태를 말한다. 따라서 사람들이 만났을 때 조우가 시작되었음과 끝났음을 알리는 일련의 규칙과 의례가 있다. 바로 조우관계 속에 포함된 사람과는 상관없는 다른 사람들에게 치는 장막, 조우관계를 계속 유지하고자 한다는 의지를 보여주는 상호존중의 신호와 규칙이다. 고프먼은 조우에서의 초점 상호작용 의례를 다음과 같이 제시했다.

- 관심 있는 단일한 초점 유지
- 한 대화자의 말이 끝나고 다른 사람이 말을 시작할 수 있는 시기를 결정하는 통과 단서
- 대화를 방해하는 행위를 통제
- 대화 외부의 문제에 관심을 두는 참여자에 대한 제재
- 외부 사람이 대화에 끼지 못하도록 하는 보장
- 반대에 직면했을 경우의 예절
- 자신을 드러내고자 할 때 필요한 에티켓

초점 상호작용의 참가자는 조우를 계속 유지하고자 한다는 신호를 보

내기 위해 적절한 자아 연출과 연기를 수행한다. 처신이란 자신이 연기에 참여하고 있다는 신호를 계속 보내는 것을 말한다.

비초점 상호작용

비초점 상호작용은 친밀하지 않은 관계에서 상호작용이 일어날 경우 서로 초점을 맞추지 않는다는 뜻에서 붙은 이름이다. 지하철이나 엘리베이터 같은 공간에 친밀한 사이가 아닌 사람들이 모여 있으면 의도적으로 초점을 피하면서 서로에게 무관심하다는 것을 드러내어 불가피한 신체적 밀착에서 비롯되는 어색함과 불편을 해소한다. 공공생활의 상당 부분은 낯설거나 친밀하지 않은 사람들과의 비초점 상호작용으로 채워져 있다.

초점 상호작용이 무대에서 연출되는 연극이라면, 비초점 상호작용은 순간적으로 수행해야 하는 일종의 즉흥극이나 역할극이다. 현대사회, 특히 도시처럼 많은 사람이 밀집해 거주하면서 수많은 공공시설을 공유해야 하는 사회에서는 다른 사람과 함께 있지만 조우에는 참여하지 않는 상황이 빈번하다. 그러므로 지속적으로 관심을 보이고 참여하겠다는 신호를 표현해야 하는 초점 상호작용과 달리, 비초점 상호작용은 상대에 대한 배려와 적절한 무관심의 신호를 보내야 한다. 이 경우 어떻게 관심의 초점이 되지 않고 조우하지 않으면서 처신할 것인지가 핵심이다. 따라서 초점 상호작용에 비해 공공장소에서 비초점 상호작용의 연출은 조용히 암묵적으로 생동감을 억제하면서 이루어진다. 비초점 상호작용에서 자아 연출은 주로 다음과 같은 신호를 보내는 것을 목적으로 한다.

- 개인이 현재의 시공간에서 적절한 활동에 참여하고 있다는 사실을 타인에게 확인시킴(지킬 것은 지키고 있음)
- 타인의 활동과 영역을 침해하거나 위협하는 활동을 하지 않을 것을 확인시킴(당신을 방해하지 않음)
- 자신이 구속되어 있거나 협박받지 않는 자유로운 상태에 있으며 스스로의 행위를 책임지고 통제하고 있음을 보여줌(내 일은 내가 알아서 함)

특히 비초점 상호작용은 상대방의 자아 영토를 존중하고 있다는 신호를 보내는 것이 중요하다. 자아 영토에는 특정 개인에게 고정된 지정학적 공간, 그 공간에서 움직일 때 개인을 둘러싼 침해 불가능 공간, 타인이 절대 침해할 수 없는 사적 공간, 자아와 동일시되는 대상이나 사람, 개인에 대한 정보와 사실의 집합 등이 포함된다. 비초점 상호작용 도중에 자아 영토를 침해하는 규칙 위반 상황이 발생한다면 위반한 이유를 설명하고 사과 등 교정 반응을 수행해야 한다.

자아 영토 범위는 개인마다 또 문화마다 다르다. 보통은 조우를 시작한다는 의례를 거치지 않고 자아 영토를 침범할 경우 크나큰 불쾌감을 느끼지만, 그의 자아 영토가 어디까지인지 확인하는 것은 쉬운 일이 아니다. 따라서 대부분의 사회에서는 관행적으로 거의 모든 사람이 서로

사회적 거리
홀Edward T. Hall, 1914~2009은 《숨겨진 차원》에서 사람들이 상황과 관계의 종류에 따라 허용하는 거리가 다르다고 서술하고 다음과 같이 분류했다.

밀접한 거리 서로 피부 접촉을 할 수 있는 거리로 가족, 연인이 있다.
개인적 거리 손을 내밀면 닿을 수 있는 거리로 친구, 친척 등을 예로 들 수 있다.
사회적 거리 두 사람이 손을 뻗으면 손끝이 닿을 정도의 거리로 업무 등 공식적으로 상호작용하는 관계다.
공적 거리 상대의 공격적 반응에 즉시 도주할 수 있는 거리로 강연자와 청중 등 서로 모르는 사이의 관계다.

가 동의하는 자아 영토의 최소 범위를 설정해둔다. 이것이 바로 사회적 거리다. 그러나 사회적 거리는 나라와 민족마다 다르기 때문에 외국인을 상대할 때는 특히 유의해야 한다. 통상 영국인은 적어도 2미터까지를 자아 영토로 간주하지만, 이탈리아인은 처음 만난 사이에 30센티미터까지 다가와도 자연스럽게 여긴다고 한다.

상호작용과 대중매체의 활용

매체의 발달

우리가 하는 상호작용 대부분은 언어로 이루어진다. 그런데 상호작용 범위가 넓어지면서 직접 면대면할 수 없는 거리에 떨어진 사람과도 상호작용해야 하는 경우가 많아졌다. 사람들은 자신의 의사를 멀리 전달하는 도구로 매체media를 활용한다. 엄밀히 말하면 음성언어 역시 공기 진동을 매체로 메시지를 전달하는 것이지만 통상 문자를 최초의 매체로 간주한다.

문자언어는 그것이 기록된 석판과 종이 등을 매체로 메시지를 전달한다. 우리는 메시지를 문자로 기록해 멀리 떨어진 사람이나 자신이 말할 때 현장에 없었던 사람과 상호작용할 수 있다. 이어서 사람들은 메시지를 보다 효과적으로 전달하고 공유하기 위해 다양한 매체를 개발했는데, 엉뚱하게도 상호작용을 원활히 하기 위해 발달시킨 매체가 그것이 허용하는 범위와 방식으로 상호작용을 제한하는 결과를 가져오기도 했다. 특히 산업혁명과 정보혁명을 거치며 대중매체가 비약적으로 발달하면서 오히려 매체가 상호작용을 지배하고 있다는 주장이 나오기도 한다.

대중매체란 수많은 사람을 상대로 대량의 메시지를 전달하는 매체를 말한다. 일상적 의사소통 과정에서 메시지는 쌍방 대화를 통해 전달되지만, 대중매체는 매체에 담긴 메시지가 대중에게 일방적으로 전달되는 방식이다.

대중매체가 발달하기 이전에는 어떤 메시지를 얻으려면 그 메시지의 보유자와 접촉해야만 했다. 따라서 사회적으로 중요한 정보나 지식을 가진 사람의 권위가 매우 강력했고, 특히 종교와 관련된 지식 보유자는 특권층으로 자리 잡았다. 그러나 구텐베르크의 인쇄술이 등장하면서 정보나 지식 보유자와 아무 관계없고 공간적으로도 멀리 떨어져 있는 불특정 다수에게 메시지가 전달될 수 있는 길이 열렸다. 또 산업혁명과 함께 윤전기 등의 개발로 인쇄물의 대량생산이 가능해지면서 신문, 잡지, 출판 형태로 메시지의 대량살포와 확산이 가능해졌다. 이런 매체가 없었다면 로크나 루소의 사상이 그토록 빨리 전 유럽으로 확산되어 시민혁명으로 이어지기는 어려웠을 것이다.

20세기 이후 전자산업 발전과 더불어 대중매체가 전자적 형태를 띠기 시작했다. 영화나 텔레비전 등 영상매체, 음반이나 라디오 같은 음성매체가 그것이다. 특히 대중매체 확산에 획기적 기여를 한 것은 라디오의 발명이었다. 빛의 속도로 움직이는 전파를 활용한 라디오는 수신기만 충분히 보급된다면 한 사람이 전달하는 메시지를 전파가 닿는 범위 내(대개는 나라 전체) 모든 사람이 동시에 들을 수 있게 만들었다. 인쇄매체라면 수십만 부의 인쇄물이 확산되는 데 물리적 이동 시간이 필요하지만, 라디오 같은 전파매체는 빛의 속도로 확산되는 것이 가능하다. 곧 이어 텔레비전이 등장하면서 대중매체의 영향력이 더욱 커졌다. 텔레비전은 독해력이 필요한 인쇄매체나 소리로만 전달되는 까닭에 상상력을 요구했던 라디오와 달리 즉각적으로 메시지를 전달할 수 있는 강력한 매체다. 라디오와 텔레비전이 등장하면서 현대사회는 대중매체 시대로 변했다. 사람들은 직접 의사소통하기보다 대중매체로 전달되는 메시지에 더 많이 의존하며 의사소통 소재 역시 대중매체에서 얻는 경향이 높아졌다.

21세기에 들어서는 컴퓨터와 인터넷의 보편화로 대중매체의 힘이 더욱 강력해졌다. 컴퓨터는 문자뿐 아니라 동영상까지 디지털 정보화하면서 매체 제작에 필요한 비용을 거의 0으로 수렴시켰다. 인터넷은 디지털화된 코드의 실시간 공유를 가능케 함은 물론이고 시작과 끝, 중심과 주변 구별이 없는 네트워크를 이루고 있는 덕에 매체 소유자를 거쳐야만 했던 기존 대중매체와 비교할 수 없는 강한 확산력을 가지고 있다. 또한 인터넷은 쌍방향 매체여서 기존에 매체 제작자로부터 대중으로 향하던 전달 방향이 복잡하게 뒤엉키게 되었다.

급속도로 발달한 대중매체는 오늘날 사회에서 다음과 같은 기능을 담당할 정도로 우리 삶 속 깊숙이 침투해 있다.

- **정보 전달 기능** 대중매체는 대중이 알지 못하는 사건 또는 사실을 대규모로 전달한다. 대중매체의 등장으로 어떤 사건이나 사실에 대한 정보를 특정 집단만 독점하기가 대단히 어려워졌다.
- **여론 조성과 조정 기능** 대중매체는 여론을 형성할 수 있다. 엄청난 규모의 대중에게 영향을 미치는 대중매체는 사건과 사실에 대한 견해를 대량으로 형성해 갈등을 조성하거나 조정하기도 하고, 정부나 대기업을

견제하며 감시하는 기능을 수행하거나 아니면 복종을 조장할 수도 있다.
• **사회화 기능** 우리가 가진 지식과 정보 또는 여러 생활방식과 사고방식 가운데 가족이나 학교의 영향을 받은 것보다 대중매체의 영향을 받은 것이 훨씬 많다. 대중매체를 통해 사람들이 동일한 경험을 하면서 토대를 넓히고 공통성을 형성할 가능성도 있지만 취향을 범속화, 획일화하며 경우에 따라서는 무분별한 집단주의를 조성하는 도구로 이용되기도 한다.
• **오락 기능** 오늘날 대중매체의 가장 중요한 기능이 바로 오락 기능이다. 특히 전통사회에서는 특권층만 즐길 수 있었던 각종 공연과 예술 작품을 이제는 대중매체를 통해 누구나 즐길 수 있다. 문화적 혜택의 보편화라는 순기능이 있지만, 전반적으로 문화예술의 범속화와 획일화라는 역기능을 가져왔다는 비판도 있다.

매체가 만들어낸 세상

대중매체는 아주 먼 곳에 있는 소식이나 정보를 실시간으로 접할 수 있게 해주었다. 영국 왕자의 결혼식이 전 세계에 중계되는가 하면, 오스트리아 귀족이나 즐기던 빈필하모닉 신년음악회를 세계인이 실시간으로 감상할 수도 있다. 대중매체의 발달은 지구를 문자 그대로 지구촌으로 만들어주었다.

우리 삶의 모습을 바꾸어놓은 대중매체 발달은 주고받는 메시지의 성격마저 바꾸었다. 매체가 발달할수록 그것이 전달하는 메시지보다 오히

매체가 바꾸어놓은 가족 풍경

려 매체가 중요해지면서 마침내 매체가 메시지의 성격을 결정하는 지경에 이르렀다. 심지어 매체에 맞춰 삶의 모습이 만들어지기도 한다. 매클루언 Marshall Mcluhan, 1911~1980은 "미디어는 메시지다"라는 유명한 말을 남겼는데, 매체는 더이상 상호작용의 매개체가 아니라 그 자체로 이미 상호작용의 내용과 형식을 결정할 수 있다는 뜻이다. 더 나아가 매클루언은 인류 문명의 역사를 매체의 성격에 따라 네 단계로 구분했다. 그가 구분한 1단계 구전 시대, 2단계 문자 시대, 3단계 인쇄 시대, 4단계 전자매체 시대의 특성은 다음과 같다.

구전 시대 _____ 직접적 발화언어에 의해 정보 교류가 이루어졌다. 다른 정보 전달 매체가 없었던 까닭에 가능하면 기억과 연상에 용이하게끔 말하는 방법이 발달했다. 그러므로 이 시대에는 산문보다는 운문이 발달했으며, 상세한 묘사보다는 압축적 상징이 더 가치 있게 평가받았다. 문자가 존재하기 이전 언어의 형태는 노래였을 것이라는 루소의 주장도 있다. 인간의 공동체는 1차 집단 범위를 벗어나기 어려웠고 따라서 정치집단이 만들어질 수 없었다.

문자 시대 한자와 알파벳 등이 등장하면서 인류는 정보를 문자 기록 형태로 저장하고 전달할 수 있게 되었다. 기억에 대한 부담이 없어져 상징적 압축적 표현뿐 아니라 구체적이고 상세한 서술도 가능해졌다. 이 덕에 산문이 등장하면서 음성언어의 성격까지 바꾸었다. 지금의 우리는 평서문으로 말한 것을 기록하면서 산문이 되었다고 생각하지만 오히려 그 반대일 가능성이 크다. 평서문은 문자가 등장한 이후에야 보편적으로 나타났다. 그러나 여전히 문서를 만드는 작업은 고되고 비용이 많이 드는 일이었기에 상세하게 산문으로 기록하는 내용은 사회에서 중요하게 여기는 것에 한정되었다. 그럼에도 메시지의 손상 없이 꽤 먼 거리와 오랜 시간에 걸쳐 전달하는 것이 가능해지면서 인류는 1차 집단을 넘어서는 공동체를 만들었다. 또한 관습을 넘어서는 성문화된 규범체계를 갖춰 국가와 같은 정치집단의 성립이 가능해졌다.

문자의 등장은 신체를 대하는 태도까지 바꾸었다. 중요한 메시지와 정보가 문자를 통해 기록되자 신체에서 눈이 차지하는 비중이 그 어느 시대보다 높아졌다. 구전 시대에는 시각장애인을 신성한 존재로 여기기도 했지만, 문자 시대가 정착되면서 그들은 그저 장애인으로 받아들여졌다.

인쇄 시대_____ 구텐베르크가 발명한 활판인쇄술 이후 문서의 대량복제가 가능해졌다. 문서 제작에 대한 부담이 크게 줄어들면서 운문보다 산문이 보편화되었고, 신문과 소설처럼 종교나 집합의식과 무관한 문서도 대량으로 생산할 수 있었다. 이때부터 문학에는 위대하고 신성한 내용뿐 아니라 일상적이고 자질구레한 내용도 포함되었으며 인간의 감정 또한 상세하게 묘사하기 시작했다. 메시지가 전달되고 공유되는 범위와 규모가 과거 어느 때보다 거대해졌고 매우 멀리 떨어진, 심지어 우연한 면식의 가능성조차 없을 정도로 먼 거리에 있는 사람들 간에도 유대의식과 동류의식을 느낄 수 있게 만들었다. 인쇄술의 발달이 없었다면 근대 민족국가와 같은 거대한 정치 공동체는 불가능했을 것이다.

전자매체 시대_____ 전파를 타고 다니는 전자매체는 마침내 실제와 메시지의 시공간적 존재적 차이를 제거해버렸다. 특히 텔레비전 이후 등장한 전자매체는 전달되는 대상과 메시지 간 차이가 거의 없을 정도로 발달했다. 지구는 물론이고 우주에서 일어나는 일이나 정보와 관련된 메시지를 실제 형태와 거의 유사하게 실시간으로 전체 인구와 동시에 공유할 수 있게 되었다. 전자매체가 우리가 경험할 수 있는 범위를 지구 전체로 넓혔기에 이를 두고 매클루언이 지구촌이라 불렀던 것이다.

또한 전자매체의 발달은 우리의 감각과 신체도 바꾸었다. 1단계 구전 시대를 청각의 시대, 2단계 문자 시대와 3단계 인쇄 시대를 시각의 시대라 한다면, 4단계 전자매체 시대는 전체 감각의 통합 더 나아가 뇌마저 아우르는 시대라 할 수 있다. 동료와 클라우드 등을 통해 자료를 공유할 때 우리는 단지 정보만 공유하는 것이 아니라 생각과 기억도 공유한다. 즉 우리의 뇌를 공유하는 것이다. 게다가 전자미디어가 전달되는 메시지와 실제의 차이를 거의 없애면서 메시지를 해석하는 과정 역시 최소화되었다. 메시지는 즉각적이며 감각적으로 변모했고, 2단계와 3단계 시대에 비해 우리 역시 이성적이기보다는 감각적 인간으로 변화되어가고 있다.

한편 보드리야르Jean Baudrillard, 1929-2007는 시뮬라시옹simulation이라는 개념을 통해 대중매체가 만들어내는 진짜 같은 가상의 세계를 경고했다. 시뮬라시옹은 원래 플라톤의 존재론에서 나온 개념을 가리키는 프랑스어로, 어떤 대상에 대한 모사模寫라는 뜻이다. 단지 모양만 따라 만드는 카피나 레플리카replica 등과 달리 대상의 특성까지 재구현하는 것을 시뮬라시옹이라고 한다.

보드리야르는 시뮬라시옹 개념을 단순 모사가 아니라 '진짜보다 더 진짜 같아진 가짜'라는 의미로 사용한다. 현대인의 세계는 과거 어느 시대보다 넓어져 문자 그대로 지구촌이라 할 만하다. 그러나 우리는 지구 곳곳의 소식과 정보를 실재가 아니라 대중매체를 통해 접한다. 말하자면 세계를 실재적 존재가 아니라, 그것의 모방인 시뮬라시옹을 통해 접하는 것이다. 심지어 의사소통하고 친구관계를 맺는 등 1차 집단조차 이제는 SNS를 이용하는 시뮬라시옹이다.

또한 대중매체는 우리의 공간적 세계도 조작한다. 요즘의 홍콩, 싱가

카피
복사본. 원본보다 해상도가 떨어진다.

레플리카
복제본. 원본과 동일한 방식으로 제작한다.

시뮬라시옹
가상본. 원본이 아닌데 원본처럼 보이도록 만든다. 존재하는 것보다 더 생생하게 인식되는 것들을 시뮬라크르라고 하는데, 모든 실재의 인위적 대체물인 시뮬라크르들이 실재를 지배하고 대체하는 것을 시뮬라시옹이라고 한다.

포르, 도쿄 같은 도시는 그리 멀게 느껴지지 않는다. 그러나 우리가 경험하는 그런 도시들은 대중매체를 통해 만들어진 복제물, 즉 시뮬라크르simulacre다. 우리는 텔레비전에 나오는 도시를 보며 실재하는 그 도시의 모습과 비슷하다고 느끼는 게 아니라 도시를 방문하고서는 "텔레비전에서 본 것과 똑같다"고 말하는 경우가 많다. 예를 들어 관광객들이 주체적으로 관광하기보다는 텔레비전 프로그램에 소개되었던 장소를 방문하고, 이미 화면으로 본 대상을 다시 눈으로 확인하면서 앞서 보았던 모습과 똑같다고 느끼는 것과 같다.

여기서 더 나아가면 복제물과 원본의 관계는 점차 사라지고 오히려 복제물을 기준으로 원본을 규정하고 가치를 평가하는 지경에까지 이른다. 보드리야르는 미키마우스를 예로 들었는데, 미키마우스의 이름은 마우스지만 실제 쥐와는 전혀 관계가 없다. 그럼에도 미키마우스와 얼마나 닮았는지가 쥐를 평가하는 기준이 되었다. 혐오 대상인 쥐라도 간혹 미키마우스를 연상시키는 쥐는 귀엽다는 말을 들을 수도 있는 것이다.

정보화 시대에 들어 창출된 사이버 공간에서 이런 현상은 더욱 심화된다. 사람들은 온라인게임에서 캐릭터를 선택해 자신의 아바타로 삼는다. 아바타를 움직이면서 전자적으로 만들어진 세계를 돌아다니며 그것을 마치 진짜 세계처럼 느낀다. 그런데 게임 디자이너가 캐릭터를 디자인할 때 모델로 삼았던 실제 남성이나 여성, 또는 가상의 세계를 설계할 때 참고했던 실제 마을이나 들판이 게임 속 세계보다 더 현실적으로 느껴질까? 혹은 드라마나 영화 배경이 되었던 장소를 찾아갔을 때 그 실제 장소가 드라마나 영화 속에 나온 배경보다 더 현실적으로 느껴질까? 오히려 그 반대인 경우가 대부분이다.

보드리야르는 오늘날 사회에서는 현실보다 모사물이나 가상물이 더 가치 있고 현실적인 것으로 받아들여진다고 했다. 그리고 그 원인은 사람들이 타인과의 의사소통 그리고 세계와의 소통을 온통 대중매체를 통해 실현하기 때문이다. 다시 말해 사람들이 대중매체를 이용해 본 가상과 현실을 구별하지 못하는 지경에 이르렀다는 말이다. "현대사회는 상품이 아닌 광고를 소비한다"는 그의 말이 이를 함축적으로 표현한다.

태평양전쟁 당시 가장 치열한 전투였던 이오지마 전투에서 승리한 미군을 찍은 사진이 있다. 태평양전쟁의 상징으로 널리 알려진 이 사진은 미국에서 참전용사 조각상으로 만들어져 전시 중이다. 하지만 알고 보면

현실을 왜곡해 표현한 이오지마 전투 참전용사 조각상

사진은 연출된 가짜였다. 해병대원이 실제로 게양했던 성조기는 훨씬 작고 초라했다. 사실 치열한 전투를 하던 군인들이 거대한 깃발을 소지하고 있었다는 점 자체가 비현실적이지만 사람들은 연출된 상황을 현실로 받아들였다. 아마 실제 이오지마의 성조기 게양 사진을 보았다면 사람들은 실제보다 연출된 이 사진을 더 선호하고 진짜라고 했을 것이다. 이런 예는 또 있다. 영화 〈왝 더 독 Wag the Dog〉(배리 레빈슨 감독, 1998년)에는 인기가 떨어진 대통령의 지지율을 높이기 위해 가공의 전쟁을 일으키는 보좌관과 방송인이 등장한다. 그들은 실제로는 전쟁이 일어나지 않았지만 국민에게 전쟁 이미지를 방송하고 심지어 가짜 전쟁 영웅의 인터뷰까지 내보내면서 온 나라 안방에 전쟁 소식을 전파한다. 그러나 누구도 이를 의심하지 않았으며 그들은 존재하지 않는 전쟁을 승전으로 이끌어 대통령 지지율을 회복시킨다.

무시무시한 위력을 가진 대중매체 시대에 상호작용론자들이 주장하는 역할 정체성과 자아 창출의 힘이 과연 얼마나 발휘될지 의심스럽다. 오늘날 수많은 청소년은 자신이 창출한 역할이 아니라 방송이나 매체가 주입한 역할을 자기 것으로 받아들인다. 성인 역시 조우가 이루어졌을 때 텔레비전 드라마나 대중매체가 전달한 각종 소식을 화젯거리로 삼아 상호작용을 하기는 마찬가지다. 이런 상황은 지금까지 다루었던 역할취득이나 역할을 창출한다는 개념이 적용될 여지를 크게 줄여놓았다. 거실에 모인 가족들은 분명 일상생활의 미시사회 영역에 있지만 텔레비전을 보거나 스마트폰을 들여다볼 뿐이다. 그들 사이에 과연 미시적 상호작용이 일어나고 있을까? 스마트폰에 매달린 아이가 일반화된 타자의 관점에서 자아를 정립하고 역할을 창출하는 것이 가능할까?

9장

외로운 사람들의 시대

어디를 가도 사람들이 가득하다. 조금도 움직이기 힘들 정도로 사람으로 가득 찬 지하철, 저절로 등이 떠밀릴 만큼 거리를 가득 메운 사람들. 그런데 저 많은 사람 가운데 우리가 진정으로 마음을 터놓고 이야기할 만한 사람이 얼마나 될까? 심지어 가족끼리도 얼굴 보기가 어렵고 서먹서먹하다. 오늘날 우리는 넘치는 사람들 속에서도 외로움을 느낀다. 1차 집단은 붕괴된 지 오래고 가족마저 점점 더 해체되어가고 있다.

1차 집단의 붕괴와
사회적 자본의 고갈

심리적 안전감

누구나 친밀감을 느끼는 상대가 있다. 또한 우리에게는 그런 상대가 있어야만 한다. 에릭슨Erik Erikson, 1902~1994에 따르면 친밀감이란 자신이 가진 무엇을 상실한다는 두려움 없이 자아 정체감을 다른 누군가와 연합시키는 능력을 말한다. 따라서 기꺼이 손해를 감수하고서라도 관계를 유지하고자 하는 상대가 있다면 그를 친밀한 관계라고 말할 수 있다.

예를 들어 A는 사업상 B를 자주 만나며 그가 유능하고 믿을 만한 파트너라고 생각한다. 사실 A가 B를 만나고 상호작용하고 관계를 유지하기 위해 시간과 자원을 쏟는 이유는 결국 그로부터 얻을 이익이 있어서다. 반면 A가 C를 사랑해 데이트를 하고 생일이나 기념일에 선물을 주며 근사한 식사를 함께하는 것은 만남을 유지하고 상호작용하는 데 목적이 있지 다른 어떤 이익이 우선적 동기가 되지 않는다. 마찬가지로 장차 자신에게 어떤 이득을 주리라 별로 기대하지 않는 친구와도 단지 관계 유지만을 목적으로 만나고, 노후에 부양받으리라 기대하지 않으면서도 자녀에게 시간과 자원을 투자하는 등의 관계를 이어나가는 동기가 바로 친밀감이다.

사회적 동물인 인간에게 친밀한 관계의 중요성은 신체적 정신적 건강을 위해 대단히 중요하다. 친밀한 관계가 부족한 사람은 심각한 고립감과 위기감을 느끼며 우울증과 각종 질병에 걸리기 쉽다. 이는 여러 폭력 가운데 신체적 위해보다 사회적 고립을 가하는 폭력이 훨씬 더 치명적이라는 사례를 통해 증명되었다. 사람뿐 아니라 익숙한 사물 또는 지역이나 지명까지도 친밀감의 대상이 된다. 향수병에 걸리는 원인도 태어난 지역에 대한 집착이 아니라 친밀감이 부족해서 생긴 심리적 공황이다.

쿨리의 1차 집단과 2차 집단의 구별
감정적 교류를 통해 이루어진 친밀한 관계면 1차 집단, 다른 목적을 위해 상호작용하면서 공식적으로 결성된 단체면 2차 집단이다.

퇴니에스의 이익사회와 공동사회의 구별
공동의 이익을 추구하며 이를 위해 결성한 단체면 이익사회, 공동체를 이루는 것이 목적으로 서로 간의 결합 자체에 중점을 두면 공동사회다.

쿨리는 친밀감을 기반으로 형성된 공동체를 1차 집단이라 부르며, 외적 동기를 목적으로 결성된 2차 집단과 구별했다. 퇴니에스가 이익사회(게젤샤프트Gesellschaft)와 구별한 공동사회(게마인샤프트Gemeinschaft) 역시 비슷한 맥락이다. 다양한 1차 집단에 소속되어 친밀감의 대상이 풍부한 사람은 자신이 고립되거나 버림받을지 모른다는 불안감을 거의 느끼지 않으며, 심리적 안전감을 형성한다.

심리적 안전감이 높은 사람은 사회에 신뢰감이 높다. 또한 사회에 대한 신뢰감이 높은 사람은 낯선 사람이라 할지라도 그 사회 구성원이기만 하면 대체로 신뢰하는 경향을 보인다. 반면 속해 있는 1차 집단이 거의 없거나 친밀감의 대상이 드문 사람은 항상 고립과 분리에 대한 불안감 속에서 살아간다. 이들은 사회를 신뢰하지 못하며 친밀감이 확인된 극소수를 제외한 다른 사람은 신뢰하지 않고 낯선 사람에게 두려움을 느낀다.

사회적 자본　결속형 자본과 연계형 자본

친밀감은 마치 그물처럼 연결된다. 사회 전체가 친밀감의 그물망으로 뒤덮이면 개인 사이의 관계만 늘어나는 것이 아니라 사회와 구성원에 대한 신뢰감, 개인 간 호혜성도 늘어난다. 미국의 사회학자 퍼트넘Robert Putnam은 이를 '사회적 자본'이라는 말로 표현했다. 엄밀히 말해 사회적 자본은 개인 간 관계망을 의미하는 것이 아니라 이로 인해 발생하는 사회적 신뢰와 호혜성의 양을 의미하지만, 둘 사이 상관관계가 명확하기 때문에 특별히 구별하지 않고 사용한다. 그래서 통상 이런저런 1차적 관계망들이 많이 발달한 사회는 사회적 자본이 풍부한 것으로, 그런 망들이 빈약하면 사회적 자본이 부족한 사회라고 간주한다.

퍼트넘의 기념비적 저작 《나 홀로 볼링Bowling Alone》에서 그는 미국사회 공동체의 상징으로 볼링을 내세웠다. 1960년대까지 미국에서 볼링장은 지역사회에서 크고 작은 친밀집단의 회합 장소 역할을 했다. 그런데 점차 혼자 볼링을 치는 사람이 늘어난다는 점에 주목한 퍼트넘은 친밀집단이 쇠퇴하는 현상을 곧 미국 전체의 신뢰와 호혜, 즉 사회적 자본이 줄어든 것으로 파악했다. 그는 이런 변화가 사회 전체를 지탱하는 사회적 네트워크를 헐겁게 만든다면서, 미국사회 구성원들은 미국을 하나의 사회적 커뮤니티로 간주하지 않고 개인주의가 만연하게 되었다고 말한다.

퍼트넘에 따르면 사회적 자본에는 결속형 자본과 연계형 자본이 있다. 결속형 자본이란 비슷한 사람끼리 관계를 맺으며 신뢰와 호혜가 형성된 네트워크다. 친족 모임, 동향인 모임, 동창회처럼 서로의 유사성을 바탕으로 결성된 공동체가 여기 속한다. 그러나 이런 공동체들은 내부의 유사성과 정체성을 지키기 위해 배타적일 때가 많아 사회 전체적으로 연결망을 확대시키는 데 그다지 기여하지 못한다.

연계형 자본은 외부 지향적이며 다양한 사회적 계층을 망라하는 사람들 간에 정체성과 호혜성이 있는 네트워크가 만들어진 경우다. 대부분 서로 다른 특성을 가진 사람들이 하나의 가치나 취향 또는 대의명분을 위해 결속하는 공동체로, 시민단체나 운동단체 또는 각종 동호회가 대표적이다. 조기축구회, 음악동호회, 사회인야구 동아리 등에는 운동이나 음악이 좋아서 모인 각계각층 사람들이 취향을 중심으로 새로운 정체성을 만들어간다. 이런 공동체는 사회 전체적으로 확산되어 다양하고 치밀한 연결망을 만들기 용이하다. 결국 퍼트넘이 말한 혼자 볼링을 하는 행위는 사회적 자본 가운데 특히 연계형 자본 고갈로 인한 현상이다.

근대사회와 사랑

사랑의 세 가지 유형

친밀감과 관련해 가장 중요한 현상은 남녀의 사랑일 것이다. 사랑이야말로 때와 장소를 가리지 않는 인간의 보편적 원초적 친밀감으로 여겨진다. 그러나 사회학자들은 우리가 당연시하고 의문을 품어서는 안 되는 절대적 가치로 생각하는 것까지 사회학적 상상력을 발휘해 배후에 있는 냉정한 사회적 사실을 밝혀낸다. DNA에 새겨진 타고난 속성 외에도 인간의 모든 행동 배후에는 사회적 사실이 도사리고 있다. 물론 사랑도 예외가 아니다.

사랑을 정의하기는 대단히 어렵지만 누군가를 다른 사람보다 특별하게 여기고 친밀감과 애착 대상으로 삼는다는 것은 분명하다. 사랑에 냉정한 잣대를 들이대는 사회학자들이 야속할 수도 있다. 하지만 인간만이 단순한 짝짓기가 아닌 사랑이라는 독특한 감정적 경험과 행동을 한다는 점, 사랑이라는 이름으로 행해지는 행동이 사회마다 다르다는 점에서 아무리 아름다운 사랑이라도 배후에 사회적 사실이 자리하고 있다고 보아야 한다.

기든스는 이런 사랑을 세 가지 유형으로 분류했다.

열정적 사랑 기본적으로 성적 매혹에서 비롯된 가장 원초적 의미의 사랑이다. 흔히 앞뒤를 가리지 않는 맹목적 사랑으로 나타나며 사회적 현상이라기보다 생물학적 성격이 더 강하다. 호감 가는 상대를 만났을 때 우리 뇌에서 쾌락중추를 자극하는 도파민이 분비되어 행복감을 느낀다. 특히 성적으로 매력 있는 상대를 만나면 페닐에틸아민이 만들어져 고도로 각성되며 옥시토신이라는 호르몬의 영향을 받아 충동적 상태가 된다.

이런 상태에 빠지면 사랑을 채우려는 욕구가 너무 강해져 사람에 따라서는 현실감각을 상실하기도 한다. 두 사람은 서로의 결합을 가로막는 모든 존재를 적대시할 가능성이 크고 극단적 선택도 얼마든지 할 수 있다. 따라서 열정적 사랑은 종종 파괴적으로 변모하기도 한다. 사회학자들은 열정적 사랑을 감정과 호르몬 과잉으로 인한 일시적 불균형 상태라고 냉정하게 평하며, 일종의 병리현상으로 정의하는 데 주저하지 않는다. 신체가 마치 과잉반응을 일으키듯 감정과 애정 관련 호르몬의 급격한 작용으로 심신 균형이 무너진 상태가 바로 열정적 사랑이라는 것이다. 결국 정상 상태로 돌아가려는 자기방어기제가 작동해 이런 종류의 사랑은 오래가지 못한다. 열정적 사랑의 지속 기간에 대해서는 여러 학설이 있지만 길어도 30개월을 넘지 않는다는 점에서 일치한다.

또한 열정적 사랑은 개인뿐 아니라 사회 안정마저 위협하는 불안 요인으로 간주되어왔다. 특히 동서양을 막론하고 전통적으로 사랑과 무관하게 지속된 혼인제도는 열정적 사랑에 의해 위협받았다. 사회 전체가 하나의 가족처럼 운영되는 전통사회에 열정적 사랑은 위험하고 불편한 존재였다. 반면 문학 작품에서는 기존 사회질서가 인간 본성을 거스르고 솔직하지 못하다는 것을 드러내는 장치로 열정적 사랑을 자주 이용했다. 프랑스 문학 절반은 불륜을 소재로 하고 있다는 비유는 그만큼 프랑스 문학이 이성과 질서가 지배하는 사회의 답답한 제도들에 크게 반항한다는 의미기도 하다. 이는 프랑스가 서양 예의범절(에티켓)의 본고장이라는 사정과도 무관하지 않다.

낭만적 사랑 두 사람이 변치 않는 사랑을 나누며 평생을 함께할 뿐 아니라, 신체적 성적 결속을 넘어 정신적 영적 결속에까지 이르는 것을 의미한다. 이 사랑은 성적 결속보다 정신적이고 영적인 결속을 훨씬 더 중요하게 여긴다.

우리가 흔히 '아름다운 사랑'이라고 하는 대부분이 바로 낭만적 사랑이다. 또 사람들이 대체로 꿈꾸고 희망하는 사랑 역시 여기에 속한다. 영혼까지 결속된 영원한 사랑, 그 사랑의 결실로 혼인과 출산, 단란한 가정의 모습이 낭만적 사랑의 판타지를 구성한다. 낭만적 사랑은 서양 문화의 소산으로 여겨지지만, 1년에 단 하루를 만나면서도 이별하지 않고 수천 년을 이어져왔다는 견우와 직녀 이야기가 생명력을 가지고 전해지는 것을 보면 동양에서도 마찬가지로 영원한 사랑에 대한 환상이 존재했음을 확인할 수 있다.

낭만적 사랑의 핵심은 그 사람과의 혼인이다. 수많은 사람 가운데 '바로 그 사람'만이 내가 사랑하는 사람이며 이는 변치 않는 사실이다. 이 사랑은 성적 쾌락이 아닌 그와의 영원한 결속을 약속하는 성스러운 계약, 즉 혼인을 통해 완성된다. 온갖 어려움을 이겨내고 마침내 결혼에 이른 낭만적 사랑에 관한 이야기는 동서양을 막론하고 수많은 문학 작품의 소재였다. 이런 장르를 로맨스라고 부른다.

유럽 문화권에서 로맨스는 사랑을 넘어 성스러운 의미까지 얻었는데, 기독교의 영향이 컸다. 동양의 로맨스가 단지 주로 정情이라고 표현하는 남녀의 사랑인 반면, 서양에서는 인간이라는 불완전한 존재가 완성으로 향하는 일대 진보로 묘사된다. 플라톤의 《향연》에 나오는 유명한 '갈라진 반쪽'이라는 비유는 신의 분노로 인간이 남과 여로 갈라졌음을 시사한다. 이는 기독교의 원죄, 구원론과 잘 들어맞는다.

《향연》
아름다움과 사랑을 주제로 소크라테스와 여러 등장인물이 토론하는 형식으로 쓰여진 대화편체 저작이다.

한편 독설가로 유명한 극작가 버나드 쇼George Bernard Shaw, 1856~1950는 19세기에 유행한 오페라 수백 편의 줄거리가 사실상 똑같다며 "소프라노와 테너가 서로 사랑하는데 바리톤 때문에 결혼하지 못하네"라는 한 줄로 요약된다고 재치 있게 표현했다. 그 당시 오페라들은 서로가 완전한 한 쌍임을 깨달은 소프라노와 테너가 그들을 가로막는 방해물(제도, 관행, 아버지, 돈, 지배자, 가문 간의 갈등 등)을 극복해 완전한 결합에 이르는 과정을 그린다. 완전한 결합은 바리톤을 골탕 먹이거나 속이는 방식일 수도 있고 (오페라부파, 희가극), 완고한 바리톤 앞에서 죽음으로 항거하는 비극일 수도 있다.

특히 낭만적 사랑은 전통사회 공동체가 해체되는 것과 맥을 같이한다. 전통사회에서 혼인은 개인 대 개인의 문제가 아니라 가문과 같은 공동체의 문제였다. 토지가 주요 생산수단이었던 전통사회에서는 가문이 곧 일터였기 때문에 사생활과 공생활의 분리가 모호했으며, 사실상 사생활이 토지에 속박된 공적 영역의 지배를 받았다. 그러나 시간이 흐르며 도시화와 산업화의 결과로, 개인주의가 확산되고 일터가 토지의 속박을 벗어남에 따라 공적 사적 영역의 분리가 명확해졌다. 혼인은 더이상 공적 문제가 아니라 순전히 사적인 개인의 선택 대상이 되었다. 이때부터 사랑이 곧 결혼이라는 낭만적 사랑의 공식이 등장했다. 전통사회에서는 사랑과 혼인의 어긋남이 수많은 비극을 자아냈지만, 근대사회에서는 오히려 사랑이 혼인을 포괄했다.

그러나 온갖 난관을 극복하고 결합한다는 낭만적 사랑은 동시에 거대한 억압이기도 했다. 이는 사랑의 힘은 어떤 어려움도 극복할 수 있다는 믿음에서 생겨났으며, 두 사람 사이에 나타날 수 있는 모든 갈등과 차이를 사랑이라는 이름으로 묵살하는 전인격적 억압이다.

프롬Erich Fromm, 1900~1980은 근대 자본주의가 모든 인간관계를 가격(교환가치)으로 환산하며 사람들이 저마다 몸값을 높이는 경쟁에 지쳐갈 때, 오히려 가격으로 환산할 수 없는 완전한 관계에 대한 환상을 가지게 된다고 했다. 그러면서 그는 이를 상대방에게 아무 대가 없이 요구하는 이기적 사랑이라고 비판했다. 낭만적 사랑은 본질적으로 이기적이고 지속 불가능하며 어떤 의미에서는 퇴행적이다. 사랑이 모든 어려움을 극복할 수 있는 완전한 힘이라는 낭만적 사랑의 이데올로기는, 설사 연인 또는 부부 사이에 차이나 갈등이 있다 해도 두 사람의 사랑에 비하면 아무것도 아니므로 사소하게 받아들여야 한다고 강요한다. 그래서 결과적으로는 여성의 종속으로 귀결되는 경우가 많다. 기존 가부장제의 잔재가 남아 있는 경우에 남성보다 훨씬 취약한 지위의 여성이 불이익이나 어려움을 겪을 때, 사랑이라는 미명하에 묵살당하기 쉽다.

합류적 사랑   상대방의 정체성을 인정하는 가운데 두 사람의 관계를 조율해가면서 새로운 정체성을 이루는 사랑이다. 상대방의 정체성에는 관심을 가지지 않고 자기 욕망에만 몰두하는 열정적 사랑이나 반대로 상대방의 욕망이나 서로의 차이에는 관심을 두지 않고 완전한 헌신과 동일성을 강요하는 낭만적 사랑과 달리, 서로 독립적 존재 간의 성찰적 협력적 관계를 통해 만들어가는 사랑이다.

기든스가 사용한 합류적 사랑이라는 용어는 프롬이 《사랑의 기술The Art of Love》에서 말한 사랑의 온전한 의미에 해당한다. 기든스는 서로의 존재 자체를 인정하고 상대방에게 자신을 개방하는 합류적 사랑은 반드시 혼인과 연계될 이유도 없고, 또 반드시 이성 간의 사랑이어야 할 필요도 없다고 주장했다.

기든스가 분류한 세 종류의 사랑은 실제로 있는 유형이라기보다는 사랑의 이념형으로 받아들이는 것이 타당하다. 현실에서 세 가지 가운데 어느 하나로 완전히 환원되는 사랑은 찾기 어렵다. 다만 기든스가 지적하고자 한 바는, 낭만적 사랑에 지나치게 몰두하게 만든 근대 자본주의사회는 사랑을 일종의 이데올로기로서 강요하며 인간을 억압했다는 점이다.

마르크스에 따르면 근대사회는 존재하는 모든 것을 화폐와의 교환관계로 바꾸어놓는 시장화이며, 베버에 따르면 신비감이나 친밀감과 같은 속성 하나하나를 제거하는 냉정한 합리화의 결과다. 근대 자본주의는 사람들이 친밀감과 존재론적 안전감을 느끼던 지역사회나 친족집단 등 공동체를 대부분 해체시켜버렸고, 남녀 한 쌍의 사랑에 가족 운명을 걸어야 하는 핵가족만이 유일한 공동체로 남았다. 핵가족은 자본주의에서 가장 중요한 노동력을 생산(출산과 양육)하고 또 재생산(보살핌)하는 곳이기 때문에 반드시 보존해야 했다. 따라서 이성애와 일부일처제를 기반으로 하는 낭만적 사랑의 이데올로기는 자본주의체제 유지를 위해 필수일 수밖에 없는 것이다.

단란한 가족이라는 환상

핵가족의 보편화

낭만적 사랑으로 결속된 남녀와 그들 사이에서 태어나 사랑과 보살핌을 받는 자녀로 이루어진 단란한 가족의 이미지는 대부분이 바라는 소박하고도 일반적인 삶이다. 단란한 가족은 밖에서는 성실한 노동과 진취적 사업으로 가족을 부양하고 안에서는 자상한 남편이자 아버지가 되는 가부장으로서의 남성, 가정을 꾸리고 자녀를 양육하는 이른바 현모양처형 여성, 그리고 사랑스럽고 부모에게 애착을 가진 하나 또는 둘 이상의 자녀로 이루어진다. 이들은 자연적으로 결속된 절대 끊어지지 않는 관계를 맺고 영원한 사랑의 공동체로 어떤 반목과 갈등도 없으며 설사 있다 하더라도 이해와 사랑으로 극복한다. 가족 간 갈등은 비 온 뒤 땅이 굳어진다는 속담을 확인시켜줄 뿐이다.

영국에서는 왕실, 미국에서는 대통령이 국민에게 항상 단란한 가족의 전형적 이미지를 보여주는 역할을 담당했다. 단란한 왕실 가족과 대통령 가족의 모습은 국민에게 존재론적 안전감을 제공하며, 이런 모습이 정상적 가족이라는 고정관념을 강화한다. 왕실과 대통령 가족은 정상적 가족의 전범典範인 셈이다. 영국 빅토리아 여왕이나 미국 케네디 대통령이 그토록 많은 사랑을 받았던 것도 사람들이 일반적이고 정상적이라고 여기는 삶과 가족 이미지를 잘 보여주었기 때문이다.

그러나 단란한 가족이라는 이미지 역시 낭만적 사랑처럼 억압으로 작용한다. 오늘날에는 건실한 가장, 알뜰한 주부, 사랑스러운 아이들이 가족을 이루어 오순도순 살아간다는 소박한 꿈마저 이루기 쉽지 않다. 문제는 이토록 쉽지 않은 것이 훌륭한 가족이 아니라 정상적인 가족의 모습으로 여겨지는 데 있다. 이런 상황에서 단란한 가족과 다른 유형은 결손가족이라 불리며 문제가 있다고 간주된다. 결손가족이라는 용어가 '한 부모 가족'이라는 비교적 가치중립적 용어로 바뀐 것은 최근에 와서다. 하지만 여전히 한 부모 가족의 자녀가 사회적 배려 대상자로 분류되듯, 단란한 가족에서 벗어난 다른 형태의 가족에 대한 사회적 관용은 매우 협소하다. 그만큼 단란한 가족에 대한 사람들의 열망과 애착은 집요하고 확고하다.

사회학자들은 단란한 가족을 사회적 사실의 하나로 간주해 사회적 상상력의 도마 위에 올려놓았다. 불과 200년 전만 해도 오늘날의 단란한 가족은 비정상적 결손가족으로 취급받았다. 근대 자본주의 이전까지 대부분의 사회는 3세대 이상 구성원으로 이루어진 확대가족이 보편적이었고, 부부와 그들 자녀로 이루어진 핵가족은 확대가족 내부의 구성 요소로 존재하는 경우가 많았다. 설사 핵가족이라 해도 형제자매와 조카 들이 한마을에 거주해 사실상 확대가족 형태였고, 마을 전체가 친족집단으로 이루어진 집성촌도 드물지 않았다. 이런 시대에는 부부와 자녀만 따로 떨어져 사는 가족은 매우 외롭고 뿌리 없는 가족으로 보이기 십상이었다. 하지만 불과 100년 사이에 확대가족은 핵가족으로 문자 그대로 핵분열되었고, 선진국은 물론 개발도상국에서도 핵가족 비율이 점점 높아지고 있다.

여기서 우리는 두 가지 사실을 확인할 수 있다. 먼저 가족 형태가 시대와 사회에 따라 변하고 다양한 것은 사실이지만, 사람들은 어떤 형태로든 가족을 이루어 산다는 점이다. 또 핵가족이 유일무이한 가족 형태는 아니지만, 오늘날 세계적으로 가장 보편화된 형태며 지금도 계속해서 다른 가족 유형을 대체하고 있다는 사실이다. 그렇다면 오늘날 핵가족의 보편화를 가능하게 만든 배경은 무엇일까? 그리고 가족의 미래는 어떻게 될까?

미시적 민주주의의 요구

핵가족은 앞서 살펴본 낭만적 사랑과 무관하지 않다. 낭만적 사랑이 보편화되기 이전 혼인은 친족집단 간 또는 보다 큰 정치·사회집단 간 결속이었고 혼인 당사자에게는 결정권이 없었다. 로맨스라는 용어 자체가 사실상 중세 기사와 귀부인 사이의 불륜 이야기에서 비롯된 것이 이를 반증한다.

전통사회가 개인을 집단에 종속시키는 엄격한 규칙과 규제로 삶을 제약했고, 로맨스는 그 제약에서 벗어나고자 하는 개인 열망의 상징이었다. 그런데 막상 근대화와 함께 제약이 사라지거나 완화되자 새로운 문제가 등장했다. 이미 정해진 제한된 선택지 안에서 생각 없이 살았던 전통사회와 달리 개인이 수많은 의사결정에 직면한 것이다. 전근대사회에서는 요즘 유행하는 진로 교육이 필요 없었으며 그런 고민 따위는 하지도 않았다. 태어나는 순간 70퍼센트 정도는 삶의 경로와 형태가 정해져버렸다. 그러나 오늘날 우리는 아침을 어디서 무엇으로 먹을 것인가부터 아이를 몇 명 낳고 어떤 학교에 보낼지, 그리고 나라와 지구의 미래를 위해 책임 있는 시민으로서의 의사결정, 비판적이고 환경친화적 소비자로서의 의사결정까지 해야 한다. 벡 부부(울리히 벡 Ulrich Beck, 1944~2015과 엘리자베트 벡 게른스하임 Elisabeth Beck-Gernsheim)는 이를 '과잉공급된 선택지'라 불렀다.

과잉공급된 선택지를 갖고 살아가는 현대인은 번번이 선택의 기로에 선다. 선택 자체에 자주 부딪히면 삶의 안전감이 사라지며 무상함을 느끼고 때로는 외로움과 두려움, 불안 상태에 빠진다. 세상에 확실한 것이 거의 남아 있지 않을 때 인간은 철저히 개인이 되며, 자유롭다기보다는 키르케고르 Søren Kierkegaard, 1813~1855가 말한 '죽음에 이르는 병' 또는 '전율' 상태에 가까워진다. 사람은 안정적이고 확실한 대상을 통해 존재론적 안전감을 느끼기 마련이다. 하다못해 매일 아침 들르던 카페가 문을 닫거나 날마다 지나가는 길에 있던 가로수가 베어져도 우리는 불안감과 상실감을 느낀다. 하물며 사라져가는 대상이 공동체나 친밀집단, 늘 반복되던 익숙한 관행이나 습관이라면 그 상실감은 더욱 클 수밖에 없다.

게다가 철저히 개인화되면 선택 결과에 대한 책임을 대신 지어주거나

> **울리히 벡의 《위험사회》**
> 1986년 소련 체르노빌 원전 사고를 배경으로 저술한 《위험사회》로 유명한 울리히 벡은 산업화와 근대화를 통한 과학기술 발전이 현대인들에게 물질적 풍요를 가져다주었지만, 동시에 전에 없던 새로운 위험을 몰고 와 위험사회를 낳는다고 경고했다. 그에 따르면 근대화 초기에는 풍요를 확보하는 것이 중요했지만, 오히려 과잉공급된 요소들은 현대사회에서 개인에게 너무 많은 선택지를 제공함으로써 큰 부담으로 작용한다고 설명했다.

키르케고르의 실존주의

덴마크의 철학자 키르케고르는 실존의 문제를 제기해 실존철학과 변증법 신학에 큰 영향을 준 인물이다. 헤겔이 주장하는 보편정신의 존재를 부정하고 실존 개념을 정립해, 인간을 합리적 체계 속에서 해소되지 않는 불안과 죄책감을 가지고 언제나 '이것이냐 저것이냐'의 결단에 내몰리는 주체적인 존재라고 보았다. 또한 인간 정신을 어디까지나 개별적인 것으로 보아 개인의 주체성이 진리임을 주장하고, 당시의 교회가 권력과 결탁한 것을 비판했다. 키르케고르는 교회를 공격하는 내용이 담긴 《죽음에 이르는 병》을 고민 끝에 가명으로 출간했는데, 이 책에서 절망이 곧 죽음에 이르는 병이자 바로 자기상실을 의미한다고 말했다. 또한 그것은 자신을 있게 한 신과의 관계를 잃는 것이기도 했다. 그 밖의 저서로는 《이것이냐 저것이냐》《불안의 개념》 등이 있다.

함께해줄 존재 역시 사라지고 만다. 전통사회에서는 자연의 섭리, 전통, 높은 신분의 사람, 성직자, 연장자 등이 내린 선택을 따르기만 하면 되었다. 이는 억압이기도 했지만 한편으로는 책임으로부터 회피가 가능함을 의미했다. 또한 언제든지 따르기만 하면 되는 확고한 원칙이 있다는 사회적 안전감의 원천이기도 했다. 하지만 이제는 선택의 책임을 오롯이 개인이 감당해야 하며 그 무거운 선택의 순간에 혼자라야 한다. 프롬이 말한 이 자유의 공포에서 현대인은 벗어나고 싶어 한다.

　자유의 공포가 커질수록 사람들은 외로움과 두려움을 떨치고자 존재론적 안전감에 대한 욕구로 갈급한다. 그럴수록 사랑 자체와 사랑하는 상대방에게 더 집착하고 의존하며 혼인과 가족 위상도 달라진다. 주요 생산수단인 토지에 결부될 수밖에 없는 전통사회에서 가족은 그 자체로 하나의 생산단위이자 일종의 정치집단이기도 했다. 이와 관련한 극단적 예 가운데 하나가 청나라를 세운 만주족이다. 만주족은 가족=친족집단=군대편성=행정구역이라는 사회체제를 가지고 있었다. 이 정도까지는 아니더라도 전통사회에서 가족, 생산단위, 행정단위 사이에 구별은 모호했다. 수신제가修身齊家라 할 때 '제가' 역시 가족을 다스린다는 의미보다는 작은 단위의 고을을 다스린다는 의미로 해석할 수 있다. 고대 로마의 파밀리아familia 또한 부모와 자식뿐 아니라 친족과 고용인, 노예까지 망라한 의미로 오늘날의 기업이나 농장에 더 가깝다.

산업혁명은 거대한 기계식 공장이 가동되면서 사실상 가족과 결부된 작은 규모의 생산단위가 파괴되었다는 것과 일맥상통한다. 흔히 가내수공업이 소멸되었다고 말하지만, 핵심은 가족과 공장의 차이지 손이냐 기계냐가 아니다. 즉 산업화는 가족 단위 생산의 소멸과정이다. 마찬가지로 근대 대의정치는 가족의 기능에서 의미 있는 공공영역으로서의 기능을 소멸시켰다. 이제 가족은 자신을 고용해주는 공장을 찾아 떠나는 개인들로 해체되었고, 결합 가능한 유일한 단위는 개인들 가운데 남녀가 만나 이루는 핵가족만 남았다. 임신과 출산 이외의 방법으로 다음 세대 노동자를 만드는 방법이 있다면 핵가족마저 해체되는 압력이 있었을지 모를 일이다.

우리에게 언제나 이상적 가족 형태로 보였던 단란한 가족은 실제 가족의 역사에서 최근에야 등장했으며, 기존 가족제도가 폭력적으로 파괴된 후 남은 파편과 같은 것이다. 권위적 억압적 대가족에서 부부 단위의 핵

고대 로마의 가족

고대 로마의 가족 단위는 파밀리아로 남편과 아내 그리고 이들의 자녀만 속하는 개념이 아니라 집에 함께 거주하는 노예와 하인, 다른 친척까지 포함해 모두 가족 공동체 안에서 생활했다. 가족 안에서는 가부장paterfamilias이 모든 재산에 대한 권한뿐 아니라 식구들에 대한 생살여탈권까지 가지고 있었다. 로마 시대 초기에는 경제 규모가 크지 않아 대가족이 모여 살았지만, 점차 경제가 발전하고 인구가 늘어 가족 규모도 함께 커지자 각자 분가해 살면서 새로운 가구를 형성하기 시작했다. 하지만 이들 모두 가부장 아래 한가족의 일원으로 살아가기는 마찬가지였다. 서로 혈연관계로 연결된 여러 가족집단을 씨족이라 하는데, 이는 곧 정치적 경제적 연대이기도 했다. 로마 정치에서 씨족은 공적인 지위가 있었던 것은 아니지만, 귀족의 씨족 사이에 혼인을 통해 몇몇 가문들이 로마를 이끌게 되었고 특히 공화정 시대에는 일부 유력 가문이 정계를 지배하기도 했다.

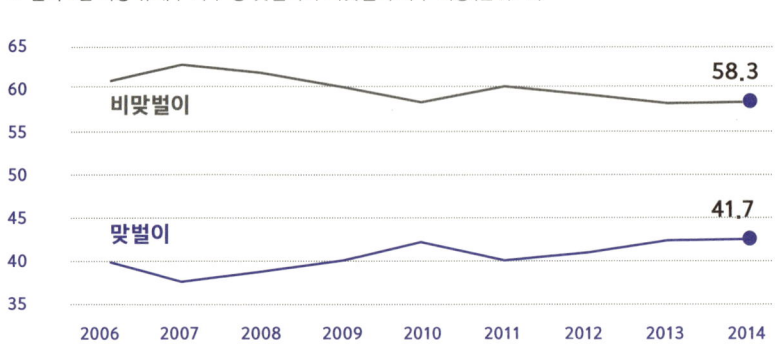

표 9-1 맞벌이와 비맞벌이 가구 비중 추이

가족이 독립해나온 게 아니라는 말이다.

또한 이렇게 탄생한 핵가족이 단란한 가족이 되기란 흔한 일이 아니다. 성실하고 자상한 가장과 자애롭고 알뜰한 주부, 사랑스러운 자녀로 이루어진 단란한 가족상은 너무 강력하게 우리 마음을 지배하고 있지만 어느 사회든 이런 가족은 매우 한정된 계층에서만 가능하다. 일례로 미국의 경우 단란한 가족이 보편적이었던 시기는 1950년대 잠시뿐이었고, 한국에서는 1988~1997년 사이에나 가능했던 일이다. 오히려 단란한 가족의 이미지로 인해 자기 가족을 문제가 있거나 비정상으로 느끼는 억압에 시달리는 사람이 많은데, 이때 비정상의 책임은 대부분 여성에게 전가된다.

실제로 표 9-1을 보면 2014년에 맞벌이 가구 비율이 41.7퍼센트나 된다. 비맞벌이 가구 58.3퍼센트에 비혼인 1인 가구도 포함되어 있음을 감

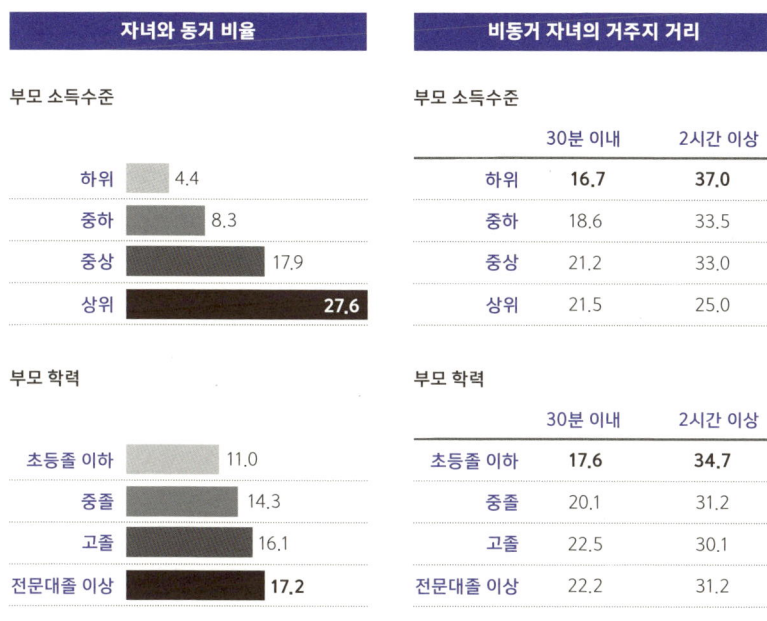

표 9-2 부모의 소득수준과 학력에 따른 자녀와의 동거 비율과 비동거 자녀의 거주지 거리

안 하면, 오히려 맞벌이 부부가 외벌이 부부보다 더 많다고 볼 수 있다. 특히 중산층이나 상류층 맞벌이 부부의 비율은 변화가 없거나 줄어든 반면, 빈곤층의 맞벌이 비율은 늘어난 것으로 나타났다. 이는 곧 빈곤층 여성들이 일하지 않으면 가계가 유지되기 어려운 상황으로 내몰리고 있음을 보여준다. 또 표 9-2는 소득수준과 학력이 높을수록 부모와 자녀의 동거 비율이 높다는 통계자료다. 가난한 가족일수록 자녀가 빨리 독립하거나 부모가 일자리를 찾아 집에서 먼 곳으로 이주하는 경우가 많음을 알 수 있

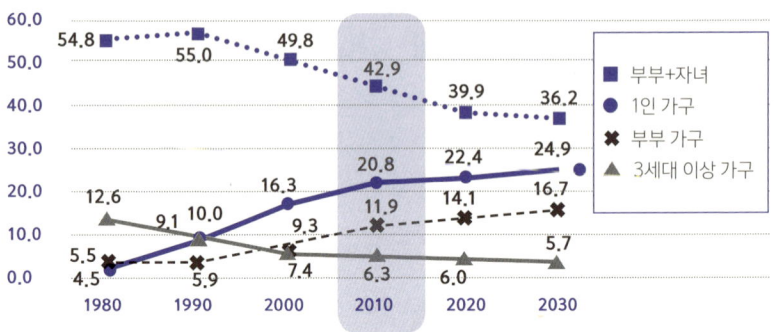

자료: 1980~2000년은 인구주택총조사(통계청), 2010~2030년은 장래가구추계(통계청)

표 9-3 서울시 세대 구성별 주요 가구 형태

다. 이렇듯 단란한 가족은 아무나 이룰 수 있는 것이 아니다.

심지어 최근에는 핵가족마저 개인 단위로 해체되어가는 경향이 늘고 있다. 표 9-3에서 가족 유형 변화를 살펴보면 전형적 핵가족인 '부부+자녀'로 이루어진 가족 비율이 해가 갈수록 줄어들어 전체 가족의 절반에도 미치지 못함을 확인할 수 있다. 확대가족 역시 2010년에 1980년과 비교해 절반 이하 수준으로 줄어들었고, 대신 1인 가구와 자녀 없는 부부 가구가 큰 폭으로 늘어났다.

계속해서 증가 일로에 있는 이혼율 역시 가족 구성의 변수다. 저출산 현상으로 자녀가 하나밖에 없는 경우가 많아 이혼한 배우자 가운데 어느 한쪽이 1인 가족, 다른 한쪽은 한 부모 가족이 되는 사례가 많다. 게다가 이혼으로 인해서거나 외환위기와 금융위기 이후 경제 사정이 악화되면서 부모가 양육을 포기한 아이를 조부모가 양육하는 조손가족 역시 부쩍 늘고 있다. 그 밖에 혈연=가족이라는 공식을 깨고 혈연이 아닌 사람들 간 공동체 가족도 등장하고 있으며, 네덜란드나 미국 일부 주(州)에서는 동성 부부와 입양한 자녀로 이루어진 가족도 존재한다.

결국 전통적 혈연 공동체로서 가족은 물론이고 핵가족까지 그 의미를 상실하고 해체되어가고 있는 형국이다. 그럼에도 확인할 수 있는 사실은 사람들은 어떻게든 가족을 이루려고 노력한다는 것이다. 또한 가족의 의미는 퇴색했지만 혼인제도는 여전히 건재하다.

벡 부부는 가족 형태 변화에 대해 가족 또는 혼인제도가 이미 생산단위나 애정의 공유라는 기존 기능을 상실했음에도 고독의 두려움 때문에 유지되고 있다고 진단했다. 익숙하고 친밀한 것들이 모두 파괴되고 해체되어 차가운 교환가치로 환원되어버린 세상에서 불안과 고독의 위협에 시달리는 개인에게 주어진 거의 유일한 출구가 바로 결혼이며, 이로써 만들게 될 가족인 것이다.

실제로 한 결혼정보회사에서 2013년 4월 미혼남녀 825명(남성 392명, 여성 433명)을 대상으로 '결혼의 현실적 이유'에 대해 실시한 설문조사를 보면 남성들은 외로움(32.7퍼센트), 안정성(21.4퍼센트), 의무감(19.9퍼센트) 순으로 응답했고 여성들은 안정성(28.9퍼센트), 주변의 시선(26.3퍼센트), 외로움(18.9퍼센트), 의무감(13.4퍼센트) 순으로 응답했다. 사랑해서 결혼한다는 낭만적 사랑과 단란한 가족은 이미 그 생명력이 다했다. 그러나 불안하고 외로운 현대인들은 여전히 유일한 탈출구로서 결혼과 가족을 꿈꾼다.

가족과 혼인제도는 오늘날 좋거나 나쁘다는 식의 평가 대상이 아니라

간절한 것 또는 마지막 보루가 되었다. 이제 가족은 사랑으로 이루어진 완전무결하고 영원한 보금자리가 아니다. 끊임없이 해체 위기에 시달리고 있지만 그럼에도 불구하고 불안과 외로움에서 탈출할 수 있는 몇 안 남은 대피소 같은 존재다. 따라서 가족은 자연적으로 당연히 유지되는 당위의 공동체가 아니라 지키기 위해 많은 노력이 필요한 위기의 공동체다.

기든스와 벡 부부에 따르면 공동체 유지를 위한 노력은 무엇보다도 구성원 간 차이를 인정하는 것부터 시작해야 한다. 각자 자신만의 고유한 정체성을 가지고 살아가는 개인들이 외로움과 불안을 달래기 위해 서로 교섭하고 조정하며 이루어가는 공동체가 바로 가족이다. 따라서 '가족이기 때문에'라는 명분으로 가해지던 여러 당위 규범은 이제 '가족을 이루기 위해' 교섭해야 하는 일종의 합의로 바뀌어야 한다.

10장

여러 가지 사회문제

요즘 세상 살기가 너무 힘들다고들 한다. 하루가 멀다 하고 온갖 충격적인 사건 사고와 정치와 경제계의 스캔들 소식이 들려온다. 이럴 때 사람들은 입버릇처럼 되뇐다. "문제야, 문제." 그런데 이는 과연 누구의 문제일까? 끊임없이 우리를 괴롭혀온 문제들이 개인의 문제인지 사회의 문제인지 생각해보자.

사회문제란 무엇인가

사회문제의 의미

 삶은 문제를 해결해나가는 과정의 연속이다. 문제라 함은 해결하지 않으면 피해가 계속되는 난처한 상황을 의미하는데, 예를 들어 투자에 실패해 많은 빚을 떠안게 되었다거나 계단에서 발을 헛디뎌 발목을 삐었다거나 면접이 있는데 늦잠을 자고 말았다거나 하는 등이 모두 문제 상황이다.
 여러 문제 가운데 개인이나 일부 집단의 잘못이 아니라 사회제도나 사회구조의 결함과 모순이 원인이고, 그 피해도 개인이 아니라 집단적으로 발생하는 것들이 있다. 따라서 개인이나 특정 집단의 노력만으로 해결할 수 없고 사회 전체 차원에서 해결책을 찾아야 하는 문제를 사회문제라 한다. 이런 경우 당사자에 대한 개인 차원의 원조가 아니라 사회정책적 견지에서 결함이나 모순을 시정해야 문제를 해결할 수 있다.
 사회문제는 시대에 따라 달리 나타나기 때문에 과연 어떤 것들이 사회문제가 될지 예단하기 어렵다. 예를 들어 전통사회에서 빈곤은 사회문제가 아니라 개인의 나태함과 도덕적 해이의 문제였다. 또한 사회문제를 바라보는 관점은 시대뿐 아니라 사회조건과 지역에 따라 차이가 크다. 오늘날 유럽에서는 빈곤을 사회문제로 보는 경향이 강한 반면, 한국이나 미국에서는 아직도 개인문제로 보는 시선이 제법 많다.

하지만 대체로 실업(고용), 교육, 빈부격차(가난의 대물림), 환경, 인구, 청소년, 고령화, 인종, 교통 등과 관련된 문제는 사회문제로 간주한다. 물론 이는 고정된 목록이 아니며 시간이 갈수록 사회 규모가 커짐에 따라 각각의 사회 사이에서 갈등이 발생하고, 사회 내 여러 영역이 유기적으로 연결되면서 사회문제가 다양해지는 경향이 있다. 과거에는 사회문제가 아니었던 것이 사회문제가 되거나 심각하지 않았던 것이 이제는 심각한 사회문제로 받아들여지기도 하고, 아예 존재하지 않았던 새로운 문제가 등장하기도 한다.

사회문제의 원인

기능론 관점에서 사회문제가 발생하는 원인은 사회의 항상성이 유지되지 못해 병리현상이 나타나는 경우와 사회 각 부분들의 발전과 성장 속도가 달라 불균형 상태에 빠지는 경우, 그리고 체계가 제대로 기능하지 못하는 경우다.

먼저 사회의 항상성이나 균형이 깨지는 경우는 주로 사회발전과 변동 속도와 관련 있다. 급격한 사회변동으로 기존 가치와 규범이 힘을 상실한 상태에서 새로운 가치와 규범이 정립되지 못했을 때 사회는 통합력을 잃고 구성원들은 규범적 공황에 빠져 일탈이나 범죄, 우울증, 자살 등 각종 문제가 증가한다. 앞서 살펴보았듯이 뒤르켐은 이런 상황을 아노미라고 했다(3장 참고). 그는 종교와 집합의식을 통해 연대를 유지하는 기계적 연대 사회가 계약과 합의로 이루어지는 유기적 연대로 넘어가는 과정에서, 종교와 관습법을 대체하는 계약법과 민법체계가 완비되지 못한 19세기를 아노미 상황으로 보았다. 그리고 당시에 급증하는 사회문제를 아노미 상태에서 발생하는 병리현상으로 해석했다.

한편 사회체계 각 부분의 변동 속도 차이에서 비롯된 불균형은 주로 경제적 생산을 담당하는 체계와 가치·문화를 담당하는 체계 간 변동 속도가 달라서 발생한다. 마치 사춘기 청소년에게서 흔히 보이는 신체 각 부분의 동일하지 못한 성장 속도나 신체와 정신의 성장 속도가 어긋나는 데서 오는 성장통 또는 우리 몸이 항상성을 유지하지 못해 질병에 걸리는 것에 비유할 수 있다. 보통은 생산체계 변동 속도가 아주 빨라 문명의 이기들이 끊임없이 쏟아져 나오는 데 비해 이를 활용할 때 지켜야 할 가치체계, 즉 문화체계가 미처 그 속도를 따라가지 못해 일명 문화지체라 부르는 상황이 발생하고 만다.

마지막으로 기능론에서 제시하는 사회문제의 원인은 사회에서 특정한 기능을 담당한 체계가 제 기능을 하지 못하거나 부작용을 일으키는 등

끊임없이 발생하는 사회문제

사회 곳곳에서 일어나는 사회문제의 형태만큼이나 그 발생 원인도 다양하다. 기능론의 경우 갑자기 일어난 사회변동으로 인해 사회의 항상성이 깨질 때나 생산체계와 문화체계의 속도 차에 의해 불균형 상태가 될 때, 또 사회의 특정 체계가 역기능을 할 때 사회문제가 발생한다고 보았다. 한편 갈등론자들은 지배계급과 피지배계급 사이에 나타나는 사회적 불평등에 의해 사회문제가 발생한다고 말한다. 더 막강한 권력을 가지고 있는 지배층은 자신들의 지위를 유지하는 데 급급해 이기적으로 행동하며 사회문제를 일으키고, 생산물의 분배나 사회적 편익에서 제외된 피지배층 역시 불만이 쌓여 각종 사회문제를 발생시킨다.

역기능하는 경우다. 우리 몸에 비유하면 암세포가 발생했거나 특정한 기능을 항진시키기 위해 투여한 약이 부작용을 일으키는 것이라고 할 수 있다.

갈등론 관점에서 사회문제의 원인은 사회적 불평등이다. 특정 계급이나 계층에게 사회의 중요한 자원과 가치가 집중되면 소외되거나 착취된 사람들의 불만이 누적될 수밖에 없다. 결국 이들은 이런저런 범죄나 일탈의 길로 들어설 가능성이 커진다. 또 지배계급은 자신들의 이익을 안정적으로 유지하는 데만 관심을 두다보니 사회 전체의 발전보다 지배체계를 유지하려는 쪽으로만 움직인다. 따라서 그 사회가 당면한 과제를 해결하지 못하고 사회 전체 생산과 분배체계를 취약하게 만들어 결국 각종 사회문제가 발생한다.

일탈과 범죄

가장 오래된 사회문제

일탈이나 범죄 관련 소식을 접할 때 우리는 비로소 이 사회에 어떤 문제가 있다는 자각을 한다. 젊은이들이 사회규범을 어긴다거나 흉악한 범죄 소식이 늘어나면 사람들은 "말세야, 말세"라는 식의 반응을 보이는데, 이는 규범을 위반하는 행동이나 범죄를 개인의 도덕성 문제로만 보지 않는다는 뜻이다.

특히 다수가 따르는 사회규범을 위반하는 일탈과 법을 어겨 처벌 대상이 되는 범죄는 가장 오래된 사회문제다. 일탈과 범죄는 흔히 비슷한 의미로 쓰이지만 엄밀히 말하면 일탈이 범죄보다 훨씬 넓은 외연을 가진다. 모든 범죄는 일탈이지만 모든 일탈이 범죄는 아니다. 그러나 오늘날 사회가 크고 복잡해지면서 법이 규제하는 행위의 범위도 상당히 확대되어 사실상 일탈과 범죄를 거의 비슷한 의미로 사용해도 큰 무리는 없다.

인간은 사회와 문화라는 환경에서 살아가는 존재이므로 자연스레 그 영향을 받으며 특정 환경에서 일탈행위를 할 가능성이 더 높아질 수도 있다. 물론 그것이 범죄자의 책임을 면제해주는 핑계로 사용될 수는 없다. 사회학적 설명은 어디까지나 사회적 사실로서 일탈과 범죄가 증가할 가능성만을 해명하는 것이지, 그런 조건에서 실제로 일탈과 범죄행위를 할지를 결정하는 주체는 개인이다.

병리현상으로서 일탈의 기능

기능론을 지지하는 사회학자들은 범죄와 일탈 원인을 사회 내 구조적 긴장이 증가하고, 상대적으로 도덕적 규제 기능은 부족해진 데에서 찾는다. 사회 내 구조적 긴장은 주로 개인들이 지닌 욕망과 사회에서 욕망을 충족하는 가능성의 격차에서 비롯된다. 이 둘 사이에 차이가 클수록 사람들은 일탈적 동기를 가지며, 이를 억제할 수 있는 도덕적 규제 기능이 사회 내에 없거나 허약하다면 그들은 일탈행위를 하게 된다. 이때 중요한 것이 도덕적 규제 기능이다. 모든 사람의 욕망을 충족시킬 수 있는 사회란 존재할 수 없기 때문에 일탈의 동기는 언제든 존재하며, 만약 도덕적 규제 기능이 제대로 작동하지 못한다면 사회는 일탈이 급증하는 상황에 처한다. 바로 뒤르켐과 머튼이 강조한 아노미 상태다. 기존 도덕적 규제체계가 무용지물이 되고 새로운 도덕체계가 정립되지 않은 과도기에 사람들은 도덕적 규제 기능이 거의 없는 사회를 살아가면서 쉽게 일탈에 빠져든다. 따라서 일탈행위는 개인문제가 아닌 사회문제라고 볼 수 있다.

뒤르켐은 현대사회에서 일탈과 범죄는 불가피할 뿐 아니라 필요하다고

까지 말하며 기능적으로 정당화했다. 기계적 연대를 이룬 전통사회와 달리 유기적 연대의 현대사회는 모든 사람이 완전히 합의한 규범이 존재할 수 없기 때문에, 어떤 방식으로든 일탈행위가 나타날 수밖에 없다는 것이다. 또한 그는 일탈행위가 사회 전체에 중요한 기능을 담당한다고 주장했다. 하나는 합의했던 규범이나 가치가 시대에 뒤떨어진 것일 수 있다는 경고의 기능이고, 다른 하나는 좋은 사람과 나쁜 사람의 경계를 분명하게 해줌으로써 좋은 사람들 간에 동질감을 강화시키는 기능이다. 그는 전자를 혁신의 기능, 후자를 연대의 기능이라 칭했다.

이어서 머튼은 규범의 일시적 부재 상황이라는 뒤르켐의 아노미 개념을 규범과 사회적 현실 사이의 갈등 상황으로 더욱 정교하게 규정했다. 어떤 사회에서 가치 있게 여기는 것을 획득하는 방법과 정당하고 올바르다고 정한 규범이 동떨어져 있을 경우 아노미가 발생한다는 말이다. 예를 들어 물질적 성공, 즉 부를 매우 가치 있게 여겨 "부자 되세요"라는 말이 덕담이나 인사로 쓰일 정도의 나라가 있다고 하자. 그런데 그 나라에서 법과 도덕을 잘 지키는 것이 부자가 되기 위한 경로에서 점점 멀어지는 결과를 초래한다면 이것이 바로 아노미 상태며, 그 사회에서 살아가는 사람은 강한 일탈적 동기(성공하려면 법을 어겨야 한다)를 가질 수밖에 없다. 따라서 머튼은 사회적 불평등이 증가하면 일탈과 범죄의 증가로 이어질 가능성이 크다고 예측했다.

대부분 일탈이나 범죄행위는 개개인이 아닌 집단으로 나타날 때가 많다. 아노미 상황에서 개인은 각자 알아서 범죄를 저지른다기보다 불량 서클이나 갱단을 조직해 집단으로 움직인다. 미국의 저명한 범죄학자 코언 Albert K. Cohen, 1918~2014은 이를 하위문화 subculture라는 말로 설명했다. 사회적

하위문화

하위문화란 어떤 사회의 지배적 문화와는 별도로 사회에서 소외된 계층이나 소집단에서 생겨나 발전하는 독특한 문화다. 코언은 자신들이 속한 사회의 구조적 힘 때문에 박탈감을 느끼는 집단이 지배계급 혹은 중산계급의 문화가치를 거부하는 일탈적 행동을 할 때, 하위문화가 생성된다고 설명했다.

불평등이 극심하고 성공에 이르는 경로에 법과 규범이 별 도움이 되지 않을 때, 하층에 속한 이들은 단지 일탈이나 범죄행위만 하는 게 아니라 일탈과 범죄를 정당화하는 새로운 규범을 공유하고 반항하는 하위집단으로 연대한다는 것이다.

갈등론 정치행동과 저항으로서의 일탈

일탈과 범죄에 대한 갈등론적 설명은 대개 두 가지로 나뉜다. 하나는 일탈과 범죄행위를 사회문제가 아닌 일종의 정치행동으로 보는 것이다. 갈등론 사회학자들에게 규범이나 법은 가치중립적이지 않으며, 사회 지배체제를 유지하고 지배계급의 이익을 지키기 위해 만들어진 정치적인 것이다. 따라서 규범을 준수하는 행동은 도덕적인 것이 아니라 오히려 체제 순응적 행동에 가깝다고 보았다. 또한 지배층은 자신들의 이익과 지배에 도전하는 행위를 일탈과 범죄로 규정한다고 지적했다.

그 증거로 지배층은 노동계급이나 하층민이 자주 저지를 수 있는 범죄(절도, 폭력, 강도 등)에 대해서는 엄격하게 규정하면서, 부자가 저지를 수 있는 범죄(조세 포탈, 주가 조작, 횡령 등 이른바 화이트칼라 범죄)에는 보다 관대한 규정을 적용할 뿐 아니라 실제로 잘 검거되지도 않는다는 점을 들 수 있다. 실제로 한두 명의 신체나 재산에 손실을 입히는 폭력이나 절도에 비해 화이트칼라 범죄는 수많은 사람의 재산권을 파괴하고 비관 자살과 같은 수많은 파생적 피해를 가져오므로 훨씬 더 엄하게 처벌해야 마땅하지만 그렇게 규정된 나라는 많지 않다. 결국 일탈과 범죄는 하층계급에게 집중되며 사법기관은 주로 이들에게 공권력을 행사한다.

그러므로 갈등론에 따르면 일탈과 범죄는 단지 개인적인 행위가 아니다. 그것은 정치적 행위이자 기존 사회체제, 특히 자본주의체제에 대한 적극적 거부와 저항이다. 갈등론의 주장은 일탈과 범죄 그리고 이를 통제하는 형법체계의 정치적 속성을 환기시켰다는 평가와 함께 범죄행위를 지나치게 낭만적으로 다루었다는 비판도 받는다.

한편 두 번째로는 일탈과 범죄에 대한 지나친 낭만화를 경계하자는 설명도 있다. 이들은 불평등에 항의하는 위장된 저항이라는 주장 대신 대중이 느끼는 두려움과 공포를 인정해야 한다고 말한다. 범죄자에 대한 일반적 두려움은 지배계급이 퍼뜨린 잘못된 이미지 때문만은 아니다. 대부분의 갈등론 학자들이 범죄 발생 원인을 사회구조적 요인에서 찾으려 심혈을 기울일 때, 이들은 관점을 달리해 범죄 피해로부터 안전할 권리가 사회적으로 불평등하게 분배되어 있다는 점을 지적했다.

상호작용론 일탈적 정체성의 구성

상호작용론자들은 다른 사람과 상호작용을 통해 일탈과 범죄가 학습되고 나아가 범죄자의 정체성이 구성된다고 보았다. 상호작용론에서 개인은 미리 주어진 보편적 규범이나 규칙을 따르지 않고 처한 상황에서 취득한 역할에 따라 행동한다. 따라서 어떤 사람의 행동을 예측할 수 있는 가장 강력한 변인은 그가 의미 있다고 여기는 집단, 즉 그의 정체성과 연결된 집단이다. 자신이 속한 집단이 범죄자들로 이루어져 있다면 그는 집단의 인정을 받기 위해 범죄를 저지를 것이다. 또 어릴 때부터 범죄와 일탈이 난무하는 환경에서 자란 사람이라면 범죄를 장려하는 일반화된 타자의 관점을 의식해 자아를 형성할 것이다. 한마디로 범죄자끼리 모이고 그들 간에 상호작용이 지속되는 상황이 일탈과 범죄가 늘어나고 대를 이어 계속되는 원인이다.

일탈과 범죄를 다룬 상호작용론 연구 가운데 낙인이론이 대표적이다. 베커Howard Becker, 1899~1960는 일탈이나 범죄가 사회적 낙인을 통해 형성된 일탈정체성을 가진 사람에 의해 행해지는 경향이 있다고 주장했다. 그는 어떤 행위가 정상이고 일탈인가에 대한 명확한 구분이 불가능하다고 보았다. 그가 관심을 기울인 대상은 일탈 자체가 아니라 사회적으로 일탈자라고 낙인찍힌 사람들이 일탈자로 만들어지는 과정이다. 일탈행위 그 자체는 누구나 크건 작건 일상생활 속에서 무수히 범할 수 있는 것이다.

문제는 특정 부류에게 사회적 낙인을 찍음으로써 일탈행위를 그가 가진 정체성의 한 부분으로 만들어버리는 과정이다. 여기에는 현재 사회의 권력구조가 반영된다. 예를 들어 중산층 자녀로 보이는 청소년들이 애플 제품이 즐비한 매장 근처를 어슬렁거린다면 부모를 졸라 신형 스마트폰이나 컴퓨터를 사러 왔다고 생각할 것이다. 그러나 빈곤층이나 이주노동자의 자녀로 보이는 청소년들이 매장 근처를 서성인다면 잠재적 절도범으로 취급당해 매장 직원의 의심스러운 눈초리와 감시를 받을 가능성이 크다. 이런 식으로 사회 지배구조에서 약자 위치에 있는 사람들은 사소한 일탈행위조차 심각한 일탈이나 범죄로 취급받는 경험을 하는데, 이는 곧 그들의 자아의식에 영향을 미친다. 애플 매장에서 "나중에 부모님이랑 같이 와"라는 말을 들으며 밖으로 밀려난 경험은 정체성 주변부에 머무르지만 "야, 이 나쁜 녀석들아. 절대 못 훔쳐간다. 썩 나가"라며 쫓겨난 경험은 정체성 한가운데 낙인처럼 찍히면서 일탈행위를 강화시킨다.

낙인이론에 따르면 결국 일탈자나 범죄자를 만드는 사람들은 일탈행위와 범죄행위를 규제하고 교정하는 사람들과 제도, 예를 들어 학교와 경찰이다. 교정 기관들은 사회에서 어느 정도 있을 수밖에 없는 사소한 일탈행위까지 심각하게 취급하고, 특히 사회적 약자와 소수자를 사소한 일탈행위를 빌미로 범죄자로 규정해 처벌함으로써 그들을 실제 범죄자로 만든다. 이를 베커는 "기껏 다른 아이들보다 담배를 몇 해 먼저 피우는 데 그쳤을 아이를 흡연을 빌미로 처벌해서 미래의 갱스터로 만든다"고 비유한 바 있다. 낙인이론은 쉽게 말해 '바늘 도둑을 소 도둑'으로 만드는 과정을 잘 보여준다.

그러나 낙인이론은 교정기관이 어떤 행위를 두고 일탈이나 범죄로 낙인찍는 과정을 자의에 의한 것처럼 과장한다는 비판을 받는다. 사실 바늘 도둑도 엄연히 도둑이라는 말이다. 또한 낙인이론은 최초로 낙인찍힌 일탈행위가 발생한 원인을 설명해내지 못한다. 아무리 교정기관이나 권력기관이 범죄자라는 낙인을 찍고 싶어도 아무 짓도 하지 않은 사람에게 그런 낙인을 찍지는 않기 때문이다.

빈곤과 사회문제

빈곤은 누구의 책임인가

　빈곤이란 소득수준이 일정 기준 이하에 처한 상황이다. 여기서 기준을 어떻게 설정하느냐에 따라 절대적 빈곤과 상대적 빈곤으로 나뉜다. 절대적 빈곤은 생존에 필요한 수준 이하의 생활을 하는 것으로 그 생활수준은 대체로 비슷하다. 상대적 빈곤은 사회에서 통념상 받아들이는 최소 수준 이하의 생활을 말한다. 따라서 상대적 빈곤의 기준이 되는 생활수준은 그 사회 전체 생활수준에 따라 달라진다.

　빈곤문제는 사회적 불평등에 속한 듯 보이지만 사실은 그렇지 않다. 사회적 불평등은 계급, 지위집단 또는 젠더에 따라 자원이 불공평하게 분배되는 것을 의미한다. 물론 불공평한 분배로 불리한 위치에 있는 계급이나 계층이 빈곤선 이하의 상황으로 떨어지는 경우도 있겠지만 반드시 그렇지는 않다. 그리고 그런 계급이나 계층이 빈곤하지 않다고 해서 사회적 불평등이 없는 것도 아니다.

룸펜 프롤레타리아

룸펜 프롤레타리아는 마르크스가 처음 사용한 용어로《자본론》에서 부랑자, 범죄자, 매춘부 등을 중심으로 하는 사회계층을 일괄적으로 지칭한 말이다. 이들은 일정한 거주지가 없고 거의 일을 하지 않으며 취업할 의사도 없다. 노동 의욕과 능력을 상실했으므로 일반 실업자와는 다르다. 때때로 반혁명 세력에게 돈이나 음식 등을 제공받으면서 자신의 금전적 욕구 때문에 프롤레타리아혁명을 방해하고, 반동적 운동에 동원되어 사회에 혼란을 조성하기도 한다.

지금까지 빈곤은 사회구조보다 개인의 문제거나 예외적 상황이라는 통념이 강했다. 마르크스조차 가장 빈곤한 층을 '룸펜 프롤레타리아'라 부르며 그들의 빈곤을 사회구조적 문제라기보다 당사자의 게으름과 도덕적 타락 탓으로 돌려 사회의 기생충이라고 비난하기를 마다하지 않았다. 그러나 빈곤의 원인이 본인의 게으름과 타락에 있다 하더라도 빈곤층이 늘어나는 현상은 사회적으로 결코 바람직하지 않다. 오늘날에는 빈곤을 사회문제로 분류해 국가가 적극적으로 개입하는 경우가 많다. 빈곤의 원인이 사회구조에 있는지 개인의 문제인지와 무관하게 빈곤선 이하 인구의 증가는 범죄와 같은 다른 사회문제의 원인이 되기 때문이다.

빈곤의 측정

빈곤을 측정하기 위해서는 먼저 빈곤선을 정해야 하는데 나라마다 다르게 설정한다. 한국은 중위소득의 50퍼센트를 빈곤선으로 잡지만, 평균소득의 50퍼센트를 빈곤선으로 정한 나라도 있다. 영국은 난방, 실내화장실과 욕실, 침대 등 최소한의 생활에 필요한 26개 항목을 정한 다음 이 가운데 3개 이상이 결핍되면 빈곤층, 7개 이상 결핍되면 극빈층으로 규정한다. 보통은 많은 나라가 중위소득의 50퍼센트를 빈곤선, 70퍼센트를 준빈곤선(차상위 계층)으로 삼는다.

중위소득이란 국민을 소득이 많은 순으로 정렬했을 때 정확히 중간 순위에 해당하는 소득이다. 한국의 경우 2014년을 기준으로 가구당 월 4,210,000원(세전 기준)이 중위소득으로 나왔다. 따라서 한국의 빈곤선은 여기에 0.5를 곱한 2,105,000원으로 월가구소득이 이에 미달하는 계층이 빈곤층이다.

빈곤선
최저한도의 생활을 유지하는 데 필요한 소득수준을 말한다. 영국의 사회문제 연구가 라운트리B. S. Rowntree, 1871~1954가 제기한 개념이다. 그는 빈곤을 화폐 기준으로 바꾸어 표현하면서 '효율적인 육체 활동을 유지하고자 최소한의 생필품을 구입하는 데 필요한 소득수준을 획득하지 못한 상태'로 규정했다. 그 수준은 생계비나 건강 등에 의해 측정되며 체력을 유지하기 곤란한 정도의 생활 상태인 경우, 사회학자들은 일반적으로 '절대적 빈곤'이라고 규정한다.
한편 '상대적 빈곤'은 특정 사회의 구성원 중에서 다수가 누리는 생활 상태에 미치지 못하는 수준을 의미하며, 개인이 주관적으로 느끼는 빈곤이다. 이는 상대적 박탈감과 불평등 개념과 관련되며 그 사회의 관습과 생활수준에 따라 다르게 느끼는 빈곤이다.

전체 인구에서 빈곤층이 차지하는 비율을 빈곤율이라 하는데, 빈곤율이 0퍼센트인 사회는 있을 수 없다. 빈곤율이 10퍼센트를 넘거나 빠르게 늘어나는 모습을 보인다면 빈곤이 심각한 사회문제임을 알 수 있다. 한국의 빈곤율은 무려 16.5퍼센트나 되어 OECD 평균 11.5퍼센트를 훨씬 상회한다. 특히 노인 빈곤율이 48.4퍼센트에 달한다. 65세 이상 인구의 절반이 빈곤선 이하에서 생활한다는 뜻이다. 이를 두고 한국인 6명 중 1명은 나태하다는 설명이나 젊을 때는 성실하고 근면했던 사람들이 65세가 넘으면 갑자기 게을러진다는 설명은 모두 상식에 맞지 않으므로, 한국의 높은 빈곤율은 사회문제로 보는 것이 타당하다. 참고로 세계에서 빈곤율이 가장 낮은 나라는 대만으로 1.5퍼센트에 불과하다.

빈곤에 대한 설명

 빈곤문제는 크게 '희생자 나무라기 이론'과 '체계 나무라기 이론'으로 대별된다. 희생자 나무라기 이론은 빈곤을 개인의 결핍 탓으로 돌린다. 결핍 대상에는 건강, 활력, 동기, 능력, 기술 등이 포함된다. 가난한 사람들이 상호작용하고 모여 살면서 이른바 '빈곤의 문화'를 형성하는데 이들은 숙명론적 태도, 낮은 성취동기, 높은 의존성 등으로 대표된다. 이와 같은 빈곤 가정에서 태어난 아이들은 어릴 때부터 빈곤의 문화 안에서 사회화를 거치고 결국 빈곤이 대물림된다. 이를 근거로 희생자 나무라기 이론 입장에 선 사람들은 복지제도를 비난한다. 복지제도는 장애 같은 선천적 결핍이 없는 멀쩡한 사람들의 성취동기를 훼손하고 의존적 태도를 강화시켜 빈곤을 확대재생산한다는 것이다.
 그러나 신자유주의와 함께 복지제도가 축소되었음에도 오히려 빈곤율이 급격하게 늘어나고 있다는 점, 별 탈 없이 살던 계층이 빈곤층으로 떨어지면 다시 재기하지 못하는 빈곤 재생산 비율이 늘어나고 있다는 점은 빈곤이 단순히 희생자를 나무라서 해결할 수 있는 문제가 아님을 보여준다.
 체계 나무라기 이론은 빈곤층의 낮은 성취동기와 높은 의존성을 인정하지만 이것은 원인이 아니라 결과라고 말한다. 오히려 성취동기를 가지고 빈곤을 탈출하고자 했으나 성공하지 못한 경험이 이들에게 숙명론적이고 의존적인 태도를 강화시켰다고 주장한다. 그러나 빈곤층 가운데 실제로 성취동기나 의존성, 심지어는 도덕성에 문제를 가진 사람이 상당히 많다는 사실이 드러나면서 빈곤을 무조건 체계 탓이라며 개인의 책임을 면제해주는 것 역시 온당한 설명은 되지 못했다.

앞의 두 관점과는 별도로 최근 사회적 배제이론이 빈곤에 대한 설명으로 등장했다. 사회적 배제란 특정한 속성을 가진 집단을 그 사회에서 불완전하게 수용하거나 주변부로 몰아넣는 현상을 일컫는다. 즉 특정 계층이 사회적으로 배제되면서 최하층으로 내몰린다는 이론이다. 특히 이 이론은 세계화와 더불어 이주노동자가 늘어나면서 더욱 설득력을 얻고 있다. 사회적 배제는 주로 다인종, 다민족 국가에서 자주 나타나지만, 단일민족 국가에서도 특정 지역이나 농촌 등이 배제되는 형태로 나타날 수 있다. 특정한 속성을 가진 집단을 배제시킬 경우 빈곤을 그 집단의 특성으로 환원하는 것이 가능해져 빈곤이 사회문제라는 생각을 하기 어렵게 만든다.

인구와 사회문제

인구의 성장

　인구문제는 인구의 절대적 크기, 변동 속도, 분포 등으로 인해 발생하는 문제다. 인구가 너무 많은 것도 문제지만 적은 것도 문제고, 특정 지역에 집중된 것도 문제가 될 수 있다.

　전통사회에서 인구는 국력의 상징으로 여겨졌다. 맹자에게 자문을 구했던 고대 중국 군주들은 한결같이 인구가 늘어나지 않는다고 한탄했다. 그러나 산업화 이후 인구가 급증하면서 지나치게 빠른 인구성장이 재앙을 초래할 것이라는 경고가 끊이지 않았다. 이를 맬서스는 《인구론》에서 "식량은 산술급수적으로 증가하는데 인구는 기하급수적으로 증가한다"는 문장으로도 표현했다. 부양 능력을 넘어서는 인구 증가는 궁핍과 기근을 불러올 가능성이 커 억제해야 한다는 주장을 흔히 맬서스주의라 부른다.

　인구성장은 일반적으로 인구성장률을 구해 산출한다. 인구성장률은 연간 출생 인구에서 연간 사망 인구를 뺀 후에 그 수치를 전체 인구로 나누어 백분율로 표시한 것이다. 통상 2퍼센트가 넘으면 인구가 급격히 증가하는 것이며 1퍼센트에 미달하면 서서히 증가한다고 본다. 이와 더불어 인구 배증 시간을 구하는 방법도 있는데, 그 나라 인구가 장차 두 배로 늘어나는 데 걸리는 시간을 산출하는 것이다.

실제로 전 지구적 차원에서 인구는 여전히 매우 빠른 속도로 늘어나고 있다. 약 기원전 3만 5,000년에 출현한 현생인류가 10억 명에 도달한 시기는 1800년 전후였다. 1900년에 이르러 이미 20억 명을 넘어섰으며 2000년에는 60억이 넘었다. 계속해서 이 속도로 인구가 증가하면 2050년경에는 100억을 넘을 수도 있다. 지구라는 하나의 공간과 한정된 자원을 이용해야 하는 인류에게 이와 같은 인구성장 속도는 큰 위협이다.

게다가 증가한 인구 대부분이 인구 부양 능력이 부족한 개발도상국에서 발생한다는 점이 더 큰 문제다. 개발도상국 가운데 인구성장률이 3퍼센트가 넘는 나라가 많은데, 이는 23년 만에 인구가 지금의 두 배로 늘어난다는 말이다. 더불어 인구성장률이 높은 나라와 기아아동 비율이 높은 나라가 거의 일치한다는 사실에도 주목할 필요가 있다.

인구문제의 양극화

전 지구적으로 보면 인구의 급격한 성장이 문제지만 이런 현상이 모든 나라에서 일관되게 나타나는 것은 아니다. 선진국에서는 오히려 저출산으로 인한 인구 감소와 고령화가 심각한 문제로 대두되었다. 저출산은 새로 출생하는 인구가 감소해 사회 재생산이 위협받는 상황을 말하며, 고령화는 사망률 감소와 저출산으로 인해 사회에서 고령층(만 65세 이상)이 차지하는 비율이 높아지는 현상을 말한다. 고령화를 측정하는 방법은 고령인구 구성비와 고령화지수다. 고령인구 구성비는 전체 인구 가운데 고령인구의 비율이며, 고령화지수는 14세 미만 인구 대비 65세 이상 인구의 비율이다. 고령인구 비율은 현재의 사회가 고령화사회인가를 판가름하는 기준이며, 고령화지수는 앞으로 사회가 고령화될 것인지의 추이를 예측하기 위한 도구다.

국제연합의 기준에 따르면 고령인구의 비율이 7퍼센트 이상이면 고령화사회, 14퍼센트 이상이면 고령사회, 20퍼센트 이상이면 초고령사회다. 표 10-1을 보면 한국은 2000년 고령화사회에 접어들었으며, 2013년 12.2퍼센트로 늦어도 2018년 이전에 고령사회 진입이 확실시된다. 이는 가장 빠

국가	도달 연도			증가 소요 연수	
	고령화(7%)	고령(14%)	초고령(20%)	7%→14%	14%→20%
한국	2000	2018	2026	18	8
일본	1970	1994	2006	24	12
프랑스	1864	1979	2018	115	39
이탈리아	1927	1988	2006	61	18
미국	1942	2015	2036	73	21
스웨덴	1887	1972	2014	85	42

자료: 통계청, 2006 장래인구추계

표 10-1 주요 국가별 인구의 고령화 현황

르게 초고령사회에 진입한 일본을 능가하는 속도다.

고령화지수 역시 빠르게 높아지고 있다. 고령화지수가 100을 넘으면 고령층 인구가 유소년 인구보다 많다는 의미로 고령화가 매우 빠르게 진행될 것을 암시한다. 한국의 고령화지수는 2013년 이미 80을 넘었으며, 2030년경에는 200을 넘을 것으로 보인다. 노후복지 대책이 미비해 고령층 빈곤율이 50퍼센트에 달하는 나라에서 이런 급속한 고령화는 사실상 국가경제의 전반적인 침체를 의미하는 것으로 매우 심각한 문제다.

인구문제는 개발도상국과 선진국 간에 전혀 다른 양상으로 나타난다. 그림 10-2와 같이 두 경우 모두 사회가 부양해야 하는 인구가 노동 가능 인구보다 많다는 점에서는 마찬가지여도 그 양상은 정반대다.

개발도상국에서 인구가 급증하는 가장 큰 원인은 대규모 가족을 선호하는 전통사회 문화가 남아 있는 가운데 근대적 의학과 위생의 도입으로 사망률, 특히 유아사망률이 크게 떨어진 데 있다.

그림 10-2 개발도상국과 선진국의 피부양 인구 비중

반면 선진국의 경우 사회 활력이 점점 사라질 것을 예측할 수 있다. 선진국에서 고령화가 급격히 진행되는 원인은 평균기대수명 증가와 낮은 합계출산율이다. 평균기대수명은 새로 출생한 영아가 앞으로 몇 살까지 생존할 수 있는가를 측정한 것으로 평균수명과는 다른 개념이다. 평균기대수명이 80세인 나라는 그보다 훨씬 고령의 인구가 많다. 합계출산율은 여성 한 명이 평생 낳을 것으로 예상하는 아기의 수인데, 남녀가 커플을 이루어 출산하기 때문에 합계출산율이 두 명보다 적을 경우 인구 감소에 대한 예비지표 역할을 한다.

대부분의 선진국은 의학과 위생의 발달, 좋은 영양 상태 등으로 기대수명이 75세를 넘어 고령층까지 생존하는 것으로 나타나지만, 합계출산율은 대체로 두 명에 미치지 못한다. 특히 동아시아 선진국들의 합계출산율은 한 명을 겨우 넘는 수준이다. 그 원인으로 여러 가지가 지적되는데 특히 봉건적 문화잔재를 들 수 있다. 즉 맞벌이 부부의 경우 자녀 양육 부담이 분담되지 않고 여성에게 전가되는 문제로 인해 여성이 결혼과 출산을 기피하는 현상이 나타난 것이다. 또한 과중한 교육경쟁으로 인한 양육비 부담도 하나의 원인이다.

한국사회 역시 2000년대 이후 맞벌이를 하지 않으면 가계를 유지하기 어려운 가구가 많아져 맞벌이가 보편화되었지만, 표 10-3에서 확인할 수 있듯이 가사노동은 여전히 아내가 전담하는 경향이 커 여성에게 이중의 부담이 되고 있다. 따라서 여성들은 직업 경력과 가사를 모두 감당하는 시기를 가능한 한 늦추려는 모습을 보이고, 이는 혼인 연령이 높아지는 데 영향을 미친다. 만혼현상은 대체로 선진국 가운데 가부장제 영향력이 강하게 남아 있는 동아시아 국가들에서 두드러진다. 표 10-4에서 보듯 그중

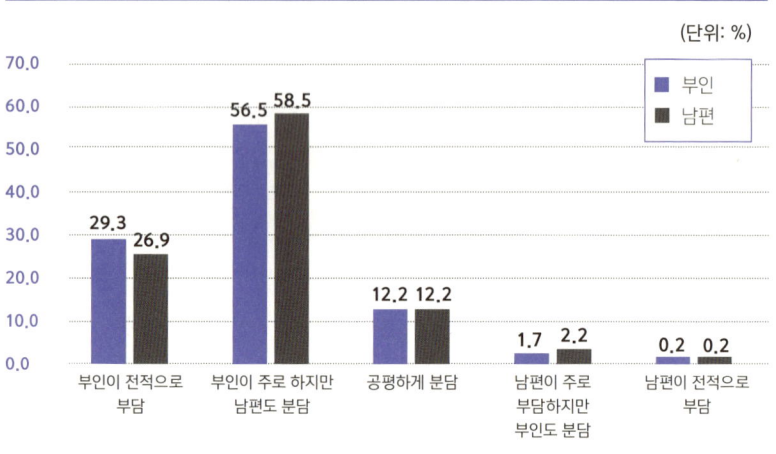

표 10-3 가사 분담 실태

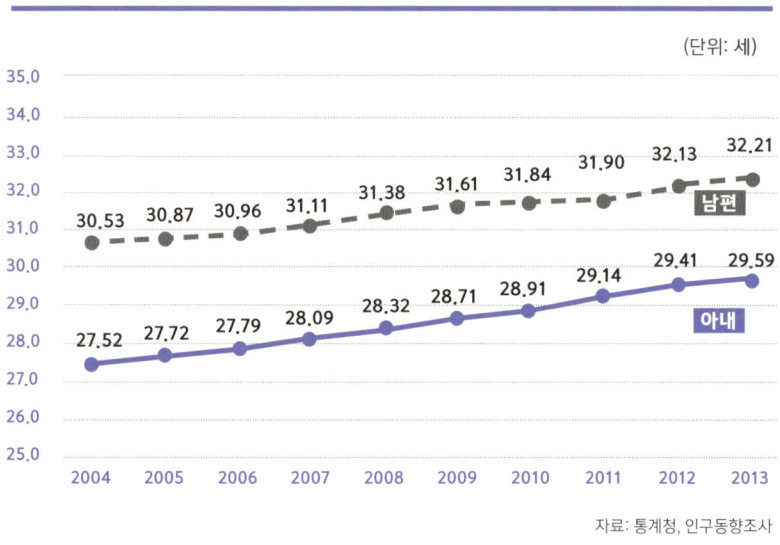

표 10-4 성별 평균초혼연령

에서도 한국 여성의 평균초혼연령이 2013년을 기준으로 29.59세에 달해 가장 늦은 편이다.

왜 갈수록 여성들은 늦게 결혼하고 출산을 기피하는 경향을 보일까? 한때 여성의 교육수준 증가와 사회 진출을 원인으로 제시하는 경우가 많았다. 그러나 오늘날에는 자녀 양육비용의 급증, 불완전고용 확대 등을 원인으로 꼽는다. 갈수록 사회 전체의 경제성장률에 비해 노동임금 인상률이 뒤떨어지고 있으며, 그나마도 이미 노조로 뭉친 정규직 노동자들 몫으로 돌아갈 뿐이다. 혼인 적령기에 이른 젊은이들은 언제 해고될지 모르는 불안한 직장생활을 하며 선배보다 훨씬 적은 몫의 임금을 받고 일한다. 이런 상태에서 결혼이나 출산을 하는 것은 자기 한 몸도 건사하지 못하는 주제에 책임지지 못할 일을 벌이는 것이라고 생각하는 사람이 늘고 있다.

사회문제의 새로운 양상

정보화 역기능

컴퓨터와 정보통신의 급속한 발달 그리고 네트워크화는 우리 삶에 과거에는 상상하기도 어려웠던 편의성을 제공하지만, 동시에 전혀 존재하지 않았던 부작용도 일으켜 정보화 역기능을 가져왔다.

정보화 역기능은 작게는 컴퓨터나 모바일 기기에 과몰입해 발생하는 신체와 정신 건강상 문제부터, 이를 이용한 각종 신종 범죄와 불건전한 정보(음란, 폭력, 불법물)의 빠른 확산, 크게는 개인 정보 대량유출로 인한 인권침해와 대규모 재산 손실에 이르기까지 그 범위가 매우 넓고 양상도 다양하다. 이 가운데 피해가 개인에 그치지 않고 사회 전반의 안정을 해칠 만한 문제는 스미싱이나 파밍 등 사이버 범죄와 대량의 개인 정보 유출, 정보 불평등을 들 수 있다. 게다가 이 세 가지는 서로 연결되어 있는 문제기도 하다.

초기 사이버 범죄는 타인의 컴퓨터에 장난삼아 침투하는 해킹 정도였으나 점차 게임 아이템이나 전자화폐같이 전자정보 형태로 이루어진 자산의 존재를 이용한 신종 사기나 절취로 발전했다. 마치 실제 사회에서 생활하는 것처럼 사이버 세계에서 살아가는 적지 않은 수의 사람들에게 아바타나 온라인 게임 캐릭터와 관련된 각종 아이템은 현실의 각종 용품과 장신구처럼 엄연한 자산이다. 사이버 자산은 엄밀히 말해 소유자에게 있는 게 아니라 해당 사이버 세상이 펼쳐지는 서버에 저장되어 있기 때문에 악의적 해킹에 의해 언제든지 절취당할 수 있다.

더욱 심각한 문제는 사이버 아이템뿐 아니라 각종 금융자산 역시 금융기관 서버에 저장되어 있다는 점이다. 우리는 은행에 돈을 저축한다고 생각하지만 과거처럼 금고에 돈이나 금이 보관되는 것이 아니라, 단지 은행 서버에 우리 계좌 정보만 바뀌어 저장되는 것에 불과하다. 따라서 금융기관 서버가 해킹당하면 과거 은행 강도와는 비교가 되지 않을 정도로 엄청난 피해가 발생할 수 있다. 은행 강도는 기껏해야 탈취한 은행 금고에나 피해를 주지만, 은행 서버가 해킹당할 경우 거의 모든 금융자산이 일거에 피해를 볼 가능성이 크다. 컴퓨터와 인터넷 발달로 금융거래가 시공간 제약을 넘어 매우 빠르고 편리해졌지만 반대급부로 사기단이나 절취범이 공간적 제약을 받지 않는 문제도 발생했다.

또한 금융자산에 대한 위협을 넘어 개인 정보나 사생활도 큰 위협에 처했다. 생활세계의 식민화가 진행되는 상황에서 일상생활 영역은 자유의 마지막 보루나 다름없다. 그런 일상 영역을 다른 누군가가 훤히 들여다보고 있다면 마치 사회 전체가 거대한 원형감옥, 즉 파놉티콘panopticon이 된 것과 마찬가지다. 이 역시 정보화의 편익과 함께 찾아온 문제다. 정보통신의 발달로 우리는 시공간 제약을 거의 받지 않고 다른 사람과 소통할 수 있

> **생활세계의 식민화**
> 일상생활에서 정부와 자본의 영향력이 강해지는 현상을 말한다.
>
> **파놉티콘**
> 영국의 철학자이자 법학자 벤담Jeremy Bentham, 1748~1832이 죄수를 감시할 목적으로 설계한 원형감옥이다. 중앙에 높은 감시탑을 세우고 그 둘레를 감옥들이 둘러싼 구조로 간수는 죄수들을 한눈에 들여다볼 수 있지만 죄수들은 간수를 볼 수 없다.

는 기회를 얻었다. 국제우편이나 국제통화의 부담 없이 전 세계인을 상대로 대화할 수 있고 직접 대면 없이 친구를 사귀며 각종 모임을 조직할 수도 있다. 하지만 그러는 동안 우리는 각종 정보통신 서비스에 신상 정보와 일상생활의 흔적을 남기고, 이것이 해당 서비스 업체 서버에 차곡차곡 누적된다. 일명 빅데이터라 불리는 막대한 정보는 통신 서비스 업체만 수집하는 것이 아니며, 국가기관 역시 국민의 각종 신상 정보를 모두 전산화해 정부 서버에 저장하고 있다. 덕분에 각종 증명서를 발급받거나 건강보험 등 사회보장 서비스를 손쉽게 누릴 수 있는 장점이 있지만, 반대로 정부가 수천수백만 명의 신상 정보를 수집해 관리하는 상황도 막을 수 없다.

이렇게 축적된 엄청난 규모의 개인 정보가 대량으로 유출된다면 이는 원자력발전소 방사능 누출 사고에 비견할 수 있을 만큼 심각한 문제다. 그 피해는 작게는 광고성 스팸 문자나 메일 증가부터, 크게는 자신도 모르는 사이에 신상 정보가 범죄 등에 이용될 가능성까지 다양하다. 또 신상 정보가 기업이나 정부처럼 힘 있는 집단에 넘어갈 경우 개인의 자유가 극도로 위축되어 물 샐 틈 없는 통제사회를 경험할 수도 있다.

한편 정보 불평등은 정보에 대한 접근권이 신분, 계층, 계급에 따라 차별적으로 배분되는 현상이다. 이는 비단 정보화사회에만 존재하는 것은 아니다. 근대 이전 사회에서는 지배계급만 문자 해독 능력을 가진 경우가 많았고, 산업사회에서도 중산층 이상 계급만 고등교육을 받을 수 있었다. 그럼에도 정보화사회에서 왜 유독 정보 불평등이 심각한 사회문제로 대두되는 것일까? 정보화혁명으로 정보기기를 다룰 수 있는 능력과 정보 접근 기회의 작은 차이가 엄청난 정보격차를 가져왔기 때문이다. 또 지식과 정보가 부의 창출에서 핵심 역할을 하면서 정보격차가 곧바로 빈부격차와 연결된다는 점도 있다. 반대로 빈부격차가 다시 정보격차에 영향을 주기도 한다. 정보화사회는 정보가 홍수를 이루는 상황에서 필요한 정보를 취합해 아이디어를 생성하는 능력과 대량의 정보를 처리할 수 있는 고가의 장비가 필수적이다. 그러나 빈곤층은 이런 능력을 계발할 교육을 받거나 장비를 구입할 시간적 경제적 여력이 부족한 경우가 대부분이다. 정보에서도 빈익빈 부익부 현상이 일어나 기존 빈곤문제와 결합해 빈부격차가 훨씬 더 벌어지는 것이다.

사회문제의 세계화

세계화는 사실상 외국이라는 개념을 폐기처분했다. 우리 모두는 지구에 거주하는 운명 공동체로 이제 국경 밖에서 일어난 사회문제가 나와 별 관계없을 것이라는 기대는 환상에 불과하다. 초국적 자본으로 세계노동시장과 자본시장이 거의 통합되면서 어느 한 나라 경제 사정이 다른 나라 경제 사정과 무관하지 않게 되었다. 그리스의 경제위기를 보면서 '게으른 나라의 복지병' 운운하며 혀를 차는 다른 나라의 노인들이 투자한 은퇴자금 목적의 펀드가 반 토막 날 수 있는 상황인 것이다. 세계화 물결은 특히 규모가 작은 나라 입장에서는 치명적인 불안정성의 원인으로 작용한다.

거대한 금융자본이 국경을 비트 단위 시간으로 넘나든다. 일개 헤지펀드가 수십 개국으로부터 투자자를 끌어들여 웬만한 개발도상국 GDP보다 더 규모가 커졌다. 펀드 하나가 중소국 경제를 휩쓸고 지나가는 것은 큰일도 아니고, 그 여파가 도미노처럼 인접 국가까지 번지면서 세계 경제위기를 만들어낼 정도다. 어느 나라 금융기업이 운용하는지와 무관하게 헤지펀드가 거대 금융자본에 대규모 손실을 입거나 파산할 경우 그 손실은 수십 개국 투자자에게, 또다시 수십 개국 금융기업에게 전가된다. 어느 한 나라의 경제위기 또는 한 금융기업의 파산은 결코 남의 일이 아니다.

환경문제 역시 한 나라만의 문제가 아니다. 원자력발전소에서 방사능 누출 사고가 일어난다면 발전소가 자리한 나라나 인접 국가뿐 아니라, 경우에 따라서는 거의 전 세계로 피해가 확산될 수 있다. 일본 후쿠시마에서 유출된 원자력발전소 핵물질이 심해 해류를 타고 태평양 연안 거의 모든 나라에 영향을 끼쳤다. 이로 오염된 어류 또한 일본에서만 소비되는 것이 아니라 해산물을 재료로 쓰는 각종 가공식품을 생산 유통하는 모든 나라에 공급될 수 있다. 중국의 급격한 산업화와 도시화로 인한 환경 파괴는 황사와 미세먼지를 일으켜 중국은 물론 한국과 일본까지도 고통스럽게 만들고 있다. 인도네시아에서 벌어지는 무분별한 원시림 남벌과 화전 때문에 발생한 대규모 산불은 인도네시아뿐 아니라 말레이시아, 싱가포르, 베트남 사람들의 호흡기에도 심각한 악영향을 끼쳤다.

전 세계를 공포에 떨게 만들었던 에볼라 바이러스 역시 기니 만 연안 국가들의 경제적 어려움과 정치적 혼란이 단지 아프리카만의 문제가 아님을 보여주었다. 사람들이 에볼라 바이러스에 느꼈던 공포는 특히 발병 국가의 불안정한 정치 상황에서 비롯되었는데, 발병 환자나 보균자에 대한 철저한 방역이 제대로 이루어지지 않았을 것이라고 생각했기 때문이다. 결국 세계는 언제든 퍼져나올 수 있는 에볼라 바이러스에 대한 공포에 떨면서 그 지역 나라들의 정치적 불안과 빈곤에 무관심했던 대가를 치렀다. 이제 아프리카 어느 나라에 군사 쿠데타가 일어나고 정치와 행정이 혼란스럽다는 뉴스가 그저 머나먼 남의 나라 일이 아닌 것이다.

범죄마저 세계화되고 있다. 한때 인터넷은 사파티스타와 같이 압제에 저항하는 혁명가들의 전 세계적 연대, 그린피스나 국제앰네스티 같은 초국적 시민운동을 가능케 했지만 정보

> **사파티스타**
> 멕시코 농민과 원주민이 결성한 저항 조직이다.

사회의 이점이 꼭 좋은 뜻을 가진 세력에게만 이용되는 것은 아니다. 세계 각국의 범죄조직이나 테러조직 역시 인터넷망을 통해 연결되어 있다. 특히 과거와 달리 두목의 소재지가 반드시 조직 중심지일 필요가 없어졌다. 두목이 어디에 있더라도 그의 지령은 인터넷망을 타고 전 세계로 전달되며 마찬가지로 새로운 조직원도 세계 어디에서나 쉽게 충원될 수 있다. 따라서 이들 조직은 과거보다 훨씬 넓은 지역과 여러 나라에 흩어져 느슨한 연대를 이루고 있음에도 오히려 더 강고한 조직 결집력을 유지한다. 근거지가 일정치 않은 오늘날의 범죄조직이나 테러조직은 국경 너머 다른 나라가 새로운 중심이 되어 언제든 부활할 수 있기에 그들 조직을 소탕하기가 매우 어려워졌다. 서남아시아를 피로 물들이고 있는 IS는 빈 라덴을 처단함으로써 이슬람 근본주의 테러조직을 소탕했다고 생각한 것이 얼마나 시대착오적 발상이었는지를 증명한다.

여기에 더해 세계금융이 네트워크로 연결된 점을 이용해 다양한 검은 거래가 국경을 넘나들며 손쉽게 이루어지고 있다. 사람은 국경을 넘지 않고 정보만 넘나들며 범죄가 조직되는 경우가 많아 속지주의에 기반한 각국 사법체계가 우롱당한다는 것이 큰 문제로 대두되었다. 이에 대응하기 위해 국가 간 범죄자인도협정이나 국제경찰 등을 창설하려는 노력이 활발하지만, 아직 범죄의 세계화 속도를 따라가지 못하고 있다. 특히 어느새 전 세계적 분업체계를 만들어버린 국제마약 카르텔은 이제 한 나라의 힘만으로는 어찌할 수 없을 정도가 되어버렸고, 공권력이 약한 나라에서는 오히려 정부보다 더 강력한 세력을 이루고 있다.

11장

사회변혁에 관하여

우리 삶을 어렵게 만드는 것이 사회의 구조적 문제라면 당연히 이를 뜯어고쳐야 한다. 사회가 알아서 바뀌기만을 기다리는 것은 절대 해결책이 아니다. 구성원들이 나서서 사회를 바꿀 수밖에 없다. 그런데 역사를 살펴보면 이는 늘상 아주 어려운 일이었고, 끔찍한 희생을 대가로 요구했다. 민주주의라는 나무는 피를 먹고 자란다는 말까지 있는데, 사회는 이렇게 피를 보지 않으면 바뀌지 않는 것일까?

사회변혁에 대한 여러 입장들

진보와 보수

사회문제가 심각해지고 해결하기가 곤란해지면서 기존 사회체제와 사회구조를 바꾸어야 한다는 움직임이 일어났다. 이 움직임은 사회를 어느 정도로, 또 어떻게 변화시키는가를 보는 관점에 따라 온건, 급진, 보수, 진보, 우파, 좌파 등 여러 경향으로 나뉜다. 그런데 이 용어들이 엄격한 의미로 사용되지 않다보니 수많은 혼란과 갈등의 원인이 되기도 한다.

진보와 보수는 한국에서 흔히 좌파와 우파의 동의어처럼 쓰이지만, 실제로는 무관하다. 진보와 보수는 사회문제의 원인을 찾는 시점이나 추구하는 사회 변화 속도에 따라 나눈 것이고, 좌파와 우파는 사회적 불평등에 대한 태도와 경향에 따라 나눈 것이다. 따라서 진보적 좌파나 우파 또는 보수적 좌파나 우파 모두 성립 가능하다. 실제로 진보주의라는 말을 처음 사용한 사람들은 오늘날 좌파로 분류되는 사회주의자들이 아니라 우파에 가까운 자유시장경제주의자들이었으며, 토지에 기반한 귀족의 가치관을 대변한 사람들이 보수주의 흐름을 대변했다.

흔히 알려진 바와 달리 보수주의는 사회문제의 존재를 부정하면서 현 상태를 무조건 긍정하거나 변화 필요성을 무조건 부정하지 않는다. 다만 보수주의는 사회문제의 발생 원인을 과거로부터 내려온 좋은 전통과 가치가 무너진 데서 찾거나 사회변동 속도가 너무 빠르거나 새로운 요소를 무분별하게 들여온 데서 찾는다.

서양의 보수주의를 대표하는 사상가 버크Edmund Burke, 1729~1797와 흄David Hume, 1711~1776은 인간이 완전한 진리를 인식할 수 있다는 가능성을 부정한다. 불완전한 존재로서의 인간인 한 개인이나 이런 개인들이 모여 구성한 집단이 완전한 진리를 알 수 없다. 따라서 어떤 확신을 가지고 사회를 개혁하려는 사람은 매우 위험하다. 먼 옛날부터 면면히 내려온 문화와 전통과 가치 등은 개인을 넘어서는 수많은 사람들의 역사적 온축이므로 존중받을 가치가 있으니 섣불리 바꾸려 해서는 안 된다는 것이다.

동양의 보수주의는 유교사상가들에 의해 구현되었다. 온고지신溫故知新이라는 말처럼 유교는 옛것을 높이 평가한다. 그러나 옛것을 익히는 궁극적 목적을 새로운 것을 아는 일에 두었기 때문에 변화를 부정하지 않는다. 실제로 공자나 맹자 모두 당대 손꼽히는 사회 비판가였다. 그들은 춘추전국

대표적인 보수주의자 버크
보수주의는 프랑스혁명 이듬해인 1790년 출간된 버크의 저서 《프랑스혁명에 관한 성찰》을 통해 사상적 조류로서 이론적 기초를 갖추게 되었다. 영국 휘그당 영수로 활약한 버크는 이 책에서 전통적이고 공동체적인 삶을 파괴해버린 프랑스혁명의 과격성을 비판하며, 혁명에 동조하는 영국의 개혁론자들을 논박해 기존 체제를 보수하고자 했다. 즉 급진적 사회변혁보다 검증된 과거의 전통을 존중하면서 점진적으로 사회를 개선해나가자고 주장했다. 또한 독재체제에 반대하고 정당정치를 통해 권력의 남용을 견제했으며, 보편적 원리에 의해 판단하는 정치적 행위를 통해 국가의 이익과 정의를 실현하는 정치철학을 제시한 그는 오늘날 보수주의의 아버지로 평가받는다.

시대가 겪는 혼란과 고통의 원인을 통치자들의 탐욕으로 성현들이 만들어놓은 시서예악詩書禮樂이 제대로 전승되지 않았고, 옛 제도가 함부로 훼손된 데서 찾았다. 따라서 공자나 맹자의 사회개혁사상은 '영원하고 완전한 과거'를 지향한다.

반면 진보주의는 새로운 것을 긍정하며 인간 사회가 계속 성장하고 발전하리라는 낙관적 전망을 가진다. 특히 진보주의는 대항해시대, 과학혁명과 관련이 있다. 대항해시대는 막연한 공포의 대상이었던 자연에 인간이 도전할 수 있다는 자신감을 불어넣었고 눈에 보이지 않는 먼 세상에 대한 동경도 심어주었다. 또 과학혁명은 인간이 신의 계시나 과거 전승에 도움을 받지 않고서도 자연의 신비를 밝히고 확실한 지식을 얻을 수 있다는 자신감을 키워주었다. 자연법칙을 알게 되면 자연의 미래를 예측할 수 있어 미래를 막연하고 불안한 대상이 아니라 확실하게 통제하고 더 나아가 인간이 만들어낼 수 있는 대상으로 대할 수 있다. 진보주의는 기본적으로 현재보다 더 나은 세상을 만들 수 있다는 인류의 자신감에서 비롯한다. 실상 자기 능력에 대한 믿음과 확신이 부족한 상태에서는 현재가 과거보다 낫고 내일이 오늘보다 더 나을 거라는 생각을 하기 어렵다.

진보주의의 또다른 특징은 역사와 시간의 방향성이다. 역사는 비록 굴곡이 있을지언정 어떤 한 목표 지점을 향해 날아가는 화살과 같다. 목표에 가깝게 다가갈수록 인류는 더 발전하고 위대해진다. 이 방향이 무엇이냐에 대해서는 사상가마다 주장이 엇갈리지만 그럼에도 볼테르Voltaire, 1694~1778, 콩도르세, 생시몽, 마르크스, 듀이 등 여러 진보주의자들이 공통으로 인정하는 것은 지식과 자유가 늘어나는 방향으로의 진보라는 점이다. 이를 듀이는 '가능성의 확장'이라고 간결하게 표현했다. 역사는 인류가 더 많이 알고 더 자유로워져 더욱 많은 것을 이룰 수 있는 방향으로 발전한다는 것이다.

사회문제를 바라보는 진보주의 관점은 크게 두 가지다. 하나는 문제를 해결하기 위해 사회구조를 더 좋게 바꾸어야 한다는 관점이고, 다른 하나는 비록 지금은 고통을 수지만 보다 중요한 변혁과 진보를 위해 치러야 할 일종의 산고産苦라는 관점이다.

흔히 생각하는 것처럼 진보주의와 사회주의가 밀접하게 연결되거나 같은 말이 아니다. 1960년대 서유럽에서는 사회주의자들이 자본주의의 병폐를 비판하며 진보의 위치를 차지하고 있었지만, 1990년대 동유럽 사회주의자들은 낡은 기존 체제를 고집스럽게 지키려는 보수파였다. 진보주의의 본질은 가능성의 확대를 위해 사회를 바꾸자는 것이지 자본주의를 철폐하고 사회주의를 실시하는 것이 아니다.

좌파와 우파 사회주의와 자본주의

좌파와 우파는 사회적 불평등에 대한 태도에 의해 갈라진다. 현재의 사회적 불평등을 심각하지 않거나 불가피한 것으로 보면 우파, 심각하게 여겨 반드시 평등한 방향으로 움직여야 한다고 보면 좌파다. 이런 기준은 어느 시대에나 적용되어왔지만 용어 자체가 쓰이기 시작한 시기는 프랑스혁명 이후다. 프랑스혁명이 일어난 후 의사당에서 혁명의 목적을 정치적 자유보다 사회적 평등에 두는 세력이 주로 왼쪽 의석에 모여 있었다는 데서 좌파라는 말이 유래했다.

사회주의는 특히 시장경제 확대와 산업혁명 결과, 대규모 노동계급이 형성되면서 평등주의가 체계화된 사상이다. 따라서 사회주의는 산업자본주의 시대 좌파의 사상이지, 모든 좌파가 사회주의는 아니다. 사회주의는 어느 특정 개인이 소유하기에는 규모나 영향력이 너무 거대해진 생산수단을 사회적으로 공유하고 그 생산물을 개인이 아니라 구성원들에게 평등하게 분배하자는 관념에서 출발했다. 그러나 오늘날에는 사회 부문의 확대, 주요 기간산업 국유화, 시장경제에 대한 정부나 사회의 규제와 개입 요구 등을 모두 포괄하는 용어로 쓰인다. 오늘날 좌파인지를 가늠하는 결정적 지표는 사회보장제도와 시장규제를 대하는 태도다. 좌파 대부분은 빈곤 등 불평등을 해소하기 위한 사회보장제도나 누진세를 강화해야 한다고 믿는다. 또한 자유시장경제에 간섭이 없을 경우 부익부 빈익빈 현상이 가중되므로 대자본의 탐욕을 제어할 수 있도록 적절한 수준부터 강력한 수준에 이르기까지 정부나 사회가 개입해야 한다고 주장한다.

반면 우파는 평등을 강조하는 것이 자유를 훼손한다고 믿는다. 그래서 한동안 자유주의와 우파가 동의어처럼 사용되기도 했다. 자유주의자들이 시장경제의 자유방임이 사회 전체적으로 자원을 가장 효율적으로 분배할 것이라고 보았기 때문이다. 그들은 시장의 자유가 궁극적으로 자원의 평등한 분배를 이룰 수 있으며, 자원분배에서 불공정하거나 비효율적 결과가 나타난다면 이는 시장이 제대로 작동하는 것을 방해하는 낡은 관행이나 부당한 간섭 때문이라고 주장했다. 혹시 그렇지 않다 하더라도 평등을 위해 시장의 자유를 제약하는 것은 사회 전체에 비효율을 발생시키므로 오히려 더 나쁜 결과를 가져온다고 믿었다. 빈부격차는 시장에서의 자유로운 경쟁 결과인데, 국가나 사회가 인위적으로 그 결과를 왜곡한다면 자유롭고 생산적 경쟁의 동기가 위축되어 사회발전과 성장의 발목을 잡는다는 주장이다.

그러나 존 스튜어트 밀John Stuart Mill, 1806~1873 이후 자유주의는 시장경제의 부작용에도 관심을 가지고 이를 해소하기 위해 사회정책이 필요하다면서 다소 좌파 쪽으로 옮겨갔다. 밀은 생산과 소비에서는 시장 효율성을 인정하지만, 분배는 사람이 하는 일이기에 효율적이지 않을 수 있으니 빈곤에 대한 온정적 정책이 필요하다고 했다. 그의 주장은 이후 자유주의의 주요 흐름이 되었고, 심지어 미국에서는 '자유주의자liberals'라는 말이 좌파 또는 빨갱이라는 의미로 쓰이기도 했다. 물론 우파 가운데 철저하게 시장의 자유를 옹호하면서 사회주의와 자유주의에 의해 만들어진 반시장적 정책의 폐지를 공격적으로 주장하는 사람도 여전히 많다. 그들은 자신들을 '리버테어리언libertarian 또는 신자유주의자'라고 부르면서, 자유주의나 자유주의자와 구별한다.

진보와 보수, 좌파와 우파의 이중 매트릭스

진보와 좌파 또는 사회주의가 동의어가 아님에도 20세기 내내 이 용어들은 사실상 동의어처럼 사용되었고, 실제로 그렇게 보아도 크게 무리가 없었다. 20세기 진보주의자 대부분이 사회주의자거나 사회주의에 친화적이었던 까닭이다. 듀이조차 자신을 자유주의적 사회주의자라고 불렀다. 이는 보수와 우파에도 영향을 주어 공산주의에 반대하는 모든 경향을 포괄하는 용어로 보수와 우파를 사용하게 만들었다.

그러나 공산주의를 반대하는 움직임 안에는 진보와 보수가 모두 존재한다. 포퍼Karl Popper, 1902~1994 같은 반공주의자는 공산주의가 절대적 평등을 지향하면서 개인차와 개성을 말살한다고 보았다. 그는 궁극적으로 사람들이 자신의 가능성을 펼칠 수 없는 획일적이고 억압적 사회가 될 것이라는 생각에서 공산주의를 반대했다. 또한 자유시장경제를 신봉하는 하이에크Friedrich Hayek, 1899~1992가 사회주의와 공산주의를 '노예의 길'이라 지칭한 것을 통해서도 확인할 수 있다. 이들은 오랜 전통과 도덕의 이름으로 가해지는 억압이나 규제에도 반발했기 때문에 결코 보수적이지 않았다.

실제로 평등을 추구하다보면 국가나 정부에게 집중되면서 오히려 진보와 반대 방향으로 가는 경향이 있다. 게다가 대부분의 평등사상은 루소나 캉유웨이康有爲, 1858~1927 사상에서 볼 수 있듯 탐욕 때문에 타락한 인간 사회를 비판하면서 서양의 경우는 기독교에서, 동양의 경우는 삼황오제三皇五帝나 주나라 문왕 시대에서 그 근거를 찾는다는 점에서 보수적이다. 따라서 불평등에 항거한 사회운동은 대부분 새로운 문명을 창조하기보다는 기존 문명과 제도를 파괴하는 쪽으로 흘러가고는 했다.

> **캉유웨이의 변법자강운동**
> 캉유웨이는 중국 청나라 말기에서 중화민국 초기에 활동한 정치가이자 학자다. 그는 청일전쟁에서 중국이 패한 뒤 절충적 개혁인 양무운동의 한계를 느끼고 량치차오 등과 함께 변법자강운동을 일으켰다. 변법자강變法自彊이란 시대에 맞지 않는 법과 제도를 고쳐 스스로 강하게 한다는 뜻으로, 정치체제와 교육제도를 통한 부국강병을 목표로 두었다. 그러나 서태후와 보수파의 반격과 개혁파의 분열 등으로 실패하고 변법 정권은 100여 일 만에 붕괴되었다.

마르크스 이전의 사회주의와 공산주의는 만악의 근원을 자본주의 탓으로 돌리는 경향이 짙었다. 자본주의 이전인 과거를 지향하고 현재의 발전을 부정하기 쉬운 그때까지의 좌파적 운동, 즉 사회적 평등을 향한 운동이 진보적 역사관과 결합된 것은 마르크스와 엥겔스가 주창한 과학적 사회주의 이후다. 이들은 자신들의 사상이 나오기 이전의 사회주의를 공상적 사회주의라 부르면서 자본주의와 산업혁명이 가져온 변화를 부정하고, 자본주의 시대에는 이미 사라져버린 다시 되돌릴 수 없는 과거로의 회귀를 꿈꾸는 몽상에 불과했다고 비판했다. 반대로 자본주의와 산업혁명이 가져온 거대한 생산력 발전이 장차 완전한 평등사회를 이룰 공산주의의 물질적 토대를 가능케 한다며 높이 평가했다. 그러면서 대규모로 집중되는 자본은 비록 개별 자본가의 탐욕에 의한 결과지만, 결국 자본가가 생산수단을 통제하는 것을 점점 불가능하게 만들어 생산수단의 사회적 소유라는 새로운 단계로 발전할 수밖에 없는 압력에 처할 것이라고 예상했다. 따라서 사회주의는 극심한 빈부격차에 대한 노동계급의 즉흥적 반발이나 과거에 대한 향수가 아니라, 고도로 발전한 생산력에 부응하는 한 단계 더 발전한 생산양식의 지위를 차지하게 되었다. 노동계급의 빈곤을 문제 삼고 평등한 세상을 요구하는 것은, 다만 도덕적 당위나 시샘이 아니라 더 높은 단계로 발전할 수 있는 생산력을 가로막는 낡은 생산양식인 자본주의에 항의한다는 의미에서 진보적 성격을 획득했다.

그런데 오늘날 좌파는 반드시 진보적이라고 보기 어렵다. 1990년대 후반 사회적 불평등을 해소하고 예방하기 위해 마련한 수많은 복지제도와 조세제도가 사회발전과 활력을 가로막았을 때 우파에서 기존 제도 폐지와 혁신을 요구하는 진보적 성향을 보였고, 반대로 좌파는 기존 복지제도를 고수하려는 보수적 모습을 보였다. 우파가 오히려 사회변혁을 요구하며 공격적 태도를 취하면서 신자유주의 또는 신우파가 등장했다.

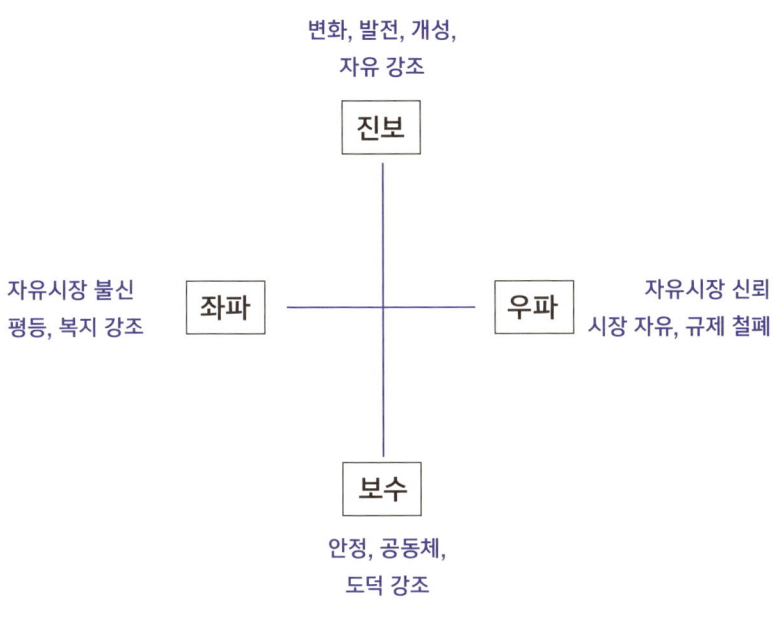

표 11-1 진보와 보수, 좌파와 우파 간 경향 비교

기든스는 우파와 보수, 좌파와 진보라는 자연스러운 결합이 해체되었다면서 이념을 더이상 극좌-좌-중도-우-극우라는 스펙트럼이 아니라, 표 11-1과 같이 진보와 보수를 한 축으로 하고 좌파와 우파를 다른 한 축으로 하는 교차 매트릭스로 보자고 제안했다. 그는 기존 좌파를 공동체주의와 사회주의의 결합, 기존 우파를 자유주의와 시장주의의 결합으로 보았다. 또 오늘날에는 공동체주의와 시장주의가 결합한 신보수주의, 자유주의와 사회주의가 결합한 신좌파, 더 나아가 이들 모두를 절충한

제3의 길에 이르기까지 다양한 매트릭스가 나타나고 있다고 말했다. 따라서 자유시장을 어느 정도 신뢰하면서도 진보적 경향을 가진 흐름 또는 시장 규제와 사회복지 등을 내세우면서도 개인 자유와 변화, 발전을 중요시하는 흐름 가운데 어느 쪽이 더 진보적인지를 따지는 것은 큰 의미가 없다.

사회운동의 변화와 흐름

사회운동, 시민운동, 신사회운동

운동권이라는 단어는 우리에게 특별한 의미를 가진다. 물론 이 말이 스포츠계에 종사하는 사람을 지칭하는 것이 아님은 상식이다. 여기서 말하는 운동은 사회운동을 의미하고, 운동권은 사회운동에 헌신적으로 참여하거나 참여했던 사람을 가리킨다. 사회운동이란 사회문제를 해결하고 사회를 바꾸려는 다양한 노력이 기부나 구호활동 같은 개인적 차원이 아니라 사회구조적 모순을 제거하고 사회체제를 의도적으로 바꾸고자 하며, 다수의 사람들이 조직적이고 집합적이며 연속적으로 진행하는 경우를 말한다.

사회운동은 때로 시민운동을 포함하는 넓은 개념으로 사용되기도 하고 서로 구별되어 쓰이기도 한다. 1960년대 이전까지 사회운동은 자본주의의 근본 모순을 타파하고 사회변혁을 목적으로 하는 운동이라는 의미일 때가 많았다. 즉 노동운동을 중심으로 작게는 사회개혁으로부터 크게는 혁명을 목표로 하는 운동을 지칭하는 말이었다. 반면 시민운동은 사회의 근본 모순보다는 여러 부작용을 완화하는 수준에서 중산층이나 지식층이 중심이 되어 벌이는 운동으로 이해되었다.

1960년대 이후 노동운동이 계급 모순 이외의 다른 사회문제의 의미를 지나치게 평가절하하며 사회문제보다 노동계급의 배타적 이익 또는 사회주의라는 추상적 이념에만 몰두한다는 비판과 함께 여성운동, 환경운동, 인권운동, 교육운동 등 새로운 운동이 봇물처럼 터져 나왔다. 그리고 1968년 유럽과 미국, 일본을 뒤흔든 젊은이들의 대규모 반란은 기존 노동운동 세력까지 한꺼번에 낡은 세력으로 몰아세우면서 여성, 환경, 인권, 반전평화를 전면에 내세웠다. 이른바 '68혁명'은 노동운동 중심의 사회운동과 구별해 신사회운동이라 부른다.

68운동
프랑스에서 1968년 5월에 일어난 5월혁명의 다른 명칭이다. 국가에 의해 운영되면서 중앙의 통제를 받는 대학제도를 비판하고 언론의 자유를 요구했다. 68운동은 전 세계적으로 확산되어 프랑스뿐만 아니라 독일, 미국, 일본 등지에서도 대규모로 일어났다.

신사회운동이 등장한 배경은 현대사회가 복잡해지면서 노동계급과 관련된 문제가 아닌 다양한 사회문제가 발생했기 때문이다. 기존 사회운동 지도자들은 자본주의에서 발생하는 모든 사회문제의 근본 모순이 노동계급과 관련된 문제라는 입장을 고수하며 신사회운동이 주장하는 여성, 인권, 반전평화의 문제는 부차적인 것 또는 노동문제가 해결되면 저절로 해소될 문제로 치부했다. 그러나 1960년대 들어 자본가와 노동자 두 계급이 아니라 기성세대와 청년이라는 세대 간 갈등이 극심해졌다. 또한 노동운동 중심의 사회운동이 목표로 명시하거나 암묵적으로 공유하던 사회주의의 감춰진 치부가 적나라하게 드러나기도 했다. 노동자들의 낙원으로 알려졌던 소련은 압제의 또다른 얼굴로 자본가에 의한 착취를 기술관료가 행하는 착취로 바꾸어놓은 것에 불과했으며, 오히려 개인의 자유만 위축시킨 사회에 불과했다. 소련을 비롯한 사회주의 국가의 실상에 실망한 사르트르Jean Paul Sartre, 1905~1980와 피카소Pablo Picasso, 1881~1973 등 서유럽 좌파 지식인들은 그런 상황에서도 여전히 소련 공산당을 추종하는 자국의 사회운동 지도부에 크게 실망했으며, 젊은 세대는 이들의 영향을 받아 자본주의와 사회주의를 모두 싸잡아 낡은 억압체제라고 비판했다.

신사회운동은 사회변혁 영역을 다양하게 넓히고 기존 사회운동이 가졌던 경직성과 이념성을 강력하게 비판했지만, 그렇다고 기존 사회운동을 완전히 대치할 수는 없었다. 비록 노동계급의 문제가 가장 근본적인 사회문제라고 주장하기는 어려워졌지만 빈부격차와 실업문제 등과 연관된 노동문제가 이전보다 더욱 심각해졌기 때문이다. 게다가 환경, 인권, 반전 같은 신사회운동의 목표를 가로막는 힘의 배후에는 대자본이나 초국적 자본이 버티고 서 있는 경우가 많았다.

네트워크 사회와 사회운동의 변화

카스텔Manuel Castells이 1990년대에 네트워크 사회의 도래를 예견했을 때만 해도 반론이 있었지만, SNS와 스마트폰이 보편화된 오늘날 이를 부정할 사람은 없다. 네트워크는 지속성을 가진 연결망을 말하며 네트워크 사회란 경계가 분명한 조직으로 이루어진 사회가 아니라 구성원이 이리저리 연결되어 있는 연결망의 한 노드(node, 통신망에서 데이터를 전송하는 통로에 접속되는 하나 이상의 기능 단위)로서 살아가는 사회를 뜻한다.

네트워크 사회 이전 개인은 고정되고 상호 경계가 분명한 사회조직에 소속되어 있었다. 이런 조직들은 서로 명확한 경계가 있고 내부적으로도 분명한 역할 구분과 구성원 간 활발한 상호작용, 그리고 외부와의 상대적 고립이라는 특징을 가지고 있다. 그러나 인터넷이 등장한 이래 집단 사이에 경계가 무의미해졌고 SNS와 스마트폰을 사용한 이후 우리는 이중 삼중으로 중첩된 수많은 네트워크에 항상 접속해 있는 상태다.

이런 변화는 사회운동 양상도 바꾸었다. 전통적 사회운동은 조직을 건설하는 것부터 시작한다. 다음으로 조직 목표를 규정하고 이를 사회운동의 결과로 달성하고자 하는 사회 상태, 말하자면 승리 조건을 결정하고 싸워야 할 상대를 정한 다음, 승리를 위해 필요한 역할을 설정해서 여기에 적합한 구성원을 배치한다. 구성원 자격 조건은 명확하게 규정되고 조직 내부와 외부에 경계를 그어 그들의 지위와 역할도 확정한다. 이런 조직이 주도하는 사회운동은 미리 결정된 계획과 지침에 따라 구성원 각자가 역할을 분명하게 수행함으로써 이루어진다. 예를 들어 정부의 어떤 정책을 반대하는 시위를 조직하고자 한다면 먼저 조직 지도부에서 날짜와 장소를 정하고, 집회와 시위 내용과 형식을 결정한 다음 하부조직들이 할당된 인원을 책임지고 동원하는 식이다.

그러나 네트워크 사회에 익숙해진 오늘날의 개인, 특히 젊은 세대는 조직에서 동원하는 사회운동에 유인되지 않으려는 경향이 강하다. 이들은 어떤 조직과 진영에 속한 구성원이 아니라 자발적 자율적 개인으로서 사회운동에 가담하고자 한다. 이는 기존 운동조직의 쇠퇴를 가져옴과 동시에 다양한 사회운동 네트워크를 형성하는 동력이 되었다.

기존 사회조직과 구별되는 네트워크의 특징과 이로 인해 달라진 사회운동 모습은 다음과 같다.

연결성 네트워크는 고립되고 단절된 개체를 연결한다. 사회운동에서 네트워크의 중요성은 나와 같은 생각과 비전을 가진 사람이 또 있다는 데 있다. 나 홀로 고립되어 어떤 생각을 하고 있는 것이 아니라는 사실을 확인시켜 네트워크가 확장될수록 동일한 생각과 목표를 가진 사람이 많음을 느끼며 힘을 얻는다. 연결성은 페이스북이 성공한 데서도 확인할 수 있다. 페이스북은 기존 SNS와 달리 공유하고 교류하는 내용보다 연결망 자체 확대에 가장 큰 가치를 두었다. 연결망은 반드시 직접 연결된 사람만을 의미하지 않는다. 친구, 친구의 친구, 친구의 친구의 친구와 같이 끊어지지 않고 계속 연결망이 이어지는 범위까지 모두 네트워크다. 페이스북은 친구의 친구를 쉽게 확인할 수 있고 '좋아요' 버튼을 이용해 기호와 성향이 비슷한 사람끼리 손쉽게 빨리 연결되는 기회를 제공하며 큰 성공을 거두었다.

과거에 조직을 중심으로 한 사회운동은 일관성과 통일성을 유지하는 것이 중요했다. 그러다보니 조직 내부에서 노선투쟁이 빈번했고, 심지어 구성원의 동력이 사회운동보다 조직 내 세력 다툼에 더 많이 투입되기도 했다. 그러나 네트워크에서는 몇 다리든 연결되어 있다는 것만이 중요하다. 네트워크는 연결된 개인들의 일치단결을 요구하지 않는다. 다만 어떤 최소한의 공통점을 통해 직간접적으로 연결되어 있을 뿐이다. 따라서 조직에 비해 훨씬 빠르게 다수의 사람을 결집시키며 또 이들을 느슨하게 묶어둠으로써 오히려 더 강고하게 유지된다.

개방성 네트워크는 열려 있다. 사회조직과 달리 내부와 외부의 경계 또는 조직과 조직의 경계를 분명히 하지 않으며 다른 네트워크와도 쉽게 연결된다. 서로 연결되는 네트워크와 구성원(노드) 간 공통점이 없어도 연결이 가능하다. 또한 두 네트워크 구성원 가운데 극히 일부만 연결되어 있어도 더 큰 네트워크를 이루면서 확장한다.

개방성은 인터넷 공동체 가운데 조직이라 부를 수 있는 인터넷 카페와 네트워크에 해당하는 페이스북 그룹을 통해 쉽게 비교할 수 있다. 인터넷 카페는 카페지기나 게시판 관리자 등 확실한 지위와 역할이 있고 회원 가입 절차가 분명하며 회원과 비회원 사이 장벽이 명확하다는 점 등 사회조직의 특성을 보인다. 카페 회원이 되려면 가입 신청을 해야 하고 운영진이 소정의 자격 조건을 검토해 승인해주어야 한다. 반면 페이스북 그룹은 최초에 그룹을 설립한 사람이 자기 친구들을 그룹으로 초대해 성립하며 이후 그룹 구성원들이 또다시 자기 친구들을 초대해 규모를 확장시킨다. 따라서 그 그룹에 가입하기 위해 필요한 조건은 그룹 구성원 가운데 한 사람과 아는 것만으로 충분하다. 그래서 인터넷 카페는 회원수가 페이스북 그룹만큼 빨리 늘어나지 않으나 대신 구성원 간 동질성이 강하며 회원들끼리 인지도가 높다. 반대로 페이스북 그룹은 빠른 속도로 확장하지만 구성원들의 동질성이나 연대감이 약하며 서로 간에 인지도 역시 높지 않다.

네트워크는 고정된 시작점과 끝점이 없다. 특히 많은 사람이 참여하고 능동적으로 활동하는 사회운동과 관련된 네트워크에서는 활동에 따라 여러 네트워크가 쉽게 연결되고 영향력을 확대할 수 있다. 네트워크가 어떤 종류의 사람을 포괄할지 또 얼마나 많은 사람을 연결시킬지는 누구도 예측하기 어렵다.

과거에는 사회운동 조직들이 분야·영역·지역을 중심으로 연대했다. 그러나 네트워크를 통해 이루어지는 사회운동은 분야와 영역을 가로지르고 또 지역과 지역을 가로지르며 무정형으로 확산되고 연대한다. 확산은 어느 한 부분에서만 연결점이 만들어지면 바로 전체가 연결되는 네트워크 형태로 이루어지기 때문에, 오늘날에는 어떤 특정 분야의 쟁점이 순식간에 전국적 더 나아가 국제적 쟁점이 되면서 거대한 사회운동으로 널리 퍼지는 사례를 자주 볼 수 있다. 멕시코 치아파스 주 원주민의 경작권 다툼이 순식간에 멕시코 전체 그리고 이를 넘어 세계적 이슈로 확산되었던 사파티스타 운동, 공통점이라고는 찾아보기 어려운 수많은 단체가 전 세계에서 몰려들어 시애틀을 마비 상태로 몰고갔던 1996년 WTO반대 운동, 쇠고기 수입시장 개방과 관련된 문제가 순식간에 전국적 반정부 항쟁으로 확산되어 취임한 지 반년도 되지 않은 정권을 레임덕 상황으로 몰아넣었던 2008년 촛불시위가 대표적 예다. 이런 사회운동들은 수십수백 개 이질적 운동단체들이 차례차례 연대 행렬에 가세하면서 걷잡을 수 없을 만큼 확산되었는데, 이를 계획한 주체도 주도한 주체도 존재하지 않았다.

사회성_____ 네트워크는 내적 응집력 면에서는 사회조직보다 약하지만 사회적으로 아주 거리가 먼 사람들도 연결시킬 수 있다. 아는 사람, 아는 사람의 아는 사람, 흔히 이런 방식으로 여섯 다리만 건너면 지구상 거의 모든 사람들과 어떻게든 연결된다는 말이 있다. 이 말이 처음 등장했을 때만 해도 일종의 비유였지만 인터넷과 SNS, 스마트폰 같은 통신 기술 발달로 이제는 현실이 되었다. 네트워크는 시공간 제약을 해체해 아는 사람이 되는 과정을 매우 쉽게 만들어주었다. 예를 들어 영국에서 연구하는 학자와 오스트레일리아에서 연구하는 학자가 일면식이나 전화 통화를 한 적 없는 상태에서 페이스북을 통해 서로 의견을 교류하고 토론하는데, 그들의 친구들(이들 역시 서로 직접 만난 적이 없는 페이스북 안에서의 친구일 수 있다)이 이 소식을 듣고 타임라인을 타고 들어와 매우 짧은 시간에 관련 연구자들의 네트워크가 형성될 수 있다. 그들은 앞으로 만날 가능성이 없을지라도 새로운 사회관계를 맺는다.

네트워크를 이용해 전혀 관계없을 것 같았던 사람들 또는 공통 관심사는 가지고 있으나 시공간 차이로 평생 만나지 못할 사람들이 새로운 관계를 형성하고 상호작용을 창출한다. 네트워크는 이전 사회관계에 영향을 주며 특히 SNS를 통해 형성된 네트워크는 기존 사회관계를 넘어서거나 완전히 무관한 또다른 사회를 창출한다.

유기성 ──── 네트워크가 유기적이라는 말은 각 부분의 상호의존성을 뜻하는 것이 아니라 유기체, 즉 생명체와 같다는 의미다. 생명체와 무생물의 결정적 차이는 환경과 상호작용을 하며 자기 환경을 변화시키는 학습성과 재귀성에 있다. 네트워크는 그 자체로 살아 있는 생물과 같아서 노드를 이루고 있는 사람 가운데, 심지어 상당히 많은 연결망을 가지고 있는 허브에 해당하는 사람이라 할지라도 자기 뜻대로 움직일 수 없으며 앞으로 어떤 방향으로 진화할지도 예측하기 힘들다. 게다가 출발점이 어디인지와 현재 진행 중인 방향을 통해 앞날을 예측할 수도 없다. 이는 네트워크에 기반한 각종 인터넷 서비스에서 전형적으로 나타나는 현상이다.

트위터가 정치적 공간이 되리라고는 트위터를 설립한 이들도 예상하지 못했을 것이다. 문자 그대로 짧은 문장으로 수다를 주고받는 서비스로 출발한 트위터는 오늘날 정치적 담론이 가장 빠르게 확산되고 공유되는 공간으로 바뀌었다. 오바마가 트위터를 사용해서가 아니라 그렇게 바뀌었기 때문에 오바마가 트위터를 쓰는 것이다. 마찬가지로 페이스북에서 가장 핵심 기능은 얼굴 사진을 게시하고 공유하는 프로필이었다. 그러나 오늘날 페이스북은 또 하나의 세계로 진화해 그 속에서 공동체를 만들고 연락처를 공유하며 업무까지 처리한다. 이를 만든 저커버그도 예상치 못했던 결과일 수 있다.

트위터나 페이스북 설립자들은 다만 서비스에 연결되는 사람들 수를 늘리는 일에만 몰두했을 뿐이다. 접속하는 사람 수가 늘어나 네트워크가 확장되자 그 네트워크는 원래의 출발점을 벗어나 스스로 진화했다. 이는 네트워크를 이루는 노드인 구성원이 사물이 아니라 생각하고 행동하는 생물이기에 가능한 일이었다. 네트워크는 단지 연결되어 있는 개인들이 아니라 생각하고 행동하는 개인들의 연결망이며, 규모가 커질수록 무수히 많은 생각과 행동이 교차하면서 그것이 네트워크 진화 방향을 결정한다.

네트워크의 유기성은 사회운동의 성격을 크게 바꾸었다. 처음에는 교육 문제를 토론하기 위해 모였던 사람들 사이에서 일어난 사회운동이 몇 년이 지난 뒤에는 전 세계적인 육식문화 퇴출운동으로 바뀔 수도 있다. 또는 단순히 사진을 공유하고 품평하던 모임이 어느새 외국인에게 적대적인 극우단체로 바뀔 수도 있다. 오늘날 사회운동은 조직이 아니라 네트워크를 이루며 모여드는 사람들이 주도하기 때문에, 최초에 모인 사람들의 뜻과 달리 이후 네트워크에 접속된 이들이 어떤 생각을 하고 어떤 행동을 하는지에 따라 계속 변한다.

이런 변화가 반드시 사회운동에 긍정적 영향만 주는 것은 아니다. 현대 사회에서는 1차 집단이 빠르게 해체되고 있으며 개인이 고립된 채 큰 체계의 부품처럼 소외된 삶을 사는 경우가 늘어나고 있다. 따라서 특별히 사회변동에 어떤 관점이나 목표가 없더라도 단지 연대감을 느끼고 자신이 무언가 큰일을 하는 데 기여하고 있다는 인정을 받기 위해 사회운동에 가담할 가능성이 커진다. 이들이 실행하는 사회운동은 논리적이고 합리적이기보다는 감성적이고 선동적인 경우가 많다. 따라서 이런 성격의 사회운동이 사회조직 대신 네트워크 형태로 이루어져 있다면 매우 빠른 속도로 확산해나갈 것이다. 일베와 같은 여성혐오 사이트가 대표적 예다.

사회를 긍정적 방향으로 바꾸기 위해서는 기존 지배체제를 향한 저항뿐 아니라 새로운 사회에 대한 청사진과 체계적 계획이 필요하다. 그러려면 네트워크뿐 아니라 비교적 안정된 조직 역시 중요하다. 그런데 파시즘이나 각종 근본주의는 사회개혁보다 자신들이 설정한 사회의 적을 타도하는 일에만 몰두해도 되기 때문에 조직적 부담이 훨씬 적다. 사회에 가진 불만을 해소하는 편하고 쉬운 길을 찾으려는 게으름과 무책임성이야말로 선동가들이 가장 좋아하는 영양분인 셈이다.

12장

근대성과 인간 해방

애덤 스미스는 수많은 노예를 거느린 전근대사회의 왕보다 근대사회의 가난한 소년이 더 좋은 삶을 누리고 있다고 말했다. 정말 그럴까? 우리는 100년, 200년 전 사람들보다 더 행복한가? 엄청나게 늘어난 경제적 생산성만으로 행복하다고 할 수 있을까? 그런데 경제적 풍요 속에서 우리는 어쩌면 더 큰 억압을 만들어냈을지도 모른다.

근대성의 문제와 비판이론

근대성에 대한 의심

한동안 근대화나 근대성은 진보와 동일한 의미로 쓰였다. 한국 역시 20세기 내내 조국 근대화가 화두였다. 고전사회학자들이 전통사회와 근대사회를 비교할 때도 전통사회보다 근대사회가 더 나은 사회라는 생각을 마치 공리처럼 전제했다.

근대성은 르네상스와 인문주의를 기점으로 데카르트에 이르러 완성된 근대적 세계관에 기반한다. 근대적 세계관이란 한마디로 합리성이 지배하는 세계관이다. 합리적 사고방식은 어떤 대상을 전체적으로 파악하는 대신 논리적으로 검증 가능한 일련의 명제로 나누어 파악하는 방법으로 직관적 사고방식과 대비된다. 말하자면 지혜의 시대가 가고 지식의 시대가 온 것이다.

합리적 사고방식은 사회 곳곳을 말 그대로 합리적으로 대체했다. 특히 생산 분야에 적용된 합리적 생산방식의 위력이 엄청났는데 바로 '장인의 혼' 따위로 모호하게 표현되던 생산과정을 수많은 공정으로 분할한 뒤 논리적 순서로 재조합한 분업이 등장한 것이다. 분업은 과거 어느 시대에도 전례가 없던 생산력 대폭발을 가져왔고 산업혁명의 원동력이 되었다. 장인의 혼은 설 자리를 잃었으며 모든 생산과정은 표준화된 공정으로 대체되었다. 또한 단순 동작의 연속이었던 작업 형태는 곧바로 기계화와 자동화의 길을 걸었다.

사람과 사람의 관계도 바뀌었다. 가문의 영광이나 명예 따위가 지배하던 사회는 개인과 개인의 계약관계가 지배하는 사회로 변했다. '너는 원래 타고나기를 지배받도록 되어 있다'는 식의 비합리적 설명은 '계약에 의해 너를 지배한다'는 합리적 지배로 바뀌었다. 그래서 마르크스는 제국주의를 비판하는 와중에도 영국의 인도 지배가 카스트와 같은 전근대적 야만적 억압체제를 타파하는 데 긍정적 역할을 했다는 모순된 주장을 하기도 했다. 물론 마르크스, 스펜서, 뒤르켐 등 고전사회학자들은 자본주의 또는 근대사회가 완벽하지 않고 많은 문제점을 가진 사회라는 점은 인정했다. 그러나 노예보다는 농노가 자유롭고 농노보다는 노동자가 자유롭다는 진보와 진화의 신념을 공유하고 있었다.

20세기로 들어서면서 근대화와 근대성의 우월함은 의심받기 시작했다. 근대산업사회 노동자들은 형식적으로는 중세 봉건농노보다 자유로웠지만 본인 노동력 외에는 아무것도 남지 않은 상태에서 노동력 제공의 자유는 유명무실한 것이었다. 그들은 기업에 고용되는 것 외에는 선택의 여지가 없다. 더구나 근대 자본주의 생산체제의 특징인 고도의 분업화와 전문화는 노동과정을 매우 지루하고 단순한 동작으로 분할해 전면적 종합적 사고에 익숙한 인간에게 고통스러운 작업이 되었고, 노동자를 거대한 기계 부품으로 전락시켜 인간소외 현상이 심화되었다. 사람들은 인생 대부분을 차지하는 노동 시간을 무의미한 반복 동작으로 보내며 삶의 의미를 상실해갔다.

더구나 근대 자본주의 규칙은 공장과 시장에 적용되는 것을 넘어 사회 곳곳을 차가운 상품 계약관계로 바꾸어놓았다. 비합리적 관행과 감정이 지배하던 영역이 합리적으로 바뀌었지만, 인간성이 개입하기 어려운 차가운 규칙과 절차와 제도로 대체되었다. 그런 규칙과 절차, 제도는 마치 살아 있는 듯이 인간을 지배하고 자유를 제약했다. 종교마저 더이상 위안이 되지 못했다. 초자연적 계시와 영감의 영역은 주술이나 미신으로 폄하되어 밀려나고 체계적 교리 중심의 종교로 바뀌었다. 신을 통한 위안은 더이상 자유 영역이 아니었고 차가운 교리를 준수하는지의 여부로 결정되었다. 물질세계는 물론이고 정신세계까지 마치 잘 짜인 톱니바퀴처럼 움직이면서 사람들은 한낱 부속품으로 전락했고, 근대사회의 자유마저 잃어버렸다.

그렇게 사람들은 속속 근대를 의심하게 되었다. 신분제도가 타파되어 더 자유로운 세상으로 변했다고 생각했으나 노예와 주인이 누군지도 모른 채 사실은 꽉 짜인 제도와 절차에 지배당할 뿐이었다. 입헌군주제는 군주조차 법과 제도의 지배를 받으며 합리적 법과 제도 아래 누구도 자유롭지 않음을 보여주었다. 또 과거 어느 시절보다 풍요로운 생산력을 보유하게 되었지만 생산과정은 무의미하고 노동은 지루했다. 게다가 근대의 노동자는 과거 어느 시대보다 더 많은 시간을 일해야 한다는 주장도 나왔다. 고대 노예나 중세 영주는 자신들이 설정한 삶의 기준을 충족시키는 정도의 생산을 원했지만, 잉여가치를 탐하는 자본은 그 한계를 모르고 끝없이 더욱더 많은 이윤을 추구했다. 주식회사로 운영되는 오늘날 대기업은 누가 주인인지부터 모호한 경우가 많다. CEO 역시 회사의 피고용자에 불과하며 빈틈없이 조직된 위계와 절차에 의해 자동으로 돌아가는 회사에는 인격적 요소가 남아 있지 않다.

이런 상황에서 사람들에게 변화와 자유에 대한 낭만적 상상력의 원천이었던 혁명의 동력마저 소진되었다. 사회 여러 분야가 체계를 갖춘 법률과 제도로 묶이면서 과거에 일어났던 시민혁명 같은 제도의 빈틈은 점점 줄어들었다. 마르크스에 따르면 노동계급의 경제적 조건이 열악해질수록 또 착취가 극심해질수록 프롤레타리아혁명 가능성이 높아져야 한다. 그러나 노동자계급이 아무리 열악한 상황에 처해도 심지어 1929년 세계대공황 때에도 프롤레타리아혁명이 일어날 그 어떤 조짐도 보이지 않았다. 설사 혁명이 일어난다 해도 봉기와 바리케이드로 상징되던 혁명의 낭만성은 이제 철의 규율과 단결로 상징되는 혁명 프로페셔널들의 조직적 활동에 의한 것이다. 말하자면 혁명마저 근대화되었으며, 그 결과 역시 역동적 변동이 아니라 혁명 정당에 의한 체계적 사회 관리에 불과했다.

근대성의 비판자들　의심의 대가들

18세기까지 사람들은 인간 사회의 진보와 진화를 믿어 의심치 않았다. 프랑스혁명 전후 시대에 활약한 계몽사상가들, 특히 콩도르세 같은 사람은 인습과 미신이 지배하던 전근대적 사회가 이성과 과학이 지배하는 근대로 오면서 인간 해방의 새로운 시대가 열릴 것이라고 열렬히 전도했다.

물론 루소와 같이 근대성에 회의적 목소리를 낸 사람도 있었지만, 그 역시 근대성을 비판한 것이 아니라 인간 문명 자체를 비판했다. 근대성의 새로운 억압을 감지했던 예술가들의 경우 오히려 중세를 그리워하는 낭만주의적 반동 흐름에 가세했다.

19세기 후반으로 접어들면서 근대성에 근본적 문제를 제기한 네 명의 중요한 사상가가 등장한다. 바로 마르크스와 니체, 베버, 프로이트로 그들을 흔히 의심의 대가들이라 부르는데 계몽주의에서 출발한 근대사회의 낙관론을 무너뜨린 첫 번째 세대에 속하기 때문이다.

마르크스 근대성을 대하는 무한정한 낙관론에 비판의 망치를 내려친 최초의 사회학자다. 그와 비슷한 시대를 지낸 생시몽이나 콩트가 실증과학 시대를 마치 복음처럼 축복한 것과 달리 변증법적 사상가였던 마르크스는 당시 사회를 자본주의 시대로 규정하고, 그것이 가져온 해방적 효과뿐 아니라 부정적 측면까지도 함께 인식하고자 했다.

마르크스는 우선 근대 계몽사상가들이 가진 낙관주의의 원천이었던 과학적 방법론을 이용한 객관적 진리 인식이 가능하다는 생각을 비판했다. 그는 실천이라는 개념을 인식에 끌어들여 앎은 행함과 분리되어 있지 않다고 말했다. 어떻게 실천하느냐가 무엇을 아느냐에 영향을 주며 실천은 본인이 속한 계급, 즉 생산관계에서 자유로울 수 없다. 다시 말해 자신의 사회적 삶과 위치로부터 자유로운 인식이란 가능하지 않다. 똑같은 대상이라도 인식하는 주체의 사회적 삶과 위치에 따라 다르게 파악된다는 것이다. 마르크스에게 진리란 현실성과 힘, 실천의 문제였으며 그 자체로 자명한 영원한 진리란 없다.

더 나아가 마르크스는 인간성이라는 개념마저도 해체했다. 변치 않는 인간성은 없으며, 다만 사회적 관계의 총체 또는 반영으로서의 인간성이 있을 뿐이다. 사회적 관계에서 동떨어져 존재하는 인간과 인간성은 존재하지 않는다. 그는 자아를 인식의 출발점이 아니라 사회적 관계 속에서 형성된 결과물로 보면서 근대적 사고방식의 출발점이자 명석하고 판명한 인식 주체인 자아의 지위를 무너뜨렸다.

니체 이른바 '망치의 철학자'로 일컬어지듯 합리적 근대성을 해체하고 완전히 새로운 철학을 제시했다. 데카르트 이후 근대성은 이성과 다름없었다. 이성은 중세의 막강한 절대 신성을 부정하면서 탄생했고 종교와 도덕의 이름으로 과학 문명을 부정하는 것 역시 극복의 대상이다.

그는 사람들이 최고의 가치와 이상과 목표를 잃고 몰개성화, 획일화되어간다고 비판했다. 사람들이 왜소화矮小化되고 소극적으로 변모하며 노예화되어 대중을 이룬다. 또 개인 자유의지보다 대중의 목소리나 집단이 가진 힘에 의존한다. 근대사회 문제를 극복하기 위해 니체는 "신은 죽었다"고 선언하고 맹목적 도덕주의가 위선이라 주장했다. 그는 피안적, 추상적, 정신적 대상을 대신해 차안적, 지상적, 현실적 대상을 지향하는 것을 대안으로 제시했다. 그가 진단한 근대사회는 다음과 같은 모습이다.

근대사회는 신의 사망선고를 내리는 것으로 시작했지만 갑자기 신이 없는 삶은 공허하지 않을 수 없었고, 동시에 인간의 오만은 하늘을 찌르고도 남았다. 인간 이성이 신격화되어 신의 자리를 차지했는데, 신성은 완전성이며 이를 대신한 이성 역시 완전성을 고집하고 강변했다. 그리고 이성의 산물도 완전무결해 일반 민중은 다시 이성의 노예로 전락하지 않을 수 없었다. 즉 민중은 이내 법과 제도의 노예가 되었다. 그런데 이것이 완벽할 수 있을까. 어림도 없다. 인간 이성은 절대 완벽할 수 없으므로 악법이 생겨나고 그럼에도 대중은 법에 무조건적 복종을 하기를 강요받는다.

이런 점에서 니체가 말한 신이 사망했다는 선언은 곧 신이 되어버린 부조리한 이성신인 근대성의 죽음을 뜻한다. 인간 이성은 결코 신이 될 수 없는데도 신 노릇을 해왔기에 니체는 과감히 이성에게 사망 선고를 내린 것이다. 이후 푸코Michel Foucault, 1926~1984는 지식, 이성, 권력의 관계를 더 세밀하게 규명해 니체를 높이 추앙했는데, 이미 이성은 정치권력의 가장 충실한 종이 되어버린 상태였다. 결국 이성을 해체하지 않고는 새로운 철학과 도덕을 기대하기 어려웠다.

베버 근대 사회학자로서는 보기 드물게 비판적 전망을 내놓았다. 베버에게 근대성이란 합리화의 결과다. 합리화는 몇 세기에 걸쳐 일어난 서구적 현상으로 자본주의는 원인이 아니라 여러 영역에서 일어난 합리화의 결과 가운데 하나다. 앞서 상술한 의미 상실과 자유 상실 테제는 베버의 통찰력에서 비롯된 것이다.

프로이트 오늘날 프로이트Sigmund Freud, 1856~1939의 여러 학설은 과학적으로 부정되거나 모호한 개념을 사용했다며 비판 대상이 되고 있다. 그럼에도 프로이트는 근대성이 가져온 여러 문제점을 파악할 수 있는 중요한 통찰을 남겼고, 무엇보다 근대성의 핵심인 '이성적 존재'로서 인간에 대한 신념을 무너뜨렸다.

그에 따르면 인간은 의식을 가진 이성적 존재가 아니라 이성으로 파악할 수도 조정할 수도 없는 무의식의 지배를 받는 존재다. 인간 정신은 본능적이고 공격적인 이드id, 사회 또는 의미 있는 타자로부터 주입받은 이상화된 자신의 관념인 초자아superego, 이드와 초자아 사이에서 즉 자신의 본능과 외적 도덕 사이에서 갈등하며 정체성을 유지하려 애쓰는 자아ego로 이루어져 있다. 주목할 것은 근대적 세계관의 주인공이었던 의식적 존재로서 자아가 거대한 외적 세계와 내적 본능 사이에 위치한 불안한 존재라는 점이다. 엄밀히 말해 자아는 거대한 이드가 외적 세계와 접촉하기 위해 노출시킨 일부분에 불과하다.

프로이트 학설은 때로 주관성이 강하고 자주 개념을 변경해 쓰기 때문에 간단하게 설명하기 어렵지만 기본 관점은 인간은 이성적 존재가 아니라 사회가 강요하는 외적 규율, 내면에서 솟구치는 욕망과 충동의 역동 사이에 자리 잡은 불안한 존재라는 것이다. 따라서 우리가 살아가는 사회가 합리화되고 체계화될수록, 우리가 사회를 떠나 살아갈 수 있는 가능성이 줄어들수록, 한마디로 근대화될수록 충동과 욕망을 억제하고 외적 규율에 자신을 맞춰가며 살아야 한다. 다시 말해 초자아가 내리는 명령에 따라야 하는데, 그는 이 과정을 억압이라고 표현했다.

그런데 실상 우리 정신 대부분은 충동과 욕망 덩어리인 이드로 되어

성격 구성의 3요소
프로이트는 인간 정신을 이드, 자아, 초자아로 나누어 이 3요소의 역동적 상호작용으로 심리현상을 설명하려 했다.

이드 인간 정신의 밑바닥에 있는 원시적이고 본능적 요소다. 자기만족만을 추구하는 쾌락 원리에 의해 작용하며 즉각적 욕구 충족을 목적으로 한다.

자아 자신에 대한 의식이나 관념이다. 이드, 초자아와 함께 성격을 구성하는 한 요소로 현실 원리에 따라 이드의 원초적 욕망과 초자아의 양심을 조정하며 매개 역할을 한다.

초자아 자아가 원시적 욕구를 억제하고 양심에 따라 행동할 수 있게 하는 정신 요소다. 초자아는 사회의 가치와 도덕이 내면화된 것으로 도덕 원칙을 따른다.

있기 때문에 억압한다는 것이 쉬운 일은 아니며, 결국 이드는 무의식 안에 잠복해 우리가 알지 못하는 사이 생각과 행동을 지배한다. 욕망과 충동이 자연스럽게 발휘되지 못하고 강한 억압 속에서 생각과 행동에 반영될 때, 왜곡된 형태로 발현될 수밖에 없으며 각종 정신질환으로 나타난다. 억압이 강할수록(사회가 근대화될수록) 우리는 정신질환을 앓으며 살아갈 가능성이 커진다.

근대 문명이 마르크스에게는 인간소외라는 대가를 치르고 얻은 것이라면, 니체에게는 나약하고 왜소함의 대가였고, 프로이트에게는 정신질환 특히 강박증을 대가로 치르고 얻은 것이었다.

1세대 비판이론가들의 주장

비판이론 비판사회학의 등장

마르크스, 니체, 베버, 프로이트의 근대성 비판은 두 차례 세계대전을 거치면서 비판이론 또는 비판사회학이라 불리는 흐름을 형성했다. 비판이론은 근대산업사회를 비판적으로 분석해 사회가 지닌 억압적 경향을 드러내고, 그 억압을 극복해 인간 해방을 달성한다는 실천적 목표를 가진 사회학의 한 분파다.

대표적 이론가들이 프랑크푸르트대학 출신이 많아 흔히 프랑크푸르트학파라고 일컫지만 루카치György Lukács, 1885~1971, 그람시Antonio Gramsci, 1891~1937, 밀스, 지루처럼 프랑크푸르트와 관계없는 학자도 많기 때문에 이 명칭은 적절하지 않다. 또 이들을 네오마르크스주의라고 부르기도 하는데, 비록 자본주의를 비판하기는 했지만 그렇다고 사회주의를 지지한 것은 아니다. 엄밀히 말하자면 자본주의와 사회주의를 함께 근대성 범주로 넣어 비판한 경향이 강하고 마르크스뿐만 아니라 베버, 니체, 프로이트의 영향도 강하게 받았다는 점에서 이 역시 적절하지 않다.

오히려 비판이론은 마르크스주의에 비판적 질문을 던지며 출발했다. 비판이론가들은 마르크스주의에서 말한 현대사회의 억압 원인은 단지 자본주의라는 생산양식에서만 비롯된 것이 아니라, 여러 문화적 요소를 포함하는 보다 포괄적 체제에 있다고 보았다. 그런데 마르크스주의는 그 원인을 오직 자본가-노동자 생산관계로만 환원하면서 인간 해방의 길을 노동운동과 프롤레타리아혁명이라는 협소한 구역으로 한정했기에 비판받는다. 더구나 프롤레타리아혁명에 성공했다고 주장하는 소련이나 동유럽 현실사회주의 역시 자본가만 사라졌을 뿐, 공산당 관료에 의한 강철 새장이 오히려 더 억압을 가했다는 점 역시 이들이 마르크스주의에 비판적 태도를 취하게 만들었다.

또한 비판이론은 20세기 초반 크게 유행한 실증주의에 대한 반발이기도 했다. 비판이론가들은 실증주의에서 말하는 과학적 방법론이라는 것이 가치중립을 빙자해 기존 억압체제를 묵인하고 정당화하는 것과 다름없다고 비판했다. 사회학이 탐구하는 사회라는 대상은 무수한 이익갈등과 가치갈등으로 점철된 이상 가치중립적일 수 없다. 또한 사회학은 인간을 억압으로부터 해방시키고 사회를 개선시킨다는 실천적 목표를 가져야 하는데, 이는 곧 비판이론가들에게 기존의 억압적 사회체제를 비판하고 변혁하는 것을 의미했다.

이들은 상호작용론과 달리 일련의 체계적 개념틀을 공유하기보다는 각자의 관점에서 근대성이 가진 억압적 측면을 비판했다. 또 사회학이라는 한정된 영역에서만 활동하지 않고 철학, 미학, 역사학, 심리학 등 폭넓은 영역에 걸쳐 작업한 까닭에 자신의 이론들을 체계적이고 명료한 학설로 정리하지 않았다. 사실 이렇게 여러 영역에 걸쳐 연구하고 학설을 체계적으로 정리하지 않은 것이야말로 비판이론가들이 행한 근대성 비판에 가장 걸맞은 행동이었다. 따라서 비판이론은 개념보다는 주요 학자들의 주장을 중심으로 접근하는 것이 바람직하다.

루카치 사물화 과정으로서의 자본주의

헝가리 철학자 루카치는 스탈린losif Stalin, 1879~1953의 눈치를 보느라 정통 마르크스-레닌주의에서 나온 용어를 자주 사용했지만, 사실 베버로부터 영향을 크게 받은 학자다. 젊은 시절 베버의 제자나 다름없었던 루카치는 마르크스주의로 전향한 이후 베버가 정립한 합리화 개념을 마르크스의 물신숭배 개념과 결합해 '사물화'라고 하는 강력한 개념으로 바꾸어놓았다.

물신숭배란 상품 거래에 의해 작동하는 자본주의사회에서 인간 간 관계가 사라지고 상품의 관계로 바뀌어버리는 것을 말한다. 물신숭배가 만연한 사회에서는 모든 것이 상품 교환관계이며 그 매체인 화폐로 측정된다. 루카치는 베버의 합리화 개념을 활용해 세상 모든 것이 합리화를 거쳐 계산할 수 있고 조작 가능한 표준적 형태로 바뀌며 교환 가능한 형태로 변모한다고 주장했다. 그리하여 마침내 인간의 실존과 의식까지도 측정 가능하고 조작할 수 있는 사물로 전환되었으며, 소유하고 교환하고 폐기할 수 있는 것이 되어버렸다.

루카치는 베버를 높이 평가했다. 베버는 합리화 개념을 통해 사회의 모든 영역이 형식화되고 세밀한 요소들로 분해되면서 그 요소들이 보편화되어 체계적 관계로 재구성되는 과정을 날카롭게 통찰해냈다. 다만 강철 새장이라는 말에서 볼 수 있듯 베버는 점점 더 합리화되고 관료제화되는 근대사회를 역사적 숙명으로 받아들이면서 체념적으로 인정하고 만다.

루카치는 사물화에서 벗어날 수 있는 길을 프롤레타리아의 계급의식에서 찾았다. 강철 새장이 자본주의에 의해 직조되고 있다고 전제한 이상 필연적 귀결이다. 세상 곳곳은 계산과 조작 가능한 사물로 바뀌고 있다. 모든 것을 상품화해 판매하고 이윤을 축적하려는 자본의 욕구 때문이다. 따라서 사물화는 개인 노력이나 카리스마적 지도자의 힘으로 극복할 수 있는 것이 아니라 자본주의를 철폐해야만 극복 가능하다. 이 시점에서 마르크스주의를 받아들인 루카치가 프롤레타리아혁명을 유일한 출구로 생각한 것은 당연한 결과다.

그러나 루카치는 프롤레타리아혁명을 자본주의의 필연적 멸망이라는 역사법칙에서 찾지 않고 프롤레타리아의 의식에서 찾음으로써 마르크스주의와 거리를 둔다. 사물화는 강철 새장처럼 사회 전체를 에워싸며 부르주아뿐 아니라 프롤레타리아까지 포섭한다. 그렇다면 사물화된 의식을 가진 프롤레타리아가 어떻게 혁명에 나설 수 있겠는가? 이는 프롤레타리아 계급에 속한 노동자들이 근대 자본주의가 강제하고 살포하는 각종 이데올로기의 영향으로부터 벗어나 자신의 처지와 상황에 직면할 수 있을 때 가능한 일이다. 따라서 혁명의 당면 과제는 정치투쟁과 계급갈등이 아니라 문화투쟁, 문화비판 영역으로 옮겨간다. 자본주의 문화와 의식구조를 극복하지 못하는 한 프롤레타리아는 자신들을 계급으로서 자각하지 못한다. 그리고 프롤레타리아가 계급의식을 자각하지 못하는 한 자본주의를 무너뜨리는 혁명은 불가능하다.

루카치는 마르크스-레닌주의 용어를 사용하고 그 강령에 충실하면서
도, 사실상 자본주의 위기와 필연적 계급투쟁을 통한 프롤레타리아혁명이
라는 정통 마르크스주의에서 이탈했다. 대신 문화, 예술 영역에서의 근대
성과 자본주의의 영향을 비판하고 이를 극복하기를 강조하는 비판이론의
길을 열어주었다는 평가를 받는다.

호르크하이머　합리성과 도구적 이성 비판

 《도구적 이성 비판》은 프랑크푸르트학파의 태동을 알리는 기념비적 저
작이다. 이 책에서 호르크하이머는 인간의 가장 결정적 본성인 이성을 비
판 대상으로 삼아 근대성 비판의 초석을 다졌다. 인간이 이성적 동물이
라는 점은 누구도 부정하지 않는다. 그런데 이성의 의미는 시대마다 달랐
으며, 당시 이성이라 불리는 것이 과연 인간 본성으로서 신성시하던 바로
그 이성인지를 아무도 의심하지 않았다. 이런 상황에서 호르크하이머는
"이 이성은 그 이성이 아니다"라고 말했다.
 그는 근대의 이성을 주관적 이성이라 정의하고 전통적 개념인 객관적
이성과 대비시켰다. 주관적 이성은 대상을 분류한 뒤 계산하고 논리적 관
계를 따지는 능력이다. 칸트Immanuel Kant, 1724~1804나 헤겔은 이 능력을 이성
이라 하지 않고 오성悟性이라 부르기도 했다. 주관적 이성은 인간이 어떤
목적을 달성하기 위해 반드시 필요한 능력이지만 어떤 타당한 목적을 수
립하는 힘은 없다. 타당한 목적은 사람이 몸담고 있는 사회, 공동체, 세계
와의 관계를 고려하지 않고서는 수립할 수 없다. 그러나 주관적 이성은 목

적에는 관심이 없고 다만 목적을 달성하기 위한 가장 효과 있는 방법과 절차를 계산하고 추론할 뿐이다. 호르크하이머는 주관적 이성이 목적 자체를 따지지 않고 어떤 목적이든 그것을 달성하려는 도구로만 기능한다며 '도구적 이성'이라 명명했다.

한편 객관적 이성은 고대부터 인간의 본질로 받아들인 전통적 이성 개념이다. 객관적 이성은 주체의 관심, 즉 개인 관심을 초월해 인간으로서 모든 주체가 공통적으로 인식하며 마땅히 추구해야 하는 목적이나 목표가 있다고 믿는다. 객관적 이성은 목적을 인식하고 그에 도달하도록 목표를 수립하며 방법을 선택할 수 있는 능력을 갖고 있다. 대표적으로 플라톤의 이데아론과 동양철학에서 자주 등장하는 도道, 도리, 이치 그리고 근대에 들어와서는 헤겔의 장대한 절대이성이 바로 객관적 이성의 철학이다.

그런데 근대 이후 사람들에게 강조된 것은 주관적 이성(도구적 이성)이다. 인간은 목적과 관계할 능력을 잃거나 목적을 무시하고 다만 주체인 개인 이익만을 도구로써 추구한다. 이제 이성은 절차에 따라 대상을 분류하고 계산하는 도구로만 쓰일 뿐, 절차가 왜 필요하며 계산이 무엇을 위해 필요한지에는 관심을 기울이지 않는다. 이런 현상은 특히 철학이 세계나 삶의 의미를 더이상 캐묻지 않고 방법론과 인식론에만 집착하는 것에서 두드러진다. 실증주의나 분석철학의 등장은 수학이나 공학뿐 아니라 철학마저 도구적 이성의 지배에 들어갔다는 증거다.

베버가 말했던 합리화 과정은 사실상 객관적 이성이 몰락하고 도구적 이성이 지배한다는 것과 마찬가지다. 도구적 이성이 모든 분야를 지배하면서 사람들은 삶의 의미와 목적을 알지 못한 채 매 순간 주어진 할당량만 채우는 신세가 되었다.

이처럼 근대사회를 비판한 호르크하이머가 그렇다고 객관적 이성이 지배하는 시대로 돌아가자고 주장한 것은 아니다. 객관적 이성의 철학 역시 독단론에 빠지기 쉽다는 한계가 있으며 실제로 우리는 사회의 이름으로, 민족의 이름으로, 공동체의 이름으로 개인에게 가해진 무차별적 압력과 폭력의 역사를 알고 있다. 그에 따르면 이성은 내적 자기비판을 통해 문제를 극복해야 한다. 현대는 객관적 이성을 다시 불러와서 주관적 이성과 서로 비판하고 조화를 이루어야 하는 시대인 것이다.

아도르노   계몽의 변증법과 문화산업

 아도르노는 비판이론과 네오마르크스주의 계열 학자 가운데 가장 유명한 인물이다. 그러나 그의 사상은 지나치게 급진적인 탓에 비관주의에 빠진다는 지적이 있다.

 아도르노가 비판적 사회학에 기여한 중요한 개념은 계몽의 변증법과 문화산업이다. 호르크하이머와 공동으로 저작한 책의 제목이기도 한 '계몽의 변증법'은 인간이 자연의 위협을 극복하기 위해 이성을 활용하면 할수록 새로운 위험과 고통을 만들어낸다는 역설적 상황을 다룬다. 인간이 이성을 활용해 자연은 물론 당면한 모든 문제를 극복하고 길들일 수 있다는 믿음을 통칭하는 용어가 바로 계몽이다. 그리고 계몽의 총아가 과학과 기술, 베버가 합리화라고 말했던 각종 사회제도, 조직, 분업체제 등 체계라는 것으로 나타났다.

 하지만 인간이 자연에 맞서 싸우면서 고도로 복잡하고 거대한 체계를 만들어냈고, 그 과정에서 체계의 통제력이 자연에만 가해지지 않고 인간에게도 작용한다는 점이 문제다. 체계는 자연을 통제하고 길들이지만 동시에 사람에게도 통제의 손길을 뻗치고 순응을 강요한다. 사람들은 본래 자연에 맞서기 위해 체계를 만들었지만, 오히려 자연의 위협으로부터 상당히 자유로워진 근대사회에서는 체계의 억압과 통제로 인해 자유를 상실하기에 이르렀다. 또한 이 문제를 해결하기 위해 계몽의 힘을 증가시킬수록 도리어 더 억압적 체계가 반대급부로 돌아온다. 이와 같은 일련의 역설적 과정이 계몽의 변증법이다. 심지어 근대 자본주의라는 억압적 체계를 전복한 혁명마저도 결국 스탈린주의라는 또다른 억압체계로 귀결되었다.

특히 체계의 힘이 계몽되지 않아야 할 영역까지 건드리기 시작하면 억압은 최대치에 이르는데, 그것이 바로 문화 영역이다. 문화, 특히 예술은 인간이 현실에서 문제를 인식하는 최초의 반응이다. 인간은 현실에서의 문제를 일단 느끼는 대로 재현해 인식한다. 추론과 분석은 그다음 일이다. 대상에 동화해 인식하는 과정을 아도르노는 미메시스$_{mimesis}$라고 불렀다. 예리한 감수성을 지니고 사회와 세상으로부터 어느 정도 거리를 두는 다소 괴팍한 예술가들은 사회라는 잠수함의 잠망경이며 고성능 소나(초음파) 센서와 같은 존재다. 그러나 이미 인간의 통제를 벗어난 체계의 힘은 이 영역마저 체계의 한 부분으로 포섭해 문화산업이라는 형태로 나타났다. 결국 문화마저 산업의 한 영역에 속해 예술 작품은 이제 예민한 작가의 고통스러운 절규가 아니라 대중을 상대로 대량생산되고 판매되는 상품으로 변했다. 이것이 우리가 익히 알고 있는 '대중문화'다.

대중문화의 특징은 대량생산에 맞게끔 표준화된 양식으로 만들어지며 대량소비에 맞춰 대중의 심기를 거스르지 않는다는 것이다. 단순한 리

듬과 간결한 화성이 계속되면서 듣기 좋은 노래가 끊임없이 생산-소비-폐기되는 과정을 반복하는 것이 그 예다. 대중문화가 대중의 미적 관심을 장악하면 예술은 본래 가진 날카로운 인식의 힘과 절규의 목소리를 잃어버렸다.

계몽의 변증법은 근대 자본주의는 물론이고 사회주의까지도 한꺼번에 억압적 체계로 비판할 수 있는 강력한 도구다. 또한 노동자와 자본가의 계급갈등뿐 아니라, 일상생활에 대해 그리고 대중문화를 통해 교묘하게 관철되고 유포되는 체계의 억압과 착취를 예리하게 폭로할 수 있는 날카로운 도구이기도 하다.

아도르노의 사상은 1960년대 유럽을 휩쓸었던 68혁명에 지대한 영향을 미쳤다. 당시 유럽 젊은이들은 경제적 착취만이 아니라 삶 구석구석을 체계의 통제 아래 두려는 근대적 질서에 반기를 들었다. 특히 어떤 체계도 만들지 않는 무정형의 자유롭고 비판적인 정신에 의한 변혁을 주장한 아도르노 사상에 매혹되었다. 그러나 정작 학생운동에 동참하지 않았던 아도르노는 이에 배신감을 느낀 학생들에게 집단폭행을 당하고, 이 사건으로 크게 낙담해 이듬해에 숨을 거두고 만다. 자신의 사상으로 인해 발흥한 학생운동에 의해 목숨을 잃었으니 그의 삶 자체가 계몽의 변증법이었다고 하겠다.

아도르노 본인은 비록 현실 정치와 사회에 대안을 제시하지 않았지만 비판이론을 정치와 경제 영역에서 문화와 일상생활 영역으로 확장시켰고, 이후 비판이론은 삶과 문화 영역 구석구석에 침투한 억압 기제를 찾아내고 폭로하는 독특한 역할을 수행했다.

그럼에도 그의 사상이 지나치게 비판적이라는 지적은 여전히 유효하다.

이미 사회 곳곳이 체계의 억압 아래 있고, 유일하게 그 억압에 절규할 수 있는 예술이라는 목소리도 문화산업으로 변해 무비판적이고 천박한 대중문화가 되고 말았다. 그래도 그는 예술에서 희망을 찾았다. 그가 모든 대중문화를 다 문화산업이라 부르며 경멸한 것은 아니라는 사실에 주목하자. 그는 대중문화라 할지라도 다음 두 조건을 충족한다면 고결한 역할을 할 수 있다고 보았다.

1. 대중문화의 수용자인 대중이 자발적으로 참여하는가.
2. 대중문화가 대중을 억압하는 체제와 사유에 저항하는가.

두 조건은 1960년대 이후 수많은 저항적 대중예술가들에게 모토가 되었고, 특히 로큰롤 계통 대중음악가들의 진정성을 평가하는 기준이었다. 이 기준에 따라 록이냐 팝이냐를 나눌 정도였다. 다만 현실의 체계는 그리 만만찮아서 문화산업은 가장 급진적 혁명가 체 게바라 Ché Guevara, 1928~1967마저 하나의 캐릭터 상품으로 만들어버릴 정도로 막강하다. 하지만 아도르노가 아니었다면 우리는 막강한 문화산업과 천박한 대중문화에 마취되어 있는지도 깨닫지 못한 채 살아갔을지 모른다.

쿠바의 급진적 혁명가 체 게바라마저
캐릭터 상품으로 만들어버린 문화산업의 힘

비판이론의 확장

마르쿠제 사랑과 문명

독일에서 태어나 미국에서 주로 활동한 마르쿠제Herbert Marcuse, 1898~1979는 프랑크푸르트대학에서 공부한 적은 없지만 프랑크푸르트학파로 소개되며 이 학파에서 가장 급진적 인물로 알려져 있다. 마르쿠제는 호르크하이머나 아도르노로부터 직접 영향을 받았다기보다 마르크스와 프로이트를 연구하는 과정에서 독자적으로 비판이론을 구축한 학자다. 물론 대중문화를 비판하고 사회 전체를 옥죄는 근대산업사회의 억압으로부터 해방을 추구한다는 점에서 아도르노와 유사점이 많은 것도 사실이다.

아도르노가 비판적 탐미적 경향이 강한 반면, 마르쿠제는 낙관적이고 현실참여적이어서 학생운동가들에게 지대한 영향을 주었다. 또 밀스 등과 함께 미국 신좌파운동을 주도하기도 했다. 그는 마르크스주의와 프로이트의 정신분석학을 결합해 정통 마르크스주의로부터 상당히 벗어났음에도 자신이 마르크스주의자라는 견해를 끝까지 고수했으며, 오히려 정통 마르크스주의자들을 경직된 교조주의자 또는 관료주의자라고 비판했다.

마르쿠제의 대표적 저작은 《일차원적 인간》과 《에로스와 문명》이다. 날카로운 현대 문명 비판서로 알려져 있는 《일차원적 인간》에서 그는 자본주의뿐 아니라, 소련식 공산주의 역시 현대산업사회가 빚어낸 억압 유형 가운데 하나라고 비판한다.

그에 따르면 현대산업사회가 발전하면서 인간은 저항하고 비판하는 능력을 점차 상실하고 대신 현존하는 생산과 소비체제에 안주하려는 잘못된 욕망만 남는다. 여기에는 특히 대중매체, 광고, 공장 관리방식, 사상이 크게 작용한다. 그는 순응의 차원만 남은 세계를 일차원적 세계, 그런 인간을 일차원적 인간이라 불렀다. 또한 일차원적으로 변한 세계와 사회 전체가 통제되고 있는 상황에서 유일한 저항으로 '위대한 거부'를 주창했다. 이는 산업사회(자본주의든 공산주의든)에 의해 자기도 모르게 스며든 사고방식, 행동방식, 문화, 취향 등에 대한 전면적 거부이며 새로운 삶의 방식을 창조하는 것이다.

그런데 마르쿠제는 산업노동자(프롤레타리아)들이 위대한 거부를 이끌어가기에는 자본주의사회에 너무 깊게 포섭되어 있다고 보았다. 그는 자본주의사회가 안정성을 유지하고 있다고 생각했으며, 이 지점에서 자본주의 불안정성으로 인해 혁명적 프롤레타리아가 등장할 것이라는 기존 마르크스주의와 선을 그었다. 그렇다면 과연 프롤레타리아마저 포섭되어 있는 꽉 막힌 세계에서 누가 저항의 힘을 가지고 있을까? 아도르노라면 저항은 불가능하고 오직 절규만이 가능하다고 했겠지만 마르쿠제는 그 힘을 아직 체계에 통합되지 않은 소수 민족과 성적 소수자, 아웃사이더, 급진적 지식인, 여성에게서 찾았다. 기존 사회에서 배제된 사람들에게 저항의 동력을 찾으려 했다는 점에서 그는 신사회운동과 소수자운동의 선구자 가운데 한 사람이 된다.

《에로스와 문명》은 근대에 억압적 사회가 탄생하고 유지되는 동력을 프로이트 이론을 활용해 설명한 독특하고 대담한 책이다. 일단 마르쿠제는 해방을 정치적 억압과 경제적 착취로부터 벗어나는 것뿐만 아니라, 본능과 욕구를 억누르는 유무형의 체계로부터 벗어나 자연스럽게 발현할 수 있는 상태라고 설명했다. 그리고 실제로 후자에 보다 많은 무게중심을 두었다.

마르쿠제에 따르면 인류 역사는 계급투쟁의 역사라기보다 인간 본능을 향한 억압의 역사에 가깝다. 발달한 산업사회(근대 자본주의)는 근본적으로 다른 존재의 경험, 다른 인간과 자연의 관계, 다른 실존적 관계에 기반한 억압 없는 사회에 도달하는 것을 막는다. 그는 에로스가 해방이자 건설이므로 문명의 존속을 위해 억압이 필수불가결하다는 프로이트의 주장을 반박했다. 마르쿠제는 프로이트의 명저《문명 속의 불만》을 다음과 같이 비판하며 자신의 이론을 펼친다.

프로이트는 역사를 에로스와 문명이 충돌하는 과정으로서 바라보았다. 그에 의하면 우리 문명은 본능(특히 성적 본능)을 억제함으로써 수립되었다. 즉 성적 본능이 에너지를 만드는데, 이를 억압하면 그 에너지가 노동이나 작업 쪽으로 발산된다는 것이다.

그러나 마르쿠제는 이런 방식으로 문

《문명 속의 불만》
이 책에는 행복을 달성하기 위해 만들어진 문명이 오히려 인간을 불행하게 만드는 이유에 대한 정신분석학적 설명이 담겨 있다. 프로이트에 의하면 에로스는 일종의 에너지와 같은 것이어서 그 목적은 생명을 보존하고 추진시키는 데 있다. 그러나 문명을 창조할 때 에너지를 소진시킬 수 있는 무차별적인 성적 만족 추구는 환영받지 못한다. 따라서 인간은 문명적 요구에 불편함과 불만을 느낄 수밖에 없다.

명의 진보가 이루어지면서, 그 대가로 우리는 행복 대신 죄책감에 사로잡히게 되었다고 생각했다. 그에게 진보란 체계가 계속되는 것에 대한 설명이자 구실이며 사람들의 행복이 희생된 원인이다.

마르쿠제는 노동을 일면적으로 바라본 프로이트를 반박하면서 일반적 노동과 소외된 노동을 구별했다. 화해 불가능한 대립은 일반적 노동(현실 원리: 여가 없는 생활)과 에로스(쾌락 원리: 여가와 즐거움) 사이에서 일어나는 것이 아니라, 소외된 노동(수행 원리: 경제적 계층)과 에로스 사이에서 일어난다. 섹스는 우월한 계층에게 허용되며 노동자에게는 그것이 수행, 즉 소외된 노동을 방해하지 않는 범위에서만 허용된다. 마르쿠제는 사회주의 사회가 성적 삶을 강하게 억압하거나 가난한 사람들의 수행을 요구하지 않는 사회가 될 수 있다고 믿었다. 사회주의에서는 소외된 노동 대신 소외되지 않은 리비도적 작업(여가와 즐거움이 결합된 노동)이 가능하기 때문에 억압 없는 승화를 통해 억압 없는 문명을 만들 수 있다.

마르쿠제의 결론은 사회문제들이 생물학적 억압 자체가 아니라 현대사회에서 등장하는 과잉 억압에서 온다는 것이다. 즉 프로이트는 모든 문명이 본능을 억압하면서 시작되었다고 비판한 반면, 마르쿠제는 자본주의의 과잉 억압이 문제의 근원이라고 보면서 자본주의를 비판하는 마르크스주의에 프로이트를 입혔다. 그 덕분에 프로이트는 종종 에로틱한 마르크스라고 불리기도 한다.

밀스 파워 엘리트의 지배

　밀스는 마르쿠제와 함께 활동한 미국의 비판이론가다. 마르쿠제가 독일 출신이고 학문적 경력을 독일에서 시작했기 때문에 프랑크푸르트학파 일원으로 불리는 것과 달리 밀스는 토종 미국 학자다. 그는 마르크스와 베버의 영향을 받아 프랑크푸르트학파와 사상의 궤를 같이했지만 독일 학자에 비해 한결 현실적이고 실천적이라 할 수 있다. 때로 그는 학자라기보다는 탁월한 선동가이자 팸플릿 작가라는 평을 듣기도 한다.
　《화이트칼라: 미국의 중간계급》은 그의 비판정신이 발휘된 첫 번째 대작이다. 화이트칼라가 신중간계급으로서 자본주의 모순의 완충재 역할을 할 것이라고 본 베버나 새로운 지식인 혁명의 진지가 될 것이라고 본 마르쿠제와 달리, 밀스는 그들을 비판적이고 냉소적으로 바라보았다. 그는 중간계급 노동자가 대부분 관료제 조직에서 일하며 관료제에 압도당해 독립적 사유 능력을 거의 상실하고 억압받으면서도 기분이 좋은 자동인형이 되어버렸다고 비판했다.
　중간계급 일터에는 세 종류 힘이 작용한다. 바로 압제(물리적 강제력), 권위, 조작이다. 여기까지는 베버의 강철 새장과 일맥상통하지만, 실상 밀스가 진정으로 두려워하는 상황은 중간계급이 정치적으로 거세되고 문화적으로 우둔해지는 것이다. 이렇게 되면 중간계급마저 권력에서 멀어져 소수 엘리트가 권력을 독점할 가능성이 있기 때문이다. 점차 중간계급 노동자들은 괜찮은 보수를 받기는 해도 세계에 관여하고 이를 바꿀 능력을 상실해 소외되어간다.
　과연 중간계급마저 소외시켜버린 상태로 권력을 차지하는 사람들은 누구일까? 자연스럽게 밀스의 관심은 권력을 차지한 엘리트에게로 집중되었다. 그는 미국의 주요한 400여 가문을 비롯해 사회 각 분야 엘리트에 대한 광범위한 조사와 분석을 실시했고, 그 결과를 그의 대표작이라 할 수 있는 《파워 엘리트》에 서술했다. 이 책에서 밀스는 정치, 군사, 경제 엘리트들의 관계를 다루었는데 각 분야 최고 정점에 있는 엘리트들은 자연스럽게 한곳에서 만나 이해관계를 같이하는 하나의 권력집단을 이룬다. 밀스는 이들을 '파워 엘리트'라고 명명했다. 그는 미국이 사실상 소수의 파워 엘리트에 의해 움직이는 과두정에 불과하다면서, 특히 몇 차례 전쟁을 거치며 등장한 군산복합체가 미국을 움직인다고 비판했다. 물론 파워 엘리트는 자신들의 지배가 대중에게 드러나지 않게 암막을 치는데, 이들이 대중매체를 도구로 활용할 수 있기에 가능한 일이다.

그렇다면 사람들은 왜 파워 엘리트와 군산복합체의 지배를 받아들일까? 여기서 밀스의 대중사회 비판이 등장한다. 그는 다수의 사람이 모인 경우를 의견 교환의 양방향성과 일방향성에 따라 공중public과 대중mass으로 구별했다. 표 12-1에서 그 차이를 확인할 수 있다.

공중	대중
양방향성	일방향성
의견을 말하는 사람과 듣는 사람이 거의 동수	소수만 말하고 다수는 듣기만 함
의견에 대한 자유로운 피드백과 토론이 가능	의견에 대한 피드백이 어려움
의견을 실현할 기회 많음	의견이 실현되는 과정이 통제됨
제도화된 권위의 간섭과 개입이 적음	제도화된 권위와 간섭에 사람들이 순종함

표 12-1 밀스가 구별한 공중과 대중의 차이

한마디로 공중은 토론하는 무리다. 자유롭게 의견을 주고받을 수 있는 공적 커뮤니케이션이 존재하고 의견을 실현할 기회가 있으며 제도화된 권위(정부 등)의 간섭은 최소화된다. 반면 대중은 수동적으로 듣는 무리다. 커뮤니케이션이나 의견 실현이 통제되고 제도화된 권위의 간섭으로 인해 자율성이 없다. 대중은 토론하지 않으며 주어진 매스미디어의 내용을 받아들이기만 한다. 시민으로 이루어진 공중이 대중으로 바뀌면 사회 전반적으로 순응과 무관심 속에 파워 엘리트들이 거대한 국가를 손쉽게 장악할 수 있게 된다.

이 밖에도 밀스의 업적은 많다. 그중 가장 큰 업적은 사회학이 무엇을 하는 학문인가에 대한 깊이 있는 성찰을 남긴 것이다. 사회학자라면 누구나 알고 있는 명저 《사회학적 상상력》에서 이를 다루었는데, 앞서 2장에서 그 내용을 살펴본 바 있다.

하버마스 이성의 한 줄기 희망을 찾아서

하버마스Jürgen Habermas는 흔히 프랑크푸르트학파의 정통 후계자로 알려져 있지만 실상은 매우 복잡한 정신적 계보를 가지고 있는 학자다. 여러 해 동안 아도르노의 제자였던 것은 사실이지만, 많은 부분에서 학문적으로 충돌했다고 알려져 있으며 그가 교수 자격을 얻은 것은 아도르노가 아니라 가다머Hans-Georg Gadamer, 1900~2002에게서였다. 하지만 그는 교수 자격을 얻은 뒤 다시 아도르노에게 돌아가 프랑크푸르트대학 교수가 되었다. 그러나 독일의 신좌파학생운동이 격화되고 스승 아도르노가 운동권 학생들에게 모욕당한 뒤 세상을 떠나자 환멸을 느낀 하버마스는 프랑크푸르트대학을 떠나 막스플랑크연구소로 자리를 옮겼다. 이후 그는 분석철학과 언어철학을 깊이 연구했고 상징적 상호작용론에 크게 영향받는 등 다양한 이론을 섭렵했다.

폭넓은 이론적 배경을 가진 하버마스는 비판이론의 지평을 넓혔다는 평가와 더불어, 그 대가로 비판이론 자체의 예리함과 급진성을 포기했다는 비난을 동시에 받는다. 실제로 그는 프랑크푸르트학파로 분류되는 사회학자 가운데 가장 온건하고 보수적인 편이다. 이성과 계몽에 대한 그의 태도에서 이 점이 분명히 드러난다.

아도르노를 비롯해 비판이론 진영에 속한 학자들은 대부분 합리성에 대해 비판적이다. 비판이론을 요약하면 합리성(계몽)이 강제한 이른바 근대사회의 합리화가 새로운 억압과 착취체계를 구축했기 때문에, 이로부터 해방되려면 일상생활에까지 침투한 체계의 억압을 철저히 비판해야 한다는 것이다. 심지어 아도르노는 체계의 억압에 저항하며 일어난 학생운동이 조직화되자 그 역시 또다른 억압적 체계라면서 반대하고 나섰다. 계몽의 변증법에 따라 계몽은 그 부정으로서 새로운 억압을 낳는다는 것이다. 결과적으로 비판이론은 기존 체제를 통렬하게 비판함과 동시에 정작 이를 극복하기 위한 운동까지도 부정해 예술과 미학적 세계에서 해방의 통로를 찾았다. 더불어 아도르노의 문화산업론, 밀스의 대중사회론은 그마저도 쉽지 않음을 보여주며 해방의 길을 더욱 좁혀놓았다.

그러나 하버마스는 여전히 합리성의 힘을 믿었다. 그는 현재 사회를 억압과 착취의 체계로 만들어버린 것은, 합리성의 다양한 측면이 묵살되고 모든 것이 도구적 합리성으로 재단되는 합리성의 편협화에서 비롯되었다고 주장했다. 그가 보는 도구적 합리성은 목적의 타당성을 따지지 않으며 다만 목적 달성을 위한 효율적 방법만을 따지는 형식적 기술적 합리성이다. 자연현상을 연구하거나 어떤 기계를 조작할 때는 도구적 합리성이 유용할 수 있으나, 사회의 다른 영역과 인간에게 적용될 경우에는 체계의 압제로 변질된다.

하버마스는 도구적 합리성의 변질에 대해서 다양한 합리성 개념의 조화와 균형을 통해 해결하고자 함으로써 마르크스와 아도르노 사이에 가교를 놓으려 했다. 하버마스는 마르크스, 베버, 아도르노를 계승하면서 그들 모두를 비판한다. 마르크스의 경우 산업혁명 성과에 도취되어 기술적 도구적 합리성의 힘으로 생산과 분배가 합리적으로 관리되는 사회를 만드는 것이 인간 해방이라고 믿었다. 이는 대단히 역설적이다. 자본주의가 만들어낸 물신화를 비판한 사상가가 물신화 원인인 도구적 합리성의 힘으로 생산력을 증가시켜 그것을 극복할 수 있다고 주장하기 때문이다. 반면 베버는 합리화의 역설을 불가피하다고 생각해 근대사회가 영원히 강철 새장에 갇힐 것이라 비관했다. 한편 하버마스의 스승 아도르노는 이성 일체를 급진적으로 부정하면서 강철 새장을 탈출하려 했으나, 이 역시 사실상 체념적 상황에 빠지고 말았다.

하버마스는 합리성을 세 유형으로 나누고 그 가운데 도구적 합리성에 강철 새장의 책임과 체계에 의한 억압에 대한 책임을 지워 난관을 극복하고자 했다. 즉 다른 종류의 합리성으로 합리성의 폐단을 극복하려 한 것이다.

우선 그는 합리성 개념을 보다 엄격하게 구별하면서 강철 새장을 만들어내는 합리성은 도구적 합리성으로 한정했다. 그의 선배들은 도구적 합리성과 목적 합리성의 대립구도 속에서 길을 잃었지만, 하버마스는 그 사이에서 의사소통적 합리성이라는 새로운 합리성을 설정했다. 의사소통적 합리성이란 우리가 일상생활에서 의사소통을 할 때 발휘되는 능력이자 요구되는 조건이다. 일상적 대화를 한번 생각해보자. 우리는 자기 이야기만 늘어놓는 게 아니라 상대방 이야기의 타당성을 검토하고, 동시에 상대방은 내 이야기의 타당성을 검토하면서 상호의 이해점을 찾아가며 대화를 이어나간다. 이는 의사소통하는 존재, 말하는 존재로서 인간의 능력이다. 선천적 능력인지 학습의 결과인지는 중요하지 않다. 인간은 의사소통이라는 행위를 통해 서로의 타당성 준거를 자유롭게 검토하면서 상호이해의 준거를 만들어가는 능력을 가지고 있다. 이 능력이 없다면 어떤 대화도 불가능하며 다만 집단 독백이나 일방적 명령만이 존재할 것이다. 따라서 일상적 대화가 가능하다는 것이 이미 도구적 합리성의 압제에 대항할 수 있는 대안적 합리성의 존재를 증명하는 셈이다.

여기서 하버마스의 유명한 이중사회론이 등장한다. 이중사회론에 따르면 사회는 정치와 경제 영역인 체계와 대화의 장소로서 담론 영역인 생활세계로 나뉜다. 체계는 효율성이 강조되는 도구적 합리성이 지배하는 영역이다. 생활세계는 상호이해에 기반한 의사소통적 합리성에 의해 움직이는 영역으로, 이곳에서 참여자들은 서로의 타당성 요구에 대해 자유롭게 증거와 논증을 검토하며 상호 간에 공정한 토론과 참여를 보장받는다.

그런데 일상생활에서 사람들은 일상적 소재와 관련된 이야기만 나누지 않는다. 생활세계에서는 정치와 경제의 영역인 체계에 대한 대화나 토론이 빈번하게 일어난다. 체계 내에서는 도구적 합리성으로 인해 불가능한 자유로운 담론이 생활세계에서는 가능하다. 따라서 생활세계는 일상세계일 뿐 아니라, 그 사회의 공공 쟁점에 대한 자유로운 토론이 이루어지는 공론장 역할을 한다. 토론과 참여를 통해 사람들은 체계의 억압과 통제에 속절없이 조종당하는 수동적 존재가 아니라 오히려 체계와 상호작용하며 나름의 생활세계를 지켜나간다.

한편 생활세계에도 체계의 논리가 밀고 들어온다. 정치적 억압이나 통제가 아닌 사회 전반에 걸친 상업화와 시장화를 통해서다. 또한 우리의 일상생활이 점점 대기업이 생산한 상품에 의존하게 되면서 생활세계 깊숙히 상업주의가 침투한다. 상업주의는 전형적으로 화폐와 효율성의 언어로만 말하는 도구적 합리성의 산물이며 이윤 추구라는 자본의 논리에 의해 작동한다. 결국 상업주의에 의해 생활세계에서 의사소통하는 행위가 도구적으로 왜곡되는데, 하버마스는 이를 '생활세계의 식민화'라 불렀다.

생활세계의 식민화는 의외로 가까운 곳에 있다. 예를 들어 1960년대부터 집 안 거실은 일상적 담화 공간으로서의 기능을 상실했다. 가족들은 같은 공간에 모여 있기는 하지만 서로 대화를 나누기보다는 함께 텔레비전을 볼 뿐이다. 텔레비전이라는 상품이 거실을 점령한 것이다. 그리고 지금은 컴퓨터와 인터넷, 스마트폰으로 인해 사실상 생활세계의 거의 모든 영역이 상품에 의존하고 있는 실정이다. 서로 마주 앉기는 했으나 대화를 나누는 대신 각자 스마트폰을 만지고 있는 가족, 연인, 친구의 모습은 더 이상 낯설지 않다. 한때 대안적 공론장으로 각광받았던 인터넷 공간 역시 이제는 자유로운 토론의 장이 아닌 페이스북이나 인스타그램 등 기업이 주도하고 있다. 오늘날 인터넷은 모든 사람들이 자유로운 정보를 공유하는 공간이 아니라 구글이라는 기업이 보여주는 정보를 공유하는 공간이며 구글의 검색엔진은 당연히 매우 복잡한 수학적 알고리즘, 즉 도구적 합리성에 의해 작동한다.

  생활세계의 식민화가 진행되면 사람들은 의사소통적 합리성이 왜곡되어 체계의 도구적 합리성에 대항할 에너지를 상실하고, 결국에는 도구적 합리성의 노예가 되고 만다. 효율성이나 형식과 절차라는 차가운 도구적 합리성에 의해 전적으로 지배되는 사회는 전체주의로 귀결되는데, 우리는 아우슈비츠에서 정확한 계산과 엄격한 절차에 따라 자행된 대량학살을 통해 그토록 무서운 결과를 이미 목격했다. 아우슈비츠의 관료들은 유대인을 죽이는 것이 과연 올바른가라는 질문을 던지는 대신, 주어진 시간 안에 가장 많은 유대인을 가장 효율적으로 제거하는 일에만 몰두했다. 그들은 분노하지도 흥분하지도 않았으며 다만 주어진 절차를 '합리적'으로 집행할 뿐이었다.

  이제 하버마스의 비판이론이 지향하는 바가 분명해졌다. 생활세계에 침투한 체계의 논리와 자본의 논리를 찾아내 이로 인해 왜곡되어버린 의사소통 구조를 바로잡고, 도구적 합리성의 대안으로서 의사소통적 합리성을 복구하는 것이다. 따라서 그의 비판은 생활세계, 즉 일상생활에서 의사소통하는 행위를 향한다. 우리가 일상적으로 주고받는 대화나 담론에서 체계의 식민잔재를 찾아내 축출하고 건강한 의사소통적 합리성의 토론과 담화로 바꾸는 것이다. 물론 하버마스가 담화 분석과 비판만으로 비판이론 영역을 축소시킨 것은 아니다. 그의 목적은 행정이라는 도구적 합리성으로 위축되어버린 정치 영역을 공공문제에 대한 자유로운 토론의 영역으로 복구하고, 절차법 수준으로 위축된 사회적 공공적 가치와 윤리를 복구하는 것이다. 그런데 복구를 위해서는 먼저 생활세계의 대안적 합리성이 회복되어야 한다. 하버마스에 따르면 이는 모든 것을 화폐로 환산하는 상업주의와 자본의 논리로부터 생활세계를 해방시키는 일이다. 또한 이는 우선 자본의 언어와 도구적 합리성의 언어로 말하는 왜곡된 의사소통 구조부터 바로잡음으로써 가능하다.

닫는 글
사회학 공부는 자기 자신을 이해하는 냉정한 여로의 출발점이다

사회학에서 다루는 여러 주제를 살펴보았다. 물론 여기서 다룬 주제들이 사회학 범위를 총망라하는 것은 아니다. 예술사회학이나 종교사회학 또는 교육사회학 같은 분야는 미처 다루지 못했다.

또한 이 책에서 다룬 주제가 사회학에서 가장 중요한 주제라고 꼭 집어 말하기도 어렵다. 선택한 주제들은 다만 '내가 오늘날 우리 사회에 던져볼 만한 질문'을 중심으로 선정했다.

이 책을 통해 무엇을 얻고 배울 수 있을까? 그것은 이 세상 속에서 살아가는 '나 자신'을 해명하기 위해 사회 여러 양태에 사회학적 상상력을 발휘해야 하며, 논리적이고 실증적 자료에 관심을 가져야 한다는 것이다. "인간은 사회적 동물이다"라는 말은 공연한 미사여구가 아니다. 실제로 인간은 사회생활을 하면서 자아를 형성하고 생각을 만들어간다. 그리고 나 역시 '인간'이라는 존재와 별다른 대상일 이유가 없다. 결국 사회적 존재로서 인간을 이해하는 것은 나 자신을 이해하는 과정이다.

나를 이해하는 과정은 그리 순탄하지 않다. 사람은 누구나 자신이 자유롭고 매인 것 없는 존재라고 믿고 또 그러기를 바란다. 그러나 사회학은 사회적 동물로서 인간이 사회라는 조건에 종속된 존재임을 전제하며, 우리 삶의 거의 모든 영역에서 사회의 흔적을 찾아내 마치 부처님 손바닥 위 손오공처럼 그 안에서 살아감을 보여준다.

그렇다고 인간이 사회의 마리오네트 인형 같은 존재는 아닐 것이다. 우리는 삶의 조건으로 작용하는 사회를 해석하고 이용하고 변형시킬 수 있는 존재다. 다만 그 사회를 얼마나 잘 해석하고 이해했느냐에 따라 각자의 삶이 달라질 수 있다. 우리가 사회에 조건 지워진 존재임을 인정하는 것은 이를 인정하지 않고 자유로운 개인으로 스스로를 선언하는 것보다 훨씬 자유롭다.

우리 삶에 영향을 주는 사회 압력을 인지해야 반대로 사회의 힘을 이용할 수 있고, 더 나은 사회를 만드는 비전을 만들어갈 수 있다. 이때 비로소 우리는 자신의 행위와 정신의 주인이 된다. 반면 스스로를 자유로운 개인으로 선언할 경우 곧바로 온갖 사회의 장벽에 부딪치게 된다. 만약 사회를 바라보는 관점과 지식을 갖추고 있지 않다면 그 장벽에 무모하게 도전할 것이고, 원인이 무엇인지 따지기도 전에 그저 장벽에 대한 증오심부터 키울 것이다. 이는 스스로 자유롭다고 생각하지만 실은 충동에 사로잡힌 행동으로, 내부의 특정한 심리 상태에 온몸과 마음이 지배당하는 자유 상실의 상황이다.

우리가 사회학을 공부해야 하는 이유는 바로 이 부자유한 상황에서 벗어나기 위해서다. 모쪼록 이 책이 내가 살아가고 있는 사회를 조금이나마 알려주고 이를 통해 자기 자신을 이해하는 냉정한 여로를 여는 데 도움이 되기를 바란다.

2016년 10월 권재원

참고문헌

《계급론》, 에릭 올린 라이트 지음, 이한 옮김, 한울아카데미
《계몽의 변증법》, 테오도어 아도르노, M. 호르크하이머 지음, 김유동 옮김, 문학과지성사
《공론장의 구조변동》, 위르겐 하버마스 지음, 한승완 옮김, 나남
《구별짓기 상, 하》, 피에르 부르디외 지음, 최종철 옮김, 새물결
《나 홀로 볼링》, 로버트 D. 퍼트넘 지음, 정승현 옮김, 페이퍼로드
《네트워크 사회의 도래》, 마누엘 카스텔 지음, 김묵한 외 옮김, 한울아카데미
《도구적 이성 비판》, M. 호르크하이머 지음, 박구용 옮김, 문예출판사
《미디어의 이해》, 마셜 매클루언 지음, 김상호 옮김, 커뮤니케이션북스
《사랑은 지독한 그러나 너무나 정상적인 혼란》, 울리히 벡, 엘리자베트 벡 게른스하임 지음, 강수영 외 옮김, 새물결
《사회변동의 이론과 전망》, R. H. 라우어 지음, 정근석 외 옮김, 한울아카데미
《사회분업론》, 에밀 뒤르켐 지음, 민문홍 옮김, 아카넷
《사회사상사》, 루이스 코저 지음, 신용하 외 옮김, 한길사
《사회에 대해 말하기》, 하워드 S. 베커 지음, 이성용 외 옮김, 인간사랑
《사회학 이론의 형성》, 조나단 터너 외 지음, 김문조 옮김, 일신사
《사회학의 핵심 개념들》, 앤서니 기든스 지음, 김봉석 옮김, 동녘
《사회학적 상상력》, C. 라이트 밀스 지음, 강희경 외 옮김, 돌베개
《실증주의 서설》, 오귀스트 콩트 지음, 김점석 옮김, 한길사
《에로스와 문명》, H. 마르쿠제 지음, 김인환 옮김, 나남

《위험사회》, 울리히 벡 지음, 홍성태 옮김, 새물결

《의사소통행위이론 1, 2》, 위르겐 하버마스 지음, 장춘익 옮김, 나남

《일차원적 인간》, H. 마르쿠제 지음, 박병진 옮김, 한마음사

《자본론》(전6권), 카를 마르크스 지음, 김수행 옮김, 비봉사

《자살론》, 에밀 뒤르켐 지음, 황보종우 옮김, 청아출판사

《정신·자아·사회》, 조지 허버트 미드 지음, 나은영 옮김, 한길사

《제3의 길》, 앤서니 기든스 지음, 한상진 외 옮김, 책과함께

《칼 맑스 프리드리히 엥겔스 저작 선집》, 칼 맑스, 프리드리히 엥겔스 지음, 최인호 옮김, 박종철출판사

《프로테스탄티즘의 윤리와 자본주의 정신》, 막스 베버 지음, 박성수 옮김, 문예출판사

《현대 사회의 성, 사랑, 에로티시즘》, 앤서니 기든스 지음, 배은경 외 옮김, 새물결

《현대 사회학 이론》, 조나단 터너 지음, 정태환 외 옮김, 나남

《현대사회학》, 앤서니 기든스, 필립 서튼 지음, 김용학 외 옮김, 을유문화사

《현대성과 자아 정체성》, 앤서니 기든스 지음, 권기돈 옮김, 새물결

찾아보기

ㄱ

가능성의 확장 353
가부장제 206~210, 216, 303, 339
가사노동 203, 208, 209, 240, 339
가설 42~44, 269
가족 117, 315
　가족제도 311
가치합리적 행위 98
갈등 73, 177
　갈등론 68, 72, 132, 167, 241, 243, 326
　갈등론자 170, 206
감각지향형 문화 227, 228
강철 새장 105, 145, 237, 383, 385, 396, 400
개방성 366
개인 32, 89, 90, 109, 110~113
개혁 253, 254
객관적 문화자본 184
객관적 법칙 27
객관적 이성 386~388
거시사회학 36, 258, 259
건강 불평등 33, 201
게바라, 체 391
결속형 자본 298
경제결정론 72, 76
경제위기 80, 178, 191, 345
경제적 계급 101
경제적 부 102, 192

경제적 불평등 82, 100, 176, 194, 201
경제적 요인 72, 75, 82, 176, 181
《경제학-철학 수고》71
경험적 증거 41, 43, 44
계급 73, 81, 175, 181, 210
　계급갈등 73, 95, 198, 245
　계급·계층론 100, 176
　계급론 106, 176, 179, 183
　계급 분화 198
　계급 불평등 208~210
　계급투쟁 74~77, 178, 234
계몽사상가 232, 245, 376, 377
계몽의 변증법 388~390
계몽주의 27, 70, 111, 377
계몽주의자 70, 112
계층 188
고령화 336
　고령화사회 337
　고령화지수 338
고프먼, 어빙 264, 274, 278
공교육 84, 91, 167
공동사회(게마인샤프트) 296
공동체 79, 110~112, 287, 305
　공동체주의 359
《공산당 선언》71
공산주의 69, 233, 356, 357
공상적 사회주의 27, 358
공중 397, 398
과두제의 철칙 148, 154
과잉 억압 395
과잉공급된 선택지 309
과학적 방법 28, 48, 54, 64, 65, 96
과학적 방법론 41, 42, 44,

45, 64, 377
과학적 사회주의 358
관념 112, 240
　관념지향형 문화 227~229
관료제 140, 142, 146
　관료제 조직 105, 140, 143, 144, 219
관료주의 143
관료집단 149, 150
관행 56, 146, 214
군사형 사회 235, 236
군산복합체 397
군중심리론 249
권력 101, 102, 173
　권력집단 100, 246, 397
권위 98, 245, 396
　권위적으로 조정되는 단체 ICA 246
균형 65, 320
그람시, 안토니오 382
근대 문명 381
근대사회 106, 216, 219, 236
근대산업사회 86, 90, 220, 374, 382, 392
근대성 373, 374, 378
　근대성 비판 382, 384, 386
근대화 216, 218, 373, 374
기계적 연대 85, 86, 239, 321, 325
기계화 374
기능 31
　기능론 68, 167, 168, 204, 241, 320, 321, 324
　기능론자 113, 168, 170, 242
　기능적 대체제 90, 91
　기능주의 92
기대박탈가설 250, 251
기든스, 앤서니 52, 300,

316, 359
기술관료 190, 363
긴티스, 허버트 133

ㄴ
《나 홀로 볼링》 297
낙인이론 328, 329
내집단 18
네오마르크스주의 382, 388
네트워크 155~157,
　348, 364~368
노동 79, 80, 112
　노동계급 376
　노동력 80
　노동소득 분배율 195, 196
　노동운동 361, 362
　노동자 38, 57, 78~81,
　　177
　노동조합 198
노드 363, 366, 368, 369
노멘클라투라 190
노예화 378
니체, 프리드리히 111, 377,
　378, 382

ㄷ
다렌도르프, 랄프 246
단란한 가족 306, 307, 311,
　312
대안적 합리성 401, 403
대중 378, 397
　대중매체 283, 284, 292
　대중문화 389~391
　대중사회 397
　대중사회론 399
덩컨, 오티스 165
데카르트, 르네 111, 262,

373, 378
도구적 이성 387
《도구적 이성 비판》 386
도구적 합리성 399~404
《독일 이데올로기》 71
돌봄노동 207~209
동기 95
　동기부여이론 169
동적 균형 76, 241
동질성 85~87, 234, 366
뒤르켐, 에밀 29, 38, 44, 83,
　84, 90, 123, 217, 324
듀이, 존 112, 262, 353
또래집단 117, 132, 263

ㄹ
라살레, 페르디난트 254
라이트, 에릭 올린 181, 189
레드 테이프 151
로크, 존 109, 283
루소, 장 자크 57, 109, 138
루카치, 죄르지 382, 384
리버테어리언 356
리비도적 작업 395
리카도, 데이비드 71, 253
리프킨, 제러미 221

ㅁ
마르쿠제, 허버트 392, 394
마르크스, 카를 29, 38, 44,
　69, 80~84, 103, 106,
　112, 171, 176, 216, 217,
　233, 353, 357, 358, 377,
　382, 392, 400
마르크스주의 82, 383
매체 282
매클루언, 마셜 286, 288

맥콜, 조지 272
맬서스, 토머스 169, 335
맹자 24, 163, 335, 352
머튼, 로버트 41, 113, 324
모순적 지위 189
목적 합리성 401
목적합리적 행위 97
무대 276, 279
무산계급 244
무책임성 370
문명 230
《문명 속의 불만》 394
문서만능주의 151
문화 36, 37, 58, 120~122,
　146, 321, 323
문화기술지 47
문화비판 385
문화사대주의 128
문화산업 388, 389
문화산업론 399
문화상대주의 129
문화자본 184~187
문화적 차원 101
문화투쟁 385
미드, 조지 29, 112,
　259~262, 264~266
미디어 286
　매스미디어 398
　전자미디어 289
미시사회학 36, 106, 258,
　259, 264
미헬스, 로베르트 148
민족국가 102, 288
민주화 217
밀, 제임스 64
밀, 존 스튜어트 356
밀스, 라이트 50, 382, 392,
　396

ㅂ

박탈감이론 249, 250
반동 233
방법론 41
버크, 에드먼드 352
범죄 322~325
베른슈타인, 에두아르트 254
베버, 막스 29, 38, 93, 102~105, 145, 176, 217, 218, 236, 245, 377, 379, 382
베커, 하워드 328
벡 부부 309, 315, 316
병리현상 89, 170, 243, 300, 320
보드리야르, 장 289
보수 351
  보수주의 352
복합사회 235
볼스, 새뮤얼 133, 206
볼테르 353
부르디외, 피에르 101, 133, 183, 184
부르주아 70, 176, 181
분업 234, 374
  분업화 86, 374
불불노동 80, 207
불평등 106, 177
  불평등한 분배 74, 244, 245
블라우, 피터 165
블루머, 허버트 264, 266
비고츠키, 레프 112
비구조화 면접 47, 268
비정규직 198, 199
비초점 상호작용 279, 280
비판사회학 82, 382
비판이론 106, 132, 382, 383, 388, 399
비판적 상상력 53
빅데이터 344
빈곤 330, 331
  빈곤선 332
  빈곤율 332
빈부격차 73, 345, 355

ㅅ

《사랑의 기술》 304
사물화 384, 385
사이버 범죄 342
사자형 엘리트 229
사회갈등 26, 31, 73, 90, 177
사회계급 73, 176, 188
  사회계급론 73, 100
사회계약론 109
  《사회계약론》 138
사회계층 172, 176
사회 구성체론 75
사회구조 31, 74, 75, 92 95, 106, 213, 214, 331
  사회구조론 106
사회규범 91, 323
사회동학 65, 66, 68, 75, 76
사회문제 37, 38, 319~324
사회발전론 232, 236
사회법칙 27, 28, 46, 67, 268
사회변동 31, 36, 66, 76, 213~217, 224, 232, 238, 352
사회병리 242
《사회분업론》 84, 85
사회성 367
사회순환론 224, 226, 227, 230
사회심리학 58, 270

사회연대 85, 89
사회운동 361, 370
사회유기체론 65, 241
사회유지 30, 32
사회자본 184, 189, 245
사회적 낙인 328
사회적 배제 334
사회직 불평등 38, 77, 162, 165, 167, 168, 198, 201, 325, 330, 351
사회적 사실 32~34, 36, 46, 64, 68, 88, 89, 95, 97, 106
사회적 상호작용 112, 259, 265
사회적 역할 115, 132, 277
사회적 위신 102
사회적 자본 297
사회적 전념 271, 272
사회적 지위 115, 166
사회적 행위 46, 94, 97
사회정학 65, 68, 75, 76
사회조직 137~139
사회주의 69, 354, 355, 359
사회진화론 234
사회학 28, 29
  〈사회학연보〉 84
  《사회학적 방법의 규칙들》 84, 88
  사회학적 상상력 50, 52~54
  《사회학적 상상력》 398
사회현상 49, 64, 88, 92, 94, 224
사회화 131
산업노동자 181, 393
산업혁명 25, 63, 215, 216
산업형 사회 235
산업화 16, 89, 123, 217,

259, 311, 335
상부구조 75~77
상징적 상호작용론 264, 266, 275
상호작용 16, 21, 36, 116, 120, 258, 260, 263, 264
　상호작용론 106
　상호작용론자 292, 327
상황 정의 266, 276~278
생산관계 75, 80, 377
생산수단 73~75, 80, 101, 102, 239
생산양식 75~77, 233
생시몽, 앙리 27, 28, 64, 70, 71, 353
생활세계의 식민화 343, 402, 403
세계화 334, 345, 347
소득 5분위 배율 191
소득 불평등 33, 194
소로킨, 피티림 227, 228
소명의식 146
소속감 15, 16, 18, 20, 114, 120
소속집단 19
소수자운동 394
소외된 노동 395
쇼, 조지 버나드 302
쇼펜하우어, 아르투어 111
수정주의자 254
수행 원리 395
슈펭글러, 오스발트 230
슘페터, 조지프 253
스미스, 애덤 217, 253
스트라이커, 셀던 270
스펜서, 허버트 29, 64, 234
시몬스, J. L. 272
시뮬라시옹 289
시뮬라크르 290

시민운동 361
시민적 무관심 277
시민혁명 25, 215, 232
시장주의 359
시카고학파 266~268, 272
신보수주의 359
신분제도 173, 375
신사회운동 362, 394
《신성가족》 71
신우파 358
신자유주의 358
신좌파 359
신중간계급 182, 183, 396
실증주의 41, 50, 383, 387
《실증철학강의》 64
실험 43, 44, 64
심리적 안전감 18, 123, 296

ㅇ

아노미 87, 90, 243, 246, 321, 324, 325
아도르노, 테오도어 106, 388, 392, 398~400
아리스토텔레스 73, 110, 162
아비투스 101, 184
아이오와학파 266~270
애플, 마이클 133
억압 380
　억압 장치 252
　억압적 체계 389, 390, 399
언어 112, 261, 263, 282
에로스 394
《에로스와 문명》 393, 394
에로틱한 마르크스 395
에릭슨, 에릭 295
엘리트 229, 397
　엘리트 교체론 229

엘리트 순환설 229
엥겔스, 프리드리히 71, 358
여우형 엘리트 229
역사적 분석 64, 68
역사적 상상력 53
역할 115, 120
　역할갈등 118
　역할기대 271
　역할 정체성 273, 292
　역할취득 118, 119, 265
연계형 자본 298
연극적 접근 264
연대 31, 84
　연대감 120, 122, 123, 370
왜소 237, 378, 381
외집단 18
우파 351, 354, 355
월비, 실비아 208
위대한 거부 393
위키노믹스 220, 222
유기적 결합 65
유기적 연대 86, 239, 321, 325
유대감 15~17, 20, 86, 114
유목민 사회 226, 239
유물론 72
의사소통 58, 113, 260, 401
　의사소통적 합리성 401, 403
의식 58, 112, 385
　의식철학 262
의존성 333
이념형 97
이데올로기 99, 244, 251, 304
이드 380
이븐할둔 226, 227
이상적 문화 228
이상적 자아관 273

이성 111, 232, 378, 386, 399
이익갈등 244, 383
이익사회(게젤샤프트) 296
이익집단 147
이질성 86, 234
이해사회학 46, 48, 94, 106
인간소외 78, 375, 381
인구 239, 335
《인구론》 335
인력배치이론 168, 169
인류학적 상상력 53
일반적 노동 395
《일차원적 인간》 393
일탈 322~325
임금노동 76, 77
잉여가치 80, 81, 177, 207, 375

ㅈ
자동화 374
자문화중심주의 128
자본가 79, 85, 95, 104, 176, 187, 207, 358, 383
《자본론》 44, 71
자본주의 69, 77, 81, 104, 395
《자살론》 44, 84, 89, 123
자아 58, 111, 112, 262, 263, 378, 380
 자아 연출 275, 279
 자아 영토 280, 281
 자아 형성 270
자연과학 26, 30, 43, 96
자유주의 356, 359
재생산 74, 133, 134, 305
 재생산노동 206, 208
전근대사회 216, 236

전문 행정가 102
전문직 172~175, 181, 201
전통사회 86, 163, 216, 236, 302, 319, 335
정규직 198, 199
정당성 77, 98, 245
 정당성 철회 245
정변 249
정보 불평등 342, 344
정보화 역기능 342
정주민 사회 226
정체성 118, 270~272, 298, 304, 327
정치경제학 71
제3의 길 360
제도화된 문화자본 184
제스처 36, 260, 261, 263, 265, 276, 277
젠더 불평등 203, 204, 206, 208~210
조우 278~280, 292
존재론적 안전감 305, 307, 309, 310
《종교생활의 원초적 형태》 90
좌파 351, 354, 358
주관적 이성 386~388
죽음에 이르는 병 309
준거집단 19, 128
준집단 246
중간계급 102, 177, 179, 396
중산층 57, 172, 181, 187
중위소득 331, 332
지구촌 265, 285, 288
지니계수 193
지루, 헨리 133, 382
지멜, 게오르크 94, 217, 259
지배/피지배계급 102, 246
지배계급 73, 77, 98, 132,

171, 234, 326
지식노동자 179, 182~184
지식정보사회 156, 157, 185, 232
지위집단 100, 181, 246, 330
직업윤리 146, 147
진보 73, 233, 351, 373
 진보주의 351, 353, 354
집합의식 85, 87, 90, 288, 321

ㅊ
착취 77~81, 179, 206, 234, 244, 363, 376
체계 나무라기 이론 333
체화된 문화자본 184~187
초자아 380
초점 상호작용 278
출현적 현상 49, 139
친밀감 17, 271, 295, 299, 304

ㅋ
카리스마 99, 103, 237, 246, 251
카스텔, 마누엘 363
카스트 165, 173, 218, 374
코언, 앨버트 325
콜먼, 제임스 167
콩도르세, 마르키 드 232, 353, 376
콩트, 오귀스트 28, 29, 38, 63~67, 71, 83
쾌락 원리 395
쿠데타 249
쿤, 맨퍼드 264, 266, 267
쿨리, 찰스 260, 296

키르케고르, 쇠렌 309

ㅌ
탈마법화(탈주술화) 103, 237
탭스콧, 돈 222
토대 75, 76
통제사회 344
통합 63, 84, 91, 205, 234
퇴니에스, 페르디난트 94, 296
틸리, 찰스 251

ㅍ
파레토, 빌프레도 229
파슨스, 텔컷 113, 204
《파워 엘리트》 397
패러다임 시프트 220
퍼트넘, 로버트 297
페미니스트 205
포퍼, 칼 357
푸코, 미셸 379
프랑크푸르트학파 382, 398, 399
프로이트, 지크문트 377, 379~382, 392
《프로테스탄티즘의 윤리와 자본주의 정신》 103, 218
프롤레타리아 82, 171, 177, 385, 393
　프롤레타리아혁명 171, 376, 383
프롬, 에리히 303, 304, 310
프루동, 피에르 70
플라톤 25, 73, 289, 302, 387
피지배계급 73, 77, 133, 176, 234, 245, 252
피케티, 토마 192

ㅎ
하버마스, 위르겐 398
하위문화 325
하위집단 246, 326
하이에크, 프리드리히 357
합리적 권위 99
합리적 사고방식 218, 373
합리화 38, 103~106, 144, 217~219, 379, 388
항상성 241, 320
해석 45, 46, 95
　해석적 사회학 94
　해석적 사회학자 47
　해석적 이해 96
해석학 93
핵가족 305, 307, 311, 314
행태주의(행동주의) 50
《향연》 302
혁명 170, 171, 248, 245, 252, 376
혁신 253
현상학 93
　현상학적 방법 48, 54
　현상학적 사회학 48, 106
현실 원리 395
호르크하이머, 막스 106, 386~388, 392
흡스, 토머스 109
《화이트칼라: 미국의 중간 계급》 396
흄, 데이비드 352
희생자 나무라기 이론 333
1차 집단 17, 18, 204, 239, 287, 289, 296, 370

《21세기 자본》 192
2차 집단 18, 117, 239, 296
3차 산업혁명 220, 221
68혁명 362, 390

Me 112, 113
OECD 21, 194, 220, 332

호모아카데미쿠스 001

쓸모 있는 인문 수업 **사회학**

1판 1쇄 펴냄 2016년 12월 5일
1판 2쇄 펴냄 2017년 9월 15일

지은이	권재원
펴낸이	이동준, 정재현
기획편집	전상희, 김소영
디자인	엄혜리, 손현주
제작처	금강인쇄주식회사
펴낸곳	이룸북
출판등록	2014년 10월 17일 제2014-000294호
주소	06312 서울시 강남구 논현로 16길 4-3 이룸빌딩 5층
전화	02-424-2410(판매) 02-579-2410(편집)
전송	02-424-5006
전자우편	erumbook@erumenb.com
블로그	http://blog.naver.com/erum_book
포스트	http://post.naver.com/erum_book
페이스북	https://www.facebook.com/erumbook

ISBN 979-11-87303-01-5 04330
       979-11-87303-00-8 04080 (세트)

이룸북은 (주)이룸이앤비의 단행본 브랜드입니다.

이 책의 내용을 이용하려면 반드시 저작권자와 이룸북의 동의를 받아야 합니다.
이 도서의 국립중앙도서관 출판예정도서목록(CIP)은 서지정보유통지원시스템
홈페이지(http://seoji.nl.go.kr)와 국가자료공동목록시스템(http://www.nl.go.kr/kolisnet)에서
이용하실 수 있습니다.(CIP제어번호: CIP2016026862)